国家出版基金项目

国家社科基金重大项目结项成果

“十四五”国家重点出版物出版规划项目

二十世纪东亚抗日叙事文献整理与研究丛书

丛书主编——牛林杰

史料编·书信卷

分卷主编——吴　铭

山东大学出版社
SHANDONG UNIVERSITY PRESS
·济南·

图书在版编目(CIP)数据

二十世纪东亚抗日叙事文献整理与研究丛书. 史料编. 书信卷 / 牛林杰主编 ; 吴铭分卷主编. -- 济南 : 山东大学出版社, 2025. 8. -- ISBN 978-7-5607-9014-5

Ⅰ. K152

中国国家版本馆 CIP 数据核字第 202502HL80 号

策划编辑 张铭芳
责任编辑 孟宪亮
文案编辑 孙燕红
封面设计 卡古鸟设计

二十世纪东亚抗日叙事文献整理与研究丛书 · 史料编 · 书信卷
ERSHI SHIJI DONGYA KANGRI XUSHI WENXIAN ZHENGLI YU YANJIU CONGSHU · SHILIAOBIAN · SHUXINJUAN

出版发行 山东大学出版社
社　　址 山东省济南市山大南路 20 号
邮政编码 250100
发行热线 (0531)88363008
经　　销 新华书店
印　　刷 山东新华印务有限公司
规　　格 720 毫米×1000 毫米 1/16
27 印张 481 千字
版　　次 2025 年 8 月第 1 版
印　　次 2025 年 8 月第 1 次印刷
定　　价 160.00 元

二十世纪东亚抗日叙事文献整理与研究丛书

编 委 会

国家社科基金重大项目『二十世纪东亚抗日叙事文献整理与研究』结项成果

编辑说明

“二十世纪东亚抗日叙事文献整理与研究丛书”由文学编、史料编、研究编及总目组成，其中文学编及史料编为文献整理部分。该部分内容卷帙浩繁、体裁众多，整理难度较大。现将整理编辑原则说明如下。

一、收录原则

“二十世纪东亚抗日叙事文献整理与研究丛书”文献整理卷册系统整理并收录了国内外有关东亚抗日叙事的重要文学作品及相关史料。收录作品的国别范围包括中国、朝鲜、韩国、日本、苏联等国家。苏联在传统意义上是一个横跨亚欧大陆的欧洲国家，但其远东地区位于东北亚，并且在第二次世界大战期间曾与日本直接发生战争。因此，我们将苏联列入了东亚抗日叙事文献收录的国别范围。同时，丛书也收录了抗战时期来华的一些欧美人士创作的有关东亚国家抗日叙事的作品。丛书所录中国抗日叙事作品原则上仅限于涉及东亚国家抗日或反战主题的作品。对于东亚各国战争期间创作的作品和战后创作的作品采取了区别对待的原则。战争期间创作的作品十分珍贵，能收尽收。战后创作的作品，由于各国社会制度和意识形态不同等原因，抗日记忆和叙事内容出现了一些较为复杂的变化，对此，我们坚持历史唯物主义原则，甄选并收录了各国较具代表性或影响力较大的作品。其中，篇幅较长的部分文本，视内容的不同情况，或全文收录，或节选部分重要章节。

二、所据版本

为再现东亚抗日的历史现场、确保文献的真实性,丛书收录的文献以 20 世纪前半期(1900—1950 年)创作和发表的文献为主,部分回忆录、传记、翻译等文本则兼顾 20 世纪后半期发表或出版的文献。所录文献原则上以初刊本或初版本为准,以保留初始版本叙事的语境、意义和风格。对于一些初刊本难以查阅到的文献,则收录较早的转载本。在每篇文献之后均标注了文献的详细出处。

三、关于文献作者和国籍

文献作者及其国籍原则上以原始文献为准进行标注。作者不详或没有注明作者的文献均以"佚名"标注。民国时期,关于朝鲜半岛国家的名称有"朝鲜""韩国""高丽"等多种标记方式。因此,朝鲜民主主义人民共和国和大韩民国正式成立(1948 年)以前的文献保留原始文献的国籍标记方式,1948 年以后的文献则根据作者的实际国籍分别标注为"朝鲜""韩国"。

四、编排顺序

丛书文献部分按小说、诗歌、戏剧、散文、传记、史传、书信、日记、纪实、评论等分卷编辑,各类下篇目主要以公开发表时间为序进行排列,个别未公开发表的文献按作品中标注的创作时间列入。为了方便读者阅读,部分卷册在目录中对文献进行了时段区分。

五、文字和格式处理

为尊重原文献的历史语境,不尽符合现行语法规范的字句,在不影响文意的情况下一般不予改动。原文疑似错字后加[　]标出拟改文字,无法辨识的文字用□表示,衍字用〔　〕表示,漏字加〖　〗表示。小说、散文和诗歌已有分段、空格的按原刊格式,个别明显不当的略有调整。戏剧的人物称谓和格式按原刊。旧体诗词、散文和小说原文无标点或只标句读,大部分无分段,为便于阅读,本书编者增加了标点和分段,其中或有不当,望识者指正。

六、其他

其他未尽事项及特殊情况参见正文相关注释或按语。

二十世纪东亚抗日叙事文献整理与研究丛书

总序

“二十世纪东亚抗日叙事文献整理与研究丛书”是国家社科基金重大项目“二十世纪东亚抗日叙事文献整理与研究”(15ZDB090)的最终结项成果。在纪念中国人民抗日战争暨世界反法西斯战争胜利80周年之际，本丛书付梓出版，为我们提供了一个重新认识东亚抗日叙事文化内涵、深入思考和平与发展的契机，具有重要的学术价值和现实意义。

当今世界正面临百年未有之大变局，坚持和平与发展，携手构建人类命运共同体已成为国际社会的广泛共识。但在东亚地区，由于20世纪上半期日本军国主义发动侵略战争而遗留的一些问题，如对侵略战争的认识问题、殖民统治问题、“慰安妇”制度问题、战时强征劳工问题等仍没有得到妥善解决，人们对于战争的记忆难以磨灭，这种情况甚至还在影响东亚国家关系的正常发展。

从文化史、文学史的层面上，深入挖掘和整理东亚国家抗日叙事的文本资料，可辨析东亚抗日叙事中丰富的历史文化信息，还原历史真实。通过阐释东亚抗日叙事的历史价值和美学价值，可为阐明20世纪东亚精神的本质和意义、建构和谐东亚提供理论依据。同时，通过跨文化、跨学科的全面系统研究，阐述东亚抗日叙事的独特性和内在关联，进而阐明东亚文学与文化交流的历史发展规律和特征，并深入探讨文学与时代精神、文学与身份认同、文学与意识形态等文学的理论和实践问题。因此，20世纪东亚抗日叙事文献整理与研究无论在理论方面还是现实方面都具有重要的意义。第一，从东亚抗日的视角出发，深入发掘和整理20世纪中国、朝鲜、韩国、日本、苏联等国以及部分来华欧美作家的东亚抗日叙事文献资料，可从东亚文学史的角度为阐明“中国的抗日战争是世界反法西斯战争的重要组成部分”“中国抗日战场是世界反法西斯战争的东方主战场”提供文献资料支撑。第二，东亚各国的抗日叙事并非各自孤立的存在，而是在抗日语境下作家们相互交流、传播思想、译介作品中展开的。深入探讨抗日语境下东亚各国作家之间的人文交流、作品译介和传播及其对东亚抗日叙事的影响，对于阐明20世纪上半期东亚文学的形成和发展、特点和规律具有重要意义。第三，通过对东亚各国抗日叙事的比较文学研究，阐明东亚诸国作家的民族认同、国家认同、东亚认同，进而可以从跨文化的视角探讨东亚抗日叙事在世界反法西斯文学乃至世界文化史中的价值及地位。第四，以新时代习近平中国特色社会主义思想为指导，基于“东亚抗日叙事”的性质和特点，在研究过程中尝试提出并应用“抗日叙事与反战叙事”“跨国体验与跨界叙事”“东亚认同与身份认同”“意识形态与抗日记忆”等一系列创新性学术话语，为构建中国特色学术话语体系做出贡献。第五，东亚抗日叙事研究蕴含了“让历史说话，用史实发言”“还原历史，以史为鉴”的精神，有利于推动爱国主义教育、民族认同、国家认同，有利于正确认识东亚抗日的历史和本质。

“二十世纪东亚抗日叙事文献整理与研究丛书”共34卷，由文学编(13卷)、史料编(11卷)、研究编(9卷)及总目(1卷)组成。其中，文学编和史料编属于文献整理部分，文学编按照小说、诗歌、戏剧、散文等分卷编辑，史料编按照传记、史传、书信、日记、纪实、评论等分卷编辑。丛书系统整理了中国近现代文学史料中的东亚抗日叙事文本，重点发掘整理了中国、朝鲜、韩国、日本、苏联等国的抗日叙事文献资料，并对一些重要的外语文本进行了中文翻译。

中短篇小说卷(共2卷)选录了90余篇短篇小说和4部中篇小说，其中不乏新发掘的文本，短篇小说如歌颂朝鲜义士英雄壮举的《韩儿舍身记》(泪人，1915)、批判日本殖民台湾惨状的《一位台湾女子的谈话》(白薇，1931)、以鬼的口吻讽刺德军罪行的《一九三八年的鬼》(A. ABRAMOV，1938)、赞颂苏联红军在哈桑湖区域击退日军的《哈桑湖畔》(莫什梁克，1942)等作品；中篇小说则包括以安重根义举为主线的《朝鲜血》(黄世仲，1909—1910)、以朝鲜亡国为蓝本的《朝鲜亡国演义》(1921)等。

长篇小说卷(共4卷)选录了17部长篇小说作品，其中包括以朝鲜亡国为蓝本的《亡国影》(倪轶池、庄病骸，1915)、《朝鲜遗恨》(沈桑红著、蓝剑青评，1932)，无名氏以韩国爱国志士李范奭为原型创作的《荒漠里的人》(1942—

1943)、《北极风情画》(1943—1944)，以朝鲜抗日事迹为主题的《历史》(韩雪野，1957)等。小说卷收录的作品反映了抗日语境下东亚文人的集体记忆，展现了国家民族危亡状态下人民的困苦生活与精神渴求，对于研究东亚各民族联合抗战与东亚认同具有重要的文献价值。

诗歌卷(共2卷)收录了近700首东亚抗日诗歌作品，涉及的国家包括中国、朝鲜、日本、韩国、苏联等。所录诗歌的体裁与形式多种多样，既有古体诗、词、曲、赋，也有自由体、新格律体、散文诗等形式的新诗作品。其中，很多国内诗歌作品都是第一次被发掘出来，很多外国诗歌则是第一次被翻译成中文。这些诗歌作品，或叙事、或抒情、或言志，承载并生动反映了20世纪上半期东亚各国人民反抗日本侵略的坚定立场和大无畏精神，是东亚现代诗歌文学研究的重要资料。

戏剧卷(共2卷)收录了近60篇东亚抗日戏剧作品。收录作品的国别主要有中国、朝鲜、韩国、日本、苏联等。戏剧卷所录戏剧既有抗战时期就多次公演并引起较大反响的作品，也有编者新发掘和直接从外文翻译成中文的一些鲜为人知的珍稀作品。如侯曜创作的《山河泪》、文靖珍创作的《阿里朗》、鹿地亘创作的《三兄弟》等作品，在中国抗战期间公演时获得了文化界知名人士艾青、林林、王莹、力扬、杨朔等人的高度评价。而戏剧卷所录反映朝鲜半岛抗日斗争的中国戏剧《海牙剖腹记》《炸皇宫》，反映日本反战意识的日本戏剧《正义血战》《骷髅的跳舞》，反映朝鲜半岛人民抵抗殖民压迫的戏剧《朝鲜的女儿》等则都是新发掘的文学史料。长谷川海太郎创作的《安重根——十四场面》、金春光创作的《安重根史记》、乌鸦创作的《血海之唱》《战斗的密林》等作品，则都是第一次被翻译成中文介绍到国内。

散文卷(共3卷)收录了近300篇东亚抗日散文作品。收录作品的国别包括中国、朝鲜、韩国、日本、苏联等国家。同时，也收录了史沫特莱、约士登等抗战时期来华的一些欧美作家创作的有关东亚国家抗日叙事的散文作品。东亚抗日叙事中的散文丰富多彩，其中既有中国成名大家之作，如郭沫若的《鸡》、卞之琳的《一个敌军小队长》等。也有日本、韩国、苏联等国的散文作品，如鹿地亘的《过香港》、金在天的《亡国痛史》等。鹿地亘的《回忆录：在抗日战争中》、金台俊的《延安行》等文献都是第一次被翻译成中文。

传记卷(共1卷)收录的抗日人物传记作品涉及中国、朝鲜、韩国等国家。其中记录东北抗联李红光烈士事迹的《李红光传》(澹，1936)、《东北抗日联军第一军第一师师长李红光烈士传》(1937)，以及《安义士重根》(李斗山，1941)、《韩国同志李斗文传》(贺彪，1945)等传记作品，反映了东亚人民不屈不挠的抗日斗争精神，以及对民族独立、祖国光复的强烈诉求。

史传卷（共 2 卷）收录了 17 部作品，多为朝鲜亡国史相关著述。除梁启超的《朝鲜亡国史略》《日本并吞朝鲜记》等经典作品外，《朝鲜亡国史略》（尚中，1910）、《日本合并朝鲜始末记》（长舆，1910）、《朝鲜亡国鉴》（刘彦，1915）等均为新发掘的近代中国人撰写的朝鲜亡国史传作品。这些作品反映了当时日本吞并朝鲜半岛的暴行，表现出中国对朝鲜亡国的深刻同情，具有十分重要的文本价值。

书信卷（共 1 卷）选录了 1919 年至 1945 年间东亚各国人士与抗日有关的私人信件、公函、公开信等。东亚不同国籍人士之间的官方或民间书函往来，真实反映了抗日语境下东亚人士频繁的跨国交流情况。其中，中方书信中有巴金、吴石等著名人士与国际友人的书信，也有桂林儿童团体、贵阳书店工人、中华全国文艺界抗敌协会等致国际友人的慰问信；国际人士信件则包括日本反战人士鹿地亘、池田幸子、绿川英子，韩国抗日独立运动家金九、申圭植、安昌浩、赵素昂、金若山，以及各在华抗日团体与中国友人之间的信函。书信卷所录在华从事抗日或反战活动的国际人士之间的交往信件是不可多得的贵重资料，如日本反战人士绿川英子致朝鲜义勇队的信函、日本俘虏觉醒后与鹿地亘的书信交流等。此外，书信卷还收录了一部分战时中方缴获的日本士兵的家书，这些书信对研究战时日本国情、士兵心理以及对战争的态度等均具有重要文献价值。

日记卷（共 1 卷）搜集并选编了抗战时期中国报刊、书籍中登载的部分日记及日记评论，涉及中国、日本、苏联、韩国等国的 60 余位作者。这些日记资料都与"东亚抗日"这一主题相关，其中既有中国普通民众的日记，也有韩国独立运动家、日本反战人士及苏联战士的日记，而更多的日记资料则来自战时中方缴获并翻译刊行的日本士兵日记。中国人日记方面，《春生日记》记录了一名普通中国学生与韩国流亡抗日志士遗孤的交往片段，《编辑室日记》反映了战时《黄河》杂志与韩国青年战地工作队、日本俘虏的交流，这些都是值得关注的资料。朝鲜义勇队队员的《阵地工作队日记》《中条山反扫荡日记》、日本反战人士池田幸子的《武汉行》、苏联西尔倩考的《冲上张鼓峰去》、格罗金的《一个空军战士的手记》等国际反法西斯人士的战斗日记，为我们拓宽了东亚抗日叙事研究的国际视野。此外，本卷选录的日本士兵日记中译本与日记评论，对了解战时中国文艺抗战和军中敌工工作、战时日本军队情况等都是可资参考的重要资料。

纪实卷（共 3 卷）收录了 1909 年至 1948 年间有关东亚抗日的报告文学、

长篇通讯、人物采访、历史纪实等文献资料。这些资料涉及中国、日本、朝鲜、韩国、苏联等国家。其中有对安重根、尹奉吉、李奉昌、朝鲜义勇队等朝鲜抗日志士或团体的真实记录和描写，有对日本铁蹄践踏下的朝鲜社会现状之控诉，也有对各国抗日情形之真实再现，还有绿川英子、鹿地亘等在华日本反战人士的深情回忆。上述文献资料散见于20世纪上半期的报纸、期刊和图书，内容多为真人真事，是研究东亚抗日不可多得的宝贵资料。

评论卷（共3卷）收录了400余篇东亚抗日相关评论文献。所录文献既包括文学评论，如鹿地亘的《创作方法之现实的基础》、金光洲的《朝鲜文坛的最近状况》等；也包括一部分政论和史论，如申瞑观的《吾人今后之责任》、杜洛斯基的《苏俄政府何以不对日宣战》、金奎光的《朝鲜民族反日革命总力量问题》等。这些评论资料紧紧围绕抗日的时代主题，或从世界大势的宏观视角，或从东亚各国内部的微观视角，深入分析了当时东亚抗日战场的现状、动态和趋势。

丛书的文献整理部分几乎每一卷都包含了一些尚未引起国内外学界关注的珍贵文献资料，这些文献不仅是研究20世纪东亚国别文学的重要资料，也是从宏观上研究抗日语境下东亚文学交流与互动的重要史料。

“二十世纪东亚抗日叙事文献整理与研究丛书”研究编由9部专题著作组成。《抗日语境下的东亚跨界叙事研究》围绕20世纪上半期抗日语境下东亚文学中的跨界叙事进行研究，重点分析了中国现代文学和日本反战作家文学中的抗日叙事。《抗日语境下的东亚文学交流研究》聚焦抗日语境下东亚各国的作家交流、文本译介及其对抗日叙事的影响。《东亚抗日叙事比较研究》则通过比较东亚各国抗日叙事的发展脉络，阐明其特殊性和普遍性。《中朝韩当代抗日叙事研究》以第二次世界大战后中朝韩当代抗日叙事为中心，对东亚文学中的当代抗日记忆进行了比较研究。《朝鲜半岛来华留学文人的跨国体验与文学书写研究》《申圭植的中国体验与文学创作研究》《朴殷植的文坛活动与文学创作研究》《赵素昂的跨界体验与文学创作研究》《金学铁抗日文学研究》等5部著作则分别从作家研究的角度深入阐述了抗日语境下朝鲜半岛作家在中国的跨国体验与文学创作。

在开展20世纪东亚抗日叙事文献整理和研究的过程中，编者团队就东亚抗日叙事文献的资料价值、东亚抗日叙事的主要特点等相关问题形成了一系列的学术观点，现将其中几个重要观点简要介绍如下。

第一，20世纪东亚抗日叙事是东亚现代文学研究值得深入挖掘的一个丰富的资源宝库。从目前整理的20世纪东亚抗日叙事相关文献资料来看，其数量之多、范围之广、体裁之全面、内容之丰富、价值之重要，都远远超出了我们的预想。东亚抗日叙事相关资料反映了侵略与反侵略、正义与邪恶、进步与反动的人类斗争，充分体现了20世纪的东亚精神和文人的文化自觉。这些珍贵的文献资料无疑是20世纪东亚文学的重要组成部分。但令人遗憾的是，其中很多文学史料尚未被纳入东亚现代文学的研究视野。

第二，中国抗日战场是东亚抗日叙事生成的重要历史场域和空间场域。在抗日的大背景下，东亚被殖民国家和地区的抗日志士纷纷流亡中国，在中国开展抗日斗争。中国政府也适时提出了支持东方弱小民族抗日独立运动的口号。日本人民反战同盟、朝鲜义勇队等抗日、反战组织先后在中国抗日大后方成立。来自东亚各国的抗日志士除少数人直接参加武装斗争，大多数人主要从事写作、宣传活动。他们在和中国文人、作家积极进行交流互动的同时，以抗日或反战为主题，创作了丰富多彩的抗日叙事作品。这些抗日叙事作品的内容往往超越国家、超越民族，反映的是东亚人民共同的心声。这些作品在中国创作、在中国发表，甚至在中国舞台演出。

第三，跨界叙事是20世纪东亚抗日叙事的一个重要特征。20世纪上半期，面对残暴的日本帝国主义侵略，中国作家与日韩流亡文人就反抗日本帝国主义这一时代主题进行了共同书写，并在叙事内容上表现出鲜明的“跨界”特征。跨界叙事包括跨界体验叙事、跨界题材叙事、跨界共同叙事。跨界叙事是文本价值实现超越与重构的重要途径之一。叙事时间和空间的变化可以直接带来思想观念、叙事结构的变化。抗日语境下，东亚抗日文学的跨界叙事极大地强化了东亚国家之间的东亚身份认同，密切了东亚国家人民之间的传统文化关系。

第四，跨界体验是20世纪东亚抗日叙事的一个主要特点。跨界体验也称跨国体验。首先，跨界体验的意义在于通过跨界的政治体验、文化体验、教育体验等获得反思、反观的机遇，从这个意义上讲，跨界体验可以有效地促进作家对本国的深度体验。其次，跨界体验包括人际交流、文本交流以及政治、外交等领域的交流。跨界体验是文学生产的主要创新机制。通过对话与交流呈现相互叙事，通过相互叙事不断地发现和建构自我与他者。抗战时期，朝鲜半岛的大批知识分子和日本的反战人士长期在中国学习、战斗和生活，他们在跨界体验的过程中重新认识中国，重新认识本国，重新认识东亚。这些新的认识在他们的抗日叙事中得到了真实的反映。

第五，抗战背景下，中国一度成为东亚抗日戏剧交流的中心舞台。国家危难之际，戏剧是唤醒民众、动员国民、鼓舞士气最有效的艺术形式之一。抗战时期，东亚各国的剧作家在中国进行了密切的交流与互动，创作了一大批东亚抗日戏剧并在中国舞台上成功公演。其中既有反映朝鲜半岛抗日斗争的戏剧，如《亡国泪》《爱国魂》《图们江边》《朝鲜的女儿》等，也有反映日本反战意识的戏剧，如《三兄弟》《正义血战》《胜利在前头》《侵略战争之罪恶》等。这些在中国舞台上公演的东亚抗日戏剧，在当时的中国社会引起了强烈反响，鼓舞了东亚各国抗日民众的士气，是东亚抗日文学的宝贵财富。

第六，20 世纪东亚抗日叙事是东亚各国现代文学史的重要补充。抗战期间，日本反战人士在华创办了很多报刊，创作并发表了大量反战叙事文学作品。但由于战乱，这些资料没有得到很好的搜集和整理。同样，朝鲜半岛来华从事独立运动的仁人志士在华创办了百余种中文或朝鲜文报刊，积极宣传抗日主张，并通过文学创作发出他们的抗日呼声。朝鲜半岛文人大多精通汉语，他们创作的中文作品带有十分鲜明的抗日文学性质，是东亚抗日文学的宝贵财富。刊载这些作品的报刊由于都在中国发行，至今尚未引起韩国学术界的关注。可以说，上述文献资料是日本反战文学史、韩国抗日文学史的重要补充。

本丛书依托的国家社科基金重大项目“二十世纪东亚抗日叙事文献整理与研究”2015 年立项，参与研究的国内外学者历时十年，在国内外发表了 70 余篇学术论文，最终整理出 1000 余万字的结项成果。本丛书的创新性主要表现在以下两个方面。

第一，在数据资料方面的创新性。从整体上来看，本丛书是国内外迄今为止收录范围最广、数量最多、体裁最全、内容最丰富的 20 世纪东亚抗日叙事文献资料。从局部来看，几乎每一卷都包含一些珍稀的文学史料。在收录范围方面，不仅包括中国、朝鲜、韩国、日本、苏联等国家的作品，还包括抗战时期来华的一些欧美作家创作的有关东亚国家抗日叙事的作品。在史料价值方面，丛书所录苏联作家关于 1938 年发生的苏日远东张鼓峰战斗的小说、散文、日记、报告文学等作品，可以说是世界反法西斯文学的重要组成部分，极大地鼓舞了抗战初期中国军民的抗日斗志。丛书所录日军日记以及中国作家创作的日军“慰安妇”题材诗歌和纪实作品，不仅从文学史料的角度印证了日本军国主义在华实施“慰安妇”制度的事实，而且将“慰安妇”现象的出现时间追溯到 1938 年初。此外，抗战时期在中国舞台上演的反战、抗日戏剧等文学史料都是第一次得到全面系统整理。

第二，在解决实际问题方面的创新性。编委会认为，为了深刻阐明“中国的抗日战争是世界反法西斯战争的重要组成部分”“中国抗日战场是世界反法西斯战争的东方主战场”等历史事实，我国的抗日文学创作应积极拓展国际题材。丛书文献整理部分收录的有关朝鲜半岛人民在华与中国人民并肩抗战的历史故事、日本反战同盟在华从事反战运动的史实、抗战时期在华欧美人士支持和同情中国人民抗日斗争的故事等都是很好的历史素材。特别是抗战时期中国政府支持朝鲜半岛人民在华开展抗日独立运动以及联合抗日的史实，在一定程度上可以增进彼此间的友好认知。

“二十世纪东亚抗日叙事文献整理与研究丛书”是编委会集体智慧的结晶，编委会成员由来自山东大学、中国海洋大学、延边大学、南开大学、山东师范大学、哈尔滨理工大学、江西师范大学等国内高校以及来自日本、韩国的共计30余位学者组成，在东亚地区形成了一支以中国学者为主体的跨国学术团队。

在丛书编写期间，延边大学金柄珉教授应邀担任学术顾问，给予了宝贵的学术指导。吉林大学张福贵教授、清华大学王中忱教授、北京大学王丹教授、南京大学尹海燕教授、北京外国语大学韩梅教授、中央民族大学金明淑教授、延边大学朴银姬教授等对丛书编写提出了很多中肯的建设性意见。山东大学出版社的领导和编辑认真负责、精益求精，为丛书的出版付出了辛勤的劳动。在此，我谨代表全体编委会成员，向所有为丛书出版做出贡献的专家、学者、编辑表示衷心的感谢。

在丛书编纂过程中，编委会高度重视著作权人的合法权益。通过中国作家协会等官方渠道及多方努力，我们已与大部分文献的版权所有人（或其继承人、代理人）取得联系，并依法获得了作品收录授权。出于各种原因，截至出版时，我们未能与本套丛书的全部著作权人取得联系，敬请作品的著作权人或与著作权有关的权利人与山东大学中日韩合作研究中心联系，以便奉上稿酬和样书。

20世纪东亚抗日叙事文献的整理是一项十分艰难的工作，由于战争期间资料保存不易，很多文献遗失或不完整，再加上外文文献的搜集和翻译有一定的局限，本丛书中的文献资料在选篇、翻译、录入、编辑等方面难免存在遗漏或错误之处，恳请广大读者批评指正。

牛林杰

2025年春写于济南

目录

1919—1930年

1931—1945年

日本士兵家信

1919—1930年

一封公开的信

巴金(李芾甘)

北京高丽青年社诸君:

来信收到了。你们要出版高丽青年周刊,"介绍高丽民众于友邦民众,并揭破敌对我民族及其他弱小民族之一切帝国主义侵略政策及其手段,以图被压迫民族间强固的结合",这自然是很好的事。我呢,我是一个愿献身于克鲁泡特金主义,终身为自由、平等、正义、人道奋斗的人,对于你们的运动当然是要尽力赞助的了。

本来高丽民众的独立运动是和一般人心目中的独立运动不同的,他们并不想把高丽弄成一个强大的国家,他们只想使高丽人人都能得着自由平等的幸福。因此从事于独立运动的青年并不是国家主义者,而是争自由平等的战士(自然有少数是例外的)。我常与高丽青年接触,因此我能够深刻的了解你们高丽民众的独立运动。

你们数十年来所受的压迫实在残虐极了。记得在我的幼年时代,我便常常听见日本政府压迫高丽民众的故事,我知道他们怎样的用残酷的刑罚来对待手无寸铁的你们,然而同时我又知道你们怎样不屈不挠的反抗日本政府。这些事在我幼年的脑中留下了不灭的印象。我曾为你们痛哭过,我又曾为你们欢跃过,然而我对你们却不断地表示钦佩。后来常和你们接触,我对于你们的钦佩便更深了。去年到北京会着高丽友人"S""L"两君,他们更详细的告诉我高丽民众运动的详情。我尤其感谢"L"君,在一个沉静的晚上,明月高挂在天空,他细细的愤激的把高丽民众苦战的全景展示于我的眼前。他告诉我高丽独立军和日本军队在满洲苦战的情形:怎样二十多个高丽革命党被二三百名日本兵士围困着,其中有几个愿意把自己生命牺牲了而救出其他十几个人,怎样数千日本兵士在高山中被二三百高丽革命党歼灭的情形。他又告诉我怎样高丽革命党某君历尽千辛万苦跑进日本总督署抛掷炸弹而后从容的跑出来;怎样另一个革命党在电车上向日本警察署抛掷炸弹,逃走后被围于一所小屋内与警察苦战而死的情形。他更告诉我怎样赤俄压迫高丽革命军的情形。我细细的听着,我忘记了是在北京,好像我也在北满一带奔走,我实在感动极了:这些人他们抛弃了自己的一切来为自由、平等、人道奋斗。他们的人格是何等的伟大,我实在不能不被他们那种精神感动了。

亲爱的高丽弟兄们,自那时以来,我不论在何时何地,都不能忘却你们了。去年读到你们《告日本无产阶级书》,知道日本政府还预备重演一九二三年大地震时屠杀高丽人的悲剧。我的愤怒真到了极点,然而我后来见着日本劳动团体援助你们的宣言,我又觉得宽慰了,因为这表现出来全世界民众是互助、亲爱、休戚相关的。

本来全世界上的民众是应该互相亲爱,联合一致的。民众本无国界之分,所以甲国民众受了乙帝国主义者的压迫,乙国民众也应该起来帮助他们,打倒其本国(乙国)的帝国主义者。我知道日本民众是表同情于你们的,只有政府和资产阶级才是你们的敌人,所以你们应该联合日本民众来打倒日本政府和资产阶级。

“L”君曾诚恳的向我说:“请把我们苦斗的真相告诉中国民众。”我很惭愧,一年来只做了一点微小的工作。这次你们自己出版刊物,把你们苦斗的真相告诉我们中国民众,使中国民众被你们这种精神感动,从睡梦中觉醒起来。这在我自然是十分感谢的,我们怎能看着别人苦斗而自己袖手旁观呢?

“L”君又告诉我,你们自从受了俄政府的欺骗在黑河流了血以后,便觉悟到民众解放是民众自身的事,所以你们的运动并不容野心家参加的。我敢说这种方法一定会把你们引到成功之路上的。

我诚恳的祝福你们胜利。

李芾甘 3 月 23 日于上海

(原载于《民国日报·觉悟》1926 年 3 月 27 日)

致留美韩国学生李君震一书

刘朴

丙辰作于美国 COLORADO 邦之 DENVER 城。

李君足下：

足下韩国人也，仆中国人也。韩之先亦出中国，是仆与足下为兄弟也，兄弟则无有不可相告语者矣。昔徐氏不帝秦而之扶桑，箕子不臣周而入朝鲜，此二人皆中国最古之殖民大家，而日本及贵国之始祖也。迩者日本既灭贵国，进而欲灭中国，此足下所以痛心在目，而仆所以长太息者也。孟子有言："入则无法家辟士，出则无敌国外患者，国恒亡。"足下必诵之矣。仆窃以为未尽然也。日本之倡言灭贵国也，始于丰臣秀吉，而终于伊藤博文，其间时日甚久，敌国外患多矣，法家辟士亦尝有也，何以贵国未免于亡耶？俄之倡言灭波澜也，始于一次瓜分，终于三次瓜分，其间时日亦甚久，敌国外患亦多矣，法家辟士亦尝有也，何以波兰亦未免于亡耶？苟免于亡，则贵国不待安重根之杀贼，而波兰不待哥修士孤之起义矣。盖凡天下之事，皆有一定度限，于一定度限以内，不能谓孟子之言不验；犹之于一定度限以外，不能谓孟子之言验也。《书》曰："兼弱攻昧，取乱侮亡。"足下亦必诵之矣。此吾先王教其子孙以灭人国之道，不意数千年后，人亦窃吾言以试灭吾。佛氏因果之说，足下将信之与？仆亦将信之与？仆始至阔落来度山岳之邦，怪不见先白人而居美洲之印第安人，而其西南数百里地名蛮猓者，则有未有历史以前而先印第安人而居美洲之人之遗宫坏堡，以其建筑之魁宏奇杰，于其文化之高尚美备，可考而知也。然则先后为美洲之主者，其数已三，而历年不知几千万矣。彼其一时为有高尚美备之文物之人种，而久之至于无有孑遗，又后此几千万年，安知白人之不如是也？是则有亡国之痛如足下者，将有亡国之惧如仆者与？亘古今、通中外，举世之人之有亡国之痛、将有亡国之惧者，可以观此而知解焉；亘古今、通中外，举世之人之使人有亡国之痛、将有亡国之惧者，可以观此而知止焉。仆羁旅人也，时有忧愁旷阒无涯之思，得便即随笔写出。孟子曰："独孤臣孽子，其操心也危，其虑患也深，故达。"故乐为足下言之，幸勿怪其昌突。接居近止，尤愿相见。

刘朴 白

（原载于《东北大学周刊》第72期，1929年）

给大韩民族的一封信

布五

大韩民族——我们东亚的朋友：

我们的哀曲，不愿向世界上的列强去弹！我们的痛苦，尤不愿意向世界上的列强去诉！我们要和我们的知音者共同在心弦上拨动哀曲，我们要和能够有眼泪流下来的同情者拥抱痛哭。

我们从欧罗巴寻找到新大陆，从非洲澳洲转回我们的亚细亚，在勃[渤]海之滨才找着你们——朝鲜民族来。现在我们的哀曲要向你们弹，我们的热泪要向你们洒了。

心弦在拨动，泪在奔流，我们默默地替你们祈祷，默默地替我们自己祈祷，愿上帝早一日毁灭这部传统的“东亚故事”

呵！可憎恨的“东亚故事”，可憎恨的“东亚故事”的记载呵！一页页地记载着日本人的枪炮，一页页地记载着华韩两民族的血肉，它没有和平，没有公道，没有自由，它没有你我所需要的一切！

你我都是同病相怜的人，已往的伤痛事，我们也不用重头提起，提起来徒然伤痛你们，伤痛自己罢了。

然而我们拭干了眼泪，劝你们不要太过于悲伤，朝鲜还没有亡，你们民族之中还有不少义勇之士，披露着你们未死的人心足以使我们破涕为笑呵！你们应该相信——深深地相信世界上决没有主人和奴隶，任何一个民族，都可以独立自存，一切的一切，只在乎自己的奋斗。有最大的牺牲，才有最大的幸福！难道国家经过一次沦亡，便不能复兴了吗？不是的！月白风清的夜里，你们想一想我们另一个朋友波兰呵！

亲爱的东亚朋友！你们的旧恨依然，而我们的新愁增加了，日本兽族以曾经屠杀过你们的武力来强占你们的东亚唯一之友的东三省了，同情之泪，将在你们面颊间不断地流下吧？

亲爱的东亚朋友！不要兀自流泪，愿我们东亚的友侪们一致奋起，从强暴者的手里夺回我们的生存权！

亲爱的东亚朋友！要图自强，华韩两族的确有团结的必要，中华将亡，朝鲜岂能坐视？朝鲜未生，中华又岂能独存？

世界上历史最攸[悠]久的亲爱民族，舍中韩其谁？中韩两族四千余年以来，玉帛交聘，血统相连，精神的融洽恒逾骨肉，华人旅居韩境皆亲爱如兄弟，国史家乘，昭然可考。不幸自日本并吞你们之后，硬生生的把华韩两族从拥抱中拆散开来，华韩两族志士，至今未止其泪水，其情之惨亘古未见。然而华韩情感从未衰落，你们举家的移住我国者十数年来，数在百万，这是什么原因呢？难道韩土不足你们的食，不足你们的衣，不足你们的居处吗？不呵！我们深知你们心里的苦楚，深知道你们扶老携幼，离里抛家，踯躅中华的真情，深知道你们数千年礼义的民族，不甘屈膝鄙颜以事仇敌的意志，愿意开放门户，做你们流离漂泊者的乐园呵！

亲爱的东亚朋友！我们这里真的是你们的乐园吗？万一而中国也亡于你们的仇人，那华韩两族，将要同乞怜于列强之门，然而悲曲的弹奏，不知音的人是不会动心的，痛苦的伸诉，无同情者是不会落泪的！世界之上能有几个中华，能有几个朝鲜呵！

亲爱的东亚朋友！是这个时候了！我们要打自己的不平，更要打东亚朋友们的不平！亲爱的东亚朋友！你们救中国就是救自己！我们和你们的联合，是东亚朋友们联合的创始呵——东亚的朋侪们不联合不足以打倒东亚的魔王！

（原载于《奋斗》第 13 期，1931 年）

致中国国民书

[朝鲜]安又根

朝鲜独立国国民安重根之弟又根谨肃书于我最亲最近之大中华民国各位仁人君子，恳为随意代投贵国一报馆再转各报馆钧鉴：

兹我朝鲜全国各府部人民一律于三月一日午后二时正，以最文明最郑重之举动，宣言独立矣。而吾人又于宣言之预定时间，专人赍送宣言书于各友邦领事馆及日本各机关，以证我举之光明正大。无奈日人毫不我谅，滥用压力如昨，不人视我又如昨。惜哉！吾人既无法以觉悟之，则惟有预备倾吾血捐吾躯，以作上帝易我国之酬报而已。呜呼！此三四日间，先我以身殉国者几何人，惟上帝知之。兹吾敢誓曰：吾人所以冒死而为此者，无他，欲为我朝鲜创造一个民族自决之铁证，备交和平会议而已。又根不肖被推为汉文通信员，目仅识丁，曷胜惭悚！事关报国，义何敢辞！爰将宣言之书翻作中华之语，叹棉力之弗及，致庐山之难形。但愿贵国父老昆弟以义推求吾人之用心，当思过半矣。呜呼！朝鲜存亡，在斯一举。大国之人，果不我弃乎！报纸必为宣扬之。果我弃乎！毁之丙之！谨附哀言不胜主臣待命之至。再者自一日至于今日，凡四天，全国以独立被逮者达万余人，彼族如何处置虽难逆料，或绞或杀，均非吾人所惧，第虑日人假造吾民真意，威以严刑，逼书不愿独立之供状而已。倘果不出吾人之所料，届时万望贵主笔诸公勿为所惑，苟能遥呼远击作我后盾，则尤为我二千万同胞所感激涕零者也。用再请命焉。

朝鲜建国四千二百五十二年三月四日 安又根 拜发

（原载于《时报》1919年3月14日，又载于《晨报》1919年3月17日）

朝鲜女学生之呼吁

［朝鲜］朝鲜女学生

《字林报》云：北京访员接朝鲜女学生致威尔逊总统与和会诸人之函稿一份，译成英文。今重译其词如下：

巴黎和会诸公，今既垂念正谊与人权，余辈朝鲜弱女子，敬于上帝之前，哀恳诸公有以拯救之。吾女子横受惨待，备尝奇辱，向谁呼冤，何从乞助，临风长号，哀我其谁。兹闻各方人民，吁请自由，吾辈韩人男女老弱，亦出而布告其所受之压制，呼求朝鲜之独立。第公理不伸，人道无存，吾辈因此反遭殴打，身陷囹圄，白刃相加，枪刺相触，握发拖曳，室家被毁。每值星期，不许集祷，苟答诘问，告以基督信徒，则拳棍交下，多被击毙。但吾辈仅举空拳，向天呼号，为国家，为自由，为公理耳。诸君其哀怜吾辈，而承认朝鲜之独立乎？其阻止此惨刑，与日本不公允之待遇乎？此函或未能直达和会。呜呼！其亦有人读之，伤吾辈之痛苦，而转告和会者乎？余等幼稚，此函措词容有差误，尚希鉴原。吾辈既无权力，且告诉无门，惟信托上帝，当可感动诸公垂听吾辈之言，此则吾辈所祷祝者也。尤有进者，吾辈有未能始终坚拒日本之威胁者，被逼署名于请求韩日合并之文，此非出于真忱，但系日本狡计。大美利坚总统威尔逊君乎！吾辈视君恍若慈父，其垂听吾辈独立之宣言，而转告世界，是所祷也。

一九一九年三月十日 朝鲜女学生上书

（原载于《申报》1919 年 3 月 25 日）

韩国独立团致美议员团书

——表示独立团员一百万人之意见

［韩国］赵孟善

美议员团过东三省时，韩国独立团代表赵孟善曾面递陈情书一通于该团，并与该团领袖为四小时许之谈话。兹探得其陈情书如左：

大韩民国十三道独立团员一百万人民代表赵孟善等，谨具深冤至痛之情，敬陈于阿美利加合众国上下议员、东洋视察团诸位先生之前。窃谓自由，人类之生命和平世界之至宝也。使人类之生命被人之压迫蹂躏，至于有自由幸福而不得享，虽一息仅存，亦必复仇反抗，奋起力争，以恢复其原有之地位而后已。自十八世纪以降，军国主义（即侵略主义），震荡宇内，几致天地尽含杀机，人类和平泯乎渺焉。所幸天道好生，乱极思治，联合国和平会议席上，贵国大总统威尔逊提倡民族之自决主义，特立正义人道之旂帜，辟除军国主义之罪恶，使与独逸皇帝同归昙花泡影，幽伏于荷兰片陬之地。当此之时，我韩人由良心上之觉悟与时势之要求，疾走号呼，谋脱离日本之羁绊，内而韩国三百余郡之男女人民，外而海外之侨胞寓公（如日本、俄罗斯、中国、美洲、英吉利、法兰西等），莫不一唱千和，寰球响应。噫！此种掀天揭地之动作，岂一时人力所能为，要亦大势所趋，神实定之耳。夫我韩国富有四千三百余年之历史，为有统系之古国，二千万众为神圣之自由民族，开畿于亚洲东畔，独立国家早为先进列国所公认。如《修好通商条约》中所载，认韩国为永远的独立国家（一千八百八十二年五月〔十〕廿〖二〗日《韩美条约》、一千九百二年一月三日第一次英日同盟等），皆明诸笔墨，昭然俱在，岂容外人垄断者。可恨厥后日本蔑视列国之公义，潜以欺诈暴力吞并我韩为己有，冀先以遏抑西势之东渐，然后可以席卷东亚。呜呼！阴谋欲壑，司马之心，路人知之，亦已久矣。我韩人此次独立运动，非为创设国家，乃光复我原有之独立国土与我人民之自由权利，理正言顺，孰能御之。然自去岁三月一日宣布独立以来，日本之蛮行刻毒变本加厉，我韩之志士妇孺死于非命者五万余计，陷于圄囹日受苛暴者五十万余计，是皆报纸之所宣腾，勿待言之而后人知者也。日政府自知恶闻暴行无可或讳，遂急以废止朝鲜总督制及优待韩人，卸去笞刑诸语扬言于外，作其掩耳盗铃之计。实则所谓朝鲜总督政治改善者，不过将宪兵政治改为巡查政治；所谓优待韩人者，不过择韩人中最凶恶好杀者，厚其报酬，使其为虎作伥，以祸同胞耳。此外尚有所谓日韩融和团者，该团之组织法为捕致多数无知之农民，强迫其署名于融和团簿籍之上。谁知欲盖弥彰，此种卑陋举动，诚不值识者之一笑。后遂扬言曰：韩人甘愿归化，以欺世人之耳目。虽然，我韩人精神上满含自由性之独立国民族也，其不能与异族同化，正犹走兽之不能群于飞禽。夫以同一走兽，且有麒麟、狐狸之异居；同一飞禽，尚有鸿鹄、燕雀之分处。动物犹然，况人为万物之灵乎？夫日本之于我韩族，为灭人道正义之雠仇，虽至千百万世，且绝对的不能同化也。岂经此摧挫，而遂易其初衷哉？按今日言，日本之强权不摧，则世界之公理为空言。然则我韩此次之独立运动，赤手空拳，高举太极国旗，口呼大韩万岁，为守正义人道，表示不服心理固宜。惟彼日人不自省悟，我韩人不得已，惟有变其对付之方，以大韩二千万之民族，取最后一人、最后一剖之决心，恢复原有之地位，以造东亚之和平。若是，则东洋局面，兵连祸结，第二次之欧洲大战起，东亚之惨祸肇。然则谁任其咎？一则日本之怙恶不悛，二则主世界之人道者失其责任耳。伏愿诸君，详察此情，主提公道，而尚以此情此境，介绍于联盟各国人民，使知我韩国之水深火热，与独立之原理，而多与以援助，则不胜泣血恳望之至。

大韩民国二年八月日①

大韩独立团代表赵孟善等三十五人

（原载于天津《益世报》1920 年 9 月 8 日）

---

① 原文日期有缺。——编者注

韩国女界的血泪

[韩国]大韩民国各界女代表

美国议员团过韩的时候，韩国的人民狠表示一种呼吁的挚情，女子加入的也狠多。下面这封信，就是韩国各女界代表上议员团的。信里所说的，都可以表示他们牺牲的痛苦和奋斗的精神。

我们对你们说这些话，是韩国可怜的女子们。我们所尊敬亲爱信靠的，除了大美人民代表国会议员诸君没有别人了！在完全无人道无正义的世界中，惟有你们是同情的。你们来吊慰我们为争自由，成了血红的足迹；我们用血泪感谢你们诚恳的恩惠。

噫！你们所经过的，没有一城一乡不是用我们的泪洗了的。你们所踏的地，或是用我们的血洁净了的。那监狱、警察署、宪兵队，以及我们格外的从日本人手中受了无礼的暴虐；牢狱的墙和地板，曾被我们最悲苦的热泪调合过的；一切默然的惨刑，你们大概没有看见的。你们所经过的京城和平壤及乡村，就是我们被日本人握发引去的地方，和受日本人枪刺苦痛的地方。你们在街上所见的那柱子，就是我们被捆在上边受过鞭打的。请问一问被逮捕过的女子们，你们将要听见这同样的暴虐和痛苦的故事。我们被强迫着在日本人面前赤身露体，被踢被掌，不算什么，惟上帝晓得，我们好些人苦至被烧红的火箸烧过，怕你们文明的国民，很难看得见的。

我们实在受了这大不幸。因此我们忍不住把我们的悲伤的故事，述于你们听，并且如此激刺你们的感情。我们受了些侮辱，仍然生活，是无体面的，和下贱的。但是祈求着我们能做什么？我们能控诉于谁？谁能胜过至高的上帝和你们呢？对你们这重公义爱自由神圣一般美国人民代表，靠你们仁侠的名字，神教徒的慈悲，和你们祖宗遗传下来大主义的名字，因此我们才敢控诉于你们。这是正义，请你们耳听一听我们切实的恳求！我们的眼发欢喜的光辉，我们的心志忐忑的激刺，当我们正在苦难中间，看见从美国发来有希望的光线！

我们多少万兄弟姊妹父母丈夫们，被日本人枪毙了，被日本人的铁钩烧死，或被日本法律下的重棍打死。我们之中——除了他所爱的一个，没有一个不被他们捉去的。诸位呀！你们在我们韩国三千里半岛中，随便询问我们那些人。他若是一位老妇人，那应[么]他一定失了〔失了〕他的儿或女；若是一位青年妇人，那应[么]他一定失了他的丈夫；倘若他是一位幼年的孩子，那应[么]他一定失了他的父或母。你们能不看见我们最爱的国土，是充了忧愁。我们全体的眼睛，都充满了疼痛的泪。我们憎恶日本人深入我们的骨髓中，我们想望自由充满了我们的胸怀。为的是这事体，并不为时间的萎靡，和易忘的势力，破坏这心愿。就是你们祖宗所传留到后代的“自由或死亡”，是在我们的口上，直等到那生命的光离开我们的时候。

日本人用最好改良的伪法子，更要压制我们到死地。有时候他们用武力和惨刑，我们韩国爱国的弟兄姊妹们，被杀死不够，尚且不法的占领我们祖国，自然这是万不能够的。

我们韩国民族建国以来，现在四千余年。我们永没有被异族管理过，除非我们的皇室与中国照例纳贡。那好像一件礼让的事情。比较的很适宜。国民有这样古代的荣耀，他常常的藐行憎恨日本人。在这一切民族自由和解放的时代，他们不能甘受日本的支配，虽然有利益有方便，亦是不行的。倘若现今这理性不错，日本人的战术，再过十五年，就可显明他们自己在韩国，是无用的。那时候的最好的记忆，就是我们对日本国人继续的憎恨；日本人用尽心力胜我们，仅增加两民族中间的不幸和仇怨，并且他们是延长世界的不安。

我们昼夜图谋仇视日本，和怎样恢复我们的祖国？他们虽然吸尽我们的乳，倒是叫我们浸润着永远憎恨日本人。我们自己牺牲一切，有机会我们还要自由和独立，我们宁死也是韩国精神的自由，较比活着为米克杜的百姓强得多。

我们那些韩国弟兄们，仍然活着寻我有国死的好法子。使韩国独立，子孙得自由，死生一致。你们诸君所实践的地，不久要被我们热血染红，请看看我们实在的情形。在活着的一些人脑中记忆的，你们的祖宗为释放黑奴奋斗，近今你们为民治为人道血战；我们为那些亲近我们自己的仇敌，如何禁止我们流血呢？

但我们是孤立的、软弱的，并且我们必需用辅助的。试问我们现在要从何处得这助力呢，无他，仅有天上的上帝，和地上的你们诸君！

伟大的国民——头脑的代表！美国议员团诸君！你们听见我们死命叫呼么？

西历一千九百二十年八月
大韩民国各界女代表 上

（原载于《解放画报》第5期，1920年）

朝鲜民族代表通告日本书

[朝鲜]崔南善

积有年所之世界惨祸，方见止戢。天时人事，共迎新春，实四海之所同庆也。究竟胜利，终归于标榜正义。人道之联合国方面，以全人类之完全幸福为其标的者，试行有史以来世界的大改造也。使牺牲于威力之下者，付与无限之希望及勇气也。道义替代强暴，理想符合实行，今后世界，决不许一切暴戾之压制苟且存在也。彼因习的政治家，以功利野心，驱东亚两民族入于误路，为不自然、不合理之状态者。今已根本的改善时机到来矣，内则将撤互相日深之怨沟，外则顺应遏住不得之世界大势，实乃时代之归趋，不可免之事实也。

至于今日穿凿昔日两国合并，真动机之如何，诚无益之事。只就两国皇帝之诏书与庙堂之宣言，表现其并合目的而论之，十年间实绩与今日大势，不过确证其并合之无意义、无道理而已。确保国内之秩序，扫除民心之危惧，以维持韩国之静谧，增进韩民之幸福云者，乃并合时最先标榜语也。然而，自并合前数年，韩国内地之安宁秩序，几陷于不可收拾之境，实基因于保护制度之施设为民族的不安也。至若被诬于暴徒之名称者，大概山林读书之士之激起也，解散军队之系统的行动也。

于古有历史的怨嫌，在今受现实的耻辱。以势则无对抗之实力，而依义则为力抗之举者，对于国家及主权之良心正当发露也。故韩人毫无负其骚扰动乱之责任者。且使韩人言之，则惟有拥护其濒危之国权外，无他，何等尊重秩序也。乃以并合而除此者，反招添油消火之结果，理所当然也。姑不论两国并合之根据有无，而以强制欺瞒之一片空文，一朝抢夺五千年历史之权威，二千万民族之生荣，则以韩人穷天之痛，澈骨之恨，欲打破现状，恢复正权者，尤秉彝所在，恒久不可渝者。故其结果扰乱日人，所谓秩序静谧者，自然之势也。于是乎武断政治生焉。滥用苛酷之警察制度，以权力为主，则韩人之郁念益蓄积，危险愈滋长，激成不平反加于日人抑压之高度。以此现状，乌能释疑惧之念，而有幸福之可感者乎？设使日人对于韩国自初确守信义新政方针，措置得当，而以累千年来自主的政治生活之吾人，决不以自己生活与运命委托他人之手者明矣。况以两国关系实际发展见之，自一八七六年《韩日修好条规》以来，如《天津条约》《日清宣战书》《暂定合同条款》《日英协约》《日露宣战书》《韩日议定书》及其他多数公私文书，日本每有机会，辄以保全其独立与领土之大义夸张于世界，如有德色于韩人，一旦得势，弃前约如弊履。加之并合以后，所谓新政彻上彻下，只有威压差别，统计上虚饰殖民地的利用而已，如有多少问可见之成绩，此即自然的文化过程与连年丰稔为经济之缓和故耳。至于根本的治安，与吾人前途所希望满足之生存及自尊心毫无供给，然而急于功利之为政家无前后之考虑，若非梦想于永不合理之同化，即妄断实力不及之财政独立而已。至于完全基础、永久福利毫无留念，则是岂半万年历史民族所能忍受者乎？并合之未成也，日本上下以友好之盟邦为俎上之肉，肆言无忌；并合之既成也，公然祝贺其征服之愉快，吾人之良心对此耻辱宁无感愤哉？且其新政施设视吾彊[疆]土以殖民地，遇我同胞以土昧民，观于彼之学者讲说、政治家施措、一般民众态度，可以一例证明也。使吾韩人陷于被征服者之屈辱，动辄危惧，然吾人之神经对此胁威，未尝顽钝也。鸣呼！吾人以历代世守之肥沃疆土无偿而提供，以尊严国家之主权供其牺牲，而所得只此专横与苦痛而已，则对于新形势不能安身立命，亦理所当然也。日本动辄以吾人对于现代文明而有能力之差异者强为蹂躏，吾人正当权利之口实，然此非但地理上有关，而亦于时势有关焉，则专责于民志失之甚酷也。且吾韩人撤数千年以来之重闭帐帏，而以新想思、新希望，欲并驾于世界文明之大风潮，方进门外一步地，而猝以暗电落下，使吾神魂惊飞者，非日本耶？若是乎外来风化日益急激，吾人正欲淬励发展，而日人之加以障害阻滞者多矣。彼为政家之只营姑息的治安者，或现于教育之畸形，或现于信仰之威胁，内则妨害心灵之发展，外则对于世界的交涉之一切机能尽力断绝，则吾人之发挥灵能向上进步，殆俟河之清也。

鸣呼！对此排出一切之韩人而更求牺牲者，何耶？对一切被拘束之韩人，勿论何事之可能努力，而但以无限之顺从与忍耐责之者，极其不合理、不自然、不公义之状态，而欲使吾人认其为幸福而感谢之乎？认其为贵重之产业而遗与子孙乎？此等威胁之下，一向安住为吾人伦理的义务乎？如此错误之永久继续，足可为并合之价值乎？如此违反民族心理之两国并合，不惟永不能为韩人幸福，而且于日本之所期待者，决不能服为过去实绩之明白看破者也。且十年间新政，果出于日本之诚意，而其结果如此，则并合之无意，尤可以自证也。两国并合，主要目的在于东洋平和云。而所谓东洋平和之为物也，果要韩人之国家的牺牲与民族的不幸者耶？断绝韩人之国家的生命，果为东洋平和之永久肥料乎？盖真正之东洋平和，确以公义建立于共存主义之基础者也，决非以一国欲望与一时势力恣其吞噬而成立者也。世岂有以爆药奠其基础而建筑安固者乎？故两国并合，只为东洋平和之不幸而已。以此谬论，断行此并合，可明证其思虑之不贤明也。不宁惟是，现露国已崩坏独逸，已驱逐侵略主义，军国主义既为历史上古物，而东洋平和之胁威，亦全然除去之日也。则并合意义，尤归于一层虚无者，而对于今后之韩人，强其以自己生存权永久卖却者，何故？其理由之不合者，不得不令人苦恼矣。且两国之并合，关于东洋平和而为最有害之大祸因者，中华民国人之于对日本而心理的变迁，即最有力之证据也。

自日清战争得国际上新经验之中国，至日露之役告终，而对于日本只有猜疑而无他念矣。

日本对于韩国，食金石之盟约，徒以威力强行并合，故中国人尤觉其阴谋，益怀疑惧，殆成中韩之共同确信矣。盖最近十年间，中日之种种交涉，缺于圆满而入于龃龉者，实并合为其教训也。且中日亲善之声日盛，形诸公私文书者多，然中国人反动之炽热，正为反比例者，以其戒心在于韩国之覆辍[辙]也。宁一转而联于欧美，决不与日本提携，故今虽有何等大政治家与何等大经纶，而决难挽回中国人之心理也。假令日本永得韩国，而其利难偿乎全失中华之害矣。又日本对于满蒙有莫大之期望者，而因并韩而有绝大恐怖之念者，尤明确之事也。

呜呼！以并韩之故，而东洋全局因以缺裂，互相反目，毕竟共倒于白阀横暴之下者，日本实任其咎矣。且内则对于含愤蓄怨、见机思离之民族，而加以军队警吏威压而已；外则使中国之四万万人，抱永久危惧之念，上下一致，厉行排斥，则东洋之共存原则，永无到达之余地。鉴此恐惧之情势，匡正两国之新运命，即目下最大紧事也。今日吾人一步之得失，即系日本之支柱东洋平和破坏者也，亦使韩国为东洋平和之安全瓣与喷火口也，岂非戒慎者乎？专以日本自卫上观之，并合对于日本国体而带深重之危险者，达识之士容易看得者也。盖韩人有长久政治上经验者，而同时民族的自觉益益炽烈，则虽加以何等抑压钳制，而难以锢闭吾人之本能矣。又加以何等掩蔽防遏，而于新世界思潮之董染感受，则未如之何。吾人运命以自力处理，只不过时日问题而已，若不幸而为暴力所制，不得达其理性，则惟有现出其不平不好之形式，而无他道也。因此而韩人自然趋于极端，以过激思想为其巢窟，以危险行动为其职业，直接间接对于日本而贻多大之胁威者，亦可想象矣。且对于自己之地位与历史之运命，而有正确自觉之韩人，以其稳当方法行其意志，而终陷于不得之境遇，则为其生存与尊荣，而何等手段不择而为之，亦当然之归势也。且国际联盟之成立也，则人类历史上正义之进行，益强其步调矣。日本若以皮相为大势和同之变装内容，则以侵略的大陆发展主义为其主张，墨守军阀派之恶习，并合韩之实绩，不力于矫匡旧误。当此世界改新之日，独持旧式帝国主义，则全世界疑念，悉集矢于日本矣。然则以此孤立独性，对于世界的地位，足可为光荣乎？且日本之将来，不止于大陆行动，而进于太平洋方面，则目前有二千万异族之怀怨者，背后有四万万比邻之憎恶者。日本自卫上之不安，莫此为大也。诚欲笃邻谊而得其后援乎？抑欲结怨敌而不释后虑乎？此其利害之切于两国关系者也。盖并合后之政策曰同化，而日本之多数政治家，固具此可能之信念者。然而求精神的融和之同化，较威力成就之并合，尤觉其难。五千年历史之观念，岂一朝所能销灭？二千万之民族性，岂一朝所能丧绝也？或者以日语普及之速度，断言同化之不远。然今韩人之仅解普通日语者，大约十万。而自日清战役后二十年，及并合后十年间，费了长久岁月，始有此言语普及，而非速率之所能也。且最近习俗改化之激甚者，实因世界风潮之趋势也，则不可以言同化策之奏效矣。且就不可能之方面，反复考察，殆指不胜屈。以德性言之，韩人有大陆性，日人有岛国性。以社会基素言之，韩国本于儒教，日本本于佛教。以历史言之，韩国上下五千年，日本则不过几千年。以言语论之，音韵变化之丰约悬隔。以文学论之，表现范围之广狭迥异。韩人有世界的容量，日本有地方的贫弱。至以衣服饮食言之，韩国文化之高级，与日本实质价值之低劣，元有定评者也。至于新文化之过程，虽我韩少有落后云，而表现原值已高数等之韩人，岂肯同化于日本不诚实之方法耶？此只可口言，而实不可能之事也。盖两国历史之性，既有数千年继续之宿怨，而对于现在及未来，不仅经济上利害之冲突而已，并合政策，全然侮蔑我民族意志，而以一种市侩的猾智而成之者也。至于政教，专以威压的、差别的，贻我耻辱，贻我苦痛，实不能以威力而折灭，以岁月而磨溜者也。岂感激于若干残饭的小惠，而愿效忠顺乎？虽世代交易，而不能容易致之，况自一方由全世界之所驱，进而十八世纪以来，一切解放运动之结，实迫于目前者乎？设谓日本之对韩同化策，及于一二世纪，可收满足之效果云，而奈世界大势促成韩国独立出于迫近，何哉？且对彼速梦同化者，而加一大痛棒者。夫以五千年历史之国，而遽尔灭亡于他人，以二千万文化民族，而容易同化于异族者，果有实例之现于历史者乎？此在社会之原则，民族心理，而确固不动之事也。同化韩族，在日本固为要紧之事，而其奈太阳不为日本而西出，何哉？

要之，天下事惟势而已。昔年并合，昔年之势；今日独立，今日之势。至于今日，日本焦虑于同化者，虽曰今日之势，而吾人之宣言独立，亦今日之势也。在于昔日，而吾人于日本之并合，诚莫之在今日，而日本于吾人之独立，岂能遏住哉？今兹吾人此举，合于世界新运，应于时代新势，期欲得享生命发展尊荣之正当权利，而决非出于排他与一时之感情也。舍此而外，更无他意。日本由来多明达之士，今又一世俊英，当于要路，亦能认得今日大势，日趋于己之四围矣。自由思想与民族主义之世界大思潮，以怀襄之势，风靡一世，则虽无美总统所提倡，国际联盟之保障，而从此世界历史之面目，一新于此原则之下者，亦无他道矣。且天下大势之变转，既不能防遏者，至为明了。虽无今日吾人之要求，而两国旧来之错误，不可不急为改善者，亦不待他人之言明也。然则理义两者之的确明了，既如此更用架叠，难免迂冗之识矣。今吾人体我二千万全民族之期望，合我二百万大集团之诚忠，为祖国兴复首揭义旗，对于日本朝野，不可不持续过去现在未来之友谊，则披沥吾人本意，乃为正当。故敢摭芜辞以促明断。莫谓我孤，十六亿良心皆后援也；莫谓我弱，二千万心力尽武器也。呜呼！世界方趋于正义人道上，而欲遂其一大复活，则韩国及韩人，今也对于生存尊荣，有彻底之自觉，不必重言。时代则已改化矣，韩人则已自觉矣。

朝鲜建国四千二百五十二年三月一日

朝鲜民族代表 孙秉熙 李升熏外二十一人

右两篇系崔君南善之作，而各国报纸均同声赞美曰”真有德者之言，为华盛顿《独立宣言》以后第一文字”。美人某报对于“生存尊荣”四字反复赞扬，以为二十世纪新救主出现云。

（原载于《新韩青年》第1卷第1期，1920）

来函

[韩国]张如 等

东省住居的华籍韩人张如君等寄函本社，兼付其悼祭今次遭难同胞文及泣告中国同胞书两则，惨痛情状不忍卒读，兹载原函如下：

《震坛》周报主笔先生大鉴：

敬颂贵纸环宇宙如镜，大报体春秋作笔。

敬启者：

鄙人等移住东三省，以耕种为业，至今秋所遭，可谓东西古今未曾有之惨状也。大抵日人之性格，虽曰蛇蝎其毒，岂有如此番狂悖之不可形喻之大惨虐乎？敌之所过，无不残灭，或祖孙同杀，或父子并戮，以妇示其杀夫，以兄示其戮弟。丧主抱魂魄箱逃难者，遭兄弟俱杀；产母怀襁褓儿避祸者，被母子同戮。其外许多，何可胜言。鄙人等亦罹其刀枪之中，万死一生，仅获残命，虽有所闻所见，尚在如梦如醉。伤弓之鸟，精消神弛；不文之记，意失理漏矣。又昼伏夜行，囊空手赤，脑有千万之至冤极痛，无处可诉，末由登报矣。只以呻吟郁郁，往来水滨，幸蒙大报出现，世政网罗云。兹岂非我等所遭颠末，宣布世界之真路耶？敢述二章文先呈，伏乞插登贵报，使天下有耳目具心腹者，急速相会，共图复仇之地是荷。

张如等 启

吉省延珲一带、奉省柳通一带惨死人追悼祭文维年 月 日，同胞张如等敢昭告于吉属延珲一带、奉属柳通一带惨死同胞诸位灵前曰：

呜呼痛哉！呜呼惨哉！自古为国捐躯者，何止百万，然从未有如诸位老幼男女之惨者也。夫四海之内，杀人夺财者，虽间或有之，其惨忍之心，亦有如三岛倭寇之甚者乎？呜呼痛哉！诸君之生之不淑也。方诸君于未捐躯之前，自以为逃难中国，以延珲及柳通各地，可为武陵、桃源也。不意阴贼险狠，竟相踪至，殄诸君于睡梦之中。呜呼痛哉！诸君生有何辜，死有何由，竟遭此毒手乎？然诸君虽死，诸君之亲戚友朋尚未尽死，犹可为诸君复仇也。诸君阴灵有知，试观此后我大韩民族，因受此番挫折，定能兴起，光复旧国，洗涤前仇，斩我仇首，奠于诸君之灵前，摘我仇心，烹为佐酒之用。是时方见我大韩人民有男子气焉，方不虚负诸位此次捐躯之义也。设事有不济，匪特吾等有负圆脑方趾之人形，即死亦难见诸君于地下也。谨具酒浆，奠于诸君之灵前，使诸君拭目以待吾等光复也。呜呼哀哉！尚飨。

中国东三省各地住居、归化韩民张如等，谨拜泣告于我中华民国同胞诸位，及世界各国兄弟姊妹诸位之前：

鄙人等素以韩国之民，因祖国失亡，聊生无由，移籍于中国东三省各地，垦殖农业营生，尔来十余年于兹矣。大抵韩人之逃难出外，侨寓生活者甚不少，有之俄国者，之美国者，或之英之德，与其他各国者等，其数何止百万。既入其国，自宜遵其国法，随其资格优劣，与其国民同受权利幸福，此乃向化者之古今通义也。今兹归化我中国之韩人，将几百万，又安得不然哉！所耕食者，皆中国之土地；所学习者，皆中国之文化也。衣被雨露，已将一代，感戴厚恩，可谓山高水深矣。乐国乐国，爰居我所，此地诚我等之乐土也。不意今秋，日本政府暗怀灭族之凶策，凭借胡匪之衅，任意纵兵于我住居之东三省各地，以狂刀暴枪横戮我无罪之民命，不分男女老幼，不论中韩人民，一律以白刃相加，死者已七千有余矣。而又放火家屋几千余户，使其将卒窃盗民财。其外许多暴行，不可形喻，而以大略目击者举之，所谓生埋、火烧、釜烹、解剖、穿鼻、穿胁、钉四肢、剖腹、斩首、凿眼、刮皮、腰斩、断手足，以及其他枪杀、刀杀、杖杀、缚杀、拳杀、踢杀等各样各色之惨刑，无所不有。万古东西洋未曾有之惨刑，皆于此见之。虽猛兽毒蛇，亦不能方此无人道之凶行。呜呼痛哉！天地神明日月之间，岂有如此之恶政府能容于一日一时也哉！昔者日本政府既尝以欺我中国为心，所受之祸，不过割地而已，赔款而已。今乃不然，竟敢外以明目张胆，内以暗赂贪官，强侵我疆土，争戕我民命，较之前者，益令人难堪矣。惟我中华民国以堂堂共和国之土地主权，岂能受此种侮辱？自宜向日政府严重交涉，要求其赔偿所损害我之生命、财产，决不容贷。鄙人等亦受害者同胞中一分子也，亦参观者也。方祸作时，鄙人等突破重围，舍命奔出，幸保残生逃至某地。敌势蔓延之余，人不敢举头，此冤此仇，无地可诉。自思惟我中国同胞可与共理，故备述惨状于我中华民国诸位同胞之前，冀拔刀之助，慎弗作壁上之观。须知我韩人之入中国籍者，岂非国亡之所致也？于今艰苦备尝，我中国同胞不急早为备，使中国再蹈韩之故辙，使籍华之韩民遂至再亡之奴，则岂不更难堪乎？是以登报宣布我中国及世界各国，祈我中国同胞注意是荷。

（原载于《震坛》第 9 号，1920 年）

吊安重根义士并告两国人民书

[韩国]同人

回溯十二年前今日(乙酉阴历十月一十五)韩国义士安重根狙击伊藤于哈尔滨火车站,举世壮之。夫伊藤博文与韩为不共戴天之仇,韩国人民欲得而甘心之固也。然安重根之徂[狙]击伊藤,岂仅为祖国复仇计,实划除世界和平之公敌。其功非特为韩歼仇,更为东亚保和平之局也。安重根之一击,其功业亦云伟也。

日本之垂涎中国者久矣,而并韩以后,两境接触,其野心益炽。乙巳年,伊藤乘战胜俄国之余威,统监韩国,即所以觊觎中国。至己酉年,复为满洲之行,将会俄国大臣,以处分满洲,且轰传更进而监督中国财政,移韩国统监而以之统监中国。是伊藤满洲之行而告成,中国即将为韩国之续矣。而中国人士昧于大势,茫不加察,不知大祸之方将作也。而安重根独任巨艰,奋身一击,伊藤授命,日本联俄处分满洲之阴谋因而暂戢。然则安重根之击伊藤,其在韩不过为报优,而在中国则有扶危为安之大功。非然者,恐东亚大局归日人掌握久矣。观此,则安重根者有功于中国,良非浅鲜,所谓以一身击[系]东亚之安危者也。呜呼,安义士就义,而安义士之精神,长留于大韩山川之间,此韩人之不死,而韩国之所以非终灭亡也。

然中国人士对于安重根义士建莫大之功亦知所以酬之乎?同声相应,同气相求,中韩关系之密切,固应如此。今日中国人民宜力助韩人,以恢复其祖国,回复其自由,即所以酬安义士之功,而亦中国人民应负之责也。

(原载《震坛》第9号,1920年)

上中国政府请愿书

[韩国]申圭植

三韩被并以后，国交自然断绝，而韩人之复国运动无或间断。子房之椎时闻，包胥之泪未干。惟国际的运动，惜无时机可乘，而适欧战告终，和议将开，此时各界人士认为千载之机，奔走各国筹划活动者，颇不乏人。

民国八年十月，韩代表突现于中政府，先接洽当道及两议会，后乃以正式公文提出韩国独立援助及要求承认案，于是通过于军政府之政务会议。日者，韩国独立为世界问题，类多公然赞成，无所谓讳秘，然尚有须慎重，故经过详情及当时赞襄诸人之名氏，另俟他日发布。兹探得提出书刊登如下：

韩国〖新亚〗同济社总代表申〖圭植〗，谨代表我二千万卧薪同胞之良心，挥泪请愿于我最亲爱之友邦，大中华民国军政府诸大总裁阁下：我韩之在东亚，犹西欧之有巴尔干。巴尔干之棋局一日不定，即西欧之风云一日不息；犹我韩之独立不早一日恢复，即东亚之和平不能早一日实现。今者，由巴尔干所发生之导火线，经世界诸大国仗义拔剑，合力奋斗，费四五年之精血，始为扑灭。惩前毖后，惟恐根株不尽，死灰终有再燃之日。乃倡议世界各民族被人束缚之小弱国，恢复其独立自由，以保永久之和平。如波兰，如犹太，如菲律宾、爱尔兰等，有已见诸实行者，有待此次世界和平会议后宣布者，亦不知凡几。伟哉斯举！真救世之根本也。虽然，此犹西欧问题之小结束。若语夫世界大和平，非将东亚问题乘此时机，一同解决，恐战云之起，即在目前。但东亚问题，虽甚复杂，而提纲挈领，莫要于我韩之独立恢复。盖我韩之位置，东洋之义大利也；我韩之文化，欧洲之希腊也。历史有四千余年，人民有二千多万。自经日本以强盗剽窃法，阳言保全，阴存欺诈，将我韩之政权、国产骗劫到手后，即夜郎自大，暴厉恣睢，至欲鲸吞全亚而有之，故东亚之巴尔干遂为世人所注目。若我韩一复独立，则中华无东顾之忧；我韩有西邻之助，如兄如弟，携手同行。欧美不虽翘企，又何言乎中日之轇轕？东亚既已相安，更何有乎世界之纷扰？惟兹事体大，我人深知，不早自准备，万难借仗义者之口实，乃内而提唱大同团结，组织最高机关，外而游说欧美列强，使了解我人之志愿。幸蒙天眷，我韩人之真诚，欧美各邦均被感动，除秘密赞助外，并允此次会议，将我韩人复国之决心布告万邦。窃思我人问题，究属东亚范围以内事，欧美人提出，究不若我东亚友邦首先仗义，既确切且有光荣也。现在东亚堪膺斯肩者，舍贵国其谁属？用是不揣冒昧，缮书上呈于诸大总裁阁下，恳祈远念壬辰保障之功，近惩甲午丧败之耻，并根据《乙未中日条约》第一款及《己亥韩清条约》第一款，志切同仇，义仗讨贼，一面由贵政府先承认我独立，一面嘱贵国大使，将东亚大局之关系与我人现在之情状，恳切陈诉，公诸裁判，则正义人道之神威尔逊不能专美于前矣。临颖惭恧，不胜迫切待命之至，伏祈钧鉴。

另附说帖，洋洋万言，姑略之。

又对北京政府，亦以同济社名义请愿，由代表韩兴与李光等呈递，文义略同，故不赘示。

（原载于《震坛》第6号，1920年）

上孙中山总裁书

[韩国]申圭植

中山总裁先生阁下：

自我韩被日人强占后，即亡命来华，追随先进诸公，惨淡经营，组织团体，图谋恢复。种种苦衷与希望，谅在洞鉴，无庸烦渎。且去年先生在大元帅职内已具秘函（即预筹运用列强和议及关于东三省事），托秦议员广礼代达，知已邀赏。兹者世界和会开幕，美大总统威尔逊方以自主自决主义号召天下，而闻风以兴起者、实现者，经已六七国。我韩东亚之巴尔干也，先生东大陆之华盛顿也。于此千载一时之机会，对我韩国定抱特殊之同感，必有相当之援助。除上书贵国国会军政府外，特肃此恭呈，恳祈扩改建新华之心，以助我韩独立，则先生之博爱与威尔逊之自决主义，照耀于寰球之日也。不胜顶礼拜祷之至。

申睨观 谨启

附呈上贵军政府公文与说帖。

（原载于《震坛》第6号，1920年）

韩国临时政府致中国国民书

——希望中国在华会提出韩国独立

[韩国]申圭植

韩国独立问题，提出太平洋会议。前日北京各团体国民外交联合会，于中央公园开大会时，提出讨论，一致通过，拟积极督促我国政府及出席华府会议代表，切实进行。兹闻韩国临时政府，又致我国国民一书，表其恳切希望之意，录其原文如左：

大中华民国各法团、各报馆公鉴：

敬启者：

敝邦与贵国壤地相接，历史上关系极深，休戚相关，最宜互相援墟。方今东方各邦，无不受帝国主义所侵略，敝国已助茹痛无极。所眈眈虎视者，惟在贵国。自卫之术，宜早讲求，而扶助敝邦，即为自卫要务。现在太平洋会议开幕在即，敝国拟派代表到会，而所望于贵国者，则根据国际条约，提出韩国独立问题。倘能通过，不独敝国之幸，是亦贵国实时自救之良策也。巴尔干问题引起欧战，敝国今日地位，与西国之巴尔干情势相同。东亚战争一起，贵国首当其冲，无可为讳，自当首将敝国问题提出会议，预杜狡谋。务恳敦促贵国政府实力进行，于自救救邻，两有裨益，不胜盼祷之至！

大韩国民临时政府国务总理代理外务总长 申圭植

（原载于天津《益世报》1921 年 10 月 19 日）

致首都民众反日救国运动大会函①

[韩国]韩国唯一独立党南京促成会

首都民众反日救国运动会公鉴：

敬启者：

此次日人公然违反国际公法，出兵山东，侵害贵国领土主权，惨杀外交官及军民，防害国民革命，闻甚愤慨切齿，部心不觉毛骨俱耸。彼故意破坏东洋和平，扰乱世界安宁，正义人道所不容，世界人类之公贼也，此蛮行日人要亡之先兆也。我们中韩两民族，盍兴义师，讨伐人类公贼，以昭公理于天下乎？数十年来日人侵略中韩两国，压迫中韩民族，到了现在，已达极度，我们中韩民族再不堪忍受如此压迫侮辱了。彼日人与中韩两国不共戴天之仇也，若不打倒日本帝国主义，则我们中韩民族不能自由独立于大地上。我们中韩民族要得自由独立，则日本帝国主义不能存在于东海岛中，所以我们中韩民族与日本帝国主义势不两立于东亚大陆上。为中韩民族生存尊荣独立自由计，为正义人道计，为东洋和平及世界安宁计，我们中韩民族武装起来，联合革命战线与日本帝国主义决最后一战可也。深望贵会领导中国四万万民族以革命精神，以革命手段，作最后劳力，吾韩民族誓死同进，以求贯澈。此颂

公绥

韩国唯一独立党南京促成会执行委员会 谨上

（原载于《中央日报》1928 年 5 月 13 日）

① 原标题为“韩国唯一独立党南京促成会致首都民众反日救国运动大会函”。

安昌浩先生告中国革命同志书

［韩国］安昌浩

痛斥日本横暴　力劝中韩协作

世界新闻社云：本社昨接韩国革命党领袖安昌浩先生寄来《谨告中国革命同志书》一通，照录如下：

在此北伐战事神速进展之中，统一中国，完成革命，指日可期，军阀余孽，命不保朝夕。乃倭帝国主义借口保护侨民，出兵逞凶，枪炮乱发，城池为墟，残杀军民，积尸盈野，种种惨状，闻之令人酸鼻。不但此也，再进一步，烧毁使署，惨杀外交官员，继之强占鲁省，阻止北伐，倭帝国主义之破坏革命，并吞中国之狂暴的野心，于以毕露矣。似此野心蛮行，凡有血气，莫不眦裂心痛，况我中韩两族，唇齿相依，休戚与共，恶耗传来，愤气填膺。倭帝国主义之过去罪恶，及现在横暴，于中韩已成为世仇，于世界亦为公敌，而倭寇之兴亡盛衰，与我中韩两族之生存发展，有反比关系。凡我同志对此首仇正敌，应有明白认识，对此敌我关系，应有切实觉悟，卧薪尝胆，枕戈待旦，力图与倭寇决一死战，必不难一雪大耻。昌浩因无能无为，愿偕三韩革命同志共赴大难，共同奋斗，以争一息之生存也。为今之计，内部之一致团结，及中韩两族之切实协作，为达到吾人共同目的之不二法门。国难已至，全民族应统一其意志，集中其势力，一致对外。否则，民族之生命无由而保障，古今东西各民族中陷于亡国悲运者，莫不由于民族意志之不统一。凡我同志，不问阶级，抛弃私感，力图团结，然后可防御外寇，保卫国权，建设新社会也。目下环视中国之外寇固多，惟其穷凶极恶，则为倭寇，此寇不除，中韩两族之生存必不能保障，而东亚亦永无和平之一日。际此危机，须先确立适切计划，以期达到目的，再进而力图中韩两族协同战线之完成，则中韩幸甚，全世界被压迫民族幸甚。中韩协作，喧［宣］传已久，因无正当办法，尚未实现，抱歉良深。诸位同志其共筹之；众志所在，何事不成，人心未死，正义当伸。尚望同志大加奋发，完成北伐，打倒倭寇，并祝中国革命早日完成。

大韩民国十年五月十五日 安昌浩 谨启

（原载于《中央日报》1928 年 5 月 20 日）

被压迫的韩人告中国革命青年

[韩国]韩国青年同盟

联合中韩革命民众　打倒日本帝国主义

中国革命的热血青年们，试看那野蛮、凶暴、豺狼一般的日本帝国主义者，他们全凭着武力资本及诡诈万变的外交政策，首先从最邻接的韩国政府着手，今日缔一约，明日夺一权，终至并吞我们的强[疆]土，污蔑我们的历史，摧残我们的文字、语言、习惯、风俗。数十年来，反抗起来的革命群众，病死狱中的以千数，暴骨原野的以万计，而他们的暴虐政治日甚一日。到现在，军队的增设啊，警察的扩张啊，监狱的广筑啊，淫刑恶法等疾出啊，言论集会的绝对压迫啊，移民的辐辏啊，简直的把二千三百万民族各层各级当作刀俎上的鱼肉了。

然而他们又何尝餍足？他们还是张牙舞爪的，猛向着中国这方面跑进来。台湾的强割，旅大的强租，满铁的强筑，二十一条的强印，其他种种事实，没有一件不在侵害中国的主权，图占中国的领土。他们的野望，是至少要把中国的满洲内[民]众充作自己的完全殖民地啊！当他们在急急地实行着这种计划之际，他们眼见的着中国四万万民众觉醒起来的革命运动，那可不眼红起来的呢？于是不顾一切而形尽露，一再出兵山东，以及今年五月的济南事件，惨杀外交官吏，屠杀无故[辜]民众，占领城池，颁出布告的种种事实出来。

在我们看来，任何帝国主义，任何野蛮军队，断没有这样专横残暴的行动了。要之，他们今日对待中国的方法，完全是二十年前对待韩国一样的技俩呵，他们已尽吸尽了韩国民族的血了，再进一步急要大嚼了中国民族的肉呵。

革命的青年们，日本帝国主义一日不打倒，中韩两民族的生命是一日不得保障的呵！所以，我们中韩革命民众要切实的联合，并力打倒野蛮、凶横、豺彼[狼]一般的日本帝国主义，然后韩国的完全独立，中国的革命完成，才可以早日实现。

中韩两国热血的革命青年们，猛省起来吧，进攻、向着残暴的日本帝国主义者进攻呵。我们的口号是：一，中韩革命民众团结起来，结实组织联合战线；一，中韩革命民众并力打倒日本帝国主义；一，中韩革命成功万岁；一，世界革命成功万岁；一，未来是归青年。

中国本部韩人青年同盟上海支部

（原载于《民国日报》1928 年 8 月 11 日）

廿周年亡国哀痛日朝鲜民众忠告我国民书

[韩国]北平韩人国耻纪念会

披露他们革命的精神甚为悲壮　希望中国青年与以充分的援助

上月二十九日为朝鲜亡国二十周年纪念，本埠韩侨曾拟举行盛大之纪念会，后以华租界当局为预防“九一”国际青年运动纪念，是时已宣布戒严，各种民众集会当在被禁止之例，本埠韩侨遂不能实现其当初计划。顷本社接到署名北平韩人国耻纪念会寄来宣言一纸，请求代为披露，内容既历述日本帝国主义之种种暴刑，复痛陈我国满蒙被倭奴侵略之实况，唇亡齿寒，大可促我国人之澈底醒悟，爰将宣言原文抄述如左：

二十年前的今日，是韩国民族的光辉的历史，停住了他的行路而知最后生命的日子，就是我二千二百万的民族，在日本帝国主义之殖民地政策之下失了政治上的一切自由而开始愚民生活的日子。现在日本帝国主义之暴政达于极点，强盗政治的苛酷的未曾有的经济榨取下，民众生活将制窒息，尤其是那艰苦的工农群众，悲惨的三重四重的抑压榨取之下，倒赴于饥寒交迫的切线。喷[愤]懑的反抗声激高澎湃声之日，又当到了悲壮沉痛的今日纪念。这悲壮沉痛严重危艰的今日，我们要纪念的是什么？我们要纪念的意义在那里？我们纪念今日意义是不在只要记认国耻二字，而徒以伤感悲愤流泪而空空的要过日子。也不是只要怒愤憎恶，愤懑日本帝国主义的非理无道而算了事，更不是只要认识理论上的方法及运动而完结了事。我们要纪念今日的重要意义，是为强调我们的革命意志，振作我们的克己、坚实、不屈、牺牲、猛进的革命精神而要纪念，也是为严正的检阅过式的革命战线，此正确的革命战略之下，要坚实的强固的编成革命队伍而要纪念；又是在劳力大众的中心革命力量下，连结一切的革命势力，要为准备全民族的总崛起总暴动的斗争而要纪念；更是要联合被压迫民族及被压迫阶级而在反帝国主义之下，尤其是在反日本帝国主义之下为共同奋斗抗争而要纪念。

国耻的第十周年爆发了三一革命运动，以后继续着屡次的革命运动的失败，与失败之一部原因，固然在日本帝国主义的政治上经济上的暂时的安定。然亦与失败的决定的要因，在于我们主观的革命势力及力量之微弱，没有工农群中[众]的势力的组织及参加，运动的范围只限于韩国局部的派军的争斗。仍然日本帝国主义的无限的抑压与榨取的过程中，韩国社会的急速分化过程中，世界革命潮流的进荡过程中，韩国的工农群众，已自觉悟了政治上的意识，已认定了自己伟大的革命力量与使命，而在民族革〖命〗的过程上，向着日本帝国主义开始了猛烈斗争，现虽在日本帝国主义之强暴的抑压之下，遂行了元山罢工、龙山罢工、农场小作争议等工农的英勇的斗争，日有发展扩大昂腾。

中国的革命同志们，现国防情绪有非〖常〗地纷扰错乱，帝国主义的经济自安定而跌落到矛盾，沉滞扰乱，破裂之今日，国际帝国主义把狰狞的目光转视到太平洋上，准备着二次的分赃屠杀的世界大战。恐怖的战云已弥满了东方，日渐浓厚凝集而到了暴发的前夕，日本帝国主义在这第二次世界大战中，帝国主义刽子手的役割计，以蛮暴的武力抑压中国革命势力，日本帝国主义今春的山东出兵及蒙满侵略的积极行动，都是他的前哨的挑战，犹是日本帝国主义增加军警于鸭绿江及荳[豆]满江沿岸而施行极残忍暴毒的屠杀政策，是不但要抑压韩国国内的革命势力，而且进而要实行第二次要讨伐满洲韩侨。现在中俄间发生了中东路问题之时，日本帝国主义竟然增加了一万三千名的军队于满洲，他的目的要是利用此千钧一发之机会，从中作梗，要延吉会铁路，并攫取中东路而扩张蒙满势力，巩固帝国主义的牙城，同时要屠杀侨居满洲的二百万韩侨。

中国的革命同志们，我们处在这种严种[重]危离的局面，中韩革命势力紧密的联合起来向着国际帝国主义，犹其是向着日本帝国帝国主义猛烈的斗争，才能得着我们的胜利，才能洗雪中韩民族的耻，我们高呼：

(一)洗雪国耻。

(一)反对世界第二次大战。

(一)反对日本帝国主义出兵蒙满。

(一)打倒日本帝国主义！

(一)全世界被压迫的民族联合起来！

(一)韩国革命成功万岁！

(一)中国革命成功万岁！

（原载于重庆《正声》第14期，1929年）

韩族同盟会敬告中国同志书

[韩国]韩族同盟会

呜呼韩国，以五千年文明旧邦，一旦不幸为蕞尔日本所吞并，韩人耻之，誓不共戴天。二十年来，为国家争自由而牺牲性命者，不知有几千百人。日人以骗术灭邻国，自知德不足以感人，惟有武力或能镇压一时，故派驻重兵，张其爪牙，占土地，夺产业，而制其死命。有反抗者，辄屠戮之，移其岛种而殖之，以图鹊巢鸠居之计。然三千万韩人，断非一朝一夕之所能灭种者，故对于全国学校施以同化之教育，冀将敌忾之心，潜消于无形，造就忠实之奴隶，以供其恣意宰杀，务使韩人俯首帖耳，永久不能脱其羁绊。谁意主权虽去，国魂犹存，自由已失，精神不死，民族自决，深印脑海，积怨既厚，爆发愈速。此次光州韩日学生，因细故纷争，全国百万学生，罢课相援，高呼独立，声震宇宙。日人以机关枪扫射，死伤不知凡几，系于狱中者，又不可胜数。学生以大无畏精神，勇往迈进，前仆后继，为其父母者，不忍其子女独当其冲，血肉横飞，于是同声呼应，举国奋起。今也，韩国独立运动，若决江河，怒潮澎湃，不达目的，誓不相休。彼万恶日人，残忍成性，对待徒手民众，专以虐杀为能事，又恐消息外扬，激起世界公愤，乃拘捕各报记者，钳制言论。现时韩人徒张空拳，日与枪炮搏战，穿胸洞腹，血染山河，势将男妇老幼同归歼灭，而其精神宗旨，无以大白于天下，致使相亲相爱如中国同志，亦无从悉其真状。仗义执言，乐予声援者，不甚多觏，同人悲之。约述概况，掬诚奉告，窃念中国同志已达于解放时机，又富于革命经验，正拟结合弱小民族，打倒帝国主义，则对于此次敝族独立运动，谅不至袖手旁观也。

（原载于《中央日报》1930年2月16日）

韩国独立党敬告中国同胞书

［韩国］韩国独立党

各报转交中华民国全体同胞均鉴：

日本自维新以来，侵略的野心勃勃，战胜中俄，并吞韩国，进侵中国，彼日本帝国主义者，目无人道，违反正义，日事炮舰政策，年年月月，屠杀我中韩民族，时时刻刻侵害中国主权，掠夺中国领土，政治上经罪［济］上文化上侵略政策，日久月甚，益加扩大。日本近三十年历史，完全是侵〔侵〕略中国，剥灭韩国民族之历史也。日本帝国主义者，何以如此日事侵略呢？因为有两种原因：第一，经济原因。日本本来岛国，山多野少，土地薄瘠，农产不丰，民食不足，每年只够足吃七个月，五个月粮食仰给于韩国、台湾[①]、中国，故已不能农业立国，且日本火山遍国，矿产稀少，煤与铁都缺乏，此等原料，均仰给于中、俄、韩。工业上最重要的原料，是铁与煤，日本缺此原料，故又不能工业立国。第二，政治原因。西与美国争太平洋霸权，北与俄国争满蒙利益，军事上经济上未尝不准备丰富的仓库（中、韩、怡［台］），若不准备丰富的仓库，则军事上政治上，不得维持日本帝国之地位。因此两种原因，日本帝国主义者，完全以捣乱侵略，保存其国家之生命，故日本帝国主义与别的帝国主义不同，日本帝国主义是日本民族之生命也，故日本终不放弃帝国主义，因此所以，日本帝国主义一日存在于三岛中，则中韩两国终不得独立自由，日本帝国主义一日存在于太平洋中，则太平洋终不得太平矣。我们明知此点，必深刻的觉悟，中韩民族，全体起来，作共同联合战线，非与日本帝国主义决最后战不可。外交政策、示威运动，不足以寒日本帝国主义的肝胆。我们此次革命，牺牲了数万同胞，彼日本帝国主义者，毫不觉悟，一味放［奉］行炮舰枪剑政策，继续屠杀韩国民众，拘捕下狱者达

① 1895—1945 年台湾省为日本侵占殖民时期，抗日叙事中有时作为单独个体。后同。——本书编者注

于十万，现在韩国境内，顿成屠杀恐怖世界矣。此种蛮行，正义人道所不容，天地神明所共恨，此乃日本帝国主义之慢性症，末日快到，我们赶快起来，共同努力打倒我们的公敌日本帝国主义罢！我们深信在太平洋政治进化中，世界上最亲爱的朋友，惟是中国民族，文化上地理上曾有历史的世谊，今在东亚政治上处于唇亡齿寒之地位，我们切实觉悟，为我们的自由独立，为东洋平和，为世界文化之进步，握手合作，共同奋斗，打倒我们的公敌日本帝国主义，乃中韩民族之使命也，东洋平和之幸也，世界文化之幸甚矣。

（原载于《中央日报》1930 年 2 月 22 日）

1931

—

1945年

给山川均先生

巴金

夜很静。似乎一切都落进了黑暗里面。重炮声突然隆隆地响起来了，接着是一阵机关枪的密放。我的房间起了一个轻微的震动。这时候我正读着你的“华北事变的感想”。我读你的文章，我并不是把你看作一位中国的友人，不过我知道你曾是一个科学的社会主义者，我期望你的笔下多少给我们一点正义。但是你却毫无掩饰地把你的另一种面目露出来了。我才知道真正到了你所谓的“剥皮”时期，一个“文化人”也可以一下子变为浪人棍徒。对于这个，我只感到强烈的憎厌。

你愤愤地提出了“支那军之鬼畜性”这问题，你骂中国人是“鬼畜以上的东西”。在你是极尽毒骂的能事了。连贵国那般惯于谩骂造谣的新闻记者也仅仅用了“鬼畜”两个字。

先生，我不想向你辩明我们不是“鬼畜”，或其以上以下的东西。我们同是人类一分子，身体内外的组织也没有两样。我们同有理性，同受教育，同样需要自由，需要生存。无论用“人”或“畜”的名称称呼，我们在本质上确实没有差别。所以我现在把你看作一个和我同样的“人”，而诉于你的理性。

所谓“通州事件”使你感到愤怒，使你发出诅咒似的恶骂，我并不想把它掩饰或抹煞，像贵国的论客掩饰你们“皇军”的暴行那样。我们愿意明了那里的详情，然而一切信息都被你们的“皇军”封锁了，我们只能知道当冀东保安队反正的时候，在通州有二三百日侨被害的消息。

通州事件自然是一个不幸的事变，但它却决非“偶然的”，它有它的远因和近因。这个连在通州遭难的铃木医师也早预料到了。他生前给他父亲的信里就说到当地保安队的态度只是表面的亲日，“真正的中日亲善还是很远很远的事情”。贵国的“皇军”种了因，贵国的官民食其果，这是无足怪的。对于熟悉历史的人，这类事变的发生是很容易解释的，我们已经见到不少的先例了。

我不是一个偏狭的爱国主义者，我并不想煽起民族间的仇恨，我也不想盲目地为我们的军人的任何行动作辩解。在你们那里有不少的论客整天梦想着大和民族的黄金时代，夸大地做着“皇军”堂皇地征服世界的迷梦。而我们这边四万万五千万人却只有同样一个谦逊的目标：我们要争取我们的自由，维持我们的生存。这一点最低限度的要求，是每一个人所应有的。为了这个，我们可以毫无顾忌地牺牲我们的一切。

通州事件的发生从这里也可以得到一个解释。在“皇军”的威压与贵国官民欺凌下过了将近两年屈辱日子的保安队揭起了反抗的旗帜。忍耐到了最高限度，悲愤的火终于燃烧，少数武器并不精良的军人不顾环境的恶劣，站起来用血和肉争取自己的自由与生存。在混战中间，每个人的生命的毁灭都是一瞬间的事。仔细的考量是没有了，复仇的念头会占据着他们的心。血会蒙蔽他们的眼睛。当被压迫的民众起来反抗征服者的时候，少数无辜者连带地遇害，这也是不可避免的事，何况这回的死者还是平日惯于在那地方作威作福的人，而且大半是卖白面，打吗啡，作特殊工作的。

这样的事在历史上也并非罕见。譬如法国大革命时期中的“九月屠杀”，这也是反叛的民众的自发的暴动。这屠杀继续了五天，被害的有一千零八十六人，他们是贵族教士等，而且都是狱中的囚犯，没有抵抗能力的。这自然是一件不义的行为，但没有人力可以阻止它。这时候外国军队是逼近巴黎了，皇后却依然阴谋勾结外援，推勒里王宫外的民众之血未干，而内忧外患频来，民众的复仇心便到了不能抑止的地步，不得不找一个出路了。九月屠杀便是从这里发生的。全世界的人士研究法国历史的不下千千万万，一代一代的人相继归于尘土，却未见一个责备法国人为“鬼畜以上的东西”。直到现在，法兰西仍是维护和平的集团中的有力的分子，不歇地和另一种准备着将人类驱向灭亡的路的力量斗争。

在这里实在没有提出“残虐性”的必要。你一个社会主义者居然也跟在贵国新闻记者的后面“用咒骂、陷害、中伤的言词去打动人们的偏狭的爱国心”！你是有意地落入贵国军阀的圈套中了。我们并不能拿残虐性来区分种族。自视极高的西方人素来爱宣传东方民族的残虐性。他们表示量高度的残酷时，使用的形容词常常是“东方式”。然而事实上罗马屠杀基督教徒之凶残，中世纪异教审讯所之暴虐，在东方也难找到同样的实例。革命者的被残杀，和平民众的被蹂躏，街市的流血，这在每一个西方国度中都保存着惨痛的记载。这记载，我们在东方找到的也不会比这些更多。人性是相同的。我们没有根据断定东方人更残酷，也就没有理由承认中国人比你们更暴虐。你难道忘记了曾经做过你的友人的大杉荣君。在震灾的混乱中偷偷把他们夫妇拘捕绞杀的不就是贵国皇军的大尉？连他的一个六岁的外甥也不能保全生命。作为凶手的甘粕正彦却被人视作英雄志士而获得特赦了。在大震灾中被虐杀的贵国社会主义者和中国工人以及朝鲜人不知有多少，这事件中的鬼畜性和残虐性为何不曾激动你的良心？我不知道是你健忘，还是你故意为皇军掩饰！

残虐性并非某一民族所单独具有的。助长它的是愚昧无知。只有文明教化才可以使它减少以至于消灭。和平帮助了文明教化的发展和普遍，战争则摧残了它。用虚伪的言辞，欺瞒的手段挑拨民族间的仇恨，使不曾相识不曾接触的人变为仇敌，甚至把他们驱上战场互相残杀——这种行为充分地发挥了残虐性。一艘一艘的军舰载了贵国年青的兵士来到中国，一艘一艘的商船又载了残毁的尸体回去，贵国军阀政客主持于上、财阀从中援助而新闻记者、文人论客如先生之流，复宣扬歌颂于下。战争是被制造成功了。你们的另一论客室伏高信先生居然大言不惭地说："这是东亚两大民族的宿命。"他甚至要这两大民族中的每一个人"都躲在障碍物里或从轰炸机上跳下来，相互杀戮"。先生，这难道不是残虐性的表现么？

先生，你是看见别人眼中的刺而忘记自己眼中的梁木了。贵国空军在上海一带所建的伟绩，你不会不知道。南站、北新泾、松江等处的轰炸，遭害者达千余人，都是手无寸铁的难民，其中大半是妇人和小孩，他们平日并未担任抗日的工作，这时也不曾直接或间接参加战争。他们正准备着离开上海，而且有的已经在路途上了。他们对于"皇军"的行动是没有一点妨碍的。然而贵国的空军将士却偏偏选择了这种机会以显示"皇军"的威力，遣派大队飞机去屠杀非武装的民众。轰炸不足还继之以机关枪的扫射。必要等到看见无辜者的鲜血把土地与河面染红了，尸体狼籍[藉]地阻塞着道路，才从容地飞去。

九月八日，贵国空军轰炸松江车站之壮举，在贵国历史上是值得大书特书的罢。以八架飞机对付十辆运送难民的列车还经过五十分钟的围攻，投下十七枚巨量炸弹。据一个目击者说，当飞机在列车上空盘旋的时候，拥挤在车中的难民还想不到会有惨剧发生。然而两枚炸弹落下了，炸毁了后面四辆车。血肉和哭号往四处飞迸。未受伤的人从完好的车厢里奔跑出来。接着头等车上又着了一颗炸弹。活着的人再没有一个留在车上了。站台四周全是仓皇地奔逃的人。飞机不舍地追赶着，全飞得低低的，用机关枪去扫射。人的脚敌不过飞机的双翼。一排一排的人倒下了。最后一群人狼狈地向田里奔逃。机枪也就跟着往那边密放。还有一部分人躲进了一个又大又深的泥坑，正在庆幸自己侥幸地保全了性命，然而这情形又被贵国的空军将士看见了。他们对准那地方接连掷下三个炸弹，全落在坑里爆炸，一下子就把那许多人全埋在土中。

对于这样冷静的谋杀，你有什么话说呢？你不能在这里看见更大的鬼畜性和残虐性么？自然你没有看见一个断臂的人把自己的一只鲜血淋漓的胳膊挟着走路；你没有看见一个炸毁了脸孔的人拊着心疯狂地在街上奔跑；你没有看见一个无知的孩子守着他的父母的尸体哭号；你没有看见许多只人手凌乱地横在完好的路上；你没有看见烧焦了的母亲的手腕还紧紧抱着她的爱儿。哪一个人不曾受过母亲的哺养？哪一个母亲不爱护她的儿女？中国的无数母亲甘冒万死带着她们的年幼的儿女离开战区，这完全是和平的企图，这是值得每一个母亲和每一个有母亲的人同情的。难道日本的母亲就只有铁石的心肠？难道日本的母亲就不许别人的母亲维护她们的儿女？通州事件的残虐性怎及这十分之一？自己躲在上空挟最新式利器攻击下面没有防卫能力的人民，杀死逃避战祸的母亲，流年青儿女的血，这不仅是冷静的屠杀，便称之为卑劣的胆小的谋害，和变态性的虐他狂的表现也不为过。一个民族而以此种行为骄傲于全世界人士之前，这是很可悲的事。两年前我的一个友人在贵国牛込区警察署里控诉贵国当局的措施不似文明人行为，而备受贵国“刑事”的殴打。现在贵国空军却将“野蛮”三[二]字作为光荣的标记广向世界宣传了。

夜已深。周围仍是静寂。炮声断续地响着。机关枪声却不能听见了。我知道这时候就在上海的附近，两个民族中的精英正在前线肉搏，许多锋利的枪刺戳进年青士兵的身体，无数有为的生命跟着炮弹毁灭了。是什么一种力量使得这两个民族必须互相杀戮呢？难道一个民族的独立就真的妨碍着另一民族的生存？你们的论客室伏高信说这是宿命。但作为科学的社会主义者的你能够相信这样的一种宿命么？

战争是残酷的，破坏的。人类并没有被迫着参加战争的宿命。然而战争却不断地发生。文明的民族有一天会像野兽那样地互相吞食，但这决不是宿命，造成这“动业”的乃是不合理的政治的和社会的制度。而一些嗜杀的野心的军阀政客却利用这制度以满足他们的私欲。在战争中得利的，大有其人。一代的人种了因，一代的人食其果。人们制造战争，人们又会为战争所毁。武力主义侵略主义，可以煊赫一时，但不久即与露水同消。室伏氏说：“国民是遵守法则的。”然而国民的法则决不能与人类繁荣的法则违背。违背这法则的国民纵令目前生活得异常富裕，也必归于灭亡。战争是违背了人类繁荣的法则的。所以鼓动战争想从武力获得一切的国民决不能达到他们的目的。许多国民繁荣过，但又消灭了。连强盛的罗马帝国也有崩溃的一天。这才是宿命！

想到这里我不禁为贵国的命运担心了。

先生，这并不是我的过虑。你们把贵国的命运交付给军阀政客去作孤注一掷，换取他们个人的禄位。军阀政客之流知识寙陋，目光浅短，他们怎能知道民族盛衰的因果、人类繁荣的法则、社会进化的途径！然而你是应该知道的。如今你们却让他们把大和民族驱向灭亡的路上走了。你们跟着他们躺在悬崖上做征服世界的迷梦。有一天你们也会跟着他们堕入黑暗的深渊，把后世子孙置于万劫不复之境，那时你们纵然醒悟也来不及了。

然而人类是要永久存在下去的。世无以武力维特[持]万年霸业的民族，也无任人宰割苟安于永世的国民。人类繁荣的法则是不能违反的。人类是第一义，其次才是民族。任何民族不能背弃了人类而梦想单独的“发展飞跃”。这是做不到的事。室伏氏曾夸耀地预言大和民族进入了黄金时代，毫不量力地把铸造新世界的责任担在他们自己的肩上；据说凡阻碍他们的进路的，皆将灭亡。可惜他忘记了日本人也是人类的分子。他们也不能阻碍人类发展的道路。在欧战初期大露头角煊赫不可一世的荷痕若南王朝和罗曼诺夫王朝，未尝不想凭借武力为子孙树立万世不灭的基业，正如今日的大和民族一样。然而曾几何时，我们就只能在历史上找寻这两个名词了。战争促成了德俄两大帝国的崩溃；从前为了维持这两大帝国的光荣不知道流过多少万壮士的赤血。纵然若干变节的社会主义者用花言巧语把青年们骗到战场去牺牲，也挽救不了爱加特林堡的悲剧。好战者的狭小的两肩上是担不起铸造新世界的责任的。

现在是轮到你们一流的人用花言巧语欺骗青年了。你们把一群一群的青年兵士送到中国南北两地的战场，用了欺瞒陷害的言词打动他们的偏狭的爱国心，鼓舞他们去杀人，去送死。你们跟在军阀政客的后面一手造成了远东的大屠杀。这责任你们不能轻易卸掉。倘使我控诉你们为刽子手，将你们置于被告席中受全世界良心的裁判，你们是无所逃罪的。

我常翻阅贵国的报纸，我接触过一二贵国的人士，我也受过贵国刑事的“取调”和拘留所中的款待。两年前在东京友人的书斋里我和一个贵国商人有过短时间的谈话。他问我四川人是不是坏人，因为他知道“在北方的中国人都是坏蛋”。他又问中国人为什么要抗日，要欺负日本侨民，为什么不因为“皇军”赶出满洲的马贼而表示感谢。我佩服那商人的坦白，我更怜悯他的无知，但同时我不由得要诅咒贵国新闻记者的恶毒的用心了。这就是他们的努力所得的成绩。

像贵国报纸那样的东西，在全世界中恐怕找不出第二个。真实的消息，正确的报导，似乎和贵国报纸没有一点关系。造谣、陷害，像是贵国新闻记者的惯技。夸耀自己民族的伟大，暴露其他民族的缺点，用捏造的事实和带煽动性的言辞挑拨民族间的恶感，然后利用其完全的设备，雄厚的实本以鼓动侵略的战争，为野心的军阀政客张目——这仿佛就是贵国报纸的唯一任务。现在它们的使命已经完成了。可怜的是一般受人欺骗徒供牺牲的愚昧的国民。

我们素来憎恶战争。但我们决非甘愿任人宰割的民族。当我们的自由与生存受着威胁的时候，我们是知道怎样起来防卫的。这是做人的最低限度的权利，倘连这也放弃，则人就近于鬼畜了。我们是被迫而拿起武器的。我们是立在自己的土地上防卫自己的利益的。我们是顺着人类繁荣的法则，而给阻碍人类发展的力量以打击的。而你们遣派重兵远涉重洋来毁坏文明的都市、平和的乡村，你们是为了什么而作战的呢？难道真如室伏氏所说你们是命定了必须杀害我们的么？或者如贵国新闻记者所说，是因为我们无理地发动抗日运动，你们来“断然膺惩”么？这样的论断，别的受过文明教化的国民一定不会承认。但是如今连你也说“通州事件可以说是国民政府一心一意普及抗日教育，培植抗日意识，煽动抗日感情的结果”。在这里，你和贵国的军阀政客以至新闻记者、浪人棍徒一样，将因果倒置而混淆黑白了。产生通州事件的直接原因乃是贵国军阀的暴行。而抗日运动也是贵国政府历年来对中国土地的侵略行为所促成。是你们的皇军亲手普及了抗日教育，培植了抗日意识，煽动了抗日感情。是你们用飞机，用大炮，用火，用刀，教育了中国民众，使他们明白“抗日”是求生存的第一个步骤，并非中国人生来就具有抗日的感情的。要达到“共存共荣”之境唯有凭借“真正亲善”的桥梁。“侵略”和“膺惩”只能激起憎恶，而必然遭遇坚强的抵抗。你深居岛上也许不知道“皇军”和浪人历年来在中国土地上的种种卑下的暴行。但从各种事变的记载里，你当明白近二十年来中日两民族间一笔愈积愈多的血债。中国民众是流了够多的血以后才来发动抗日运动的。这是自发的民众运动，没有力量可以阻止它，也没有力量可以抗拒它。现在是偿还血债的时候了。

窗外月明如昼，飞机声隐的送进我的耳里，连珠似的高射炮弹在天空电光般闪烁着。那震耳的声音！这时战斗正酣罢。我想起贵国飞行员某氏阵亡后身畔遗留的敏子姑娘的深情的信函了。在海的那边，在凄凉的家里，有着这样的一个少女时时刻刻祈祷着她的出征的情人的安全。为什样而战呢？这敏子姑娘是不明白的，而且恐怕大部分的贵国国民也不会明白的罢。然而她毕竟贡献了最大的牺牲了，许多别的人也贡献了大的牺牲了。

大量的血又在数英里以外畅快地流着。这两大民族间的残杀要继续到什么时候为止呢？这很难说。你们期待着我们的“屈膝”和“反省”。但被迫着发动这决死的抗战的我们，已经没有这余裕了。该“反省”的应该是你们。你们像在玩火，如今火已烧到眉尖，再一迟疑，就会酿成抱憾终身的巨祸。贵国的政客军阀之流梦想着中国“屈膝”，但中国民众是不会屈膝的。没有一种宿命能使中国灭亡。而日本帝国的崩溃倒是指顾间的事。你，一个社会主义者，对于一个即将崩溃的帝国的最后光荣，你还能够做什么呢？你等着举起反叛之旗的民众来揭发你的背叛的阴谋吗？山川先生，我期待着你和你的同胞们的“反省”！

（原载于《烽火》第 4 期、第 5 期，1937 年）

给日本友人(一)

巴金

现在已经是深夜十二点钟以后了,窗外是静寂的。但我的眼前还现着一片红光。大火在烧,大半个天空映得通红,像是夕阳一抹,像是血光一片。从昨天直燃烧到今天,在我的眼前燃烧,在我的心里燃烧。

昨天在大马路一带看了闸北的大火,沿途听见一些市民的绝望的呼吁,怀着隔岸观火的苦痛的心情,拖着疲倦的身子回到家里。我一晚上尽在做恶梦。我万想不到我会梦见了你,而且是在战场上,作为两个彼此不能宽恕的仇敌而相见的。

××君,这梦景太离奇了。我相信它不会成为事实。但是早晨醒在床上,我就听见炸弹爆裂的声音。你们的空军将士又向着没有防御能力的难民和不设防的城市轰炸了。是什么一种疯狂的力量驱使他们这样做呢?这种屠杀和平人民的权力是谁给与他们的?全世界的良心一致谴责这种罪恶。而你们却支持了它。你们让这罪恶尽量发展下去,终于有一天连我们这些非武装的人也会被逼着拿起枪勇敢地跑上战场,去维护人道和正义的原理,保卫一个民族的生存。那时候难保我们两人不在战场上作为仇敌而相见。这是可悲的事,我并不希望有这样的一天。我和你两人中间只有友情。我也怀念着你那温顺的妻子和秀丽的芳姑儿,天真烂漫的喜姑儿。在某一个时期你们曾把我看作家族的一员,给了我一些温暖,用体贴和关心来慰藉我旅中的寂寞。友情穿过了国籍的不同和主张的歧异,而把两颗人的心拉在一起。我曾为这交谊欣喜。但是在三年以后的今日,另一种力量却突然插进来企图把这两颗心分开了。

对这力量我看你是不会反对的,你不但不反对,而且你会跟在它后面走,你会盲目地支持它。我知道你的性情,我也知道你们一般人的性情。在这里我并不想提说贵国的军阀、财阀、论客、浪人之流,我指的是你们那般安分守己勤苦耐劳的人民。我从未把你们看作敌人，在你们中间我还有不少敬爱的师友(譬如石川三四郎翁，他的思想之透彻，生活态度之真挚，人格之完美，我至今还尊敬他作我的先生)。但是我也不能放过你们一般人的缺点。你们安分守己，所以你们常常闭着眼睛任统治者以你们的名义胡作妄为；你们忠厚老实，所以你们容易受人欺骗。你们崇拜在上面统治你们的当权者，你们相信你们的上司的话语。在学校你们视教师的讲演为天经地义，进了社会你们又把报纸看作生活的指针。你们的脑筋里装满了错误的观念和虚伪的消息，这使你们不认识世界，也不知道你们在这世界中所处的地位和所负的任务。其结果你们完全成了傀儡，而甘心供野心家利用。

以上的话并不是毫无根据的妄语。我在你的身上就找到了例证。你可以算是贵国人民的一个最好的典型，只除了迷信佛教的一点，但贵国人中陷于这种程度的迷信的也有不少的人。一九三五年元旦的第二日在你的家里，你的一个年青友人从东京拿了孙俍工氏著的《续一个青年的梦》来，那年青人怒气冲天地说了许多话，你在旁边附和着。你们的论调差不多是一致的。只是你的比较温和一点。那时我虽然不能完全听懂你们的谈话，但我也明白你们的愤怒是因了孙君在那书的序言里对贵国军阀侵占东北四省的行为表示了一点愤慨而起的。孙君把书寄给武者小路氏，因为他还尊敬《一个青年的梦》的著者，他还信赖那个白桦派的领袖作家为中国的友人，如武者小路氏一度所自称过的；他诚恳地诉于人道主义者的武者小路氏的良心，希望他出来对这危害人类繁荣的野蛮势力加以抨击。然而武者小路氏却在罪恶之前沉默了。这个非战论者背叛了异国信从者对他的信赖。这还是两年前的事，最近听说武者小路氏更继山川均、林房雄之后而为军阀政客张目。连武者小路氏也变到这样的地步，无怪乎自由主义者的室伏高信会成为军阀的爪牙，而高倡“非迅速战胜中国不可”了。

你们盲目地接收新闻纸的虚伪的报导，你们盲从地听信军阀政客的恶毒的宣传。你们从不运用理智把它们加以判断。是你们的“皇军”在中国的土地上做了种种的暴行，你们的军人烧了中国百姓的房屋，毁了中国人民的财产，害了中国人的生命。却从没有见过一个中国人带着凶器踏上你们的国土。在我们这里没有一个人想过到你们那里去妨害你们的和平生活，或者将种种暴行加到你们的身上，我们的人民在从前甚至不曾想过伤害你们的一根头发，或者使你们流一滴眼泪。甚至对于来到这边的贵国侨民我们也诚心地加以款待和援助。中国人常常是没有种族观念的。事实上人类本是一个整体，不能因为种族的不同而有所歧视。民族间本无所谓仇恨，一切纠纷，皆由少数野心家挑拨煽惑而起。这你们也应该知道，而且我想你们也是知道的，因为我们在你们那里也曾得过一部分居民的大量的帮助，甚至使得一个友人写下了美丽的诗篇。我们从没有起过把你们看作仇敌的念头。有时候我们反视你们为亲密的兄弟。这个也有一些事实为证。但是你们终于因了统治阶级的宣传，落入军阀的圈套，受了政客的利用，甘心背叛了这兄弟般的情谊。大震灾时期中对于手无寸铁而同样遭难的中国侨民的任意残杀，写成了贵国历史的最卑污的一页。

将无可挽救的天灾归咎于和平的异国侨民乃是你们不用理智判断事物的表现。我们若把这视作开端，便应该知道这类事情以后愈演愈烈终至于不可收拾，所谓“一步走错，步步都错”，不过如是。所以到今天你们居然相信贵国占领满洲并无领土野心；傀儡溥仪乃是真命天子，你们的皇军赶走了满洲的马贼使人民能够安居乐业；你们的军人在中国真正保护侨民；中国人是一群疯子毫无原因地发动抗日。这些都是渺茫的神话，而你们却当作真实而接收了。我看见你给满姑儿代拟寄守卫满洲的兵士的慰劳信稿。你借那个十一岁的姑娘的口吻感谢他们保卫你们的功绩，我当时并不曾和你争论，但是一个有理性的人应该知道纵使没有贵国的皇军在满洲占领土地，残杀居民，你们也可以安居乐业。你们所惧怕的满洲的“马贼”(?)是不会杀到你们的岛上来的。

贵国的“皇军”占据满洲的结果，固然使中国人民遭受了巨大的损失，但你们也不曾得到什么好处。在你们的肩上增加了一笔负担，在你们中间死亡了二十万子弟。到现在满洲还只是一个冒险家的乐园，浪人棍徒的发财的捷径，没有一个善良的侨民能够在那里安居乐业的。然而少数的军人却因这机会升了官得了勋章。

这是一个明显的教训。它应该把你们从迷梦中唤醒起来的。然而从你们的口里至今还发出来对于“王道的新天地”的歌颂。你们竟然愚昧到掩着身上的创伤跟在给你们以损害的军阀财阀政客后面歌功颂德了。

不但这样，就是在昨天，在今天，当贵国的“皇军”在闸北纵火，焚烧中国平民房屋，屠杀未及逃出的无辜的百姓的时候，你们的东京市民却在举行庆祝大会，成群地跑到皇宫和海陆军省的门前高呼“万岁！”我的一个明友从无线电收音机中听到那发狂的“万岁”的叫声，竟然抑制不住他的悲愤而落下泪来。

××君，你看，竟是你们和平的人民把贵国军阀纵容到现在这地步的！所以中国民众之横被残杀，刽子手虽为“皇军”将士，而你们也不能辞其咎。

炮声冲破了寂静的空气。贵国的“皇军”又在表显他们的威力了。××君，你且想想看，倘使有一天在你对面的山上架起了中国的大炮，直向着你那和平的精致的小屋上轰，你会有什么样的感想。你能把将这认为正当的行为，作为对于你们轻侮中国的一种“膺惩”么？我想你是不会的。那么对于贵国军阀的行为你们怎么能够认为正当而加以拥护呢？

十月二十八日

（原载于《烽火》第10期，1937年）

给日本友人(二)

巴金

窗外又是一片火光。这一次是那个古老的城市在焚烧了。许多人的生命,许多人的财产会跟着这火化为灰炉。爱、和平、幸福、青春、希望,在半天的功夫全成了烟云,散了,散了,一切美丽的东西全散了。在南市有十万以上的难民鹄立在街头等候租界铁门的开放,为的是逃避贵国"皇军"的枪刺。没有水喝,没有粮食充饥,他们已经在民国路一带站立三四天了,天上落着不歇不尽的细雨,初冬的夜是十分寒冷的:一边是快要吞噬一切的火光,一边是冷硬的铁门,你们皇军的枪刺又在不远处发光。恐怖、苦痛、疲倦、寒冷、饥饿,使这些人在三四天里就失了形。看见那无数的挥动着的手,看见那惨白的瘦削的面颜,谁能想到他们在几天以前还是和平甜蜜的家庭中的父母、夫妇、子女呢?是什么人使他们堕入在这惨苦的深渊?是什么人夺去了他们的和平与幸福?××君,这你们不会知道的。你们知道的只是贵国的"皇军"在那些废墟上向世界夸耀军事的胜利。你们看见的只是贵国军官的得意的笑颜。你们的目光常常是这么浅短的。

××君,我相信你们大部分人的忠厚与诚实,这使我能和少数贵国人士结了亲密的友谊。但是你们中一小部分人的狡诈与狠毒却是不可宽恕的。要证明那部分人的卑下的行为,在华北和南方便有不少的实例。我想你一定知道,因为你也曾游过华北,住过上海,这个我且不说。但是无论别人怎样花言巧语,你能相信在南市忍饥挨饿,家毁人亡的十多万难民都是阴谋的抗日份子,而必须身受"皇军"的"膺惩"么?××君,我怕你会相信的。然而我可以向你保证,他们都是安分守己的市民,从前并不知道抗日是怎么一回事情,他们从来不是抗日份子,但是从这两天起他们就会变成那样的人了。这切肤之痛会在和平的人民的心上留下一个不灭的痕迹。中国的政府从前忽略了他们,而你们的军人现在却用刀,用枪,用火,用大炮,用炸弹把他们教育了。产生抗日行为的是“膺惩”。这因果关系你们应该知道。

××君，我知道在你们那里到现在还有不少的人在做“征服中国”的好梦。记得几年前九洲[州]帝大教授某氏游历了华北返国后就得意地发表了他的“中国必亡论”的演讲。他的论据是十分奇特的。他在天津的街巷里看见了一对夫妇的吵架，女的披头散发地哭骂个不休，做丈夫的却低声下气地对她劝慰。某氏说这是反常的行为。从这反常的行为他就断定了中国的“必亡”。和这类似的事情是常有的。连大学教授的某氏也发出这种议论，可见你们的朝野是如何处心积虑地图谋着中国的“必亡”了。但你们的论客还口口声声嚷着“中国无理抗日”的话。

××君，你应该劝告你的同胞，不要做征服中国的迷梦了。单用武力永久征服一个民族，并不是可能的事。单独的民族的繁荣是不会久远的，纵有一时的美景，也不过是昙花一现，留下来的只是灭亡。能够长存不朽的乃是人类的繁荣。这繁荣只能由各民族的联合的努力来实现，而联合的努力又必须立在友爱与互助的基础上。你们的论客到今天还梦想着大和民族的单独的“发展飞跃”。可惜他们不曾凭吊希腊罗马的废墟，没有思索秦皇汉武的霸业，与夫拿破仑、威廉二世的雄图。这一切只给了后人一点渺茫的憧憬，而变成历史家舞文弄笔的资料了。那么你们的一批一批的青年兵士到上海、到华北来又有什么意义呢？

××君，听说熊本师团的一部分已经到上海作战了。你是后备役，大概目前还轮不到你。那么你还在你那精致的小屋中过你的书生生活罢。呵，我想起文姑儿给我的信函了：“已经是连虫声也静下去了的深秋了。×光[先]生在这样静寂的夜里读书的姿态还在我的眼前浮现。”这信函给了我一些美丽的回忆。我想起我从前在你那和睦的家庭里度过一些恬静的日子，我想起那美丽的友情，我想起那精致的小庭园和在那里看见的山下的奇丽的街景和海景。但这些都被炮声冲散了。大炮横在我们两人的中间。大炮毁坏了我们所努力建立起来的一切，而且以后还会给我们带来更多的损害。但是你那精致的小屋与和睦的家庭恐怕也难永久保全的。

所以你应该出来有所动作了。我并不来求助于你。我并不代表那无数受了损害的中国人民来求你们终一点同情。决不是这样。我要求的，只是你和你的同胞们的反省，希望你们起来和我们共同阻止那破毁人类的繁荣的暴力。

（原载于《烽火》第12期，1937年）

给一个敬爱的友人

巴金

南国的气候十分炎热。在你们那里樱花谢了还没有多久，正是明媚的暮春天气罢。我还记得三年前的情景。千岁村的和平朴素的田园，你自己亲手种植的菜蔬，简陋的房屋，倾斜的篱围和曲折的小路，我一个陌生人万想不到这会是许多纯真的青年景慕过的圣地。我来得太迟了，没有机会听到你那燃烧着理想之火的演讲，你那父亲的慈祥教诲般的谈话。据说有一个时期连加籐[藤]武雄们也到你那里"进香"的。我没有见过那盛况。朋友们的详细的叙述引起了我的渴望。可是我站在千岁村的朴实的农家门前时，法西斯蒂的魔衫已经像黑云一般地把晴朗的天空玷污了。甚至在这田园里我们也呼吸不到自由的空气。你带着愤慨地告诉我你所遭受到的一切迫害。以前欢迎过你的文章的各杂志现在不敢再发表出自你笔下的片纸只字了。甚至你翻译的一部叙述人类起源和社会演进的名著，也不能够续出第二册。你从前曾在几万前进工人的面前作过热烈的讲演。可是如今连那个以团结的力量震惊了全日本的代表数十万工人的工会也被打击到只能够秘密地存在了。在去千岁村的途中××子姑娘告诉我许多事情。她有一句愤慨的话语至今还深印在我的脑际。"我现在只能够跳舞了！"她这样地说，因为我在报上见过一段记事，说她发明了一种跳舞，我惊奇地问她，她苦笑地回答我。七八年前有人向我说起她向着激昂的群众演说的事。然而这时她却只能够把理想和愤慨寄托在跳舞上面了。我知道这不过是一个开始。以后还有更厉害的打击。当民众在一个决定的时期对统治者表示了软弱，放过了机会，用忍耐来对付压制，用沉默来忍受不义，他们忽视了自己的力量，不能在最好的时候使用它，结果他们自然地遭遇了毁灭的惨祸。甚至不能够给敌人一个坚强的抵抗。法西斯蒂就是这样地成功的。一九二四年马蒂阿地被刺杀的时候，法西斯蒂在意大利遭逢了一个绝大的危机，连莫索里尼也在舆论的斥责下战抖起来，意大利民众本可以在几天内就去掉这个黑衫的暴君和他的党徒。但是他们却袖手等待着，甚至不相信自己的力量，让法西斯蒂的领袖渐渐地从隐匿的处所跑出来，续继从事他们的阴谋的工作，让余火慢慢地在灰烬里车[重]燃；终于造成燎原之势，使浓绿的土壤成为焦土，不肯给意大利留下一片青草。大部分的民众在窒闷的空气里憔悴呻吟，他们中间的菁英在酷刑下摧残殆尽，残留的也只能亡命到别的较自由的国土。

历史的悲剧不断地重演。意大利的例子被别的国家仿效着。德国之后又临到日本了。这打击落到日本民众的头上。压制之上又加了压制。法西斯蒂的野心是没有止境的。剥削和侵略是法西斯蒂统治的两个武器。他帮助资本家剥削了工人以后，又来帮助他们攫取殖民地开辟国外的市场了。东京、大阪的牢狱中不知道消磨了若干日本劳动运动的优秀分子的生命。回想八九年前五一节东京市街大游行的盛况，真令人起隔世之感。

先生，这是什么缘故呢？是日本法西斯蒂增长了势力，还是工人阶级自己坐失了良机？我想你的回答应该是后一个。因为你（当时的一个活动的领导者）是经历了那失败而活到现在的。“一·二八”淞沪抗战的时候，我曾读过你的一些短文。你的意见正和我们的相差不远。在任何时候你都不让狭义的爱国主义迷了你的眼睛。正如每一个自由社会主义者所应当做的，你始终站在反强权反侵略的一边，你叫出了不要打中国的兄弟的呼声。这呼声有大阪等地的劳动者响应。但是呼声太微弱了，响应的人只是一部分，并不能成为一种力量阻止了那侵略的战争。这不是日本无产阶级第一次放弃责任，和这类似的事情已经有过好几次了。所以日本无产阶级终于梦梦地让敌人把武器从他们的手中渐渐取去，等到一觉醒来，已轻成为徒手，纵然大敌当前也〖只〗好束手待毙了。日本的劳动阶级就是这样愚昧地蹈了意德两国的弟兄的覆辙。

三年前和你在千岁村最后一次见面时我就感到这一个不幸的预兆。那时我因为要赶到横滨搭船回国，没有和你多谈这种事情。你曾殷勤地挽留我，要我在那可爱的田园里勾留些时候，你还坚持地要出去为我退船票。这个好意我是应该接受的。我不知道当时我为什么是那样无理地固执，一定不肯听从你的话，还把你从千岁村拉到××子姑娘的家。在那辆宽敞的汽车里我们谈论了好些事情，却始终没有谈到这上面。后来在××子姑娘家里受了款待以后，我走出玄关，雇了汽车。当车子转弯的时候，××子姑娘和另外一位更年青的女士还立在门口带笑地对我行礼。这温暖的友情使我在车里感动地不住挥手。车子走入了另一条街，我忽然感到一阵隐微的心痛，我不忍离开这些敬爱的友人。我的离愁是很大的。在这时候，在汽车快到了中华留日青年会的时候，我才觉得我自己先前的坚持是何等错误的了。我是应该留下来和你在一起过一些日子，告诉你我所感到那个不好的预兆，要你们注意到那一件事情。但是我什么也不曾说出来就回到了上海。在虹口公寓的寂寞的长条的小房间里，当回忆来折磨我，热情来揉我的心，悔恨盘据了我的思想，那个囚笼似的房间似乎容不下我，我的心要破壁飞去。但是环境阻碍了我。那时候在上海的人正患着恐日病。一篇“闲话”就可以使一个编辑得到一年的徒刑，连我的《东京狱中一日记》也不见容于审查会负责人而被从文学中抽去。我不能够说我所想说的话。每晚我把自己关在房间里无休息地在那狭小的地上闲踱，走得疲倦了时我又坐下来。借着高悬的电灯的微光咬着牙关一字一字地翻译柏克曼的《狱中记》，用他的十四年的痛苦来折磨我的并不强健的心灵。我这样地惩罚我自己，磨练着我自己。于是我不能忍耐了。我给你和称你为父的××子姑娘写了信。终于把我的忧虑和愤慨叙说了出来。

××子姑娘的回信来了。在那封流畅而委婉的法文信函里，我又一次见到了另一个国度中争自由的人的苦闷。她告诉我你在生病，她也不能做一点事情。便衣侦探随时监视着你们，连一点微小的努力也会遭受统治者的阻挠。呼声被窒息了，花园似的岛国变成了狭的囚笼。在那里连一颗刚出土的自由的嫩芽也会被暴风雨摧残。许多活跃的友人不是在黑暗的牢狱里忍受酷刑，便是在狭小的监房里浪费生命。

××子姑娘的信函里充满了忧郁的调子。但是理想并不能够被现实征服。希望的火花永远在黑暗的天空闪耀。甚至在压迫最厉害的时候，也有人站出来勇敢地叫着“我反抗”！公开的活动改变为地底下的工作，组织变得更坚实了。一些人沉默地努力为将来准备一切。她在信函里曾这样地暗示过。邮件检查制度使她不能够详细叙说。但是一个法国友人的口后来告诉了我们这一切。我们相信那个朋友的话。我们相信这大半是那个到我们南方来过的老友××君的努力的结果。当我还在你们那里的时候，我就听见人说起警吏四处缉拿那个年老的工人的事情。我的一个年青的同伴在牛込区警察署里度过一月的光阴，在那地方“刑事”们曾几次向他探询过××君的行止。你和他被称为我们运动的日本的两个支柱。但是在文化界努力的你被法西斯蒂的铁链束缚得不能够动弹。而在工人中间活动的××君却像得水的蛟龙一般在樱花岛国的地底下施展他的抱负了。我记起十年前他在泉州翻译法国大革命史的事。我想称他为马拉，比他为埃伯尔。他的确像他们那样地热爱民众，而且得着民众的敬爱的。

然而这一切如今也被一阵的反动的飓风席卷而去了。两次的大检举，大拘捕，差不多摧毁了整个的运动，大部分组织这地底下活动的分子都进了监牢，我只在报纸上见到一些陌生的名字，仿佛听说那个年老的工人漏了网。

先生，这自然不是使人愉快的消息。当我知道这个的时候，我的心是很沉重的。我的心境不会和你得到宫岛出家、生田投海的消息时的心境两样。但是甚至这样的打击也不能毁灭我们的信念。多一次的失败更可以增强我们的工作的决心，犹如多一番磨洗更可以发见一件金属品的光辉灿烂。妃格念尔在民意社执行委员会解散，大部分同志在绞刑台上和禁锢室中殉道以后，还想将破碎的金线结在一起用来在废墟上建造新的九层宝塔，这毅力使得像米海洛夫斯基那样的诗人也发出了赞叹崇敬之声。倘使不是为了这以后不久就发生了的拘捕和二十年的监禁，民意社的历史又得重写了。妃格念尔之被亚历山大三世视作一个可怕的妇人，被当时的俄国青年视作一盏指路的明灯，这不是没有理由的。

写到这里我就不能抑止我的疑惑。我翻译了你追忆春月的文章，但我却不能同意你的意见。同流合污，变节屈辱，固然是一个自由社会主义者所深恶痛恨的。然而"出家""自杀"也并不是可奖励的行为，这是一个逃避的方法。在庸俗和邪恶之前一个革命者不应该沉默，去掉庸俗和邪恶倒是他们的任务。不愿与庸俗邪恶同生此世而选取了自己毁灭之路，这毅力虽然可佩，但这决心却值得非难了。被迫而离开战场这不是一个战士的行为。真正的战士是应该战死在阵地的，倘使不能凯旋而归。宫岛、生田两先辈的崇高的人格固非像我这样的人所能望其项背。我也没有机会读到《从妻房到僧房》（宫岛著书）那样的自白；《魂之家》（春月的诗）只是一个诗人的憧憬。对于他们二人的最后的决心，我实在不能够澈底了解。作为自由社会主义的战士的他们是应该战斗到流出最后一滴血为止。然而《金》的小说家和《魂之家》的诗人却放弃了责任而中途倒下了。这是很可痛惜的事。但你在那两篇追忆文章里却不能将这一点指出来。初读到它们时我有一种感觉，你是老了。但是真实的你却并不是这样。我相信你是不会老的，正如柏克曼所说我们这种人不是会老的。

敬爱的先生，我现在将这些旧事在这里重提，并非故意指摘你的错误，我也不想拿过去的失败刺激你的感情。我不过提醒你不要忘记历史的教训。我记得十年前读过你一篇关于历史的论文。你说到历史的流转。历史决不是循环的，重复的，历史是前进的。过去的悲剧固然常常重演，但推动历史的力量却永远是趋向光明的力量。人类社会的演进并没有一刻的停止，纵然有时它走着曲线的径路，使人看不见前进的辙迹。历史的法则是应该遵守的。违背这法则的人只有自趋灭亡，却不能够改变历史的路向。法西斯蒂的魔手用它那野蛮的力量固然可以摧残一部分文明的成就，但是它并不能挽救一个垂死的社会于黑暗的深渊。民众在一个决定的时期的懦弱虽然常常招来惨祸，甚至延长了横暴的统治，可是这惨祸也不能将民众对于自由的渴望和争自由的力量完全粉碎。民众是要永久存在下去的，而且在任何时代都要为争自己的独立而斗争的。我们的全历史就是一部争自由的历史，每一次的失败不过多添上一页血的记录，但并不曾结束了这个长期的斗争。

现在正是应该重燃起斗争的烽火的时候了。

先生，写过那一千余页的西洋社会运动史的你，仔细地研究过法俄两大革命的你，应该知道有组织的民众运动具有着什么样的力量，而且会产生什么样的结果。日本帝国会在有组织的民众运动下崩溃，这是不可避免的运命。你们那里有一个被军阀所豢养的论客室伏高信常说到“历史的宿命”，这就是“历史的宿命”罢。连室伏高信有一天也会倒在他自己挖掘的坟墓里，让后代的子孙用鄙夷和憎恶的口吻提起他的名字。他所梦想的罗马帝国的黄金时代是永不会再来的了。

这一点你当然很知道。将《古事记》的神话推翻，将天皇即神的传说打破，这也是一个掘根的工作，你在三四年前就告诉了我这样的一个企图。也许是环境阻碍你使你不能把它完成，但是作为先知者的你们是应该起来加紧地从事唤醒民众的工作了。你们点燃了烽火，那无数的群众就会发出洪钟似的呐喊跟着你们前进。此时正是最好的时机，倘使你们再把它错过，使横暴的统治又得苟延残喘地延长若干年，直到民众的自发的运动爆发，像一把火烧遍了岛国，烧毁了法西斯蒂的宫殿。但是你们却忽略你们的责任了。

“皇军”的飞机在我的头上盘旋，发动机的声音像蚊子叫声地响着。但这是死的声音，毁灭的声音。我落笔的时候，机关枪就在上面扫射，一颗炸弹在不远处爆炸了。在我的周围是死。我还是一个有血有肉的人，我不能够平和那剧烈的心跳安静地给你写信。然而我一定要把这封信写完。因为说不定过两分钟我住的房间便会成为粉碎，那时连我这执笔的手也不知会落到什么地方去了。一个人走近死的边沿，不会说一句假话。我可以坦白地告诉你，就在炸弹和机关枪的不断的威胁中我还看见未来的黎明的曙光。我相信这黎明的新时代是一定会到来的，我们在这抗战中的巨大的牺牲便是建造新的巨厦的基石。这一个星期来我们的救护队含着眼泪埋葬了成千的死者，无辜者的血染赤了广州的街市。但是在这里依旧充满着愤怒的呼喊和坚定的信念，却听不见一声乞怜的哀号。犹如在东西北线各战场上默默地贡献了最后一滴血的千百万的兵士，他们的脸上也不带一点畏怯的表情。所有的人都为了一个伟大的目标牺牲，这目标会拯救中国，也会拯救日本。

中国一定会得着解放的，这解放同时也带来日本的新生。侵略者的统治阶级自掘其坟墓，这才是“历史的宿命”。我们如果把樱花岛国比作一间黑暗的囚室，则我们的抗战的炮声就是叩门的信号。在这受苦的土地上流过的无量数的血将成为一股洪流，而以其不可抗拒的力量冲破日本的牢固的铁门的。所以我们同时唤着：“弟兄，醒起来罢。”

“弟兄，努力罢！”你们的劳动阶级同胞已经发出了这样的呼声，我们以我们的热血来作为友情的酬答。东亚两大民族的解放，应该是我们和你们的共同的目标。这自由的花树已经受了我们这民族的赤血的灌溉，我们的血还在不断地流，现在应该你们来贡献你们应交出的一部分了。先生，我等着听作为领导者的你和××君的雄壮的呼声，我等着看你们的使侵略者的统治阶级颤栗震恐的壮烈的行动。当你们无产阶级弟兄向着法西斯蒂统治者举起结实的拳头的时候，他们的末日就到临了。日本帝国的崩溃只是指顾间的事。残杀者将以自己的血来报偿他所犯的罪恶，留一个污秽的名字在历史上，而让位给为创造新时代而努力着的民众这“历史上的宿命”，并不是一百万军队，十万吨炸弹，和一万尊大炮所能改变的。凭借武力为子孙树立万世不朽的基业，这只是少数痴愚者的迷梦。连喑呜叱吒[咤]不可一世的拿破仑也只得作圣海伦岛上的囚人，而悒郁地度其残生。路易十六却为了祖先的罪孽在断头台上贡献了生命，至于尼古拉二世的受刑，威廉二世的流亡都是可以昭示来者前车之鉴。但是野心家如军阀政客之流却是非白刃加颈不能明白真理的。他们惧怕的只是有组织的民众运动，这是可以致他们的死命的。现在当我们立在门前用抗战的炮声来叩门的时候，你们应该起来发动这样的运动了。

先生，这时候我并没有惧怕。我的信念使我的心镇定。我居然写完了这样的一封信函。我愿意它能够飞越过海的彼岸，而把我的这心情传达给你。我并不把你看作一个敬爱的友人而诉于你，我是把你视为曾经作过劳动运动的领导者的同志而诉于你。我不知道你是否还自由地住在和平的千岁村，或者你已经在狭小的地牢里牺牲了性命。但是我相信在你们那边总有一天会有人看到这信的，或者××子姑娘，或者别的友人，或者就是××君，那么让我等候着你们的回答。你们会用行动来回答我，我这样相信着。

六月五日在广州

（原载于《烽火》第 16 期、17 期、18 期，1939 年）

两个朝鲜青年

朴子

金八兄：

前信中，我不是告诉你关于一个朝鲜青年的受辱吗？这儿，在我住所的间壁，又住着两个朝鲜青年。因为日常见面的关系，至今着实有些像知己的朋友了。他们时常到我底房里来闲谈，我虽感到讨厌，但也无法拒绝。他两人全是日本中央大学的学生，学法律的。学法律的目的，大约想帮大和民族去镇治朝鲜的土著人民吧！但这批评，对于他们似乎是有些不当的，虽然事实上是如此。他们有时颇有些民族的思想，发泄一些愤恨的理论。他们两人的个性，虽有不同之处，但十足是大半朝鲜大学生的典型。我且为你一一介绍，你在病床上，颇有闭起眼来体味一下的价值的。

当我初到的那几天，因为不善讲话的关系，时时闷在房里。除旧同学桂君以外，又无来访的朋友。但在早晚却比较的热闹。在我底房间之前的廊上，不时有着学生装的青年经过。其中有一个架着近视眼镜、脸很沉默的青年，每当经过我底门口时，总是微笑他作一个鞠躬礼。不几回，我们之间便开始通话了。在他底谈话中，我是知道他是十分崇拜中国底文化的，而且深刻地研究过。他不仅能读中国的古文古诗，且还能随口背诵出许多首古诗来。他时常和我讨论中国诗词中的问题，这在于诗词要算是门外汉的我，确实有些难以应付了。在他底心目中，以为中国人至少能懂得他所知道的古诗。其实，单就我这个中国人说，从来就没有这样的闲情去背熟几首古诗。陶渊明、杜甫、李白等辈，在我底脑海中，并不能占据一个渺小的地位。

有一次，他对我说："在这样的乱世中，不如研究一下优柔的文学，还为相当的趣味。"

他不喜欢谈现实的一切，同时他也避免知道这一切。他底意思是，在此弱肉强食的时代，人世是无法挽救的。他除向我讨论诗歌外，又很想知道些中国的民谣。可怜得很，我底记忆力对于这一方面实在太低能了。连《孟姜女》那样在我故乡最流行的民歌，我也只能记出残缺不全的八个月。但他颇喜欢这歌曲。他颇同情在暴君压迫下从妇人口中流露出来的悲音。

他也很注意中国的名胜古迹。但他不爱接近上海的西湖，而喜欢湖南的桃源。他企图去中国，他梦想发现世外的桃源，他以为中国还有晋朝年间被渔夫发见的那种桃花源。这样一个富有隐士气的他，常常沉默着。

下面是另一位了。在我来此住的第一天，就听到一种很粗暴的声音，在间壁似乎是自言自语地不住地谈话，因为对方的回答几乎是少到没有的。我坐在房里无聊，又看不下书，于是出房去散散步。当时，便认识了这位跪在房主女儿面前闲谈的白先生。因为那女子不大加以理睬，所以他看到我时，便把我做了他底谈话对象。我怕别人讨厌，请他进了我底房中。

“你很欢喜女子的吧？女子真好玩！”略略相谈之后，他对我这初识的异国朋友，居然提出了这样的话题。

我微笑不答，这并不是我想装出正人君子的样子，觉得这种话是秽亵的。只觉得事实上无回答之必要。

“你愿中国做日本底殖民地吗？”不知怎的，他把话题转到民族上面去了。

“是做不做的问题，并不是愿不愿的问题。你愿吗？”

“做殖民地的人民是很苦痛的。谁愿意！我们是已经没有办法了。我们想复仇，但我们自身决没有这能力。我们希望贵国强盛起来。我们朝鲜人大半很崇拜贵国的×××氏的，希望他能把政权维持下去，希望他能统一中国，希望他能打倒日本，希望他能救朝鲜！”他把声音放的特别低，好像怕什么人听到似的。

我委实无话可答，微笑而已。

“其实，民族自然是生命重要，至于生命，我以为还是女子重要呢！哈哈……”他以左手在我掮[肩]背上拍了一下，大笑起来。看去什么问题都能在这一比较中解决了似的。

“你该有了爱人？”我无意识地问。

“不，日本女子真势利，谁也不肯爱我们朝鲜人。但我们只要有钱，便可以去嫖，妓女是没有民族观念的，哈哈……她们只要钱。”

“你是否常去？”

“哈……不多去，不多去，一个月不过两三次。你要去吧！……准去吧！我可做你底先导。”

“不，我没有钱，没有时间，同时也没有这种心情。”

“便宜得很，一小时两元。用‘莎苦’，绝对安全。在新宿就有‘游廊’（即妓院），四面挂着相片，尽漂亮的，由你选。我在每月的生活费中，有一部分是规定作此项用途的。”

“名之曰生殖器的维持费，最确切吧！”我大笑。（如说要立科目记在簿记上，我以为改为“性欲发渡费”较妥——金八兄附注）

“去吧！去吧！请你去一尝日本的土产，我们也算是复仇，对吗？”

我不答，沉默着。我想以“沉默”来做逐客令，无效。于是我以眼注意案上在写的一篇文章，意思是识相些，我现在有事要做。他又说了些废话以后，见我老是有问不答，才理会了我的用意，最后他说：

“人生该玩玩，这才是实在的。你整日读些书，写几篇文章，救得了你中国吗？”虽是说笑的口吻，但颇有几分当真的用意。说罢走了。

我真惊奇，初次谈话的异国朋友，竟会这样的坦白，这样的老实。若不是以后时常见面的话，我真会误会他的神经是有些变态的。

这样苦闷中的变态的朝鲜青年，我想是很多的吧！但我的朝鲜朋友并不多，前面所说关于“大半朝鲜大学生的我型”的那句话，是不很科学的。

扯杂写来，废话已不少。写信的典需要休息，看信的也需要休息了。祝康健

（原载于《艺风》第3卷第2期，1935年）

不要嘲笑高丽人

陈子展

编者先生：

《文学大众》的创刊号，同时就是九一八五周年纪念特辑，内容丰富，生气泼剌。不胜欣佩。尤其是郭沫若先生的“青年们，把文学领导起来！”说是“我们不要让老头子来领导青年，要让青年来领导老头子，这是青年所应有的使命”。不但要叫骄横的老头子吃惊，而且他替被压抑的青年朋友吐了一口大气。

在这新出的杂志里，有我不能同意的地方，就是在一九五页有一句道：“望每一个不愿做高丽人的献出各自的真诚的礼物来，我们的民族就得救了。”我以为不要嘲笑高丽人，高丽亡国虽说高丽人自己要负责，可是只能归罪卖国的政府当局，不能泛指高丽人，好像归罪高丽人民。自然，我们应该知道高丽人民也当担负不能监督政府之责。或者有人说，“九一八事件”的起因，由于万宝山案韩人为虎作伥，实在可恶。至今他们还帮助××帝国主义走私贩毒，横行平津一带，比××人还坏。其实“东北事件”，以及走私贩毒的勾当，没有韩人为虎作伥，这只老虎也还是〔一这〕要咬人的。假如这只老虎定要有伥做响[向]导才咬人，难道汉奸卖国贼还少了么？何况甘心做亡国奴，甘心替主子做走狗的高丽人恐怕不多！

我们总不该忘记：高丽原是我们中国的属国，我们不能保护他的领土完整，一个自称大国的国家，不能保护一个愿意“事大”的小国，小国亡了，大国又何尝有面子？同时因为两国接壤的关系，小国不保，大国也失了屏藩。这就是“东北事件”的由来。难道我们还好嘲笑高丽人么？

还有，高丽人的复国运动至今不歇，可见韩国未尝无人，韩国的前途大有希望。只要我们自己挣气的话，他们未必不会做我们的伙伴，在同一战线上努力。我们怎么可以嘲笑高丽人呢？

我们目前的命运正和三十年前高丽人的命运相似，而且我们的敌人，里里外外，不知多少，敌人的势力不知多大，我们要努力的地方太多，自愿[顾]不暇，那有工夫嘲笑高丽人！

自然，说那句话的那位先生，或许不是有意嘲笑高丽人，说不定还是同情高丽人，并引为自己警惕，不过意思没有十分剔清，究竟是一个毛病，所以我就很大胆的写上这一封信了。敬请

撰安

一九三六年九月十日 陈子展 手启

（原载于《文学大众》第1卷第2期，1936年）

迎鹿地夫妇的出现

曹白

鹿地先生：

一切的话真是无从说起的……去年八月十三日炮响了，我首先就投入炮火中，忙了起来。但你就只得比先前更秘密——但为了记起你的安全，我很打听了几处，结果都对我摇着头：不知道。在偶一闲静中，我便想，鹿地先生不知怎样了？不知他奔向那样的运命了？被逼回国了罢？还是不呢？不不，流亡者是很容易毙了的……

突然在《七月》上读到了你的《送北征》，知道你尚屹然生活于香港，我十分安心了！

无论从那一方面讲，你的出现，在我是安心而且幸福的。在《送北征》里，你照例鼓着正义的胸膛，将愤懑砍向那些来惩膺我们中国的"将军们"，使我幸福而欢忭！而且也使屠杀者知道，被压迫者总老是站在一块的。

当日俄战争之际，托尔斯泰翁曾斥责过日本，说，"你改悔罢！"——但他并没有改悔，此后倒格外壮大起来了。然而很可惜，他的壮大是中国人的头颅和热血所培植，所灌溉的。而你也并没有改悔，向屠杀者的本土揭起被压迫者的叛乱的旗帜了，这在我们是感到怎样的安心而且幸福啊。

燕山别墅不知怎样了？铁门边的可爱的乌翠的冬青树，该无恙罢？战后，我很难走过苏州河，但萨坡赛路是已经挂过人头了，那是中国热血青年的头颅。最近两月之内，租界内充满了暗杀的恐怖，用暴力，用手枪来对付清醒的人们。尤其可怕的，是将妇女用诱骗，用绑架弄出租界，轮流泄欲。从前池田先生对我说过日本女学生是很怕本国的兵士的，这是怎样的无耻和暴戾！但前几天看报，知道你已经平安的到了汉口了，而且还在作无线电的广播的演讲，那末，你和池田的心无论如何再不会像从前那样的惴惴了。

这几天来，上海燥热得很，简直只能穿单衫，而前日还曾奇怪的飘过很密的雪花，至于积了三四寸。现在的上海也仿佛像“北京”一样，冬去后，接着来的是炎夏，春天不在上海了。

但许多人叫上海为“孤岛”，我真非常之反对。因为，所谓“孤岛”，它确能矗立于海洋，山、川、林、泽，怎样经营，都由自己的便。在孤岛上面，还留着原始的自由，是明明白白的。而惟有连于大陆的上海，忽而掷来人头，忽而射来子弹，忽而飞来砍断的手足，忽而送来有毒的果品，将生人当作死鱼，任意的宰割，这是怎样的原始的野蛮啊——我称上海为“苗窟”，已经成了野蛮的苗子的巢穴了。也许又有别的人反对我，说苗子居在山岙里，上海根本没有山，那里来的“巢穴”呢？然而，那用人血筑成的一座一座的高不可攀的摩天楼，在乡下人看来，就无异于那一座一座的高不可攀的山峰的，而那些策士、阴谋家、刽子手、特务机关——你们的权力者和我们的狗奴才——就正是盘踞在那里计谋着，筹算着，指挥着，那还有什么“不像”呢？呜呼！

我现在仍然在苦恼的工作。薪桂米珠，生活是日益艰难了。尤其时常很感到寂寞，因为不见了许多从前在上海熟识的朋友们。但你的出现，真使我安心而幸福，幸福而欢忭，便信笔写了上面那些话。愿你在汉口能够很好的生活，并致力于正义的号召。烽火连天，关山重隔，我们一时里恐怕不能见面的了，那末，我们在梦中欢叙罢………

握手

康健！池田先生也康健！

曹白

四月七日

（原载于《七月》第3集第1期，1938年）

答金奎光先生

艾沙

金先生，我听到你的话，我非常的难过，我非常的感动，同时我更增加了日本人对朝鲜人压迫的知识，我为在精神上给你一种安慰和增助你的信念，向你贡献几句话。

你知道的，日本人在世界上高声喊着亚洲是亚洲人的亚洲，日本人是亚洲人的同情者和解放者，但是这是日本要把亚洲作为日本人的亚洲欺骗人的一种手段，倘若你问我，你对日本人所说的这种话，作什么感想呢？我向来对日本人这样说，你不配说这类的话，你不够说这样话的资格，你自己最好拿把镜子照一照，看看是什么东西，你要说合你身分的话，你的虚诳不能够欺骗人的，不会使人相信的，我们有那位朝鲜人很可以作确切的证明，如果你说的是实在的话，为什么不先解放他给世界上作样子看呢？为什么你来阻挠我们的解放运动呢？为什么你来增加我们的痛苦呢？难道我们不是要求解放的人吗？老实说，你们是专制政府，你们是帝国政府，你们的政策是侵略，不是解放，如果你真要帮助别人，那是违背了你们的国策了，违背了你们的传统思想了，违背了你们的精神了，世界上弱小民族都是病态，惟有药才能诊治，你们是毒，不但不能治病，反要害人性命呢，大家听到你的话，只有含笑的表情，决不受你的欺骗，被压迫的民族的痛苦，只有被压迫的民族知道，弱小民族的解放者，一定也是弱小民族，我中华民族，是被压迫而革命的民族，在我们要摆脱日本人铁蹄的践踏，奋起抗战，将来我们得到胜利取得解放的时候，一定援助你们解放，现在我来代表我全国的青年，向你这样说，最近的将来，我们一定要到朝鲜去参加你们的解放庆祝大会，如果你们未得到解放以前，我们的革命抗战运动，决不停止的，希望你们努力，一定可以达到你们的目的的，我还希望你把朝鲜受到日本人所压迫的痛苦，一件件的笔录出来，我愿介绍世界上被压迫的〔的〕各个民族，希望他们对你们的同情和援助。

（原载于《抗战通讯》第 1 期，1938 年）

致鹿地亘（信5封）[1]

陈诚

（一）

鹿地先生台鉴：

接诵九月三日惠书，借悉贵会因故解散，良属不幸。惟台端愿以反战反侵略之立场前来参加我国抗战工作，大义所在，素所佩慰。今后仍望一本初衷继续奋斗。至于职务问题，顷已专电总长何请予核夺办理矣。若台端愿至前方工作，则请来恩施为荷。知注特复。顺颂
台绥

陈诚
十月卅日

（二）

鹿地先生：

承示大作《对于敌阁局部改组之观察》一文，至佩。卓见“关于日本占领地域消化政策之现况”，详细资料如已整出，并希惠阅。如有便人译成中文寄下，免再遣人侈，亦尤为感荷。匆此，敬颂
撰祺

陈诚 启
五月十一日

---

① 题目为编者加。

（三）

鹿地亘先生：

接到八月十六日手书暨所附宜昌日军作战配备图三幅，诵悉一一，甚为感荷。关于此次鄂西战役日军作战动机及其将来动向之报告，如已整理完竣，尚希从速惠寄，俾快先睹为盼。专复，顺颂

著祺

陈诚 启

三十二年八月二十七于昆明

（四）

鹿地先生：

顷诵十一月二十九日手书，藉悉佳况逾恒，良深快慰。诚病经月余之疗治，已渐次就痊。现拟于近郊觅地，继续静养以资根治。特函复谢，并颂

撰祺

陈诚 启

三十二年十二月十日于重庆

（五）

鹿地亘：

阁下元旦手书，敬悉远荷，注念至深，心感迩来盟国阵容与时俱新，战事捷报到处频传，胜利在望，同深庆贺耳。耑此奉覆，并祝

健康

陈诚 启

元月廿一日

（转载于《日本人民反战同盟资料》第10卷，不二出版，1995年）

致池田幸子（信 2 封）[1]

孩子剧团

（一）

亲爱的池田先生：

九月三日快到了，这天是我们孩子剧团一周年的生日，我们为了检讨工作，同时作一个纪念，在这一天晚上七点半，在文庙本团，开一个茶话会，请您一定来出席指导我们！完了！祝您健康！

并致

打倒日本鬼子的礼！

军事委员会政治部孩子剧团的孩子们鞠躬

（民国）二十七年九月三日

（二）

亲爱的妈妈——池田先生：

在重庆很久，我们就没有见一面的机会，后来我们离开重庆，直到现在，又没寄信给你，你会不会见怪啊！

你的病好了没有？听说你生了一个非常好玩的小妹妹。我们大家都非常的高兴，我们向你道喜，并高唱着“小小小小□小小□来泥娃娃……”哈哈，可惜你听不见。

离渝后两个月的工作，完全注重在小朋友及伤兵上面，详细的情形，问我

① 题目为编者所加。

们的同志可知。

告诉你有一次在忠县到禹县的路上，我们远远看到了一个大洋船，上面有几个穿着黄衣服像是日本俘虏，外面还有中国兵守着，我们不管三七廿一，又唱起日本歌了。唱呀把喉咙都唱破了。池田先生，我们觉得你教给我们的日本歌太少了，见面后你应多教我们一些，不然！只那一个。好吗？

我们又快见面了，这里不多写了。

祝，

多吃饭，多睡觉，多玩耍

并祝

小妹妹，又白又胖！

鹿地亘先生好吗？

你的孩子们：

□玉珍、邓道青、严良堃、张素玉

周令章、丁莉莉、翟文清、罗真理

（转载于《日本人民反战同盟资料》第10卷，不二出版，1995年）

亲爱的朝鲜大哥哥大姐姐们

方南君

上一次你们请我们看戏，第一幕是《阿里朗》，是说日本压迫朝鲜老百姓，所以他们要逃到中国，但是他们心里是不愿意离开家乡的。一面走一面唱着阿里朗的歌，忽然阿里朗的山里跑出一个青年，他手里拿着手枪，说："同胞们！你们逃到那里去？假如朝鲜人都逃光了，我们朝鲜还能得救吗？"后来他们想逃的人就都回去了，我觉得这个大哥哥做的事很对。他的功很大，我很佩服他。我希望朝鲜的哥哥姐姐都像他那样的和日本拼，一定能得到胜利。第二幕是《朝鲜的女儿》，是说日本压迫朝鲜的女儿和爷爷，可是朝鲜的女儿是要起来反抗的，有的组织朝鲜义勇队，有的组织革命党等很多的革命团体。后来朝鲜人都革命了，日本的军阀怕得抖了。我们看了这幕剧很有意思，日本帝国主义不但是朝鲜的敌人，而且是中华民国的敌人，所以我们两个国家一定要联合起来。

现在我们中国和敌人日本打仗，你们组织朝鲜义勇队帮助我们。我们一定能得到胜利。中国和朝鲜是东边的好弟兄，我们把手携起来，打倒日本帝国主义，把中国强起来，把朝鲜也强起来，把台湾也强起来，还有把日本的老百姓也救起来。将来还要打倒德意两个疯狗，世界上就和平起来了，我们都能过好日子了，都能学习很多知识了，我们希望你们朝鲜义勇队将来要打回朝鲜去，我们也要和你们一齐到朝鲜去，帮助你们工作！亲爱的哥哥姐姐们，我说的话对不对，请你告诉我，并常常写信来。

听说你们朝鲜的小朋友在四川组织一个三一少年团，我们真高兴极了。小朋友救国顶有力量的，我们要祝他们努力的干！

我们团体最近还不走，要在桂林训练三十个能干的小朋友派到各处去组织儿童，替伤兵做事，你们没有事的时候，欢迎你们来玩。我们就在七星岩的明通阁里。

我代表全团六十个同学向你们和朝鲜的小朋友行一个敬礼！

新安旅行团方南君（八岁）三月十三日

（原载于《朝鲜义勇队通讯》第 7 期，1939 年）

一封信

贵阳生活、读新书店工人

亲爱的朝鲜义勇队的弟兄们：

在东方的一角上，我们四万万七千万的华夏儿女，为了民族的解放大业、东方的以至于全世界的和平与正义，也就是为谋全人类底自由和幸福，终于不屈不挠的挺起胸来，站在抗日的浪潮上，肩起时代所课给我们底这一伟大的任务，向着阻碍光明底强盗——日本疯狂的法西斯，展开了英勇的决死的斗争，这是人类革命史上最光荣的一页，这是最值得我们兴奋与炫耀的。

这次中日战争，无疑的，是光明与黑暗底搏斗，一面是正义的、进步性的，另一面却是非正义的、退步性的，拿我们的立场来说，这是半殖民地弱小民族的革命解放战争，不！不如更恰当的这样说：是东方的——朝鲜的，台湾的，中国的——各被压迫民族谋求解放的革命战争。

这说明了：我们所兴奋的，还不只以上指出的那一范畴，虽然这次中国抗战，不仅是为了摆脱自身的锁枷。

这又说明了：朝鲜、中国及其他被压迫各大民族乃是继承着伟大的优秀传统，乃是最讲信义与和平的世界堡垒。

这又说明了：我们不仅是患难弟兄，而且是同一战线上的革命同志。

显然的，由于你们和台湾弟兄们的参加抗日战争，既百分之百的证实了，这话是对的。

的确，时代所课给我们的任务太重大也太艰巨了，然而，我们彼此都有着一颗坚定的信心，不论在主观的根据或是客观的条件上，都告诉了我们一个辩证的果实，那就是：

抗战—暂时挫折—最后胜利。

这就造成了我们那一颗坚强的最后必胜的信心！

事实又告诉了我们：问题的症结不在困难有无，而在对困难的处理上正确不正确，我们相信：困难一定是不免的，今后或许更多，只要是针对着困难，勇往迈进，不屈不挠，一定会克服的。

事实又告诉了我们：巩固抗日民族统一战线，痛击汉奸动摇份子的无耻阴谋与荒谬行动，帮助发展友军（如对于贵队以及台湾参加抗日组织）等等，这些都是紧要而且急待建立并充实起来的一环。

我们和你们同样的是抱着最大的决心，过去是如此，现在还是抱定了那颗信心，坚持抗战，坚持持久战，直到抗战最后胜利的一天！

过去有些是在抗日阵营中不应有的现象和少数的动摇份子所干的卖国误国的勾当，这是我们感到痛心和惭愧的地方，然而如汪精卫无耻之流，毕竟是罕见的，少数的，好了，现在已把抗日阵营中的不纯份子逐渐清扫净尽，中国绝大多数抗日伙伴决不会使你们失望的，弟兄们明白了抗日与解放事业是不可分割的，只有抗日，才有光明的前途，不抗日，乃是自取灭亡！

我们努力！

* * *

你们来的信以及刊物，都一一收到了，我们非常愉快，非常感谢！

我们很希望你们以后时常赐教，时常保持联系。此致

抗日民族解放敬礼！

弱小民族解放敬礼！

贵阳生活、读新书店工人 敬启

一九三九·五·八

（原载于《朝鲜义勇队通讯》第24期，1939年）

给朝鲜三一少年团小朋友的信

桂林儿童团体

亲爱的朝鲜少年战友们!

首先我们要向你们致最光辉的敬礼! 向你们致热烈〔地〕的谢意。

中华民族和韩族,是同样的受着世界上最野蛮最无人性的法西斯强盗——日本帝国主义的压制! 这惨痛的耻辱,已经不知有多少日月了!

民国二十六年(一九三七年)的七月七日,已经超过了我们民族所仅能忍受的限度,也就在那一天,在我们民族最高的领袖号召了,举起了民族解放的旗帜,全中国人,"地无分南北,人无分老幼",要以眼还眼,以牙还牙的回答这疯狂的强盗!

中华民族的神圣的抗战,已经有二十个月了。三[二]十个月来,坚决的血的战斗,粉碎了敌人速战速决的迷梦。而且这战争,好像两个人长途赛跑一样,五圈以后,敌人是愈跑愈慌乱了,我们是愈跑愈快了。二十个月来,确确实实,证明了战争的结果,日本强盗会败下去,而我们会争取得最后的胜利。今天,正是我们取得最后胜利的过渡时候。

亲爱的少年战友们! 我们感谢你们在这次反侵略的战争中,给了我们很多的帮助,你们和你们父母叔姑,能不顾一切的参与了我们的抗战,甚至牺牲了你们的生命和财产,这种英勇伟大的行动,我们是如何的感激啊!

是的,日本帝国主义是中韩两民族共同的敌人,唯有在中韩两民族共同紧密携手,坚决的抵制下,才能把这恶魔打倒,才能争取中韩两民族的独立、自由!

关于我们中国少年和儿童的战时生活,你们一定看得很多了,中国的少年和儿童,受到日本帝国主义疯狂的侵略战争的结果,许许多多离开了家乡和父母;许许多多被敌机炸死、刺死;还有许许多多的被运到关外去,运到敌人国内去,把我们小朋友的血输到他们伤兵身上去,另外一批,则被他们奴化着长大来,再来打中国人,再去侵略别的国家良善的人民! 这是多么野蛮惨暴抹了人性的勾当啊！因此，在今天，也就有成千成万的中国小朋友站起来了，参加了祖国反侵略的战争！在前线、战区，在敌人后方，在我们的后方；在山东，在山西，在湖北和安徽，在江西和浙江，在湖南和广东，在广西，在西川……不知有多少英勇的可歌可泣的故事，如果写下一本书来，怕不要谈到初中二年级！

我们是一群在桂林工作的小朋友，在目前我们共有六个团体，——在二个月前怕只有一两个团体吧——而现在就有许多在学校的、在家中的和流浪的小朋友渐渐都组织起来了，小朋友工作很快的开展了。我们宣传兵役，宣传每个纪念日的意义，推动伤兵的友运动，慰劳出征军人家属，普及岩洞教育，做小先生，防皇、防毒、防汉奸的宣传；我们更做到了"服务即宣传"这个口号，服务中去宣传，那效果不知要强多少倍。我们不仅工作，我们还加紧注意自己的学习和身心的健康！

有些人说我们很不幸，其实，生长在这个伟大的时代里，不也是很光荣的么？

我们要说的话太多了，虽然我们没有见过面，真好像同了三年的学一样，亲爱的战友们，我们诚恳地把我们的手伸过去，让我们紧紧地握着吧！从今天起，我们应该像兄弟一样，我们要经常的通信，互相报告一些生活上和工作学习的事情。好么？下次再谈，致

革命的敬礼！

三月十二日总理忌辰日
桂林儿童团体座谈会
新旅西南工作队
广西省抗敌后援会儿童工作团
儿童教育团
儿童保育院救亡工作队
中山纪念学校战时儿童服务团
新安旅行团

通讯处：一、广西桂林东腰街国基小学内新旅西南工作队转
二、桂林《扫荡报·抗战儿童》编辑部转
附上我们出的刊物三种各二份

（原载于《朝鲜义勇队通讯》第7期，1939年）

关于对敌宣传的几点意〔见〕

——献给朝鲜义勇队诸同志

赖少其

亲爱的朝鲜同志们！在你们伟大的人格之前，我常是衷心感到一种光明的启示。谁说人类是隔膜的？在真理与正义之前，没有所谓国界，但这光辉的名词正为法西斯狗徒所涂污呢！我们却真正的要为这个理想而战斗下去。

你们在前线在后方都以最英勇的战姿出现，在每个中国人心理上都是非常感动的；关于这些，事实已表白得太够了，我还有什么话好说呢？

正因为你们肩负着对敌宣传的最艰苦的工作，你们是有了很好的经验的；但以一个从事绘画工作的我，所能说的也就仅有关于绘画宣传方面的话，希望“抛砖引玉”，也许反而能够得到你们更高的指示呢。

从很多敌人对我宣传的绘画中，我们可以知道他们对于绘画宣传的重要。并且他有很多的优点，第一是他很能抓住每个时机，极尽挑拨离间的能事，如所谓“蒋系军老在后方，前方都是粤桂军打战”。当然，这是极其愚蠢的，在我们看来不值一笑。第二很能投民众的所欲，如“日军来了你们可以安居乐业”，日军怎样爱惜小孩，把小孩抱在手里并拿着日章旗。第三是很能偷取中国绘画的形式，尤其是民间艺术的形式，最近且刻起木刻来了。但是缺点却多着呢！看了常使人发笑：第一便是“不近人情”，他以为很能投合中国民众的心理了，在民众看起来却是莫明其妙，如什么“打倒蒋政权”，什么叫做政权？我想连中学生都有不懂的。第二是文字不通，看了半天看不出什么东西。第三是技巧非常的幼稚，连小学生都不如。

敌人不管用了若何巧妙的宣传方法，但“假药”到底还是“假药”，因为事实已给与很好的答覆：在成千成万的中国人民受了屠杀、奸淫、烧劫，活生生的现实中，已足以自打其狗嘴了。这是他的侵略性、野蛮性、残酷性决定了他。但反过来，我们却不得不加以注意，我以为最重要的应是这几点：

一、要同情敌人士兵所过的狗马不如的生活，来中国打仗是上了军阀、资本家的当，中国并不是他的敌人。

二、揭穿所谓大陆政策的阴谋，速战速决，梦想一定失败。

三、要从敌人的生活习惯中引起敌军的“怀乡病”。

四、介绍敌国反战运动的消息与意义。

五，文字不可有半点错误。

六、绘画的形式应是日本风。

七、绘敌军不能绘得太丑，军阀当在例外，以免引起反感。

这大概是最主要，当然也还有更主要的东西，这有待于同志们的指教了。

诚挚的谨致

敬礼！

一九三九·四·十六于桂林

（原载于《朝鲜义勇队通讯》第10期，1939年）

柳连长的来信

柳运瑞

汉中、东浩、健三位英勇的同志：

我已经安全地到了长沙，住在湘雅医院里，可是每天我系念着前方的战况，也系念着你们的工作，近来你们的工作更进得好了，后方的老百姓们一提起朝鲜义勇队他们都很关切，像关切自己的兄弟一样，因为在反法西斯争取解放的阵线上我们实在是自己的兄弟。

时时刻刻我都回忆着感激堕泪的那回事情，真的三位先生，当我挂了彩你们把我从炮火中背了下来，我说不出我的心是如何的兴奋，你们如此的爱护我，也就是爱护我的祖国，更是爱护人类的公理与正义，因此我很希望伤口很快的痊愈，再回到前线去杀敌，这样才对得起你们。

记得台湾独立革命党的李友邦先生曾说过，他说："日本强盗将来仍然是有出路的，以是他的出路就在中国、朝鲜、台湾和日本爱好正义的人士的手里。"今天在我们这四种人一条心的奋斗下，敌人不是已经一步步更接近于崩溃了么？只要我们再接再励奋斗到底，他的消灭已是必然的。

自从你们奋不顾身把我由枪林弹雨中背回原阵地以后即乘担架来至长沙，原住军政部九六收容所，然以该所系临时收容转运之机关，对重伤员兵之医疗看护诸多不备，后承该所负责人及红十字六十六救护队、各界负伤将士服务队向此间湘雅医院交涉，凡是负伤过重不能及时向后方转送者均送往这医院里来，义务的予以收容与治疗结果，他们是慨然答应了，这证明社会人士对我们抗战的同情与援助，是如何的深切，当着医师亲切的为我们换药时真叫我们又感激又愧惭，同时也叫我们不得不愈加奋勉。

我们在这里的生活虽然因为客观上许多困难不能尽如理想，然一切设备医疗食宿看护等则较诸前收容所优越多矣，尤以一般民众对我们负伤弟兄之同情与关怀真叫我们惭愧莫似，红十字会医疗队的同志们朝夕都来看护，三民主义青年团湖南伤兵管理处负伤将士服务团，伤兵之友社服务队的男女同志，天天都来给我们以热情的鼓励，替我们喂饭写信并买画报及日报给我们阅览，向我们解说时事、报告战况使我们在这寂寞的病榻生涯中得到了无限的安慰和愉快，同志们后方的民众真太可爱了，他们把为国负伤的官兵视如至亲骨肉，负伤的弟兄也对他们如自己家庭亲人一样，真的抗战使我们民族的感情更加深厚，抗战促成我们军民的合作更加紧密，抗战使全世界弱小民族的团结更加坚强，在实际的战斗中我们知道这一次日本帝国主义悍然不顾一切的向我们进攻，其野心不单是要想屈服我们，占领我们的土地，而是要澈底消灭我们三民主义的真精神，剥削全世界弱小民族生存的权利，因此我们这一次抗战有无限的感动和兴奋，同志们我对你们给我的恩惠、对于你们这种为公理正义不顾一切牺牲的精神我没有什么话可说，我只有在不久的将来重上前线砍几个敌人的头来答谢你们，现在我的伤已渐愈了，这个愿望一定可以变成事实的愿，我们在火线上作第二度热烈的握手。谨致

民族解放的敬礼

第廿一师一二五团三营八连连长柳运瑞 谨启

于湘雅医院　五・廿四

（原载于《朝鲜义勇队通讯》第 17 期，1939 年）

致朝鲜"三一"少年团的信[①]

台湾少年团

朝鲜少年团同志们：

我们是台湾少年团，前几天在某种报上读到你们写给朝鲜义勇队的信，使我们台湾少年团的小朋友非常钦佩你们勇敢的精神。

过去人家都不将我们小孩子放在眼里，他们以为小孩子是不会做工作的。正因为他们如此看轻我们，我们应当更加努力，把努力得到的成绩来证明我们小孩子的力〖量〗。

现在中国打战已开始，这正是表现我们力量最好的时候，同志们我们赶快拉起手来吧！我们已在日本统治下生活过，日本的说话我们有一大半是懂得的，所以我们除了普通小朋友应做的事情外，还可到敌人后方去做小间谍侦探他们的军情，来报告给中国的军队知道，你们以为对么？希望贵团与我们有一个经常的联系，不但如此，我们更要和世界上的小朋友们取得联系。向你们行一个民族解放的敬礼！

台湾少年团 谨上

三月二十二日

（原载于《朝鲜义勇队通讯》第 8 期，1939 年）

① 原标题作"台湾少年团致朝鲜'三一'少年团的信"。

寄日本反战的文化斗士函①

中华全国文艺界抗敌协会等

亲爱的日台鲜反战反法西的文化斗士诸君：

在中日战争满两周年的今日，当我们的共同敌人——日本法西军阀——以刺刀和欺蒙的言词驱使贵国民众强为欢笑，庆祝他们的“胜利”的时候，我们当以悲壮的心情纪念这个为中国民族解放、东亚的真正和平而坚持了两年的战争的时候，我们记起日台鲜为反战反法西运动而在地下活跃的文化斗士们，我们记起被数次的大检举和无数次的秘密逮捕而困居牢狱的可敬的“思想犯”们，首先我们应向诸君致十分深切的同情和无限的敬意。

从日本的报章杂志的报道和透露、阵亡士兵们的日记和家书、被俘的士兵同志们的坦白的供词，我们也知道，日本法西军阀发动的侵略战争，历时虽只两年，但已断送了数十万爱好和平的青年的生命（其中知识分子当也不少），破坏了百数十万的甜美的家庭生活，绞干了数千万人民大众的血汗，剥尽了国民的生产消费一切的自由，而所获得的代价，却是毫无补益的军事的“胜利”和日益黯淡渺茫的前途（陆军省纪念事变两周年的小册子不是说战争还要数年才能结束，东亚新秩序的基础的树立还须五十年以至百年吗）。

我们更知道，两年的战争固摧残了我们中国不少的文化事业，但同时也毁灭着日本自己的文化，在严密的思想网之下优秀的教授和作家不是垫了牢底便是钳口结舌，甚至自由主义也变成禁物，大学、杂志、报纸都黯然无光了，充塞在那里的差不多只是替侵略战争辩护，对法西军阀歌功颂德，铺陈“日本主义”的下等货。由于物质的饥馑和精神的饥馑，由于对战争的畏惧和厌恶，不少有为的日本青年学生和知识分子却坠入于颓废或苦闷的深渊中。明治维新以来，艰苦创造和融铸成的日本新文化不但是“在牢狱里”，而且已有毁灭的危

① 原标题为“中国文化团体寄日本反战的文化斗士函”。

险了。

这是两年侵略战争的赐与，诸君身在苦难之中，当然知道比我们更加清楚，更感到切肤之痛。显然的，诸君的反战反法西斯的伟大的斗争，不但是为着人类的正义、世界的和平，而且正是为着日本内地和殖民地的人民大众的自由幸福，为着日本的文化。

无论法西军阀怎样高压，无论御用报纸和作家们的怎样巧妙地作欺骗的宣传，诸君的坚苦卓绝的奋斗，无疑已发生了很大的效果，反战的火炬在前线、国内的工场、矿山及一切的角落里都已燃起来了，最近连司法当局以至平沼首相都不能不公开地承认国内和前线的“共产主义”“人民战线”和台鲜的反战分子的活跃，甚至忧虑事变突发的可能性。诸君给予日本法西军阀的打击愈大，我们的最后胜利的来临——也就是东亚民族的真正提携的实现——便愈被促进。诸君对我们的伟大援助，与我们的精诚团结，实不下于那些参加我们队伍的日台鲜斗士们(如青山和夫君、鹿地亘君、池田幸子君、绿川英子君，台、鲜义勇队同志等)，我们对诸君的感谢，实不是语言所能形容。

现在，战争已开始转入第三年了，我们的共同敌人在国内和国际上愈形孤立了，对于侵略战争的前途愈没有把握了，最后的胜利决定是属于我们中国被压迫民族和日台鲜的被压迫大众。愿我们加强我们的决心和努力，加紧我们彼此间的联系，再接再厉，予日本法西军阀以致命的打击，消灭这极度残酷的侵略战争，向着实现东亚民族真正提携，重建世界真正和平的前途迈进。

中华全国文艺界抗敌协会
中国青年新闻记者学会
战时日本问题研究会
中国世界语学会
中国新文字学会
全国漫画作家协会

(原载于《战时日本》第2卷第6期，1939年)

寄给在前方奋斗着的队员同志们

佚名

亲爱的队员同志们！

当我们看到你们寄来的工作报告书后，使我们是如何的感到兴奋、愉快、敬佩和惭愧呢？你们的奋斗是那么积极，你们的精神是那么倔强，为了暴露敌人的阴谋激起民众们的敌忾心，为了觉醒民众们一致动员，你们会忘掉了饥苦，不分了昼夜的工作着，风雨阻止不了你们去贴板报，酷寒挡不住你们去讲演，在物质条件极度缺乏之下，你们的杂志、刊物还可以照常出版，经济绝对困难下，民众们仍可看到你们的宣传剧，这种种事实都在说明了你们克服困难的毅力是怎样坚强，"精神可胜物质"在你们□□□，□□□□□□。

历史的教训告诉我们，中韩两族只有坚固团结才不会给敌人以可乘之隙。敌人的各个击破是毒辣的，没有朝鲜的亡国"九一八"事变不至发生，朝鲜若能得到中国强有力的助力，也不至遭亡国之痛，现在敌人正在疯狂的进行侵略战争，实际上是灭亡整个中国的战争，我们有着共同的敌人、共同的利害，事实不容许我们再事踌躇，我们应当加紧联合，以精神胜物质，以牺牲卫和平，在人类正义上尽我们应有的使命，好了，现在我们已真的抛弃了过去的"空喊主义"而走上了实际的行动，在伟大的中国抗战洪流中朝鲜义勇队诞生而且在生长着，□□□□□□□□□联合，以□□□□来说，是弱小民族的具体联合，尤其现在朝鲜义勇队的本身有着互相帮助共同合作的中韩两国同志，我们都详知道中韩的关系是怎样的密切的，中国抗战的胜利是关系着朝鲜的独立，而朝鲜的革命也构成着中国抗战胜利的因素。认识了这点，我们应当怎样的进一步合作，使我们这个包括中韩同志的队伍，扩大为全中国全朝鲜民族的大联合，形成了坚强的中韩民族抗日统一阵线。

同志们，你们在前面辛苦的工作，你们的血不是白流的，你们的汗也不是白流，你们血汗的结晶会变成赤灼的烈焰燃起革命的烽火，把倭军阀活生生的烧死，我们知道你们是怎样苦口婆心的在唤醒在日本军阀驱逐压迫下来中国送死的日本工农大众，使他们明白日本军阀侵华的真相，要他们赶快掉转枪口参加我们的反侵略阵线。努力吧！我们后方的中国同志在听候你们的捷音——多争取日本士兵到我方来。

不久的将来我们也要和你们一样的工作了，在我们的队长领导下我们准备编第三区队，分派到×战区开始对敌宣传，努力吧！胜利的明天就在眼前了，敬祝

抗日胜利

留桂林的十位中国同志 敬上

一二·八

（原载于《朝鲜义勇队通讯》第 3 期，1939 年）

给朝鲜义勇队同志的信[①]

国立十三中学高中部

亲爱的朝鲜同志们：

当我们提起笔来写这封信的时候，我们的心中充满了热诚的情绪，几乎不能写下去，我们不知道怎样称呼你们，更不知道从那一字那一句写起好，我们简直想不到方法把我们满腔的热诚流淌，呈现在你们朝鲜兄弟们的前面呀！敬爱的朋友，我们不知道这是什么道理，当我们一看见你们的时候，虽然这还不过是第一次，我们就觉得我们间的浓密深度的友情，在你的眼睛里，我们看出了蕴藏在心中的愤怒与仇恨！在你们那憔悴紧密的绉纹间，我们探出了你们所经历的苦难与劳苦以及你们那不屈不挠的奋斗求生的苦心，在你们谈话间，我们知道了你们国家的人民在日本畜生们的残酷凶暴的武装威胁之下，在怒吼！在暴动！在为着国家民族的自由与新生，流血！拼命！呀！敬爱的国际友人，我们同情你们，同情你们在日本帝国主义的铁蹄下所受的痛苦，同情你们人民的惨叫与呻吟！我们敬佩你们，敬佩你们离开了你们那慈爱的爷娘，抛弃了你那熟悉的家乡，爬过了山峦丛林，渡过了渺茫无□的大洋，来到这苦难陌生的国土，把你们那为了人类的热望的自由与和平的真诚，来奔赴我国此项流血的抗争呀！亲爱的朝鲜兄弟，感谢得很，但是这或许是你们的不幸吧！因为你们一到我国的时候，我们的家乡已被敌人烧得精光，我们的父母兄弟已被敌人赶得到处流浪，我们在破宇残砖上过活；我们正在荒芜破碎被敌人蹂躏过的田园上用血和汗灌溉；我们正和敌人干着求生的争斗！我们没有时间，没有余力来款待你们这些由远道而来的朝鲜青年，这是十分抱歉的。但是你们不在乎这些吧！你们决不是想到中国来逃难享福的，你们到这里来是为革命斗争，而且是准备来受苦的，是的，你们要复仇，我们这里正摆着你所需要的武

① 原标题为“浓密的友情——国立十三中学给朝鲜义勇队同志的信”。

器——飞机炸弹；在这里的四万万五千万人都是你们的姊妹兄弟，他们愿意做你们的后盾，他们愿意同你们结为同志，共同和疯狂的敌人拼命奋斗！呀！远道而来的国际友人，你们的血汗决不是没有代价的，是的，随着中国抗战的胜利，你们一定会独立解放的，朋友们努力吧！只有中国抗战胜利，你们的光明幸福，才能够得到，我们共同战斗着来争取中韩两大民族的自由，现在我们为了要表示我们的一些谢意，决定了在本月十六日开一茶话会欢迎你们参加在这其中，我们没美好的礼物款待你们，但是有着一朵精神的花朵献给你们，来吧！敬爱的朝鲜同志们，我们在等待着。

国立十三中学高中部 敬启

六・五

（原载于《朝鲜义勇队》第 36 期，1940 年）

一封信

胡明树

斗山同志：

你我实际上早成为朋友的了，我是《东方战友》的读者，你也转载过我的文章，我俩在抗日战线上成为同志了。去年的一月，我曾在桂林与几位朝鲜同志见过几次面，也赠送过他们拙著诗集《朝鲜妇》，彼此往来都很密接。

我对于朝鲜人一向都是敬仰的。他们和中国人无论私谊的或团体的都有着极深的朋友关系，他们帮助或参加中国的革命运动有着很长的历史，自北伐到现在。

“七七”事变之前，我是住在东京，在法政大学里，认识过好些朝鲜朋友，他们都有一个共同的性格，即是“沉着”与“不妥协”。我对他们的这种精神，深深的表示尊敬。正因为他们有着那尊贵的性格，日本人就非常妒视他们，甚至不愿意租房子给他们住。我常常想，朝鲜之归附日本，不能归罪于朝鲜人的不奋斗，应该归罪于满清的腐败！我知道自从朝鲜亡了国后，几十年来朝鲜人无时无刻不在挣扎、奋斗，为了打破日本帝国主义加给朝鲜的枷锁。现在，这枷锁快被打破了，快要断了！但是敌人又想重新加上新的枷锁：敌人的进攻中国正就是加给朝鲜的新的枷锁！所以命运决定我们非共同奋斗不可！我们非把旧的新的枷锁都同时击破不可！所以非连敌人也同时消灭不可！命运已经决定中国和朝鲜是一对难兄难弟了，同志！我们能够不携起手来共同去迎击我们的敌人么？

住在东京的时候，我的住所的附近，正住着好些朝鲜妇人，她们在着重重压迫下艰苦地生活着，奋斗着！她们在着[这]艰苦与奋斗中却忍耐地抚育着自己的婴儿——新世纪的婴儿，〖新〗世纪的战士，新世纪的英雄！我那时作为一个同命运的中国人，对她们的忍耐、艰苦、沉着、奋斗感到极深的同情，同时感动得几乎流泪，所以我就不管自己的歌喉的拙浊开始歌颂她们，于是写下了

《朝鲜妇》这篇诗，寄回上海的杂志发表，后来并蒙雷石榆译成为日文。去年的春天我有机会印刊我的第一册诗集了，于是收集了《朝鲜妇》等十篇诗，仍用《朝鲜妇》作为书名，算是我对于所尊仰的人的一种敬意，也是一种精神的礼物。

去年一月，我在桂林很幸福地得与数位朝鲜同志见面，这又惹起了我的无限的感想，不可抑止地写了一篇叫做《从历史与文学看朝鲜》，在《救亡日报》上发表。那是一篇没有研究，也没有系统的极拙劣的感想文。后来被你们转载到《东方战友》上。这在我是一件非常惊喜的事情。是的，文章的拙劣算得什么！世界上没有所谓拙劣的，世界上只有"知己""朋友""同志""爱"……是居于这个立场我们就握起手来的吧？

那么，现在我就向你伸出我的兴奋得发抖的手，让我们热烈地紧紧地握住吧！加强我们的私谊，使发展成为中韩两民族的坚强的联合！我们是东方的战友，我们要共同努力，打破旧的新的枷锁，消灭了敌人，为自由平等而奋斗！

同志！努力吧！

除了我们的锁链之外，还有什么可以失去呢？

此致

革命敬礼！

胡明树 上

（原载于《东方战友》第 14 期，1940 年）

致朝鲜义勇队第三区队[①]

金敏玉

亲爱的异国同志们！当你们一行××位来到这里的时候，我们多么的兴奋啊！只可惜相处很短的时间就分别了，我们对你们钦佩和敬仰的心情将怎样的来表答出来呢？我们是时刻在默祝着你们的健康。

今年是一九四〇年了，这久已为人类所恐怖的像谜一样的一年，我们将怎样的把握住它来争取我们的胜利呢？

这是奴隶们怒吼的时期，弱者们反攻的时期，人类的锁枷将在这一年中毁灭，魔鬼们的宝座将在这一年中崩溃，世界上不是都弥漫着熊熊的战火吗！每个角落里不是都响着隆隆的大炮吗？这正是伟大的战斗，正义的照示，公理的叫喊，和平的象征。在这一次大的搏斗中才可辩别出谁是精华与渣滓。真理与谬论，谁该在今日毁灭，谁该在今日生存。

在东方，我们的任务是简单明了的一条——打倒日本帝国主义——从各方面看来，你们对这一任务已经尽了很大的努力，当然也得到很大的成功，并且继续不断的向前迈进，我们的战场上也正因为有了你们，我们更感受极大的兴奋和安慰。谁都知道，我们要把日本帝国主义打出中国的领土，必需配合起朝鲜的民族革命，朝鲜同胞要挣脱日本帝国主义压迫的锁练，必需有赖于中国长期抗战中把日本现有的力量摧毁，所以中国和朝鲜及世界弱小民族与被压迫民族的解放运动，都要互相为因，互相为果，所以只要我们奋斗到底自强不息的精神继续下去，不久的将来，会有更多的异国同志集合到一个战场上来，当中华民族复兴的时候也就是朝鲜民族得救的时候。

---

① 原标题为“新年寄语——致朝鲜义勇队第三区队”。

这次你们凭着一年来的工作经验，在前方正配合着新年的反攻，一定会获得惊人的成绩，同志们辛苦了！我们静候着你们的捷报，祝你们

健康！

（原载于《朝鲜义勇队通讯》第32期，1940年）

致池田幸子（信2封）①

林长墉

（一）

池田幸子先生台鉴：

在重庆的时候，多承您殷勤招待，衷心非常感谢，回桂后，本拟奉书问候，间因工作忙碌，至今始略有□□，不知您近况如何？甚念。闻总部已有工作队出发前线，想已出发工作，同盟因冈村与村上的不幸行为所受到的不良应响，望能以前线工作的荣劳来补偿之，此间分会不日也要出发桂南前线工作，在出发前线之前，敝人有几点意见想要奉告，敬祈代为考虑，转告鹿地先生为恳。

近见鹿地先生函办公厅友人信中，说到敝人还有旧式官僚气，不知指何而云？查日本军队中，即使少尉、中尉亦不易与士兵接近，敝人虽为中国大佐，或以贵国具有军国主义者的眼光看，还不及贵国的大尉，然而即使不及贵国一大尉，大尉亦有大尉的身分，而敝人却从来没有在贵国同盟员面前取居高临下的态度，所谓旧式官僚气者到底从何说起？回想此间分会成立时敝人和鹿地先生所尝受之艰难困苦似尚历历如在目前，而今曾几何时，鹿地先生竟对敝人下如此不公正之评断，思之不胜痛心。敝人以同盟员志在革命反战，志趣高洁，任务重大，所以自同盟成立以来，敝人对同盟员亲切相处，遇事无不坦白商讨，自问对同盟员并无岐[歧]视。惟敝人是秉承政府意志来此工作，一切须以政府之命令为遵循，同盟及顾问室经费，当同盟分会成立时，规定由敝人处理，其条文亦为鹿地先生本人所起草，敝人责任攸关，凡属敝人责任内之工作，敝人理合严格恪遵职守，尽管敝人对同盟员亲切坦白，然决不能移违敝人之职守以迎合同盟员，此为敝人一贯的工作态度，鹿地先生对此且不能认识，殊见其对

① 题目为编者加。

中国人认识之不足，颇觉遗憾！请转告鹿地先生，敝人秉承政府命令来此工作，如鹿地先生认为不满，敝人可向政府辞职，惟在未去职前，敝人的工作态度，现在将来均必仍旧贯，以职守及政府命令为前提也。您对中国情形的了解，远过鹿地先生，因此，敝人特奉寸书，敬乞　代达为祷！专此即颂时绥！

林长墉 启

十月三日

（二）

池田幸子先生：

十月十三日的信拜读了。前信我所听到的话，自己不过是觉得有说一说的必要罢了。我在此工作，一切以政府命令、两国民族利益为前提，自有一定主张，决不因旁人对我批评的好坏而有所变动。所以我如果离职就罢了，如果不离职，人家说我好，赞赏我，我也是如此，人家说我不好，责备我，我也决不因此消极，或悲观；如果我确有过失，未始不愿接受朋友们的批评，然而这不能动摇我服务的初衷，只要我在职一天，我便努力工作一天，这一贯的态度，我是始终如一的。这次我将我所听到的话告诉您，只不过是觉得这类事如其大家放在心理或在背后说长道短，万不如当面开诚布公的袒怀相示，有事就当面说明白的好，所以就唐突的写信来告诉您了，其实如果鹿地先生不到前线去，我或者也喜欢当面和鹿地先生说个一清二楚的，现在既然向您说过了，我心里便也放下了一件事，以后就希望大家不必放在心上累了。至于王洽民的为人，我因为和他没有什么来往，所以知道得很少，不过像您所说的那类以私人利益为前提，置工作于不顾而损害国家公事，妨碍抗战的败类，我是深感痛恨的，我们这里已奉命于本月廿一日出发桂南前线工作，同时我们又奉到十月十一日军委会桂林办公厅桂办总(一)字第 702 号通报，内开奉核在华日本人民反战革命同盟会桂分会归本办公厅指导，发表顾问人员如次：

一、聘请第四战区司令长官司令部中将参谋长吴石兼任在华日本人民反战革命同盟会桂林分会总顾问；

一、兹派本厅第二处少将副处长樊焕卿兼任在华日本人民反战革命同盟会桂林分会顾问；

一、兹派本厅第二处第三组中校组长廖济寰兼任在华日本人民反战革命同盟会桂林分会顾问；

一、兹派本厅第二处第三组中校编译官宣宝季兼任在华日本人民反战革命同盟会桂林分会顾问；

一、派本厅上校参议林长墉兼任在华日本人民反战革命同盟会桂林分会驻会顾问”。

我已决定在本月廿一日陪同同盟员一道去桂南前线工作，本室主任职务，除暂由秘书欧阳凡海先生代理外，并函请上述樊、廖、宣各顾问经常来会指导。现总会顾问室组织情形如何？冯先生想今后可因总会受文委会之指导而与总会关系更益密切，便亦烦请代为问好。余容后谈，专此致请　大安，并致

日本反战革命成功的敬礼

林长墉 谨上

十月十九日

（转载于《日本人民反战同盟资料》第10卷，1995年）

致池田幸子[①]

欧阳凡海

池田先生：

同盟会员坂本秀夫等一行七人已于今晨七时三十分由林主任陪同乘火车出发柳州转赴前线工作了，留守的同盟会员还有十人，另由坂井敬二郎代理坂本秀夫为代表，一切工作照常进行。我是代理顾问室林主任的职务，日前林主任奉上一函，除答覆您的意见之外，曾将出发日期预告，讵因二十一日晚火车时间已有变更，乃改于今(廿二日上午七时半上车，他们在柳州料必略有耽搁，因林主任上车前身体略有不适，如到柳州加剧，或不能不因而耽搁，且林主任副官与勤务，均须在柳州第四战区请求派给也。鹿地先生一行出发想已多日，不知预定何时回渝？

我在此工作为时计已数月，前次林主任去桂南前你[线]作敌前宣传工作时，我就来代理工作了，后来帮同出演《三兄弟》，暨后分会全体盟员去渝，我没有同行，这次他们回来，我在此工作的重心，多在教育方面，据最近一月半来的经验，受[觉]得同盟员革命的热情与认识，比以前进步些了，但工作作风还嫌散漫，似乎很受了些中国官场习气的应[影]响，加强了自由主义的倾向，自我批判的精神并没有实现在日常行动中，所以似乎不够。这主要的，我想是由于缺乏坚强的政治领导的经验吧。但是从全体说，素质都很好，并没有居心学坏的人，所以这一月来，教育效果，收到了出乎我意料之外的成绩。由于同盟是一个独立的政治团体，我站在顾问室的地位，一切只能贡献意见，不便直接主动。但我既然和同盟接近，每天都在一道生活，便不能不自然而然的关心同盟，一心想把同盟的素质一天天提高起来。因为我觉得目下同盟的状况是很危险的，首先是能够起独立领导作用的，除鹿地和您以外，其他的干部太少，而

① 题目为编者加。

鹿地先生又人不能分身,将来若同盟的工作扩大,不赶快造就这种条件,是一个大问题。第二,从桂林分会来说,他们的思想意识,都还需要更多的理论与工作经验来培养。因此,我这次大胆的向分会提出了些意见,起初他们只是无可无不可的接受罢了,但经过了实行之后,他们终于自己也热心起来了,比方最近我提议每周请留桂的各种专家来作一次座谈会的报告,他们答应了,第一次请萧敏颂先生来报告三国同盟后的国际形势,由我口头翻译,结果非常园[圆]满,同盟自动要求萧先生每周来报告一次。这里分会的同盟员还不曾了解社会进化的一般法则,最近我和他们讲了些,他们都很有兴趣。三民主义的课也是我讲的,我就题把联系多的地方加入进去一些新材料,他们也听得很有味。他们之中,还有些人很有孩子脾气,最近顾问室为了利用分会预算项下每月三百元的事业费作为大家的工作与学习奖金,要我从事考核,我为了避免个人的武断,拟定了一个工作成绩考核办法,邀同盟方面参加共同办理,这办法已译成日文被放在同盟里,将来您可叫他们寄给您看。我想在今天的情形下,在这相当静止的同盟所处的环境中,这样的办法是适用的,分会在基本上也赞成了,不过有几个部分,为前线工作项与生活纪律项等,他们觉得还太简单,我们也有同感,大家正在商量中,待正式决定,当再奉告。此次前线工作队出发,我讲到一半的学课,为了顾全将来工作队回来可以连续得下去,暂时停下不讲,另讲一些临时性质的,或在短时可讲完的东西。您有什么意见,也请赶快贡献。此外每周请人来开座谈会作报告,拟照常进行,此外我还想把每周二次的研究会建立起来(以前只在时间表上规定,未实行),每晚十分钟到十五分钟的会报制度,我希望以后也能建立,加强每天工作、生活、学习的检讨,以推进每周一次的总会中的自我批判。

不过,话虽如此说,由于我只能从旁协助,不能越俎代庖,加以我能力有限,这一点小小的希望,恐怕亦须用很多力气的,希望您多多协助。我希望您除了时时督促分会之外,还多多给我些教材。我这里最感缺少的是关于日本历史的正确分析的书,而把日本革命同志,从日本军阀的歪曲的历史观念中解放出来,我觉得,在革命者的全宇宙观中,是极重要的一部分。这一部分的材料,在日本国内也不多,中国更不消说,我想非您和鹿地先生设法不可了。我因为相信,真正为中国革命而努力的人,同时一定是为日本革命而努力,与日本革命的利益是不可分的;同时,真正的日本革命者,我想也应该不否认这一点。这说明了中日革命利益的一致,用不着有轩轾之分,只是在国际的关系上,我们应该相互尊重,保着互不干涉的原则罢了。这其实是并不矛盾的同一事件的两面,今天的事实就是一个很好的说明,我的所以不客气的说了许多情形，同时在这里也贡献了同盟许多意见，也是基于此种见解，希望您多多指教，我以前的这些处置是否适当，亦请不客气的予以批评，以及希望您继续不断的赐教，以便我在这方面可以与同盟共商进行，把您和鹿地先生的指示，把日本革命的路标，一个个贯彻起来。即敬
敬礼！

欧阳凡海 上
十月廿二日[①]

很久想写信给鹿地先生谈谈这方面的情形，这次以这个机会来写信，鹿地先生又不在，请代为问好！同时因有许多话想讲，一写就写多了，其实，这仅是很少的一部分。[②]

（转载于《日本人民反战同盟资料》第10卷，不二出版，1995年）

---

① 1940年。 ——编者注
② 此段在信第一页左上，是“又及”的部分，故录之信尾。

致鹿地亘（信3封）[①]

吴石

（一）

三十四军邮地字第八十一号信箱

鹿地先生台鉴：

顷林长镛及同盟诸君来此，获诵惠书敬悉。一是先生苦心孤诣，奋斗不懈，至用钦佩。同盟诸君以旅途劳瘁，拟返桂林休息一周再来前线工作。将来一切皆予以方便，请勿为念。关于日本情况及至对国际各种关系，绥祈赐以有系统之著述，随时惠示，借资参考，至为盼祷。专复而颂

勋绥

吴石 敬启

八・廿三

（二）

鹿地先生惠鉴：

二月十八日大函暨图表均敬悉。此次足下在六战区前线勤劳为国奋斗，至用钦佩。抗战现阶段，正是贵同盟加紧努力之会，对同盟员之技能，与对海外工作之积极，当盼足下多加擘划。若有便，并盼来桂一行，此间分会自当尽力援助。日本国内情况及其他判断佳作，当盼时时赐示为荷。耑复即颂

---

① 题目和序号为编者加。

勋绥

吴石 敬启

二·二八

（三）

鹿地先生勋鉴：

奉诵惠书，不尽同情。此次变动实出意外，惟先生之热心努力早为人所公认。仍盼贯澈初心，向前迈进，以推倒日本法西斯强盗。夙便当乞随时赐教。若有日本问题之研究见教一二，尤为盼幸。匆复，即颂

勋绥

吴石 启

十一·十一

（转载于《日本人民反战同盟资料》第10卷，不二出版，1995年）

致朝鲜义勇队的一封信[①]

育才学校社会组

英勇的朝鲜义勇队亲爱的同志们：

当你们接着这封信，也许是在沙场上正和日本鬼子浴血拼命吧。你们的英勇斗争，和坚苦奋斗的精神，是值得我们学习与钦佩的，在这儿我们谨向你们致亲切的慰问，同时，我们要从生活上和工作上去学习你们英勇行为和宝贵经验。

对了，也许你们还不认识我们，现在让我们来自己介绍一下：

我们是你们的兄弟国——中国的孩子们，是从日本帝国主义的残酷的铁蹄下，流离失所，辗转千万里逃难抢救出来的，大半的爸妈都被日本强盗杀死了，田园土地也被占去了，本来我们是在战时儿童保育院的，后来育才的先生来考选，便把我们选来了。现在我们是育才学校社会组的小朋友，是生活在战时首都——重庆附近的深山内，是过着集体的生活和集体的学习。

为了要使各位亲爱的朋友，对我们更了解，所以把我们近来的生活、学习、工作情形作一个简单的报告。好，亲爱的朋友们，你们细细的看吧。

我们的学校是在"生活即教育""社会即学校"的两个口号下创办的。校长是陶行知先生，我们的教育是以集体生活为宗旨，我们的学习是自动的，先生是站在指导的地位，我们是师生共学，教学相长，因此我们这个学校是一个新创办的试验学校。

首先把我们的组织说一下。同学们最高的机关，是生活委员会，设有正副主席，会的构成是由各组选出来的同学代表，他的任务是计划同学们的生活，工作……但他不直接执行工作，他把计划弄好，交给下面的一个组织系统——学生生活团，生活团设有正副团长，他的工作是领导全体同学生活、学习及工

---

① 原标题为"中韩两民族团结的交响曲——育才学校致朝鲜义勇队的一封信"。

作，为了促进工作效率，所以下面分为五部——(一)社会工作部、(二)服务部、(三)康乐部、(四)自我教育部、(五)卫生部，各部有部长。以下还有六个中队，各中队又分各小队，并有正副中队长和小队长，队内还分五股——(一)社会工作股、(二)自我教育股、(三)卫生股、(四)康乐股、(五)服务股，各股有干事，我们的组织大体是这样。

近来我们的生活又增加了许多集体生活构成者——又来了许多新的同学，我们的集体生活更庞大和紧张了，许多新同学带来了很多值得我们共同的学习的优点。不过近来全校的生活没有什么变化。只是我们社会组的生活管理先生，不是像从前那样的，现在是设了值月导师。譬如，这月的值日先生是A先生，就要负完全的责任，其余的先生对于同学的生活可不负专责。为了使我们的生活更进步，所以每月都计划。除了本组的计划外，个人有个人的计划，个人计划中生活方面最重要的是缺点的克服和优点的发扬，并以全力完成。还有一点，就是我们同学日常要用的东西，现在不归公家发给了，每个月发给我们三块钱，这钱不是放在我们自己的身上，而是放在我们同学自己负责组织成的育才银行内，加[如]要用钱就去取，取了钱就到消费合作社去买所须用的日用品(合作社也是我们自己组织的)。近来学校对我们的身体也特别注意。

我们的学习和普通的学校有点不同，我们是按照各同学的兴趣和才能分六组——(一)音乐组、(二)戏剧组、(三)文学组、(四)社会组、(五)自然组、(六)绘画组，各组的学习是以各组的性质为中心。我们社会组的主要的课程是(一)国际问题、(二)社会发展史、(三)地理、(四)集体阅读，除了分组学习外，还有普通课分级上课，共分六级，从初小三年级至初中二年级，科目是和普通学校一样有算术、国语、社会、化学，英语……此外每天还有晚会。有一天是全体晚会，有六天是分组晚会，本组晚会的内容大约有(一)生活检讨、(二)娱乐、(三)工作检讨、(四)时事讨论……

我们的劳动服务。最近各组都在修路平操场，工作很热烈很努力，文学组是修普士康林，戏剧组在修露天舞台……我们社会组修了两个操场，还做一个戏台。现在我们在修劳动路，我们除了做劳动外，还做社会工作，我们的工作有计划有组织，分了六组进行：(一)工人工作，是宣传中国抗战和连络感情，并且教他们唱教[歌]，报告时事及抗战故事；(二)学校工作，因为我们学校附近还有几个小学但他也不像学校，因此我们时常去做学校工作，工作内容是教歌，报告时事，讲抗战常识及抗战故事，做游戏……以外还有商人工作和农人工作，内容大体差不多，不过是深浅不同罢了，每次工作回来时，我们还开工作检讨会，并写工作报告。

亲爱的朋友们，您对我们这三十几个小朋友已有了相当的认识。最后我们伸出我们的小手，向您们诚挚的握手，我们愿和您手携着手，向着我们死也忘不了的共同敌人——日本帝国主义，作无情的斗事。

好！我们高呼吧！

打倒日本帝国主义！

中韩民族联合起来打倒小日本！

中韩民族解放万岁！

育才学校社会组全体同学 上

六月一日

本队覆信

亲爱的育才学校社会组同学们：

当我们接到你们的来信，真感觉到无限的兴奋！

你们在战斗的学习、紧张的工作、艰苦的生活中锻炼着自己，教育着自己，我们真佩服你们这一个个小英雄！这一群新中国的小战士！

朝鲜民族在日本强盗的铁蹄下过着牛马不如的亡国生活，已经三十年了。日本帝国主义用奴化教育麻醉朝鲜的小朋友，用虐杀拷打镇压我们的民族反抗，但是朝鲜民族从来没有屈服过，从来没有停止过一天的斗争，一直要奋斗到祖国的澈底解放为止。

亲爱的同学们！愿你们努力的学习，学好本领跟日本鬼子“拼”！“干”！我们朝鲜义勇队的全体同志，全朝鲜民族，愿永远和你们拉着手，站在一条战线上，为中韩两民族的解放胜利而奋斗到底！

末了，请你们代向贵校的全体师生致候问好。

并祝

中韩两民族团结万岁！

朝鲜义勇队 谨覆

六月九日

（原载于《朝鲜义勇队》第35期，1940年）

给朝鲜义勇队的信[①]

朱焕章

亲爱的朝鲜义勇队诸同志：

诸同志是中华民国抗战的兴奋剂，因为诸同志英勇的精神和牺牲奋斗的决心，已坚定了我们最后胜利的信念。诸位同志也是我们建国不可缺少的要素，因为诸同志的爱国热忱已巩固了我们四万万五千万同胞的团结，这种团结就是我们建国成功的原动力。诸同志又是粉碎日本帝国主义野心的炸弹，因为诸同志的鲜血，必粉碎日本帝国主义的恶毒，使全世界人类得以明了日本帝国主义的野心，不但将成为弥漫全世界的烟幕，更将成为杀灭世界人类的毒剂。诸同志更是被压迫的朝鲜无辜同胞的救星，因为诸同志的热血必能刺透朝鲜同胞们每颗战栗的心窍，犹如春天的太阳将荫的云雾消散，将寒冷的冰雪溶化，叫那被压倒的枯草得以复生，潜伏的嫩芽得以发茂一般。朝鲜今后的历史除了诸同志的鲜血，谁能再继续写下去呢？所以特以至诚代表苗胞向诸同志含泪致敬〔敬〕，并祝

诸同志前程永久光明！！

石门坎朱焕章 谨上

九月三十日

（原载于《朝鲜义勇队》第 38 期，1940 年）

① 原标题为“伟大的友情——苗族代表朱焕章先生给朝鲜义勇队的信”。

致金九[1]

傅作义

韩国独立党中央执行委员长金九先生勋鉴：

顷由贵国军事特派团高君云起等来绥交诵惠函及杂志，均悉种切。中韩公敌唯一日寇凶残无比，人神共弃。自我抗战以来，敌败我胜已见事实。值兹敌人垂凶之际，贵我自应协力奋斗，争取最后胜利。承派高君云起等来绥推进前线工作以利歼敌复土，无任奋感，自当亲密联系，予以协助便利也。知注奉复。敬祝

革命胜利

第八战区副司令长官傅作义 敬复

一九四一·三月廿九日

（转载于《大韩民国临时政府资料集 10》，韩国国史编纂委员会，2006 年）

① 题目为编者加。

致鹿地亘[1]

宋斐如

鹿地先生赐鉴[2]：

敝刊自武汉创办以来多承爱护赐稿指教，同人至深感奋，力求内容充实，以副厚望。际此一九四二年新春将届，太平洋风云又格外紧张，各国外交战正激烈，而美日战和未可逆睹，国人了解此后趋势更为殷切，爰特于新年号辟"一九四二年的太平洋"栏，征求各专家发抒高论。素仰先生研究精深，积学丰富，用特请自日本军阀方面剖述"一九四二年的太平洋"，敝刊当揭载于港渝两版，以为海内外同胞理解国际之指针，受惠者当不止同人已也。大作请于十二月十五日以前赐寄敝社，以便早日付印，是所至祷，并祝

撰祺

战时日本社

宋斐如 敬启

（转载于《日本人民反战同盟资料》第 10 卷，1995 年）

---

① 题目为编者加。

② 一九四一年十一月十九日。 ——编者注

致韩国青年的一封公开信

夏野

亲爱的韩国青年同志们：

在未写正文之先，我们谨以十二万分的热诚，向韩国青年志士致诚挚的敬礼！

中韩两大民族，无论在历史上、地理上、文化上……都有着不可分离的关系。几千年的亲善友好，往还互助，更造成了两大民族间弟兄的情谊。在抗日阵线上说，我们又为着打倒共同的敌人而一致奋斗，所以我们不仅是弟兄，更进一步地□变成同生死共患难的战友了！

不幸的是，在四十余年前，日本的魔手伸入了你们的腹心，美丽而伟大的朝鲜半岛上，印上了敌人的铁蹄，吹打着〔醒〕腥〖风〗血雨，将和平安静的国度，沦为苦难重重的地狱，千千万万的韩国同胞，在铁蹄下痛苦呻吟，死伤遍野，流亡载道，妇女被奸污，庐舍遭焚燬，惨绝人寰的悲剧，不断地演出，这些制造悲剧的恶魔们，却站在一旁狞笑！虽然在残酷的压迫之下，却有许多韩国的志士，不避斧钺地与敌人作顽强的斗争，在韩国革命史上写下了光荣灿烂的一页。虽然他们未见到韩国的复兴而饮恨泉下，但却在千万被奴役的韩国同胞的心中，植下复仇的种子，今日的壮健英勇的韩国青年，便是在这些先烈的感召之下成长起来的。你们有的曾在战场上与敌人作生死的搏斗，有的曾逃脱了敌人的羁绊而加入抗战的阵营，这种精神的行动，实为一切韩国青年的模范。因此，我敬佩你们，视你们为弟兄，为战友，而要紧紧地携起手来，走上战场，走上复兴的大道。

为了我们是弟兄，是战友，所以在这里谨诚恳地提出几点意见，敬献于韩国青年同志之前：

第一，总理的三民主义，为一切被压迫民族复兴的宝典，它不单求中华民族的自由独立，而且要扶助弱小，打击残暴，我们这次的浴血抗战，即是为达到此最高目的而奋斗的具体表现。因此,韩国青年同志应认识三民主义的国际性与革命性,三民主义的实现,即是韩国复兴的基础。

第二,中韩两大民族的敌人是共同的,利害是一致的,你们参加中国的抗战阵营,也即是为复兴韩国的奋斗。所以要以打倒日本帝国主义为职志,以复国雪耻为目标,此志不渝,即认为职责未尽,而要再接再厉地去与敌人斗争,把敌人驱逐出中韩的国土。

第三,韩国的弟兄虽然有不少在与敌人战斗,但尚有很多被敌人胁迫来攻打中国的份子,为日本帝国主义作炮灰,弄得中韩两大民族自相残杀起来。这特别需要韩国先进青年同志,担负起说服他们争取他们到抗战阵营里来的责任。加强对敌工作,即是加速胜利的到来。

第四,韩国的灭亡,自然是由于日本帝国主义的侵略,而内部的纷歧错杂,不团结,不统一,却也是致亡的主因。你们要接受这一惨痛的历史的教训,要紧紧地团结起来,组织起来,不要再像一盘散沙,给敌人以各个击破的机会。

韩国的青年同志们!抗战的烈火把我们锻炼得一天天坚强起来,把日本的泥脚一天天深陷下去。事实上告诉我们,中国的胜利即是韩国的复兴,我们两大民族快紧紧地携起手来罢!

鸭绿江虽是中韩领土的分水,但到了我们赶走了敌人,你们复兴了国家的时候,它将为两大民族而奏着胜利的凯歌,最后的成功属于最后的努力着[者],战斗罢,韩国的青年!

写到这里,我一面看到了韩国复兴的曙光,一面却忘不了韩国的悲惨的现实。韩国的青年同志们,你们千千万万的同胞,正向你们伸出求援的手,发出求救的呼声,快快去拯救他们跳出火坑,踏上光明的坦途罢!

亲爱的韩国同志们!祖国在召唤你们,同胞在期待你们,是时候了,奋起罢,同志们!

最后,我们谨向韩国弟兄致

民族解放的敬礼!

一九四一·七·一七,于西京,夏野

(原载于《韩国青年》第1卷第4期,1941年)

一封信

林立

编辑先生：

承惠贵刊，不胜感谢！由于贵刊的指示，使我们对于正在进行民族解放斗争的朝鲜民族有着较深一步的认识，对于朝鲜民众底革命运动我们起着无限的敬佩与同情，尤其是看到了中韩两民族底团结合作更使我们确信着未来的胜利。在此，我们谨有遇悠长历史的朝鲜民族继续着"三·一"的革命精神奋斗到底！

深望以后能继续给我们以各方面的报导！

此致

民族解放敬礼！

三月十六日

林立 上

通讯处：广东坪石管埠中山大学师范学院

（原载于《朝鲜义勇队》第42期，1942年）

致鹿地、池田[①]

孟秋江

鹿地亘、池田幸子先生：

“中国之友”！我相信你们不会忘记那顿兴奋而又悲壮的晚餐，我们——马戏团——表示万分的感谢和抱歉！

为了日本劳苦大众的解放，为了中华民族的复兴，我们结合在一起，站在一条战线，共同为世界人类求和平，我们是同志，我们以同志的态度来尊敬你们。

明天离开重庆了，在桂林逗留一些时候，去广西东南、广东的南路北路等地采访，半年以后再回重庆。那时候，我们再来表演马戏团，不过，不能太精彩了！同时，诚恳地盼望对我们的写作，在见面时，或者用书信，给予批评和指示，这是我们的企求。

谨致

反侵略的敬礼！

孟秋江 上

五·廿五

通信处：桂林环湖北路二十七号楼上转

（转载于《日本人民反战同盟资料》第 10 卷，1995 年）

① 题目为编者加。

通电中国各界（对九一八事件）

［韩国］赵素昂

凶彼枭信，乘夜动兵，攻城杀将，焚荡要镇，南自安东，北至哈长，东自延、浑、和、汪，西及辽河之外，万里长躯[驱]，如入无人之境，三韩之人，为之裂眦，况贵国将领与民众乎？金人之南下也，犹有一介岳武穆，清人之攻宁远也，尚有袁崇焕之死守，窃想今日方长之贵国，非垂亡之宋明，彼日本崩坏之兆已显，实无金清肇兴之勇。且不宣而战者，盗也；不战而和者，降也，彼既为盗，欲降于盗乎？今贵国闻鼙鼓于幽燕，交玉帛于吴越，惟镇静之是守，赖联盟而欲振，岂不知联盟者，为强盗之结社乎？与其诉盗于盗，毋宁格杀其盗贼。苟能鼓百万武装之勇，举中国决死而战，则二千万之三韩，请为先锋，不辞肝脑涂地，揆以中韩连带之责，不辞一言，喁望贵国官民，认友于内，拒敌于外，一致决死，誓除日寇。临电神驰，敬冀鉴察。

（原载于《素昂集》，1932 年）

通电中国宣布日本罪恶（对九一八事件）

［韩国］赵素昂

今日所谓日本帝国者，乃倭寇之余孽，习与海贼成性，肇于罗唐之世，迭侵韩中沿岸，降在李朱之季，敢借假途入寇，幸赖中韩联军，得与一鼓荡平。甲午以还，乘人多难，肤剥中原，庚戌之际，乘我寡助，顶灭宗邦，彼于并韩以后，继行满蒙政策，曰二十万日人之移住也，曰四千余里之铁道也，曰十五亿之投资也，曰数万常驻之军队也，无非并吞大陆之预备行为，而犹不敢进兵于东北者，均势难破，有碍独占，类螳螂之捕蝉，惧黄雀之追踪。乃见欧洲之情，急于自救，无暇东顾，且中国之势，迫于相煎绸缪有待，加之洪水滔天，赤焰遍地，天灾人祸，谓时可乘，露彼凶狞面目，横肆鬼魆手段，漆夜动军，攻城掠镇，数天之内，并占辽吉，焚毁劫掠之惨，比彼土匪犹酷，屠杀侵占之域，较之日本尤大，蹂躏邻邦，旁若无人，破坏条约，无少忌惮，遂使三千万东北之民，没为俘虏，数千里中华之疆土，夷为殖民地带，二百万韩侨，势将置之死地，韩中边疆之患，莫此为甚，东亚死活不机，至此迫矣。噫，彼以数千年中韩之世仇，今焉为两族不共戴天之仇，是不止为叛徒于东亚，能使天下一见可知为强盗，而认为公敌。吾等于此，为三韩报仇与复国起见，为中国仗义雪耻起见，为国际为人类扑灭强盗扫荡公敌起见，誓与三韩决死之士，仗剑而起，愿与中华豪杰之士并立战线，锄彼残贼。况彼萨长对立，劳资相克，早孕土崩之患，苛敛诛求，民不聊生，人歌偕亡之叹，且有二千万韩人，欲食其肉，全世界之友邦，历数其罪，恶已贯盈，天网难逃，众怒已犯，覆亡可期，是中韩壮士，秣马雄飞之秋，非复含忍雄伏之时。愿我友邦健儿，奋发一致，戮封豕于辽碣，屠长蛇于青丘。敬此宣言。

（原载于《素昂集》，1932 年）

对日本占东省致函中当局（九一八事件）

[韩国]赵素昂

凶彼日本，乘虚长驱，东北精锐，丧亡殆尽，敌锋迫于幽燕，鼙鼓达于齐鲁，抚念中韩，同病相怜，不觉千杵下胸，万轮回肠，遭此浩劫，罔知攸慰。盖主战主和，权在贵国，战和之决，存亡以之，是不仅为贵国问题，抑亦东亚全体死活之机。确信贵当局忍无可忍，镇不能镇，必与革命同志，认友于内，誓师东指，倒敌于外，是不啻三韩民族之厚望于贵国，亦世界友邦之所期待于今日者，敝邦民众，誓当决死而起，喁望贵党国，鼓大无畏之革命勇气，振不退转之民族敌忾，快雪东亚之耻，复我中韩之疆，曷胜踊跃之至，临电神驰，书不戬意，敬冀鉴察。

（原载于《素昂集》，1932 年）

韩国新干会的一封来书

［韩国］新干会

勿诮不文，亲怜垂教。一千九百五年，彼日本之夺敝国外交权时，志士之惨下死者千有余人。一千九百十年，窃我版图时惨状噫嗔，不可忍言。迄至今日，人命之牺牲者十余万矣，金钱之消耗者亦数千万，而彼之压迫日益甚焉。无言论出版之自由，有数行之文字则警察押收，有三人之会语则侦探告发，月增者警备，日昌者囹圄，又随而苛畯［峻］税法，民众之破产数不可计。是以渡满洲者百余万，越俄者三十万，而居接国内者实难久支，真所谓霜雪之下无不零落者也，帝国主义之下无不残灭者也。照于前鉴，直接行动，徒戮人命。一千九百二十九年，在内同志，转还其运动方法，舍其急而取其缓，避其直冲而准其无抵抗，组织一团体，称为新干会。内构成国家政纲，外实行三大要务：一，普及男女教育，警醒民众团结，期不失民族之精神；一，与同情之民族互相连结，待最后一刻抗争；一，全国民众坚执实业，以自作自给为生活之本领。柔而强之，顺而逆之，彼亦不可为也。然彼若知此实情，断不容贷也。同志中在贵国满洲者勿论，在上海、南京、北京者有得闻通情，而在贵省者不可书信通故，路远末由也。不佞本无高见，只以纯实，人或信之。又以苦生后援会兼新干会之职员看务，闻君还国办自费，随到贵省者，则一先以贺贵国南北之统一，再以得互助之同情。又谨愿贵国名士之指导，并察运动方法与实行状况，往来两国，报告实情。一则亲察本国同志之活动状况，而在贵省同志可谓混睡状态而甘于懒怠也。所以通辩难得，未能陈万一之事情，以数宇［字］取略敢达，而文失体礼，或无触憾耶？此系秘密，非真正同志之君子不可发告也。伏愿
先生教垂！

韩国新干会 启

（原载于《民权旬刊》第 32 期，1931 年）

旅华韩侨致中国同胞书[①]

[韩国]佚名

旅华韩侨全体四百五十九万七千二百八十一人，顷致书于我国四万万同胞，勉以左提右挈，共赴国难，全文达三千余言，慷慨悲歌，令人感愧，兹将全文录之如次：

万急中华民国四万万父老兄弟姊妹均[钧]鉴：

敝邦不幸，至于亡国，不能鼎足于亚洲，而中、日两立之势成；两立之势成，而强弱之形分；强弱之形分，而其势终不能两立。使彼奴得志而独尊于亚洲，此敝邦之罪也。敝邦不幸，至于亡国，不能践攻守之盟，而反启贼以门，假敌以途。使彼奴肆志于满洲，而中原震动，此敝邦之罪也。敝邦不幸，至于亡国，不能早脱羁绊，予敌以深创，反长敌之气，而专事侵略。使其影响于四万万之同胞，入之鼎镬之中，此敝邦之罪也。

苟天之有知，祖宗之有灵，其将斩灭之不暇，尚足齿数于衣冠之列乎？敝邦畏天之诛，凛祖宗之灵，不敢自安，又不敢自趋死灭，弃我父母，捐我妻子，诀别我先人坟墓，万里遁逃来贵邦。廿年以还，生命于斯，衣食于斯，政治法律于斯，以待未死之日，庶几有为也。上天不悔祸于敝邦，以敝邦之祸及于贵邦，是敝邦不幸。至于亡国，又不幸至于二重亡国也。无宁兹敝邦之有大慝焉，将泯然而绝乎？

然尝究其故焉，吾两邦皆自亡也，非彼亡之也。何则？敝邦于未亡之先，不自觉之深，不自力之久，不自立之坚，以其恃有外援，而又不图自决，一旦事发，皇皇焉无所措手足，墟三千里而自为鱼肉，其愚固不可及也。贵邦则不然，病在自恃，恃人杰之众，土地之广，财产之富，又五千年祖宗之威灵，至大至尊，以为天下莫予毒也。忽之消消，江河激进，浸而至于破舟，而不自知。呜呼！

① 题目为编者所加。原标题和导语为“旅华韩侨大声疾呼 致函国人勉赴国难 慷慨悲歌令人愧感”。

人与我俱不足恃也，如恃之，莫若自立也。使吾两邦，知夫未雨而绸缪，早自为计，彼区区小酋，将如我何哉？

又尝究其故焉，彼奴之于中华，怀不测之心，其来久矣。其心以为皇王帝伯，彼何人哉？山河之美，人物之富，衣冠文物之盛，九有五服万方之雄，岂独为汉族之有哉？殷有俨狁，周有犬戎，秦汉而凶[匈]奴、先零侵[羌]，魏晋六朝而符[苻]坚、石勒、慕容、跖[拓]跋辈雄，唐则突厥、吐蕃为乱；至于五代，其种愈混，宋弱于辽、金，竟亡于元，明亡于建奴，有三百秽污史，是何尝不是蛮夷戎狄，尚能尝子女玉帛之美，踞皇王九五之尊！何独三岛之种，卵育海穴，自生自灭，不能角逐于天下哉？于是蠢蠢然起，蠕蠕而动，胆大如天，思有所为也。

徒以敝邦如天之威，斩绝其心，文德以来之，武功以征之。彼又知我两邦，有兄弟之谊，休戚与同，故不敢出雷池一步，以抗命于吾两邦也。昔我壬辰之岁，彼酋秀吉，欲假途于敝邦以窥的，我两邦大张挞伐，歼厥八亿之众。当是时也，以我两邦之神威，直捣巢穴，斩草除根，因一举手足之间耳。犹念是亦人类，上天有好生之德，姑直放之裔而殖其族，以安其生。彼宜感恩戴天，毕世而修臣立女之职。孰知蛇蝎之性，每怀毒人。乃三百年而后，有甲午之役，又十七年而有庚戌之变。于是而彼假途之心遂，而侵略之策始。

朝鲜为室，以满洲为门，开门放足，则中州大野恢恢有余地矣。于是而彼又以为计未尽善也。中、韩本兄弟也，兄弟之情未绝，急难之怀必切。况韩人独立之血，廿载尚流，中国敌忾之，援助之，无所不用其极，则必使间其兄弟，而为仇敌，然后韩之势孤，中国多一敌，退无后顾之忧，进可以并力侵蚀，凡子女玉帛之美，皇王九五之尊，可为所欲为，而应有尽有矣。于是而反间之心起，挑拨之计行。始则嗾使彼流氓，假作韩人，种种破坏秩序，致起贵部父老兄弟不情之感，继谓华人仇韩，今日杀戮在满韩人生命若何？明日抢掠财产，奸淫子女若干，蜚语宣传，张皇报章，酿成韩人排华风潮。潮起之始，彼奴又嗾使彼流氓，假作韩人，以为前驱，抢夺华人财产，则归彼之私肥；杀戮华人生命，则嫁祸于无辜韩人，曰韩人可恶。阳为市好于贵邦，狼心狗肺，鬼祟百出，人所不为，彼能为之。欲以一手掩天下人耳目，天日昭昭，能不惧哉？于是而间亲为仇之计又成矣。

乃自毙其军官中村，而谓华人毙之，以愤激其军心；自坏满铁轨线，而曰华军坏之，借为发动之词。遂乃群犬吠影，封豕夜突，一夕之炮，沈阳灰，顷刻之战，吉长黑哈束手。当是时也，贵邦忍无可忍，三省尚有精华，数十万，忠义之士，皆爱国如命，义正师直，不难一举而扑灭之也。然而贵邦以恢宏大度，退让以处。本和平之旨，犹委曲求全，以公理犹在于天下，诉之国联，听其裁断。仁至矣，义尽矣。彼苟有国家之资格，人类良心，岂不感动于心哉？然天下何尝有公理哉？彼列强者，宁获罪于贵邦，不敢自弃其强权。况其猾华野心，与彼奴一也，不过所取之手段不同，侵取之时，先后而已。怼之国联，已知其必无幸矣。及国联无幸，彼乃益无顾忌，以为列强已合谋分诚矣。肆然纵兵，破竹而进，不旬日，又闻锦州自撤。

噫！其果然哉？其诱敌深入，或兵家之常欤？抑望风奔溃，事已大去乎？又神州九万里，将入其版图乎？又数万万黄胄圣族，将甘为彼之奴隶乎？又中国之大，四万万之众，断断另无一介人乎？又将为敝邦之覆辙乎？又将为民国之末日乎？抑又满清之余烬燃乎？！中山先生之三民主义斩乎？彼奴将为蒙古、东北而入主乎？固知贵邦父老兄弟姊妹，读圣贤书，服忠义行性天命，与纲常衣食乎？况当世人杰之甚，政治则拟比伊周，用兵也仿佛吴，外交多能手，理财有专家，又何莫非中山先生四十年革命血史所训练培植起来？则授首于帝国主义，舆榇含[舍]壁于鼠狗小酋，是必无是理。然则今日者，必有大运用在，非凡夫俗辈所能测知也。然尝闻欹器犹可正也，覆水未易收也。今日之势，欹也，非复也。及未复之时能起而正之，犹能为力也。如坐而待复，其焉能收哉？此敝邦所以为贵邦危，且以自身所尝痛苦，为四万万同胞忧，欲请命于贵邦诸君子，贵邦诸君子其垂察焉。

呜呼！敝邦不幸至于亡国，贵邦又不幸至于滨亡，亡则一也。当此之时，公理不足恃也，外交不足恃也。惟能自决，乃得生机；惟能自立，乃有出路。贵邦尚有大江南北数十省之地，及能征惯战之士，合海陆空逾百万，快炮利枪出于厂，铁东战舰网于海陆，飞有飞机，驰有疾马，良将以御之，神机以筹之，攻则一以当百，守则不动如山，以此为战，何敌不摧？敝邦亦尚有二千二百余万不死之族在国中，又有三百五十余万亡命之民在东北，又有忠义慷慨敢死之士三万有千，散于齐、鲁、燕、秦、吴、楚、蜀、粤之间。在国者尝胆，在满者枕戈，散于各处者，从事革命工作。今以贵邦之实力为后盾，以敝邦之死士为前驱，我军攻之关外，贵军守之关内。又敝邦在国之族，将揭竿斩竹而起，气吞仇虏，血染山河，内外夹发，为持久之计。二千余万死其半，犹可为国，四万万减三之一，亦足为至大之国。彼虽有劲兵锐卒，迫炮铁舰，将穷于运输，绌于饷糈，疲于奔命，民不能不穷，财不能不竭，国不能不破矣。况彼内有无产阶级之变，必乘时而起，外有赤俄之强，思报前仇，复有挟恨征利如美国者，亦来计较，则彼之亡，可指日而待矣。且天下之人，皆以彼为可畏，然敝邦独曰不足为也。今以被亡之敝邦，曰不足为，其说固不经，然此有说焉。敝邦之亡，非亡于畏彼也，有国之时，无一师之兵，无国之后，无一寸之刃，无兵何以卫国，无刃何以杀敌？假使当年有兵，不至有今日，今日有刃，或亦有所为，未可知也。且地较近彼，人多直接，自国亡以还，复仇之念，无日不切，独立之战，毋或暂忘。在此准备时期，不无侦察工作，故其政治之内部，军机之虚实，舆情之向背，俱了如指掌，见其肺肝，较贵邦之人，尤深切明白。一朝有事，在在足以制其死命，此敝邦所不足为也。

噫！彼吾仇也，犹欲利用吾以制贵邦；贵邦兄弟也，尚不能兄弟合作以制彼仇敌。呼！此理之反常者也。况一至于亡，一至于将亡，此时犹不能左提右挈，共赴困难，吾两邦之族斩，而将无以见祖宗于地下矣。复国之机至，而敝邦无力前进，在敝邦为失机也；却敌之计在，而贵邦危疑不定，在贵邦亦失计也。失机机不再来，失计计又安出？欲生而无国，欲死而无可死之地。欲无言耶，热血犹沸；欲去耶，亡国之人，去将安之？二重亡国之人，又将谁容？欲不去耶，宁蹈海而死，不忍见强秦之肆然称帝也。此所以痛哭疾呼，冀回贵邦之民听，共谋求生之路也。语云：人之将死，其言也善。敝邦之人，将俱死矣，其言或不至于善，而见诛于贵邦父老兄弟姊妹也。临电呼泣，不知所云。北风雨雪，万乞爱国。

旅华韩侨全体四百五十九万七千二百八十一人 泣血同叩

（原载于《中央日报》1932 年 1 月 12 日）

尹奉吉烈士遇难纪念日泣告中国同志书

[韩国]韩人爱国团

吾韩革命先烈尹奉吉先生以中华民国二十一年四月廿九日上海虹口炸弹案而殉难焉。是役日本白川大将、河端行政委员长均先后因伤身死，重光公使、植田中将则因伤而成残废。是故烈士虽死，烈士对于吾党革命之功业可以不朽矣！烈士之身躯虽因此而牺牲，烈士之精神从此可以激发吾党同志勇往直前矣！吾人对于烈士之死并不作弱者无谓之哭泣，惟思自烈士殉难以还，迄今三载，对内则国土尚未恢复，对外则倭奴仍未扫除，抚心自问，私心能不渐[惭]愧？更不知如何以慰吾烈士在天之灵也。特于是日泣告于热情对我之中国同志之前曰：倭奴日本，其秉帝国主义之野心、侵略之政策，自九一八、一·二八而后得寸进尺，其贪餍之心并未稍杀。倭奴为吾韩不共戴天之仇敌，亦同情待我之友邦中国之仇敌也。

回溯三年前，尹烈士本其大无畏之精神，决死之心志，乘侨沪日人于虹口公园庆祝日皇诞辰之际，以弹击毙白川、河端及其他诸獠。事后被逮，押解上海日本宪兵队。后由日本派遣军军法会议秘密决定宣判死刑，护送离沪，押解大阪陆军监狱。十二月十七日送往金泽陆军刑场。泣告中国同志书即于十二月十九日上午七时四十分，在金泽执行枪决，从容就义，含笑而死。呜呼！烈士之死，壮矣！悲矣！吾人于三年后之今日举行殉难纪念之时，追往思今，能不惨然泪下，悲愤填胸耶！顾如徒然悲泣，则不仅无以告慰于吾烈士在天之灵，亦且非吾人革命之初志。吾人为继烈士之志，恢复国十，夺回已失主权起见，对此有伟大意义之殉难纪念日，惟有拥护韩国国民党及临时政府，集中革命力量，共同奋斗，朝夕兢兢，警惕自励，以作更进一步之壮举。同时并祈吾热情之中国同志处处予以指导，时时予以匡助，则受赐者非特吾韩同胞，即尹烈士亦必含笑于九泉矣！

大韩民国十七年十二月十九日尹奉吉烈士受难时
韩人爱国团

（原载于《亚洲文化》第1卷第4期，1936年）

朝鲜亡国恨

[朝鲜]金光

编者先生：

我是朝鲜人——是亡国的朝鲜人。亡国后，我离去祖国到美国去读书，在美国留学了两年又回来在这个半殖民地的中国，参加一点反帝斗争的工作，在工作过程中，我却得到不少经验和教训。这种经验和教训，就是给我一种很好的反帝斗争的战术和知识。

看今日这个半殖民地国家的混乱，和在那寡头外交、独夫政策以及媚外政策底下，外有如狼似虎的敌人，积极对中国加紧进攻；内有出卖民族利益的奸细，处处做出为虎作伥之举动。在这个受双方敌人夹攻之下的一个半殖民地的中国，恐怕不久也要变为朝鲜第二了，半殖民地的大众朋友恐怕也要步着朝鲜亡国大众的后尘做日本帝国主义的奴隶啊！

朝鲜自从被日本帝国主义并吞以后，所受的痛苦也有许多为外人所不知道的。日本帝国主义对待我们的压制方法是很巧妙的：一方面限制朝鲜的国民教育，借消灭我们的国民性；一方面则垄断朝鲜的国民经济，使我们不能活动。比方，我们要读书，就一定要到日本人办的学校里去。因为日本政府不准我们自己办教育，使我们的思想完全受日本人的支配；日本人办的学校，关于经济和政治的科学是完全没有的，同时他们更不许我们朝鲜人自由留学外国。如果要去外国留学，就只能偷着去。起初我们要到美国去读书的经过是很艰难的。因为我们赴美要经过日本的沿海地方，日本帝国主义一定派人到船上搜查，如果查出了我们朝鲜人来，日政府就把我们捕去，捕去之后当然是杀头，于是我们当时赴美，第一步就是先到中国，再由中国到欧洲，复由欧洲转到美洲。

日本帝国主义又把我们朝鲜的历史完全烧毁。因为民族思想一定是从历史得来的，晓得本国的爱国伟人，才能激发我们的爱国心。所以日本帝国主义把我们朝鲜的历史尽数烧毁。只给我们读日本的历史,使我们完全受日本帝国主义所支配,至于亡国灭种而不觉。这就是日本帝国主义用毒鸩的奴化教育灭人种的一件方法。

此外,就是日本帝国主义限制我们朝鲜人的经济自由:先把我们的资产调查清楚。比方,有几千元以上的家产的人,日本政府就要强迫我们聘一个日本人给他管账;我们用钱也要受限制,有了三百元以上的款子,日政府就勒令他存到银行里去,取用的时候,必要先把用途开清,呈上银行办事人过目,如果银行办事人认为不可给时,就不照给。这是日本帝国主义提防我们朝鲜人作复国运动的用意。同时并要限制我们的工商业不能发展,以免妨碍日本商品的销路。所以现在我们朝鲜人,没有钱的固然不能活动,就是有钱的也不能活动了。

同时,更有种种的苛例剥削,我们人民在日本帝国主义政府管辖之下,无论什么东西都要抽税,就是小小的贩叫子——像那贩卖小菜的人也要领牌。领牌的时候,就要照货价值缴百分之几的税还日本政府,然后才能挑去贩卖,如果没有领牌,一经查出,就把全担所有的东西完全给日本政府没收甚至还要抄家产。

日本帝国主义除了限制朝鲜人民的教育和经济之外,还可以随时随地查究朝鲜人的行动,以防止我们有什么反抗日本人的动作。我们的朝鲜人本来是很忠实的,向来不愿什么激烈的动作,但在日本帝国主义政府所有过分的压迫之下,也已激起我们觉悟了。当一九一九年巴黎开和会的时候,美国威尔逊总统提出十四条和议大纲,其中一条说是要让弱小的民族自行解决自己的问题。我们朝鲜人因此也想脱离日本帝国主义的压制,派出代表,到和会请愿。不料和会仍是列强所操纵的,我们提出的请愿,和会置之不理,请愿书也退还我们。后来开国际联盟会的时候,我们也提出请愿书,请求脱离日本帝国主义的支配,国际联盟也不理我们。及至开华盛顿会议,我们也派代表到会请愿,结果也失望。这一点是证明列强的不可靠。可知我们如果要求解放,就应该自己从血泊中去获得。除此再没有第二条路!

(原载于《兴中》第 1 卷第 4 期,1936 年)

为结成全民族的统一战线敬告全体同胞书（节选）

［朝鲜］佚名

——现阶段朝鲜革命的战略战术——

过去二十余年间，朝鲜民族在横暴的日本帝国主义统治底下，过着惨酷的中世纪的奴隶生活。全体民族，不单完全失去了政治的自由和经济的生存权，并且有着四千余年悠久历史的民族的固有文化和民族的独立意识，也受着根本的蹂躏和强奸。日本帝国主义的暴压及掠夺政策，遂使全体民族陷于囚犯化、贫穷化、瞽盲化状态。全国监狱充满着政治犯，民族的绝对多数，彷徨于破产、流离、饥饿、无知乃至死灭的绝境。这种惨酷的民族的被压迫事实，就是证示朝鲜民族和日本帝国主义决不能并存之历史的现实的根据。

可是，朝鲜民族决不是日本帝国主义的永久“民族奴隶”。自从亡国到今日，朝鲜民族的解放斗争，不管日本帝国主义的暴压和屠杀如何凶狠，却也不断的进展着、扩大着！溯自亡国当时全国的义兵蜂起以来，满洲独立军的不断的游击战争，“三一”全民族的大叛乱，上海临时政府的活跃，暗杀破坏运动的全面的展开，新兴社会主义者及共产党的活泼的反日斗争，“六十”的大众的大示威，全国工人、农民及青年学生的反日结社（如全国劳动总同盟、青年总同盟、农民总同盟等）及其关于罢工、抗租、反对奴隶教育的历次的战斗和暴动，民族单一党新干会的大众的动员和斗争。特别在海外，大独立党促成运动，满洲青年总同盟的反日大暴动及其他各革命团体的各方面活跃，最近更见强化的东北人民革命军中的朝鲜人部队和南满朝鲜革命军的英勇的抗日游击战等，这一切值得大书特记的民族的解放斗争，并不仅仅是给日本帝国主义统治群以强力的打击，而且充分发挥了朝鲜民族的独立自存的精神和能力，更进而指示和开拓他们的解放前途。

虽然如此，我们的解放斗争，重复着无数次的失败也是不能否认的事实。

不论怎样的种类和形式的斗争，都不得不遭受惨苦的失败。义兵蜂起是如此，"三一"大叛乱也是如此，社会主义运动和民族主义运动亦复如此。然则这一切失败的原因，究竟在那里呢？我们须先把它的原因检讨一下：

第一，我们的运动在主观上，并没有确立正确的把握当时的国际政治情势和国内各社会阶层的现实的要求的，有权威的指导理论。就是说，并没有树立正确的战略和战术，同时不能建立能够抵御和防止一切外来的强压力和内在的破坏作用的，坚强而有弹力性的政治的大众组织。

第二，在客观上，我们的对敌日本帝国主义的侵略机构，在过去数十年间遂行了未曾有的扩大和强化，同时大战后爆发的东方各被压迫民族解放运动及各资本主义国家内的无产阶级运动，遂被镇压，而全世界的革命运动陷于一时的退潮状态。这样的客观的政治情势，便极度的压缩和绞杀我们的解放运动。

这就是过去我们的运动所以失败的最主要的原因。可是，过去失败的经验，乃是将来成功的激鉴。到现在我们必须正确的规定今后运动的新的战略和新的战术。

首先，在目前我们的运动是在怎样的状态下进行呢？在这儿简单的考察一下它的进行现状吧。

我们的解放斗争，在最近数年间实在陷于空前的沉滞状态，这是不可否认的事实。这沉滞状态，在(一九三一年)民族单一党新干会被解体后更为显著。虽然在全国到处不断的爆发工人、农民及青年学生的反日斗争，但这些都是局部的，个别的，自然生长的，而不是全面的，统一的，目的意识的，在这点上决不能把它看做高涨的大众的政治斗争。新干会原是社会主义运动和民族主义运动的合同战线，但它解体后，不论社会运动或民族运动，都不但不能遂行何等独自的有力的全面的进展，反而更为沉滞，更为涣散。这是值得注意的特征的现象。这是从反面来证明了现阶段朝鲜革命的唯一政治任务乃是全民族统一战线的事实。换言之，现阶段朝鲜革命，决不容许民族运动和社会运动的分立乃至对立的发展。

这种沉滞状态，在海外亦甚显著。我们虽然看到满洲的朝鲜革命军、赤色游击队及人民革命军中朝鲜部队的日益强化和他们的英勇斗争，可是就海外运动全体看来，只有在过去大独党促成运动的影响下，若干民族主义团体相结合的朝鲜民族革命党和韩国国民党及其他团体的存在而外，并没有展开何等全面的政治斗争。

但是，这种沉滞是一面由于日本帝国主义法西斯蒂的暴压，而他面由于我们的指导者不能正确的把握现阶段朝鲜革命的战略的任务之一时的现象。尤其这沉滞是外表的现象的，而不是内容的本质的。我们的运动，无疑的是在这外表的沉滞里面，不断的准备着新的战斗理论和新的实践力量。这是什么呢？这就是最近在我们的解放战线上正在生长、发展的全民族的统一战线结成运动。

我们在去年《新东亚》新年号上，看到了我们的民族领首尹致昊、曹晚植、金炳鲁三先生的关于民族统一战线的主张。尹先生先高呼："朝鲜民族哟！要打破党派。"并且主张全民族的"一致团结"。曹先生是主张运动的"中心机关的再组织"，同时提出了关于这中心机关所应指导的各项事业的具体组织方案。最后前新干会领首金先生是主张民族的"生存权的强化振作"，并希望树立民族的"自卫精神和自卫方略"。特别在海外，信仰无政府主义的同胞们，在他们发行的《南华通讯》中，率先主张结成全民族统一战线，同时提出了民主主义的中心纲领。

这样的关于民族统一战线的国内外代表的主张和见解，是非常宝贵的。这些并不仅仅是想把我们的运动由沉滞推进于高涨的理想的企求。在事实上，民族统一战线的结成，是现阶段朝鲜革命的唯一的历史的政治的任务，而且这任务的遂行，不单是必要，而且是可能的。

第一，现阶段的朝鲜革命，在性质上看来，就是标榜最广泛的民主主义的全民族的解放运动。这是根据了朝鲜为日本的殖民地，而全体民族不问某社会阶层都受异民族的绝对压迫的这一历史的事实来规定的东西。半封建的殖民地革命必然是民主主义的民族解放，而不能是社会革命，因此，朝鲜革命决不是某一阶级或某一社会层单独负担的任务，实际上全体民族都有同样的解放要求和同样的反日任务。有些人说，朝鲜的唯一可靠的反日革命势力是工农大家，而商工资产阶级及地主是靠不住的，甚至要走反动之路。这话是部分的正确，而不是真理。我们也承认工农劳苦大众才是可靠的革命势力。可是殖民地朝鲜的民族商工业家地主以及其他中小资产阶级，在现阶段都充分保持着反日的革命性，而且实际上他们是构成全民族解放斗争的主要势力。

原来朝鲜的民族资本在亡国后数年间，虽遭了寺内掠夺政策的铁棒，但另一方面遇到了欧洲大战所招致的东亚的普遍特殊景气，而得到相当的独自的发展，而和日本资本对立，于是民族资本能够有自信有勇气的开始了政治活动。"三一"运动就是他们所发动、领导的。可是"三一"运动失败后，在斋藤总督的同化政策下，他们不能不暂时和日本资本妥协，从此以后民族资本在日本大金融资本控制下，完全成了附庸。尤其到了日本帝国主义树立侵略大陆的计划，积极准备战争以后，民族商工业在强制的战时经济计划下，日见破产，或全被并吞，而看不见光明的前途。于是他们也只有两条出路，不是反抗，便是死灭，除此而外再没有第三条可走的路了。但是他们要选择的，必然是前者。

不用说，“三一”运动失败后数年间，民族资产阶级的确丧失了他的革命性。可是自从一九二七年起，他们重又表示转向于革命的倾向（例如新干会的成立），到了现在，这种倾向表示得更为浓厚了（例如上记三民族领首的言论）。现在他们要发动民族统一战线是必然的。

另一方面朝鲜的工农大众，也是在异民族的绝对压榨下，觉悟到了在全体民族未得解放以前，决不能解放自己的事实。他们在过去虽然有过不信任民族资产阶级，甚至和他对立斗争的事实，但是现在一切的情势都变化了。日本帝国主义的日益强化和自民族的日见破灭，都使他们深切的感觉到为着对付目前的大敌而休止内部的斗争全民族一致团结的必要。同时他们积极发动民族统一战线是无疑的了！

第二，最近数年间不断的变化、发展的国际政治情势，也是客观的促进我们的民族统一战线的结成，同时现实的赋予了他的发展、扩大的可能性。就是说，自从一九二九年世界经济恐慌勃发以来，资本主义世界遂陷于永久的不气景状态。但在他面，社会主义苏联却成功了第一次及第二次的五年经济计划，而他的经济的政治的势力，以优势的姿态和资本主义世界对立着。这两个经济体系的政治的反映，就是国际上所谓法西阵线和和平阵线。前者是以日德意为中心的侵略集团，后者是以法苏为中心的反侵略集团。这样的国际政治形势是必然的使世界被压迫民族及国家，站到反侵略集团方面来。同时在东亚，这样的局势更其美妙的展开了。日本帝国主义自“九一八”事变以来疯狂的侵略中国领土，而他的统治形态，遂空前的膨胀起来了。可是结果，他在国际上，不得不和英美法苏尖锐的对立，同时中国四万万五千万民族的抗日斗争，遂见未曾有的扩大和深化。尤其到最近，中国共产党的政治路线的转变，已经相当的推动了国共合作；全民族一致对日的主张，特别苏联的远东政策——远东的军备强化、苏蒙互助协定、对中亲善等——也是足以制日本帝国主义的死命。

日本帝国主义的疯狂的大陆侵略，不仅促成了中国民族的大同团结，并日促起了朝鲜及台湾民族的一致团结，更进而促进了数千万日本人民大众的反法西军部的人民阵线。日本帝国主义一面为着侵略中国和进攻苏联，他面为着对付英美的干涉，不能不埋头于庞大的军事准备。可是这种准备，只要更多的榨取日本人民及鲜湾民族的血汗，更多的剥夺他们的自由，才有可能。这结果，必然的加速度的惹起和激化了日本人民及鲜湾民族的反抗运动。这个样子，日本帝国主义的侵略的大陆进出，表面上强化了他的统治力，但在内容上，他包藏着空前的危机，甚而可以说是自促灭亡的自杀政策。

我们一定要记着，日本帝国主义统治势力的膨胀，不但不是使朝鲜民族的解放成为不可能，刚刚相反，却增加了促进和扩大我们的解放运动的可能性。事实上，日本帝国主义的侵略气焰愈来得高涨，它的国际地位便愈是孤立和恶化，对它的反抗势力也便愈来得高涨。尤其在这种情形下，我们的解放战线，不单内部的矛盾得以缓和，又不单一致团结的觉悟更见普遍，更进一步我们获得了可以向同一目标携手并进的未曾有的广大的同盟势力。中国四亿五千万民族的抗日势力，日本的人民阵线，台湾的民族解放战线，乃至以法苏为中心的世界和平阵线及英美等国的反日势力等等。这些都是我们的民族统一战线的同盟军或友军，同时我们的统一战线也成为世界反侵略和平战线的一环而要执行他们的同盟者的任务。

如上所述，目前我们的民族统一战线的结成，是必要的，而且可能的。这点无须多说。但是倘若我们不能在正确的方略下把它组织和推进。那不用说要遭到从过去那样的惨痛的失败。

我们的统一战线，决不是现在才来提出的问题。“三一”运动固然是统一战线，新干会也是统一战线。即使在名称上，在形式及内容上有多少差异，但在主张全民族的团结和提倡社会各阶级的协同这一点上，无疑的都是统一战线。可是这些运动都失败了。这失败大部分是基因于客观的强压力，但在主观上不能运用正确的战略、战术，也是不容忽视的失败原因。

“三一”运动是比较的正确的把握当时国际及国内政治情势的统一战线。所以，这运动很快的扩大成全国规模的大叛乱，而且写成了朝鲜革命史上最壮烈的一页。可是它没有树立正确的指导理论，又没有建立强有力的大众的政治组织，这是失败的主要原因。

新干会运动的失败也是如此。这是比起“三一”运动来，远为狭隘的统一战线。换言之，新干会在表面上是社会运动和民族运动的合同战线，但实际上只不过是社会主义者和民族资产阶级左翼分子的合同，而地主及民族资产阶级的右翼都被除外的最狭隘的统一战线。虽然如此，这也是比起某一阶级或某一党派的独自的排他的运动来，显著的把握到现阶段的政治任务，又显著的代表多数民众的意思，所以，它在最短期间获得了数万的有组织会员，而且在日本帝国主义的暴压下，能够支持到五年间(一九二七——九三一年)的斗争。然而它的失败，与其说是由于外来的强压力，不如说是基因于内在的矛盾。换言之，由于社会主义者和民族主义者间政治意见的相左，竟至于自行解体，而不是被迫解散。

可是，这新干会失败——解体——的经验是对于将要结成的民族统一战线运动，可作为贵重的激鉴，故有详细的把它检讨、吟味的必要。

新干会是最初由社会主义者发起，民族资产阶级左翼分子欣然加担而组织成功的东西。这也可以说在当时国际的——特别中国的国共合作——影响下发生的海外大独立党促成运动，延长到国内而形成的组织体。因此社会主义者们便照样复写输入当时中共对国民党的战略、战术，而运用于同盟者的民族主义者，这是不可掩的事实。同时不论是社会主义者或民族主义者，都看到了中国国共合作时代两党间的猛烈的领导权斗争，更看到了国共分裂后国民党对共产党的极端暴压和共产党的猛烈反抗，这些都是使民族主义者和社会主者不能安心合作的外来的影响。尤其中国共产党在武汉失败后，清算陈独秀的右倾机会主义的反面，倒还产生了李立三的极左倾的盲动的冒险主义，而这所谓立三路线的极左倾盲动主义的理论及战术，给朝鲜社会主义者以不少的支配的影响。在这样的关系和影响下，新干会创立后不久，从社会主义者方面首先提出了所谓领导权问题。从此以后会内部发生种种矛盾和斗争，最后拿了会自身的解体来替代了这矛盾的解消。这个解体的责任是民族主义者也不能完全回避，但当时患着左倾幼稚病的社会主义者应当负大部分的责任。为什么呢？因为他们要争取所谓革命领导权——其实要把持中央机关，他们不信任同盟者，不愿给同盟者以更广泛的活动机会，更不去组织大众和教育大众，反过来要争取会中的支配地位，要使同盟者服从他们的意志，这是不理解朝鲜革命的现阶段的任务（统一战线）而要主观的，观念的，机械的去把握所谓领导权的错误行动，结果不单领导权把握不到，就连运动机关自体也因而崩解了。

新干会的失败经验，是使我们深切的感觉到朝鲜革命领导权问题的再认识、再检讨的必要。尤其在今后统一战线运动中，更非严格的正确的规定所谓领导权问题不可。

所谓领导权，决不是某一阶级或某一政党用主观的，观念的企求来可以把它把握的东西。它是依据一国家或一社会的历史阶段（即社会性质）而被规定的。反封建的民主革命是由资产阶级去领导，反资本主义的社会革命是由无产阶级去领导，这并不是他们的主观上要去领导就能领导，而是社会的历史阶段规定他们去领导的必然现象。然而这也不过是原则上的规定。我们要知道，资本主义的发展是绝对不平衡的。因此在帝国主义时代，各社会的发展是采取种种不同的形态，同时有着种种不同的性质。例如虽则是同样的殖民地，但在加拿大、菲律滨等国是已经充分的资本主义化，反之在阿弗利加地方还没有脱离原始状态，又在中国、印度、朝鲜等国是一方面资本主义有相当的发展，而他方面封建形态的社会组织及其势力还是广泛的存在着。这种社会叫着半封建的社会。在这种半封建国家的革命运动，必然要采取两种形态，即反资本主义的社会革命和反封建的民主革命。这里就会发生革命领导权问题。中国的国共两党的斗争，印度的甘地派和共产党的斗争，朝鲜的社会运动和民族运动的斗争等等，都是最显著的例证。可是这种国家在帝国主义时代已经成了殖民地或半殖民地，而在宗主国统治之下，不论是社会运动或民主运动，都受着异民族的绝对压迫。这就是社会运动和民主运动的合同战线乃至全民族统一战线的可能结成，而且可能发展的社会的根据。那末，这种统一战线的领导权问题是怎样被规定呢？

所谓革命领导权是社会的历史阶段所赋与的某一阶级的支配的力量。这力量是随着客观的国际情势和主观的国内阶级关系的变化而不断的变化。就历史阶段言之，半封建的殖民地革命是资产阶级民主主义为其领导力量。然而，这所谓历史阶段是随着革命的进展和国际关系的变化而可以把它短缩，或者无产阶级和广大的农民层结合，而可以在自己的领导下遂行这一阶段的民主革命的任务。

上述的领导权问题，实为统一战线的原则的，本质的内容。现在我们要更进一步去讨论如何结成这统一战线的具体内容。

——未完待续——

（原载于《东亚和平》第1期，1937年）

朝鲜民族革命党告中国同胞书

[朝鲜]朝鲜民族革命党

在东方强盗日本帝国主义侵略之下被牺牲的我们，在国内丧失生计，而流离放浪于海外，可是强盗日本帝国主义的魔手掌握住在散居海外的我们民族的一部无耻份子在他们的手中，使这辈不良份子被利用为侵略友邦中国的先锋，与实现中韩两民族离间政策和它一箭双雕的凶计下，助长贩毒、走私、汉奸等，其实例于平津一带及上海虹口尤甚。可是除那极少不良份子之外，其他大多数或在东北编成义勇军而直接与暴敌日本斗争，或在华中华南各地编入中国陆空军而猛烈的活跃，或在某地编成了武装队伍而正在待机参加中国抗日战争。我们对于暴敌日本的抗争心早已澎涨了，打倒强盗日本帝国主义就是我们的出路，我们最后希望就是在这抗日战争，故我们两民族携手合力而须要打倒强盗日本帝国主义。友邦中国同胞，如斯须切实认识朝鲜民族的立场，切勿把上海虹口暴敌日本保护之下跳梁的一部可恨的不良份子和其他健全的同志同胞一律看待。我们也是对于这辈不良份子很痛心着，为着契机中韩联合的这一次抗日战争，我们要依严正的革命的规律来处断一切。

中韩两民族联合起来，打倒日本帝国主义！

中华民国二十六年八月廿日，朝鲜纪元四二七〇年八月

（原载于《呐喊》第 2 期，1937 年）

告海内外同胞书*

[朝鲜]朝鲜民族革命党

(本市讯)日寇近在朝鲜实行征兵制,强迫朝鲜人民为其当炮灰。朝鲜民族革命党中央执行委员会近特发表告该国海内外同胞书,号召朝鲜民众坚决抗日,兹节译该党《告同胞书》如下:

自日寇发动侵略战争以来,我国财力、物力、人力被其利用牺牲者,已不可胜计。且日寇自知缺乏决定战争最后胜利之基本条件、人力与器械,为欲弥补此种缺点,自一九三八年宣布特别志愿兵制,预定每年集募七十万人。但我国人民受其利诱与威胁而被迫应征者,在第一年只有三千名,第二年仅增至一万二千名,第三年增至八万四千名,第四年增至十四万四千名,第五年增至二十五万名。日寇已知"志愿兵制"之失败。在本年五月八日,敌国阁议又决定从一九四四年对我国实行征兵制。敌人为实现此目的,已征募十七岁至二十五岁之全国青年,在汉城与各大都会,实施大规模之军事训练。本党对此有关民族生存之严重问题,郑重申述其意见,以谋促起国人之觉醒。日寇是我民族不共戴天之仇敌,彼之侵略战争一日不失败,则我国亦将无独立之日。因此,中、英、美等民主国家之胜利,即是我们之胜利。吾人自当与我友邦共同作战,以澈底消灭人类之逆贼。凡我国人当在全国各地组织大规模反战示威和暴动以表示反对,在国内则当发动罢工、怠业、抗租、抗税等之群众斗争,且又极力破坏敌之交通运输与军事要塞,以促其战争之失败;在国外则被日寇驱使于中国与南洋战场者,宜自动向中、英、美军投诚,驻满侨胞当积极参加抗日联军中朝鲜队伍。

(原载于《新华日报》1942 年 5 月 19 日)

---

* 题目为编者加。原题为"国内兵员枯竭 敌将在朝鲜征兵 朝鲜民族革命党揭穿敌阴谋并号召韩民抗拒"。

“七七”五周年纪念日敬告中国同胞书

[朝鲜]朝鲜民族革命党

亲爱的中国同胞们!

神圣伟大的中国抗日战争,到今天已整整地进行了五年了。在这抗战五周年纪念日,本党谨代表三千万朝鲜民族,向贵国的领导人致崇高的革命敬礼!同时,为抗战五年来殉难的贵国军民表示无限的哀念并向浴血抗战的前方将士和艰苦奋斗的后方民众敬致诚挚的慰问!

自从抗战以来,你们在伟大的领袖蒋委员长领导之下,像一个人一样地团结起来,做英勇艰苦的斗争,以无比的英雄主义和自我牺牲精神,创造了辉煌的战绩,奠定了最后胜利的基础。敌人“速战速决”的幻想已归于泡影,而广阔的中国战场已成为敌人庞大军力无尽限之消耗窟。这不仅证明你们为自身的自由解放已尽了最大的努力,同时对全世界民主国家的胜利,特别对我们朝鲜和东方各弱小民族解放运动实有莫大的贡献。无怪乎你们的丰功伟绩已被世界人士所共同赞美歌颂而当永垂不朽!

自从太平洋战争爆发后,日寇施其投机偷袭之惯技,获取暂时军事上初步胜利。但是正因为如此,中国的抗战,在世界反法西斯战争中的地位也益见重要,而且,蒋委员长主张《大西洋宪章》当适用于太平洋各民族,实能证明中国已担负领导东方各民族共同抗日之责任。所以目前敌人正集中兵力疯狂地向中国实行大规模的进攻,且日寇为着配合它的盟兄——希特勒德国夏季攻势,挟其南洋战胜之余威,实行侵苏战争之危机亦日益加重。但是,最近中途岛战役中美国舰队光荣之胜利和中国南北各战场上反“扫荡”战英勇坚决的进行,使横行无道的日寇已遭受莫大的打击。至于德国法西斯匪徒之所谓夏季攻势,已被苏联军民英勇抗战所粉碎。尤其是最近中、苏、英、美团结合作之日益□□,已足证明民主国〖家〗全面的反攻行将开始。要之,日、德、意法西斯匪军全线的溃退,已为期非远,而最后光荣胜利之必属于民主阵线,是毫无疑义的。

亲爱的中国同胞们！自从日寇发动侵华战争以来，朝鲜民族所受到的战争的灾难与痛苦，已到无可形言的地步。尤其是太平洋战争爆发以后，日寇因国内动员力量之益感不足，对朝鲜正式宣布实施征兵制度，企图将三千万朝鲜人民的生命，当成它侵略战争的炮火。但是，有光荣的革命历史传统的伟大的朝鲜民族决不会象羔羊一样地毫无反抗的等待着刽子手来宰割。如最近国内不断爆发之反战示威运动，以及东北朝鲜人民武装斗争之日益扩大，已明确地证明我们朝鲜民族为配合世界民主阵线的战争，向强盗日寇实行英勇的反抗斗争，而革命大风暴之行将□□于半岛江山，当可预测！

本党自成立以来，为团结全民族发动反日革命斗争而尽极大的努力，自从抗战以后，我们认为中国抗战的胜利，也就是朝鲜革命的胜利，所以本党与关内各革命集团共同团结，号召中国关内绝大多数青年革命干部，在中国当局援助之下，成立朝鲜义勇队，直接参加中国抗战，与中国军民并肩杀敌，共同流血，奠定中韩民族合作的基础。现在义勇队与光复军的统一已告完成，关内朝鲜革命运动，当因此军事之统一，而将续获重大的发展。今后我们当更加团结，更加努力，积极展开敌后工作，以谋扩大韩国光复军。更进而与东北及国内革命势力取得更密切的联络，发动大规模反兵役运动，并准备军队武装叛乱，实为当面最大任务。际此中国抗战五周年纪念日，本党愿以牺牲的奋斗，誓谋彻底完成以上的任务，并确信，不仅完全靠自己的力量，同时在抗日的中国军民与全世界反法西斯人士的援助与鼓励之下，必能完成以上的任务，以争取朝鲜民族的自由与解放，并促成中国抗战与民主国家的胜利！

朝鲜民族革命党中央执行委员会

一九四二年七月七日

（原载于《新华日报》1942 年 7 月 8 日）

朝鲜民族战线联盟告中国同胞书

[朝鲜]朝鲜民族战线联盟

亲爱的中华民族！我朝鲜民族的三个革命集团，鉴于目前国际及国内革命形势的发展，最近结成了坚决的联合战线，订定了盟约和共同纲领，誓死打倒日本帝国主义，为实现民族解放，为建造自由幸福的社会而奋斗迈进。当我们朝鲜民族革命的联合战线初告成立的时候，我们首先愿意向你们正在蒋介石先生领导之下进行神圣的抗日战争的中华民族表示最严肃的革命敬礼。

亲爱的中华民族！你们和我们朝鲜民族曾有过数千年的历史关系，特别自从我们在日本强盗掠夺之下丧失了独立和自由以后，我们深切感觉到我们命运和你们中华民族的命运是唇齿相依的。从那时起，我们就关心你们的命运真像关心自己的命运一样。同时，我们也非常热心关怀你们的革命运动。你们的先烈建造中华民国，这伟大的历史事业令我们朝鲜民族生了极大的兴奋。民元以来你们在封建残余势力和外来帝国主义的联合压迫之下挣扎苦斗也令我们生了沉痛的同情。一九二五—二七年的大革命震动了我们朝鲜民族的心脏，鼓励了我们的热血。我们由隔岸观火的地位纵身一跃参加了你们的神圣事业。我们很自负地告诉你们：北伐军之中曾有朝鲜民族的优秀子孙千余人建立着功业，有三百余人在你们的国民革命史上印刻了宝贵的血迹。这也是我们朝鲜革命运动上一个光荣的纪念。

我们朝鲜民族自从丧失了民族的独立自由以来，没有一天不在日本帝国主义者的蹂躏、压迫、欺凌、屠杀之下受尽人间的苦痛。同时，我们自从丧失了独立自由以来没有一天不继续反抗日本帝国主义的斗争。三一独立运动就是我们朝鲜民族光荣历史的一页。我们自从亡国以来就有朝鲜独立军在朝鲜和东北的边境上活动，始终没有被日本帝国主义者消灭下去。九一八事变以后，我们朝鲜的武装队伍就和东北的中国义勇军结成了抗日联军共同对付日本强盗。这一切充分表示我们朝鲜民族绝不甘心做亡国奴，表示我们有为独立自由而斗争的意志、能力和训练，同时，表示我们深切了解朝鲜民族和中华民族有联合对付日本强盗的必要，并且我们以血的实践参加了你们的一切有反日意义的民族解放斗争。

亲爱的中华民族！自芦沟桥和八一三的发动以来，你们整个民族站起来反抗日本帝国主义的侵略了。这个自卫战争的神圣行为激动了全世界大多数的人类，你们的英勇抗战在世界史上表现了巨大的印象。

伟大的中华民族！四万〖万〗五千万人口和五千年文化历史的一个伟大民族是不能被征服的。日本帝国主义的强盗们正在没有前途的火线上毁灭着自己。强盗们想用劳苦大众造成的锐利火器来获得速战速决的“胜利”，但是速战速决的战略本身是强盗的焦燥的表现。疯狂日本帝国主义强盗匪虽在最初的战役中盲目庆祝其速战远决的“胜利”，但我们敢大胆地说：没落的匪徒们的“胜利”恰恰相反是他们的葬〖歌〗。日本帝国主义者在这样一个伟大的世界史的时代来进攻你们不能被征服的中华民族，这是日本帝国主义自掘坟墓的举动。日本帝国主义必然要自己毁灭在中华民族全力抗战之下。

坚苦卓绝的中华民族！你们的胜利的前途是在政治上预定着的。因为战争是政治的手段，解放的政治是解放战争的最后胜利的要因。只要中华民族实现孙中山先生的三民主义，实现这个解放的政治，你们就是这次解放战争的理论上的胜利者。世界史并没有一个要求解放的民族不在战争上获得最后胜利。

奋勇抗战的中华民族！我们希望你们抗战到底，我们希望你们获得最后胜利，我们对你们的希望就和对自己的希望一样。我们代表朝鲜大多数同胞的热忱，愿意贡献我们的一切、我们的脑汁和血液来支持你们，拥护你们这东方的伟大民族在蒋介石先生的领导之下为世界和平、人类公理、社会幸福而像巨人一样的奋战到底，收获最后胜利。我们高呼！

一，中韩两民族团结起来！

二，打倒强盗日本帝国主义！

三，中华民国万岁！

四，朝鲜独立万岁！

一九三七年十二月一日

（原载于《教育短波》第 118 期，1938 年）

为朝鲜亡国卅一周年敬告中国同胞书

[朝鲜]朝鲜民族战线联盟、朝鲜义勇队

亲爱的中国同胞们！三十一年前的今天，是我们朝鲜有五千年悠久文化历史的独立国家，一旦灭亡为日寇之殖民地。二千余万自由之檀君子孙被迫为日寇之奴隶，三千里锦绣江山沦陷为日寇血腥统治下黑暗地狱的日子！是每一个朝鲜儿女惨痛耻辱……百感交集的日子！是每一个朝鲜儿女悲愤，怒恨……展开血的斗争的日子！

在三十一年前的今日，日寇挟其重兵，逼迫韩京，且利用朝鲜卖国贼李完用辈之内贼，强迫韩皇使签订日韩合并条约，韩皇在这束手无策之境，不能不唯命是听，而朝鲜遂从此亡矣！当时朝鲜国内经济，正处在非常落后之状态，遂致日本资本主义势力之侵入，及至日清、日俄两次战役后，列强对朝鲜问题莫敢与日寇相争，日寇遂施其奸险狡猾之手腕，逐步向朝鲜进逼，以逞其并吞之野欲，此是朝鲜亡国客观的原因。至于当时朝廷内部之分裂，政治之腐败，缺乏自主之外交政策，与统治阶级极端抑压群众革命运动等也是朝鲜亡国最重要的主观原因。

亡国后三十一年来，日寇野蛮无人道的压迫与榨取，使全体朝鲜民族，陷入于悲惨绝望的沟壑。但是我们伟大的檀君子孙光荣的历史传统，永不会被日寇抑压与同化政策所可消灭的！三十一年来，我们一天也没有甘心当过日寇的奴隶，一天也没有停止过反日斗争。如一九一九年的“三一”大革命运动，一九二九年光州大暴动，一九三〇年元山大罢工，以及数十年来海外武装斗争与暗杀破坏运动，都很充分的表示了朝鲜民族英雄的气慨[概]和视死如归的革命精神！

纪念今年“八二九”，正值中国抗战已进入第五年，世界政治局势由于苏德战争的爆发而发生严重变化之时期。我们对中苏两国的抗战，赋予莫大的同情和关心；同时我们坚信：在中苏两国全体军民团结奋斗之下，在英美两大民主国家以及全世界被压迫民族和人民热烈的拥护与援助之下，中苏两国的抗战一定可以得到战线的胜利的，目前日寇已双足深陷于侵华战争的泥坑中而不能自拔，但是日寇在其盟主——法西斯德国操纵之下，一面兵不血刃，而生食安南，且又□其□□之爪牙，向暹罗作猛扑之势，引起与英美极端之冲突，在另一方面，又集合大军于伪满边境，准备乘机发动反苏战争。毫无问题的日寇这样的蠢动，将受英美苏联合打击，而自促灭亡。

亲爱的中国同胞们！自从日寇发动侵华战争以来，朝鲜民族所受到的战争的灾难与痛苦，已达于无可形言的地步；尤其是四年以来，伟大的中华民族神圣的长期抗战，对朝鲜民族，给与莫大的鼓励与刺激。所以不管日寇战时实行如何野蛮残酷的抑压政策，但是总没有办法防止屡次发生的朝鲜民族反战反日斗争。尤其是去年十一月发生之朝鲜庆南学生大示威运动，与最近在朝鲜平壤、新义州、镇南浦、元山等地爆发之“独立万岁”示威运动，已明确的证明：朝鲜民族解放运动的高潮已开始到来。在这紧张严重的时期，我们在中国关内的朝鲜各革命集团或各个人，当然更加要团结，更加要努力，一面直接参加中国的抗战，与中国军民并肩杀敌；同时要与朝鲜国内民众，取得更密切联系！发动全国的反日反战斗争，以援助中苏两国的抗战，并争取朝鲜民族的自由解放。

我们愿意光荣地与中苏两民族及全世界反法西斯民族和人民团结在一起，共同扑灭日寇强盗，洗雪民族的耻辱，完成国际反法西斯斗争的胜利，我们要这样来纪念今年的“八·二九”！

我们在这里高呼着：

纪念“八·二九”要发动全民族的反日反战斗争！

纪念“八·二九”要加强中韩两民族的团结！

纪念“八·二九”要建立东方反法西斯统一战线！

打倒法西斯日寇！

朝鲜独立万岁！

中国抗战胜利万岁！

世界反法西斯斗争胜利万岁！

朝鲜民族战线联盟

朝鲜义勇队

一九四一·八·二九

（原载于《新华日报》1941年8月29日）

韩国国民党领袖发表告中国民众书

中韩二族应淬励坚忍　加紧团结以争取胜利

[韩国]金九

（中央社讯）韩国国民党理事长金九，近发表《敬告中国民众书》，原文如次：

中国自抵抗日本军阀之侵略，发动全面抗战以来，为时已逾十六个月。全国军民，在蒋委员长领导之下，以百折不挠之精神，艰苦奋斗，不独打破日本军阀速战速决之迷梦，且能取得主动地位，完成持久战及消耗战各项任务。日人虽动员陆海空军百余万人，倾其全力，南北进犯，若干城市遭受强暴之蹂躏，然其所遇到之打击，已使其疲惫不堪，濒于覆灭。近且深入腹地，陷于泥淖，以后决战于崇山峻岭之间，其地位当更蒙不利。在中国则为救亡图存而战，牺牲愈烈，精神愈振。全民同仇敌忾，猛勇迈进，继续抗战到底，必能争取最后胜利，使抗战建国两大使命迄于完成，此种信念，不惟为中国四万万五千万民众所永失[矢]不渝，尤为韩国三千万民众所热烈拥护。

韩国为日本帝国主义所吞并，迄今已二十九年矣。此二十九年间，在日人所谓内地延长主义之下，三千万民众度其牛马不如之生活，其凄惨痛苦，绝非世人所能想像！不堪日人压迫之人民，远徙于白山黑水之间，颠沛流离，与辽东三省亲爱之友，同一运命，借以苟延残喘。自中国神圣抗战开始，已予日本军阀以严重之教训。在本党领导下之各同志，为正义和平及光复祖国计，无不奋激兴起，期将二十九年来之积愤夙仇，得有报复之机。只以实力不丰，大举挞伐，尚未实现。然抗日工作，实未尝一日中止。中国与韩国有悠久之历史关系，近数十年来，同受日本帝国主义之压迫，韩国虽不幸沦亡，而抵御侵略，在精神上初无二致。吾人深信中国抗战胜利之时，弱小民族，当可同受裨益，谋得澈底解放，以臻于自由平等之境。

蒋委员长最近曾以“宁为玉碎，毋为瓦全”之决心，发表《告全国国民书》，对于持久抗战之意义，阐释周详。最后复谓“自今伊始，必须更哀戚、更坚忍、更踏实、更刻苦、更猛勇奋进，以致力于全面之战争，与抗战根据地之充实，而造成最后之胜利”。谆谆昭示，不惟指明抗战建国之正确途径，并可使本党各同志痛加警惕，在艰苦奋斗中之三韩民众，固深感奋。以后中韩同志，自应淬励坚忍，加紧团结，以刻苦克服难关，以哀戚坚定信念。协力同心，争取胜利。本党同志，谨当追随于蒋委员长暨忠勇将士之后，共同迈进，打倒暴日，复兴国家，以伸正义，以维和平！

（原载于《新华日报》1938年11月25日）

中国民族抗日战争中告朝鲜国内革命同志书

[朝鲜]金若山

编者按[①]：本文系“朝鲜民族战线联盟”常务理事、“朝鲜民族革命党”总书记金若山同志用朝鲜文发表的文稿，特译成中文，在此发表。

亲爱的全国革命同志们：

中华民族抗日战争，已经过九个多月了！在这东方被压迫民族解放斗争空前紧张的时期中，我想，你们一定时时刻刻在关怀着这一战争是怎样发展，以及在这战争漩涡中的我们能做些什么工作。现在我对这些问题，要向大家作一个概括的报告。

大家知道，朝鲜与中国在过去数千年中有着唇齿相依、休戚相关的历史关系。就是在朝鲜亡国以后，中韩两民族，不论从那一方面看，更有着不可分离的密切关系。一般的说，中韩两国有海陆数千里的接境，而在目前日本的海陆空军便由朝鲜的平壤、京城、仁川、罗南等地方，可以直接冲进中国。朝鲜的对外贸易，除日本外，以对华贸易为第一位。在朝鲜的外国侨民中，除开日本的移住民不讲，中国侨民便占首位。此等华侨在朝鲜，备受日本帝国主义的压迫和榨取，正如朝鲜民众一般。又侨居中国东北的朝鲜人民，其数不下二百余万之多，他们也同中国人民一样受着日本帝国主义的压迫和榨取。这种关系，在政治上显得更为密切，就是说，日本帝国主义不仅仅是朝鲜民族的敌人，也就是中国民族的敌人，中国的革命运动便直接影响到朝鲜民族的解放斗争。正因为如此，在目前中国抗战的胜利，无疑地是促进朝鲜革命运动的成功。同样地，朝鲜革命运动的发展，也可以促成中国抗战的胜利。中韩两民族的这种关系，即在今后，跟着社会的发展，必将愈益紧密起来。

现在中国的抗战，已经进到了第二期开始胜利的阶段。在这二期抗战中，

---

① 原文如此，非本书编者。

由于战略上的转变和抗战力量的加强，在全线反攻中，予敌以严重的挫折。即在鲁南台儿庄一战，把倭敌的精锐矶谷、板垣两师团包围歼灭，获得空前的大胜利。于是倭敌打通津浦线的计划，遂被粉碎了。这种胜利决不限于津浦线的一个战局，最近在南北各战线上，都有大小胜利的捷报。

我们要晓得，军事上有这样的惊人发展，主要的是由于政治方面的伟大进步。最近中国国民党举行临时代表大会，决定组织民意机关，集中全国人才，以增强抗战的政治力量。宣布抗敌建国纲领，在外交、军事、政治、经济、民众运动及教育等各方面，树立进步的救国政策，以澄清一切前期的抗战障碍。特别确立领袖制度，以实现全国军民的统一的指导。只有这些政治上的伟大成就，才能保证军事上的最后胜利。

在如上的军事上的胜利和政治上的成就中，我们可以看出中国民族的伟大性。关于这一点，我们可以举出几个例子来。

第一，中国民族是有伟大的团结力量。大家晓得，中国的国共两党有十多年对立的历史，但一到了国难严重的时候，便马上一致团结，共同奋斗。这就是表示中华民族的精神之伟大，也就是表示中国民族的最高领袖蒋介石先生之伟大。“抗战高于一切”这一口号，便是中国抗战中的最高战略原则，“兄弟阋于墙，而外御其侮”，乃是中华民族国家道德的最高准绳。这种固有的政治道德和新的政治战略统一起来，便能发生伟大的组织力量。

第二，中国民族有伟大的牺牲精神。上海四行仓库中八百壮士的英勇战绩，和全营将士在宝山县的壮烈牺牲，及其他各战场上中国军人所留下的许多可歌可泣的血战记录，正是不遑枚举。

第三，中国民族有伟大的动员力量。全国民众，不论男女老少都在政府领导下，有钱的出钱，有力的出力，都要起来武装杀敌，都要尽国民一份子之义务。

在这次战争中，日本军阀的行为是怎样呢？我想，你们在敌人的消息封锁线下，也许不明了他们的惨无人道的行为之真相。他们在过去九个月中，除了用飞机大炮轰炸非武装的都市，破坏文化机关，袭击伤兵医院、难民收容所等外，在所到之处，杀人放火，劫夺财宝，强奸妇女，极尽野蛮无耻之惨事。日本军阀的这种行为，激起了全中华民族的仇恨与雪耻之念，澈其骨髓，而比之那中国历史上最惨痛的“扬州十日”更为惨痛。日本强盗虽自负以东亚之盟主，然他们只能以啤酒、女人、千女针，以及迷信虚伪的手段，欺骗纯粹的工农青年，使之从事侵略战争。中国的军人则反之，他们不单为自己民族的生存与自由而自觉地参加抗战，而且为世界和平与正义而尽其先锋之任务。如果把这两民族的精神与行动比较起来，就可以明了，一个是复兴的气象，另一个是没落的气象。

于是，“中国的抗日战争，不仅止于收复失地，而且要把日本帝国主义在大陆上的势力铲除净尽，并须保障朝鲜独立之完成，以清算半世纪以来所累积的旧账”。这乃是中国民族领袖蒋介石先生之意志，也就是全中华民族共同一致的决心。

现在，关于我们在中国关内的运动情形，简单地说一说。自从一九二五年起，我们许多青年同志，就学于中国革命策源地黄埔军校，养成许多军事干部，直接参加中国的北伐革命。“九一八”事变以后，在蒋介石先生直接援助下，养成了多数朝鲜军事干部人才，并派遣多数战士从事朝鲜革命运动。到了一九三二年朝鲜革命党、韩国独立党、新韩独立党、朝鲜义烈团、大韩独立党等五个团体，联合起来结成“对日战线统一同盟”，随后一九三五年，此等五团体在共同决议下，自行解散其原有团体，另行结成朝鲜民族革命党。再到一九三七年，朝鲜民族解放运动者同盟、朝鲜革命者联盟、朝鲜民族革命党等三个团体，联合起来，创立了“朝鲜民族战线联盟”。

从来在朝鲜革命阵线上，大小党派之分，颇为复杂，但五个团体自行解体而创立统一的“朝鲜民族革命党”，自然是一个进步的现象。尤其到现在这些团体，在共同纲领下，结成民族战线联盟，不能不说是再进一步的成就了。现在我们的联盟，在中国抗日战争中活泼地进行革命工作。这不能不认为朝鲜革命内部的经验，及世界反侵略势力昂腾的影响所促成，而中国抗日革命的统一发展，更予以重大的影响和教训。

其次，对于朝鲜国内的运动，再说若干意见。目下中国的抗战正在粉碎着日本帝国主义的力量，同时促进我们的革命运动。全世界反侵略运动亦在积极援助中国的抗战。苏联的和平奋斗，亦能积极防止世界侵略主义的狂澜。日寇既因侵略战争而消耗其国力，又因其内部的矛盾而发生了革命危机。在这种形势下，我们的运动自然可以有利的进展。但我们决不可忽略，敌人镇压革命的技术非常发达，而已有充分地镇压革命的准备与配置。所以不管客观情势如何有利于我们，假使我们自己没有以正确的努力争取胜利，革命断不能侥幸成功的。那末我们应该怎样努力呢？

第一，是要大家一致团结。不问思想之分和阶级之别，都要在反日独立的旗子下团结起来，建立全民族的统一战线，共同打倒日本强盗。假使我们没有推翻日本的统治，任何主义和理想都无从实现。所以，我们全民族的斗争对象乃是日本帝国主义。

第二，是要在大众里面扩大新干部的组织基础。上面说过，现在客观情势是非常有利于我们，而我们的革命斗争为什么还不能猛烈地进行呢？这因为许多精干有能的干部被敌人被捕投狱而缺少建立新干部的组织基础的原故。如果大众没有了指导者，便不能展开其正确的斗争。我们应当赶快养成精明果敢的新干部，在大众里面加强扩大组织和斗争。

第三，是要对妥协主义及改良主义者的斗争，一刻也不能放松。不问某一时代或某一国家的革命运动，都有这种妥协、改良等坏倾向。而这种倾向一显露，往往给敌人利用，革命阵营内部为之自生裂痕，容易被敌人攻破。如最近崔麟、崔南善、车载贞等之投降，不仅是我们民族的耻辱，同时去势了大众的革命的气节。这因为我们对于妥协主义者并没有在群众面前充分严密地加以监视，加以暴露，加以攻击的原故。这就是我们的运动常常遭到失败的重大因素。

第四，革命的决定的胜利是在于群众的武装的总崛起。“三一”“六十”“十一三”运动等非武装斗争，尽管它是如何地轰烈，但不能够驱逐日本强盗。倘要驱逐日本强盗，非有最大的流血和壮烈的牺牲，便不能成功。但是这种以白刃和血肉开辟新的历史的神圣决战，必须有全国规模的一致行动，必须奋斗到最后一刻，必须密切联结国内外的革命力量。不过当我们要发动这样的最高决胜的武装斗争的时候，必须首先不断地展开和扩大大小的大众的日常反日斗争。这样，必须使大众在这种斗争经验中认识到只有朝鲜民族的独立才能保障自己生活的向上发展。同时在这种大众的日常反日斗争中，更非明显的提起广泛地包括大众的生活要求的具体的纲领不可。假使没有这种行动纲领，大众的大小斗争便没有一定的目标。又假使这种行动纲领和革命的基本纲领没有紧密地联系起来，革命便很容易颠落于改良主义的泥沼。现在我们的革命基本纲领是：打倒日本帝国主义，扑灭亲日派等反动势力，建设独立的民族国家，确立民主主义政权，没收敌人的一切公私财产，改善民众生活，联合中国民族及世界反侵略势力共同奋斗，等等。

同志们！起来！洗雪二十年间奴隶的耻辱，建设自由幸福的新国家的时期，已经到来了！大胆地牺牲地起来奋斗吧！最后，向在狱同志们致敬。

（原载于《朝鲜民族战线》第 2 期，1938 年）

卅万封慰劳信运动——中韩民族团结杀鬼子

[朝鲜]李明浩

亲爱的中国前方将士们!

今天我们在□□桥口开了一个保卫武汉民众游艺大会,有演剧、唱歌、演讲。我们很热烈的开完了这个会,参加这个会的同胞都宣誓,每个人愿做你们前线战士的后盾,尤其坚决要保卫武汉。我是一个朝鲜青年,鬼子国家里面人民都不愿意替军阀送死了,但是中国人民愈来愈团结。战士们!是的,中国一定有胜利的把握,就是因为中国人民都愿意打鬼子,人民坚固的团结起来。鬼子国家就不然了。战士们!不仅后方的人民做你们的后盾,并且还有世界上的人,尤其我们朝鲜人也是你们的后盾。将士们!你们太苦了,但是你们、我们都为的是生存,保卫家乡。

只要我们大家团结起来,和鬼子兵拼命,一定可以打退他们,希望你们前线打好仗!

朝鲜青年李明浩 上

(原载于《新华日报》1938 年 8 月 23 日)

韩国独立宣言第二十周年“三一”节纪念大会敬告中国同胞书

[朝鲜]留华朝鲜革命同志

正当日寇侵略凶焰渐呈销沉，中国抗战力量越打越强而且进一步奠定反攻基础的当儿，我们留华朝鲜革命同志在中国抗战第二期的政治军事中心的重庆举行朝鲜独立运动第二十周年纪念典礼，是如何地感到兴奋而且有特别意义的事情！

日本自从明治维新起始就违反了人类共存同荣的原则，走上帝国主义侵略的行径。以欺骗与强暴攫去了琉球，攫去了台湾，侵占了辽东半岛，凭借片面条约，把二千数百万朝鲜民族的自由与幸福完全剥夺过去，自此以后更加贪得无厌，蔑坏公理，引起了九一八事变，攘夺东北四省；发动了一·二八事变，迫使中国经济中心的上海变成特殊区域，最后制造“七七”与“八一三”，公然向整个中国民族进攻。而在一年八个月中间践踏了十个省份所有现代化的都市，蹂躏了二万万以上黄帝子女世代聚居的区域，敌兵足迹未到的地方却又利用飞机，施行惨无人道的破坏与屠戮，有了日本法西强盗，就不可能有中国民族、朝鲜民族、台湾民众，这是一面。在另一面，与德意法西国家勾结，破坏人类公德，撕坏国际条约，迫使现代文明社会还原了无条约无信义的野蛮时代；最近更在琼岛登陆，突然向太平洋沿岸各民治国家挑战，有了日本法西强盗就不可能有世界和平。可是意味着决定他们的运命的对华侵略战争自经第一着不战而胜与第二着速战速决的幻想被中国英勇抗战所粉碎无遗，他们早已意识地踏进无法自拔的陷坑。虽然有德意帮手从傍擂鼓呐喊，也仅止于擂鼓呐喊。在今后可能施展出来的至多是杂凑而来的飞机、大炮、坦克车与最后的发恶。

我们朝鲜民族自从亡国，没有一个人，没有一刻钟，更没有一个角落，不作过反日复国的革命行动。二十年前的三月一日就是公开表示这种全民族的革命行动的日子。假如“七七”在中国为抗战建国的纪念日，则“三一”在朝鲜无疑地为反日复国的宣誓节。我们要继承“三一”运动的精神，实现“三一”运动的使命。而我们自从“三一”到今日，民族战士投狱者累计达数百万，被杀者数十万，被剥夺生存权利而流落到外国者更加不可计数。我们民族复兴的信念与决心就从这血泊中怒茁起来，成长起来。而在今日，在国内，大多数民众于反日复国的信条下以种种形式集结起来。在东北，特别是在九一八以后，由弧[孤]立的复国运动发展为国际的抗日运动，一面中华儿女与朝鲜儿女早已在东北抗日联军的旗帜之下互相团结起来；另一面朝鲜革命军与中国抗日各军在一定的纲领下合作起来，在苏领沿海州，以某种形式已有两个师团以上兵力，在中国关内，历年来互相对立着的各革命团体业已临到了统一团结的地步，一般青年在朝鲜义勇队的旗帜下在各战区累积了光荣的同情与业绩。在太平洋彼岸美洲及布哇的国民会与同志会的合作，尤其在“七七”直后北美韩人联合中国后援会的组织与活动等等这些都表现着朝鲜民族的团结。这一切的一切在证明国家独立与民族解放的要求已经成为朝鲜民族的第二本能。此外，台湾独立革命党的活跃与由它主持的台湾义勇队组织计划，日本人民反战运动的高涨等等更其是抗日必胜的保证。

如此，在蒋介石先生领导下钢铁一般团结的四万万五千万中华民族的英勇抗战，二千三百万朝鲜民族的解放运动，五百万台湾民众的回附祖国运动，日本人民的反战运动，全世界各民治国家与社会主义国家的同情与援助汇合而成一大抗日洪流，配合着可能延长至于无限的时间，向日本法西强盗冲决下去！中日战争的最后胜利之谁属，我们用不着列举统计数字与具体事实来加以证明！不过我们应当知道争取最后胜利的历程是非常艰苦，非常险阻；因而争取最后胜利的方法须要格别缜密，格别周到！

无疑地，中原大陆将是日本法西强盗的坟墓，中国民族是抗日的主力，然而仅是这，还不够通过艰苦险阻的历程争取最后胜利，只要是反日的力量，不管这力量如何微薄，我们须得结合在一起共同奋斗；只要是反日的机会，不管这机会如何渺小，须得紧紧抓住，加以利用。我们应当使得朝鲜民族的解放运动、台湾民众的回附祖国运动成为抗日力量的重要构成部分，每一个反日反法西的人们成为抗日队伍里的有机份子！

亲爱的四万万五千万中华儿女们，我们在今日举行“三一”独立运动第二十周年纪念典礼，我们深深感到我们在过去做的还不够，所以在伟大的中国抗战的过去阶段我们曾经拿不出什么来予以配合；我们只有检讨自己，鞭策自己！可是我们也得告诉你们蕴蓄在朝鲜民族每一个人心灵中的愤怒快要爆发，革命的洪流快要溃决，我们朝鲜民族始终不会忘记日本法西强盗的最后覆灭一定要基因于朝鲜民族解放运动。

亲爱的四万万五千万中华儿女们，运命已经把你们和我们缀合在一条生死线上，我们应得在同一的抗日旗帜之下，在共同的抗日政略之下，食息着，呼吸着，以争取有我无敌的明天！我们高呼：

一、我们要继承“三一”的精神完成“三一”的使命！

二、打倒人类的公敌日本法西强盗！

三、扩大和巩固朝鲜民族反日统一战线！

四、建立中韩民族抗日联合战线！

五、扩大和强化朝鲜民族的武装部队！

六、全世界反对侵略爱好和平的人们联合起来！

七、中国抗战胜利万岁！

八、朝鲜民族解放万岁！

一九三九年三月一日

（原载于《东方战友》第5期，1939年）

朝鲜革命军人致日友书

——痛诋日军阀之欺骗　盛赞华军英雄气概

[朝鲜]某革命军人

【重庆】朝鲜革命军人某，投效中国，致书于日本反战之友云：

吾自投降了中国，对于日本军阀的政策，现在觉得不对。而对军阀欺骗我们的事实，现在更为清楚明了了。投降了中国军以后，蒙他们优待，我非常惊叹地感佩。尤其是这次朝鲜人参加中国军与帝国主义抗战，我目睹这种英雄的气概，和中国军英勇的抗战精神，使我对自己过去错误的行动，更加忏悔。诸位的行动是正当的。我希望大大的奋斗努力。这种为正义的战，定可得到最后胜利，同时我希望你们一定要和义勇队做反战的工作，达到我们的愿望。（十一日电）

（原载于《申报》1939年3月12日）

朝鲜妇女会致朝鲜义勇队的信

［朝鲜］朝鲜妇女会

朝鲜义勇队诸位同志！

在严冬雪寒，单衣粗食，餐风宿中，过着艰苦的生活是多么的厉害呀！

同志们！你们在前线英勇的克服一切困难，牺牲一切的在刻苦奋斗。这个消息是从你们的队长同志听到的，我们听见这个消息，都非常的兴奋，非常的愉快。

现在你们在前线，做对敌宣传工作，散布一张传单和标语会发挥枪炮和炸弹，伟大千百倍伟大的力量。同志们！没有对敌宣传非常的效果，就不能崩溃暴敌。朝鲜义勇队参加中国抗战的伟大战争的消息已经传布到全中国每个角落里，同时已经是给予国际人士，更大的冲动。

同志们朝气勃勃的气象和英勇的斗争，必会使中国民族出抗战热潮，更为激昂，同时也会增强国际反法西斯力量，以更积极的援助中国，你们的活生生的奋斗，更会促进朝鲜民族革命总爆发。

同志们，向着前进的历史轨道，在朝鲜独立运动的活路上，你们刻苦奋斗着的历史任务是非常重大。不久的将来，用同志们的手，建立坚固的游击队，用同志们伟大的力量，建立革命的基本队伍，完成朝鲜独立运动。在这里的妇女同志们，其他几位同志，也将和你们一齐，在前线战斗，我们在这里一天，要积极的参加有效的抗日工作。我们对于同志们的活动，要表示我们的微诚，现在献给一些物品和现金一百〇七元三角，愿你们接受。我们献给你们的手巾上刺绣时，在每一针每一针上，朝鲜义勇队深刻的印在我们的心里。

同志们！你们是最为勇敢的朝鲜义勇队，是朝鲜革命的基本队伍的先锋队，盼望你们自负这伟大的任务，勇敢地奋斗。最后，敬祝同志们的健康。

朝鲜妇女会

（原载于《朝鲜义勇队通讯》第 6 期，1939 年）

朝鲜少年团致朝鲜义勇队的信

[朝鲜]朝鲜少年团

敬爱的叔叔哥哥们!

在未开始写这封信,首先向你们致九十度的敬礼,来表示我们这兴奋的心情,这次你们的队长陈国斌先生来渝,带来了你们在前方工作的消息。在这里的爷爷叔叔们,尤其是我们这些还没有见过祖国山河的小朋友们,想到不久就可以回故国的事情,都非常高兴。

现在你们是负着新时代新的使命,为了我们这些小朋友,为了我们的祖国,为了东方被压迫民族,在那冰冷的前线,风餐露宿,刻苦奋战。而给予我们这辈少年革命的榜样。我们在这里非常感激你们,同时,时时的在钦佩着你们这种伟大的精神。

我们是小朋友,知识和体力都很差,但我们都有决心拿这小小的力量来,帮助你们,更更继续你们民族解放的伟大的事业,为了完成这个任务起见,便在这里组织了朝鲜少年团,从今天起,我们也开始工作,将来一定到前方同你们一起做对敌的工作。愿你们英勇的斗争。我们正准备着新的力量,这将随着我们的长大,也会增强起来,把失去了自由的祖国,由我们的手来解放出来,建立自由独立的国家。希望你们常常指导我们这辈你们的继承者,使我们〖像〗你们那样伟大。最后祝你们,英勇的斗争。

朝鲜少年团 启

(原载于《朝鲜义勇队通讯》第 2 期,1939 年)

朝鲜三一少年团致台湾少年团信

[朝鲜]朝鲜三一少年团

正在想念你们的时候，接到你们的来信，并且贵团长李友邦先生又亲自来到我们这里，使我们喜出望外，真的高兴极了。我们早就知道了你们那勇敢的工作，这次来信和李先生的谈话中，更详细的知道了最近你们为祖国而奋斗的伟大坚苦的工作情形。

朋友们！我们真挚的向你们致最热情的革命敬礼！又听到你们是过着集体的生活，这更使我们钦佩、羡慕，而我们为了种种环境的关系，还没有实行这种集体生活，或许今年的夏天，能够得到部分的实现，因为朝鲜义勇队的队本部，已从桂林搬到重庆来了，我们就特别向总队长金若山先生请求，加强我们今后工作计划，相信他是一定愿意帮助我们的。

你们想知道此地的儿童工作情形吧，我们晓得在抗战中儿童的工作，实在是个占极重要的部门，可是今年不如去年的活跃，这也许，大人事情太多的原故吧！同时深切的关心儿童工作的人们，也不如我们所望的那么多，但是，我们不一定等待人家来推动我们，我们自动的去配合大人们的抗战工作，这也是我们的基本信念！

你们问我们的工作情形，谈起这个，实在难为情了。现在我们，都进学校念书，所以只有星期日才能团集在一起，过"星期生活"。内容有学术研究、练习唱歌、时事讨论及批判，或郊外远足等，除此经常性的学习工作以外，时有各儿童团体的集会，或对外宣传工作的机会，我们也都每次派代表参加。我们在这样的情形下，更希望，早一天和你们相见，并且在一起做些勇敢的工作。我们恳切的盼望，能早得这快乐满意的一天！

我们在这里填写过去工作的简表，给你们知道一点我们工作的情形：

一、本团在去年正月二十一日于重庆成立，现在团员有二十名。

二、对外宣传工作：1.下乡宣传三次；2.工厂宣传三次；3.参加歌咏会四次；

4.广播演讲及歌咏四次;5.写标语三千张。

三、慰劳工作:1.为中国前方将士写慰劳信两次;2.为被炸(五·四重庆被轰炸时)小朋友写慰劳信一次;3.为朝鲜义勇队写慰劳信四次;4.慰劳中国负伤将士两次。

四、募捐工作:1.去年五·四重庆被炸后,为被难小朋友捐金若干;2."三·一"纪念节,节食献金;3.去年十月间劝募寒衣。

五、自我训练:1.在去年经常参加重庆市儿童团体星期座谈会;2.利用寒、暑及其他暇期受特别训练;3.每星期请名人讲演;4.请音乐家学习唱歌。

六、举行欢迎会:1.为朝鲜义勇队总队长金若山先生来重庆时,举行欢迎会一次;2.为朝鲜义勇队员来重庆时举行欢迎会三次;3.为日本反战志士青山和夫、鹿地亘、绿川英子举行欢迎会一次;4.为台湾义勇队队长李友邦先生与刘启光、谢南光先生等举行欢迎会一次;5.为孩子剧团、七七少年团等举行欢迎会两次;6.和其他友谊团体举行联欢会数次。

七、举行庆祝会:中国军队和朝鲜义勇队获得大胜利时,我们每次举行"庆祝大胜战大会"。

朋友们!我们深深的感觉到,你们在那边工作的重要性,所以我们以十二万分的诚意祝福你们的成功!希望你们在今后常常写信给我们,相互交换工作经验做一种参考,更进一步的,我们虽然分开在两地,可是我们的精神却巩固的连结在一起,赶快的打倒日本帝国主义,早一天回到我们那可爱的自己的故乡去!

亲爱的朋友们!我们不知道,怎样才可以表示内心的一切,满肚子的话,更不能在一时说尽。再会吧!

亲爱的朋友们!!　敬祝

胜利和健康常和你们在一块儿!

朝鲜三一少年团全体团员 敬上

一九四〇年四月十五日

(原载于《台湾先锋》第2期,1940年)

第一区队的信

［朝鲜］朝鲜义勇队第一区队

队本部诸位同志：

××同志带来的信已收到了。我们都感激同志们的指示，同时立誓将更忠实的实行你们的指示。

我们听到同志们在艰难困苦当中不断的奋斗，还在很健康，更感到无限的高兴。在这一次，离开了你们才更切实的感到同志的难得和宝贵。于是更关怀了你们。我们又发现了精神上的紧张和同志互相间的亲爱团结，也在这种紧张的环境和苦难的实际斗争中，更能十分发挥起来的。现在全体同志精神上都很兴奋，都能忠实的履行所担任的责任。我们想到“工作和同志们的教养事业是须要并行的”。因此从岳阳到现在，每次工作后或至少在一星期一次开全体会议，严格的检讨工作，并批判全体和个人的弱点。我们从这种检讨和批判当中，一个一个改正了不少的弱点。现在我们的工作比较繁忙，所以即使在空袭时间，从这个村子躲避到那一个村子也仍然进行我们的工作。我们看，中国战士是真伟大，每个都是堂堂的革命军人。使人可钦佩。靠近在前线的路上、山上，到处都可看见没有人照护的伤兵，他们负着光荣的枪伤，独自□□，□□□□□□□□□□□□□□报——《我们的活路》。每日散布在街上，这个报是文字上比较通俗些同时一半是用漫书。有一次在难民救济处发散这个报，收到意料外的大的效果。自从韩文区队的中国同志到这里以后，我们决定以中国文化界、政治界和其他知识层为对象，出版不定期的中文杂志《抗日的中国》。预备在这里发表所感到的中国抗战情形和朝鲜革命的事实。现在正准备出创刊号。我们想将来勿论到什么地方要继续这个刊物和街头报——《我们的活路》。

全体同志对于工作，都很热心，个个都继续加紧工作。今天下着雨，吹着大风，但我们还提着水桶，拿起颜色桶，为着各自的工作上街或向乡村出发了。

我们又在“一日读书一小时”口号下，一面热心工作一面还努力读书，但是很遗憾的是眼前书籍大感缺乏。

我们的生活感到很自由、快活，也有趣味，住食问题也没有什么大的困难，在日常生活上即使有困难，但以革命青年看来，都不能成为问题的。因此勿论在什么时候，只有拿出全副的精力，贡献给革命的事业而已。

现在敌军在××一带，我们要走到离敌军××里的××地方。我们还打算到那里以后再派××同志更前进，做对敌宣传工作。现在正在准备步行上前线，我们想到将来的工作上，一定有意料外的许多困难。但是也有决心克服它。想在这艰苦的斗争中，一定要培养出英勇的革命战士。

我们的当面工作主要的是对敌宣传，我们时时刻刻为着忠实的履行这部工作而努力。我们看来，对敌宣传方面要得到较大的效果，必定要到沦陷区域去，一面发动游击战一面要做宣传。只要是环境和各种条件能够容许的话，我们都愿意去试一试。请你们多加以考虑，并给我们详细的指示。关于对敌宣传方面的各种参考材料，将要加以整理寄上。

现在宣传工作上很需要照相机，可能的话请你们设法一下。

最后，谨祝

同志们的健康！

自第九战区×× 寄上

（原载于《朝鲜义勇队通讯》第1期，1939年）

第二区队的信

［朝鲜］朝鲜义勇队第二区队

队本部诸位同志：

你们都好吗？愿你们健康，我们这里是都很好的，不过王同志受了感冒，但就会好的，请你们别记挂。

我们十月二十二日夜十一时，别了这几个月来灿烂斗争的武汉，踏上了一向渴望中的五战区的前线。第二天拂晓到了离花园西北三十里地的陈家店。这里是没有多少人家的小村，但是充满了中华民族的抗战的精神，老的少的都老早撤退了，看见的只有壮丁，军队在那里忙着做工作。我们见了这般光景很兴奋。在这里奉五战区司令长官命令，要去广水三十一军工作，于是廿五日又折回花园。

意料之外，到花园的时候，情形已经和三天前不同了。秩序比较混乱，去广水的路线也已被敌人切断了。我们无法再继续行军，只好退到战区司令部所在地襄阳樊城，再行树立工作计划，因此又离开花园，再到陈家店时，已经是夜十一点钟了，死沉沉的，没有一个狗叫的死黑的人家，使人感慨万端。我们在凄凉、兴奋、愤怒的交织下，稍微休息，就再继续行军，经过安陆，翻过将成为游击区的大洪山□岭，第三天好容易到了钟祥。在这里才知道，我们离开花园三小时后，经过安陆二小时后，花园、安陆都被□□□□□，请你们想象一下，假使我们和他们在一起工作一定可以学习到很多的知识，他们是很欢迎我们的。

在这里各界曾举行了扩大抗敌宣传大会，我们也被邀参加表演话剧《流亡》、歌唱，还有演讲。民众们抗战的情绪是非常浓厚，有一个小同志，从群众中跳出来，高高的举起那可爱的小拳头，呼喊了“中国和鲜朝团结起来”“打倒日本帝国主义”的口号，这一声怒吼便把全场的人们更紧紧的团结起来了。

在这里各界和我们，将组织一个对敌宣传的总机关，不久就会实现的。目前的情形是王、张、胡三个同志留在司令部，统筹全盘的工作。其余的××同志是已于廿五日去八十四军军部（××）工作。在军部留一部份同志，还有其他又被派到一七四师（××××）和一八九师（××）去，已开始了对敌宣传工作。我们确信在当局这样热烈的援助下，一定能够顺利的进行我们的工作。在今后想把各前线的工作情形综合起来，再行报告。

现在我们正在办战地壁报《朝鲜喊声》和《战地新闻》，不过在这儿很缺乏后方的刊物，希望你们源源的寄来给我们。

这里已经冷得很，我们现在穿的还是在汉口穿来的那件单衣，鞋子也穿破了，只好常常在阳光底下围着讨论工作情形，可是我们都感到快活，尤其是张同志，常使我们兴奋，前进！再会。遥祝

诸位同志健康

自第五战区××等

一九三八・十二・十

（原载于《朝鲜义勇队通讯》第2期，1939年）

第一区队全体同志致朝鲜民族战线联盟理事会的信

[朝鲜]朝鲜义勇队第一区队

有着深刻地意义，并且热烈地鼓励我们的那一封信已经接到。我们在这里的全体同志，都觉得很感奋，并且在心底里涌出了无限的感激，由于同志们正确的指示和不断的勉励，在这里的同志们，虽在东奔西走不定的生活中，但在心身方面不但没有丝毫退步，个个的身体都很强壮，精神也更为旺盛。最近在这里工作的各界同志们举行体力健康比赛，由我们的同志，全副包办得胜了。由此你们可以知道我们现在心身的一般。

同志们是负着领导关内朝鲜革命运动的重大任务，为我们的民族，为后辈的将来，比我们十倍百倍苦心劳力，想到这一点，我们更感到非加倍努力工作报答你们不可。我们一定更注意工作、康健和学习，这里虽然是战线，但生活还好，没有什么不能忍受的痛苦。请你们不要担心。

在这里目睹中国军民伟大的奋斗精神和英勇的活动，很多的地方都要我们跟他们学习，同时应当它做我们的榜样，这里实在是我们的“活的学校”。

在这里感到深刻的印象，这就是中国民族各层的伟大的精诚团结。越想越是伟大而越有意义。我们痛感要学习抗日的中国民族的必要。

同志们和我们虽然在空间上逼着对于天皇和其代言者军部不做盲目的信仰和跟从，日兵是不怕被捕当俘虏，就怕被捕后这样的弄死。如果把中国革命军人在革命的立场优待俘虏的情形宣传到日军里面，使他们知道这种情形，同时中国方面也能注意到这一点，那末对敌宣传是会收到较大的效果，瓦解敌军也较容易做到。

还有趣而要我们特别注意的是敌兵长官常对士兵说千万不可以被中国军人获捕，如果不幸而被俘，可以说自己是朝鲜人，那末中国人不会弄死的。俘虏荒木当被捕时就说了自己是朝鲜人金春根，该地战区司令部不会分别韩日籍人，就照俘虏的口供，认为他就是朝鲜人。因此战区司令部对朝鲜人引起了不少的恶感。但我们义勇队同志去接收俘虏后这位俘虏再不骗下去朝鲜人了，当场被发觉，而表示自己的忏悔。据说他的名字已在军队里起的。从这个事实是以看见日本法西斯军阀的阴谋。这原来是军部利用士兵怕死的心理，□□□□。□□□□□□□□□□，但一听见你们的消息，如果是好，我们大家便都欢乐；如果是不幸，我们大家也就觉得全体的不幸。这样，在关内的朝鲜革命同志，是像一个大家庭一样，生死与共的一群。我们对于同志们的希望是很大而又是很多，特别渴望我们的"精诚团结"。为促进关内朝鲜革命运动，为着做后辈的模范，热烈的期待着你们伟大的努力和奋斗。由你们伟大的努力，增强我们民族的精诚团结！我们更会尊敬你们，信仰你们。因此，更会培养我们的革命性。我们要想做诸位先辈同志忠勇的门弟，做革命的继承者，我们想要步步跟着你们迈进。

敬爱的诸位革命前辈，盼望由你们的精神团结表现一个大家在一块的具体的集团，并把胜利的光明射在我们革命的前程吧！那末我们沐浴在你们射出的光明中，克服一切的黑暗困难，不惜一切的牺牲，跟着你们快活的前进。我们相信你们一定有悲壮的决心和划时期的努力。同时遥祝你们向光荣的前途勇进！我们誓死以精诚团结，跟着你们踏上民族解放的大道。最后敬祝同志们的健康，并恳望同志们不断的指导。

朝鲜义勇队第一区队全体队员一同 谨呈

一九三九年一月十日

由第九战区

（原载于《朝鲜义勇队通讯》第 3 期，1939 年）

“三一”运动第廿周年纪念日敬告中国同胞书

[朝鲜]朝鲜义勇队

亲爱的中国同胞们！

一九一九年三月一日，是日本帝国主义压迫下的朝鲜民族为着碎断亡国奴隶的枷锁，为着争回民族的独立和自由，一致团结起来实行全民族的反日示威和暴动的一天！到现在，已经有整整二十个年头了。

我们亡命在海外的朝鲜革命者，每年遇到这个日子，总要举行愤怒和血泪交织着的热烈的纪念。为的是要更加提高反抗的情绪，更加增强复国的决心。可是到了今年，正是在中国民族的抗日战争已进到胜利的新阶段的时候，正是在日本帝国主义者已走上总崩溃途上的时候，尤其是在我们举起朝鲜民族的旗子，直接参加中国抗战的时候，我们迎到了这一悲壮轰烈的大流血革命的纪念日。这个纪念的意义，是何等的重大，是何等使我们激流着的热血更加沸腾起来哟！

伟大的“三一”运动，是朝鲜民族用自己的鲜血来写成了光荣轰烈的一部东方革命历史的运动。亡国后〖二〗十年间，日本帝国主义野蛮凶暴的压迫、屠杀和驱使，绝对不是有着半万年文化历史的朝鲜民族所能忍受的。日本人的刀枪尽可以斫碎朝鲜人的头颅，但决不能摧毁朝鲜人的心灵。朝鲜民族在这〖二〗十年的亡国生活中，卧薪尝胆，含愤蓄怨的正义之愤怒，终于在这一天爆发出来了！二千三百万檀君子孙，不论是男的女的，老的少的，都在猛烈地燃烧着报仇雪耻的情热。他们万众一心地举起了正义的旗子，高呼着“朝鲜独立万岁！”向着日本强盗的白刃搏斗！一切在胸膛里贯流着檀君子孙的热血的人，一切在脑海里跃动着朝鲜民族的心灵的人，那一个不争先恐后来参加这伟大的民族的大流血斗争呢？这样，在八个月的不断示威和暴动中，檀君子孙的光荣神圣的鲜血，染红了三千里祖国的江山！

“三一”运动虽然在日本强盗的残酷的刀枪下被镇压下去了，但是千百万

“三一”运动先烈的血，决不是白流的！他们的血是在每个朝鲜民族的血管里继续奔流着！在“三一”运动以后无数次的反日革命斗争中，在工厂、农场、学校、街头上，不断地飞溅着革命的血花！朝鲜民族在这样普遍而持久的流血斗争中，不仅发挥了独立自存的精神和能力，而且打开了自由幸福的新朝鲜的前途！

现在是伟大的中国四万万五千万民族坚决实行抗日革命战争的时候了！也就是全东方被压迫民族对于东方唯一的强盗日本帝国主义者实行总攻击，总决战的时候了！我们在海外的朝鲜革命者，已经能够在中国的土地上飘扬着朝鲜民族的旗子，组织成独立的队伍，和中国的兄弟们团结在一齐，向着民族的仇敌日本法西斯强盗进攻！逆袭！全朝鲜民族正在准备发动更加轰烈，更大规模的第二个“三一”运动，约定和中国民族同时获得最后胜利！同时获得最后的解放！

亲爱的中国同胞们！

我们当着“三一”大革命第廿周年纪念的日子，向你们重新宣誓，我们和你们是站在一条战线上生死与共的同盟者！我们负起了朝鲜民族抗日先锋的使命，直接参加中国的抗战，我们决以“三一”大革命的流血奋斗的精神，奋斗到获得胜利的最后一刻！我们誓以头颅和胫血，献给埋葬日本法西斯强盗的革命祭坛上！为的是要争取中韩两民族的子孙万代的光荣发展！为的是要建立东方民族的永久的真正的和平！为的是要阐扬人类的正义和公理！我们要高呼！

继续“三一”运动的大流血革命精神！
打倒日本帝国主义！
中国抗战胜利万岁！
朝鲜民族解放万岁！

朝鲜义勇队
一九三九年三月一日

（原载于《朝鲜义勇队通讯》第5期，1939年）

第一区队全体队员上本队指导委员会的信

[朝鲜]朝鲜义勇队第一区队

指导委员会诸同志惠鉴：

陈队长携来的信札和照相□均已收到，并蒙陈队长的详细报告，敬悉一切，使我们无限的兴奋，更激荡着我们每个心窝里沸腾的热血，而使我们的决心和意志，更趋于而巩固。忆想起，目前正在诸同志领导下，急速的发展过程中的一切事实，使我们每个同志都起了无限的敬仰，并且仅以至诚表示□敬意。然而在其反面，自己检讨自己在过去对于使命之未能完全履行及负了诸同志的热望和期待，便觉得十二分惭愧。我们的义勇队！它在客观条件上，在适应现阶段的需要上，所负的使命和所含的意义实在是重大深刻，虽其历史和力量，在目前还感觉得很薄弱，然而它能有如今日的这样光辉的结果和光明的曙光，是多赖于诸同志正确的领导而发育滋长起来的结果，这些事实已在我们曾经经过的城市里十足的表现了，而且在我们所到过的乡村里也留下了深深的影痕：就是长沙的老百姓早已消除了对我们的疑问，……商店的老板们都以笑脸相迎，……有时还说着，对你们是特别贱价买……又高桥的老百姓还把酒欢迎同乐，……平江的小孩子们还唱得几句《阿里朗》……

我们在这些地方确看出这两个民族的历史关系，从此从新复活起来了，而这同病相怜的同胞们，将更需要进一步的连系和团结，从此我们确认这两个民族一定能站在一条战线上，同舟共济的来获取最后的胜利。同时我们又发现了国际上的同情，世界上的各民族也在认识这不愿作亡国奴的民族，参加在这神圣的抗日阵线上活跃的情形，而且他们已经在同情的观点上，予以精神上的援助，这样我们的存在已经有了多少稳固的基础，我们的客观环境也逐渐向着有利的方向挺进着了。我们既有了这样的基础和有利的条件，今后是需要强健的力量，是需要我们在实践的斗争中去获得的结果来创造新的力量，且更需要我们从枪林弹雨中争取胜利来，完成它的使命。我们为了完成这个使命，就在明日(二月二十七日)向着战壕,向着游击区出发了,动荡的心灵、沸腾的热血,将有泄恨之所,我们的决心和意志是早已如钢铁般的巩固了,一切的艰难困苦是将为我们唯一的朋友,请诸同志放心罢,我们愿在你们正确领导之下,为了使命,为了中国抗战的胜利,为了世界的和平,虽至粉身碎骨亦不辞。谨此敬祝

各位同志健康

朝鲜义勇队第一区队全体队员

二月二十六日

(原载于《朝鲜义勇队》第6期,1939年)

朝鲜义勇队指导委员会致第一、二区队同志书

[朝鲜]朝鲜义勇队指导委员会

第一、二区队区队长暨各位同志：

朝鲜义勇队去年成立时，武汉的保卫战正进展到了最紧张的关头，由于时间的短促、空间的限制，使我们不能长期相聚充分，检讨本队当前所负的任务并研究将来工作应循的途径。所以在短促的两周间，各位就不得不随着大武汉的撤退而离开本队队部，走向指定的战区去工作了。在这各位努力的心情上，已预祝了胜利及成功的开始，因为你们早就摩拳擦掌的等待看[着]要与敌人拼个死活，而这一次正是绝好的机会，同时，战区方面也一定非常欢迎，因为他们需要这样强的技术配备良好的生力军去参加他们的战斗，而你们乃是最适当的人物。只有本会同人，因感觉到平日对于各位生活与工作上的指导贡献不够，所以对于你们此去，还抱着些不安与隐忧，尤其因为你们是在这样一个紧急的局势之下出发的！

然而经过这三个月英勇的苦斗，你们已打破了困难的环境，树立了工作的基础，使当局明白的了解你们牺牲的精神，使民众普遍的接受你们努力的成绩，因此朝鲜义勇队的工作得以深入一般民间，中韩联合战线的建立已引起各界的深切注意。而且你们各个都是身体壮健精神快愉，充满了战斗勇气，满收着胜利信心。铁一般的事实，已证明了我们以前的不安，只是一种杞忧，你们的工作果得以顺利的进行及飞跃的发展，这一方面固是战区当局领导有方，同时，也是各位热心工作努力奋斗的结果，本会同人深感欣慰与满意。

领袖曾说过："闻胜不骄，闻败不馁。"失败固是成功之母，同时，成功亦足促成失败之机，所以失败的时候，需要自省，而求得成功；同时，成功的时候，亦必警戒失败，以冀更大的成功。成功时的危险有时更大于失败的时候，朝鲜义勇队产生在这伟大的时代中，其使命如何的重大，未来的艰难，在所难免。本会同人希诸位此后倍加努力，保持原有的纪录，百尺竿头更进一步。

所呈工作报告业经检视，并已汇集转报，此后工作或生活上有困难，皆可据实呈报，本会在职权能力范围内，必尽力设法处理。

谨此敬祝

各位同志健康与努力

朝鲜义勇队指导委员会

二月十六日

（原载于《朝鲜义勇队通讯》第7期，1939年）

告第五战区军民书

[朝鲜]朝鲜义勇队第二区队

东方的强盗日本法西斯军阀疯狂地通[进]攻武汉的时候,我们在中国的革命者为着直接参加伟大的中国抗日战争,更为着这抗战过程中争取祖国的独立,于本年十月十日在“朝鲜民族战线联盟”的旗帜之下,同时在东方抗日最高领袖蒋委员长领导之下组织了朝鲜义勇队。

在目前,敌人虽然占领了中国的大城市武汉、广州等地,但是敌人在经济、军事、外交……上加重了困难,已经呈着气疲力渴[竭]之状;而中国的武汉、广州等地的撤退是自动地有计划地撤退,不仅保存着原有的实力,而且从这过程中加强着新力量,尤其是为着民族解放的为着全世界人类的正义与和平,英勇地斗争的四万万五千万全中华民族的力量,这是可以克服一切的失败主义与妥协论,并把着抗战到底的决心,给日本帝国主义坚决的打击的。

正在这个时候来到第五战区来的我们朝鲜义勇队员在李司令长官领导之下,用最大的努力来支持中国的抗战。不过我们的能力是有限,经验也很不够,希望各位武装同志和父老兄弟姊妹们多赐指教、多赐鞭鞑[挞],有使我们能够发挥最大的效力。这不只是本队的荣幸,更是东方被压迫民族解放的荣幸。

我们坚决地确信:最后胜利必定是我们的,而且这胜利的莅临是不远的,自然这胜利是不能凭天而来到,必须我们的奋斗到底,而且付了相当的代价,以后才能得到的。因此,我们的光荣之最后胜利,要联合日本法西斯蒂铁蹄下的一切民族与群众,更要和中国同志们紧紧地携手来抱必胜之信念,打倒我们共同敌人法西斯军阀,以维护东亚永久和平。

我们为着贯澈我们的神圣任务,要奋斗到最后一刻。

中韩两民族联合起打倒日本帝国主义!

拥护中国抗战到底!

中国抗战胜利万岁!

东方被压迫民族解放万岁！
民族解放万岁！

朝鲜义勇队第二区队

（原载于《朝鲜义勇队通讯》第 8 期，1939 年）

朝鲜义勇队告中国负伤将士书

[朝鲜]朝鲜义勇队

亲爱的负伤将士们!

你们是为了中华民族解放和保卫世界正义和平而斗争,以致负了光荣创伤的英勇战士。我们朝鲜义勇队的全体同志,首先向你们表示莫大的钦佩敬仰,并致崇高的民族革命敬礼!

中国将近两年的抗战,已使得日寇死了七十多万的士兵,消耗了百万万元以上的军费,而仍不能结束战争。这无疑的是东方革命领袖蒋委员长领导下全中国民众的一致团结御侮的结果,同时更是无数在前在线已牺牲了的先烈的头颅和诸位负伤同志所流过的鲜血所换来的唯一代价。

你们英勇的大无畏的牺牲精神,已博得了全世界爱好正义和平人士的敬佩,尤其是和你们站在一条战线上向着同一的敌人日本法西斯军阀反攻的朝鲜民族更向你们表示无限的敬意和感激。

我们知道抗战的最后胜利,也就是朝鲜革命胜利。不仅如此,而且在日寇直接间接宰割下的一切东方被压迫民族,也都是如此,所以你们所受的光荣的创伤更表现出双重的光辉。

亲爱的同志们!

你们的抗战已不是孤独的了,为了打倒我们共同的敌人,为了达到共同的目标,我们的同志们是同样站立在这伟大的战场上了,我们是真正的患难朋友,我们要携手并进!

同志们! 虽在后方养伤,但诸位一定很关心日寇还没有被逐出国境,广大的失地还没有收复,国家民族的仇恨还没有报完,人类的正义还没有实现,所以来日方长,路远任重,愿诸同志早复康健,重上前线杀敌,那时我们又要在疆场上会面。即致

抗日革命敬礼!

一、拥护东方革命领袖蒋委员长抗战到底！

一、加强中韩联合战线！

一、中国抗战胜利万岁！

朝鲜义勇队

五月一日

（原载于《朝鲜义勇队通讯》第 11 期，1939 年）

朝鲜义勇队为纪念“五一”节告中国工友书

［朝鲜］朝鲜义勇队

今天是五一节，这一年一度的纪念日，全世界的工友们，都是以血的斗争来纪念它。

亲爱的中国工友们：你们今年的纪念五一节，比世界任何国家任何年度的纪念意义是更重大的。因为你们的神圣抗战，正转入了一个新的阶段，国家正迫切的需要你们流汗流血，用最大的努力来争取最后胜利的早日到来。所以今年的五一节，也可以说正是你们为国效死、和日寇清算血债的宣誓日。

在这里，朝鲜义勇队代表朝鲜全体工友，向你们伸出热烈的友情的手，让我们紧紧的携起手来，为了争取世界和平，为了争取中国抗战胜利，为了争取朝鲜独立自由，我们共同高呼：

一、全世界的劳动者联合起来打倒法西斯蒂！

二、加强东亚反侵略阵线！

三、东方劳动者联合起来打倒日本法西斯军阀！

四、中国抗战胜利万岁！朝鲜独立解放万岁！

朝鲜义勇队

五月一日

（原载于《朝鲜义勇队通讯》第 11 期，1939 年）

朝鲜义勇队为纪念“五四运动”告中国青年书

[朝鲜]朝鲜义勇队

亲爱的中国青年同志们：

眼看着最后胜利即将到来的今天，纪念这伟大的“五四运动”该是如何的兴奋愉快而体念到意义的重大呢？青年是国家的柱石、社会的中坚，已由二十一个月的坚强抗战中表现出来了！血溅宝山城的姚子青营，孤军抗战的八百壮士，苦战台儿庄的英勇官兵，歼敌平型关的果敢斗士，那一件轰轰烈烈永垂千古的功迹，不是青年的得意作品呢？

青年总是站在时代的先头，推动着历史的车轮前进！实际上“五四”是中国青年反封建反侵略的先声，也是中国“文艺复兴”的先河，中国的知识青年已在这伟大的运动中，种下了今天英勇抗战的胚胎。进步中的中国知识青年们不但在整个青年运动中起着领导和推动的作用，同时对于整个民族运动也是站着先锋地位，正由于战斗的青年们在坚决的反日反侵略的立场下，不断的予敌以打击，前仆后继的为国牺牲，才有如此光荣的收获。

三十年来中国和我们朝鲜不仅遭逢着同样的命运，而且有着相似的民族革命的发展过程。一九一九年五月的今天，刻下了中国青年反侵略的怒吼伟迹，同样在这年三月一日也爆发了朝鲜反日大示威的革命运动，在这儿朝鲜知识青年们同样的做了急先锋而立于主导地位，并且继续的推进着朝鲜的革命运动，所以“五四运动”“三一运动”是中韩两民族划时代的革命进程。

在中国革命过程发展到抗日阶段的今天，我们朝鲜义勇队也正出现于中国抗日阵营里。亲爱的中国青年同志们！我们要紧握着手挽紧着臂，逼[迈]步齐趋，杀上前去，国家的新生、民族的新生、个人的新生，都要待我们来创造！快要完工的工程是最容易怠工的工程，在愈益艰苦的第二期抗战中甚至第三期抗战中，及到获得最后胜利为止的历程中，需要我们更坚[艰]辛的奋斗，更大的努力，我们要发扬“五四运动”的蓬勃革命精神，不惜以任何的牺牲来凭吊日本法西斯强盗的“哀魂”。

最后我们高呼：

中韩青年联合起来，在东方革命领袖蒋委员长领导下，消灭日本法西斯强盗，建立新中国和新朝鲜！

朝鲜义勇队

五月四日

（原载于《朝鲜义勇队通讯》第 11 期，1939 年）

致在美韩胞的一封信

[朝鲜]朝鲜义勇队

纽约、旧金山、路山宰尔斯朝鲜义勇队后援会诸位同志公鉴：

在异国坚苦奋斗着的诸位同志，不顾一切的困难，以赤胆热心，对我们义勇队做精神上物质上的援助，对此，我们义勇队由队长以至全体同志，是表示无限的感谢，同时这使得我们在现在的事业上，在将来的发展上，都得到了深刻的鼓励，增加了无限的勇气。在东方弱小民族正和日本帝国主义作最后决战的时候，我们朝鲜民族，不论在任何地域，都是以朝鲜民族革命为目标，坚强的团结，向前迈进，这就是我们朝鲜革命者最大的行动指针，我们在各地的活动是向着同一目标，同一方向。如果再把我们的精神和力量集中起来，那么我们朝鲜民族解放运动将成为致敌死命的伟大力量，由此，在中国各地活动的我们朝鲜义勇队同志们，早在争取朝鲜民族解放的旗帜下，与唯一的友军中国，抱有唇亡齿寒的关系，更准备将来和东北朝鲜革命势力连[联]系、汇合，结成伟大的武装反攻力量。同志们！我们要一致团结起来，向着我们既定的目标迈进，我们坚决相信，只要我们以百折不挠的精神，坚苦卓绝的实践做果敢的斗争，我们的最后胜利是无疑的。今后我们希望在美的同胞同志，对在不断努力中的我们朝鲜义勇队，不时的予以鞭挞，予以支持，使得我们奠下坚固的基础，得到更大的发展，我们更希望诸同志对我们要取得经常的密切的连系。

最后对诸同志赤诚的结晶品——援助金，我们真是却之不恭，受之有愧，我们愿以更大的努力来回答诸同志的期待和盛意，现在谨将每次收到的捐款发表于后，并致革命敬礼。

一九四〇・一・一

朝鲜义勇队队长金若山暨全体同志 上

计开(纽约朝鲜义勇队后援会捐款)
一九三九·五·四 收到法币三百元
六·三 收到法币二百元
八·八 收到法币二百元
十·三 收到法币三百元
合计　一千元
另收到自路山宰尔斯捐来的照像机一架

(原载于《朝鲜义勇队通讯》第31期,1940年)

朝鲜义勇队为“七七”抗战四周年敬告中国军民书

[朝鲜]朝鲜义勇队

亲爱的中国抗日军民们！

自从苏德战争爆发之后，世界政治便转入了新的阶段，正是所有反侵略的被压迫民族、被压迫人民以及民主国家对血腥的侵略的法西斯暴徒作你死我活的最后斗争的时机，是人类的自由、和平、民主、幸福的文化永远的存在或灭亡的当头了。如今德意罗等西方法西斯跟着东方的强盗公然承认汪逆伪组织，以示东西方法西斯对人类的阴谋，在这里更表示着中国抗战与全世界反侵略的战争有着密切的关系，中国是东方反侵略的盟主的，中国抗战胜利了全世界被压迫民族、被压迫人民便有求得解放的机会，一切民主国家亦得保全。在这点上我们来纪念伟大的中华民族对抗东方法西斯作战的第四周年，在人类的前途和世界政治上觉得有着重大的深刻的意义。

中国抗战给我们朝鲜民族以最大的兴奋和希望，于是亡国已有三十余年的朝鲜民族以朝鲜义勇队的姿态，参加中国抗战，出入南北十三个省份六个战区之火线上，与抗日诸同志并肩作战已有两年九个月，今天敢以代表抗日的二千三百万吾族谨以向英明的中国最高统帅及全中华民族最亲切的抗日盟军的敬礼，并为千百万死伤的先烈和受难弟兄表示最悲壮的哀悼和慰问。

四年来，英勇壮烈的抗战粉碎了三个月灭华的梦呓，奠定了中华民族走向永远繁荣和幸福的基础，更唤起了世界被压迫民族及人民进行有组织的猛烈的解放战争。在另一方面，疯狂的侵略者为了奴役全中华民族、征服世界人类，首先澈底的夺去了日本人民的言论、出版、集会、结社之自由，驱使其参加侵略战争，以当炮灰。在朝鲜实施创氏令(朝鲜人改朝鲜固有之姓名而取日本式姓名之命令)，改变朝鲜服装，限制使用朝鲜语言，禁止刊行朝鲜文报，以企图消灭我具有五千年悠久历史的朝鲜民族，又实行征兵制度，统制物资，组织人员，企图以二千三百万吾族作为日本强盗的奴役。在中国沦陷区域收买汉奸汪精卫之徒，用最野蛮的原始的方法掠夺物资强征人力，以进行其“以华制华，以战养战”的毒计。然而至于今日，敌人一切的伪善和毒计早已在不愿作奴隶的人们的方面暴露无余，使我们蹶起为着自己的幸福和解放而牺牲奋战——我们将看到日本人民推翻日本法西斯的一天，将看到全朝鲜民族和台湾人民全面暴动争取独立解放的一天，将看到东北及沦陷区或□□民奋然蹶起为中华民族的独立完整而决战的一天！我们将看到日本法西斯强盗和一切卖族求荣的走狗们被死灭的一天！

日本强盗只有这一条路可走，因此当其死灭的前夜，作最后的挣扎，今后必将以空前最毒辣残暴的手段弹压其统治下的人民，以最狡猾无耻的方法进行分化中国抗战、破坏团结，离间东方被压迫民族的反日□营，使各反日力量自相斗争而至于消灭，但这不过是侵略者的幻想而已。事实证明，四年来的抗战粉碎了敌人一切的阴谋，如今我们深切的觉悟到只有集中一切反日力量，死里求生，惟有抗战到底才能争取胜利，只有加强力量，加紧反攻，才能发扬扩大四年来光荣的战迹，而对祖国对人民完成最崇高的任务。

朝鲜是日寇的“兵站基地”，是侵略东北、侵略苏联的军事根据，于是目前摆在我们面前的最大任务是发动全朝鲜民族毁灭日寇在朝鲜的立足，因此我们已经依据这新的世界情势布置好了新的工作，今天敢以奉告于亲爱的中华民族者，我们将以最大的力量推进华北、东北、朝鲜国内及美洲、南洋等地，发动全体同志和同胞建立朝鲜革命武装，毁灭日寇在朝鲜的军事根据，以援助中国抗战，争取祖国独立，挽救人类的危机，最后让我们高呼！

发动全朝鲜民族反日暴动以援助中国抗战！

打倒日本法西斯强盗，挽救人类的危机！

东方被压迫民族联合起来！

巩固全世界反侵略阵营，打倒全世界法西斯强盗！

中国抗战胜利万岁！

朝鲜独立万岁！

（原载于《新华日报》1941 年 7 月 7 日）

朝鲜义勇队为三一纪念敬告中国同胞书

[朝鲜]朝鲜义勇队

亲爱的中国同胞们！

今天是朝鲜“三一”大革命运动第二十三周年纪念日。是每一个朝鲜儿女光荣自豪的日子！是每一个朝鲜儿女激昂奋发的日子！正当着太平洋战争爆发后，由于世界民主战线与侵略战线最后划分的清楚，而使朝鲜问题在世界上更加显露其重要性的时候，我们来纪念这个日子，当然有其特别重大的意义！

在一九一九年三月一日，我们朝鲜民族饱尝十年来亡国痛苦之余，配合着当时世界革命运动的高涨，由民族代表孙秉熙先生等三十三人共同签名，首次向世界万邦宣布朝鲜独立宣言，同时对强盗日寇展开英勇壮烈的全国大示威暴动。这伟大的革命运动，坚持了八个月以上的时间，牺牲了千百万光荣的檀君子孙，但是因为当时客观条件的没有完全成熟，在主观方面为着没有进步的革命政党的领导，并缺乏严密的群众武装组织，所以没有达到胜利的目的而中途失败下去。“三一”运动虽然失败了，但是它的结果，不仅使强盗日寇对朝鲜民族不能不采取微小的让步，同时使朝鲜民族获取宝贵的经验教训以后，开始以新的斗争方式，为着完成“三一”运动未完成之遗业，而继续展开更深入更艰苦的革命运动。如著名的“六十”运动、光州大暴动、元山大罢工以及数十年来海外武装活动和四年来朝鲜义勇队在中国抗战中英勇艰苦的斗争，都是“三一”运动光辉的继承和发展。

纪念今年“三一”节的时候，朝鲜革命国内外情势，比“三一”运动当时已更加有利。自从日寇发动侵华战争以来，双足深陷于泥坑中不能自拔，她自知最后悲剧之降临将不可避免，故乃挺[铤]而走险，以孤注一掷之手段，又发动新的太平洋大战。太平洋战争爆发后，日寇由于乘人不防的偷袭行为，由于英美在远东军事上准备之不充足，由于东方被压迫民族团结与动员之不够，获得暂时军事上初步胜利。但是这不能影响大局的前途，因为这个战争将旷日持久，由于日寇人力、财力、物力之缺乏与中英美之联合反攻力量之增长，必使最后胜利属于民主集团，实属毫无疑义。我们在不远的将来，可以看到强盗日本法西斯兽血将染红汪洋无际的太平洋和广漠无边的中国原野！尤其是数月来苏联反德战争伟大的胜利，已无形中促成了日寇最后之崩溃。至于目前国内革命势力之发展，在日寇战时强压政策下，不能不遇到许多困难和阻碍。但是五年来日寇侵略战争，不仅使广大的工农群众陷入于饥寒交迫的领域，同时使一般上层富裕阶级也受倾家破产之威胁，这些都有助于革命的成熟和全民的动员，尤其是五年来神圣伟大的中国抗战和参加中国抗战中的东北朝鲜革命军武装斗争，以及在中国与美国境内之朝鲜各革命集团之活动，大大地提高了朝鲜民族革命的觉醒，使他们不拘日寇采取如何严密巧妙的统治方法，以各种有组织有计划的斗争形态和斗争方式，展开广泛的反日反战群众革命运动。所以目前朝鲜国内情势大有“山雨欲来风满楼”之势，大革命爆发之迫在眉睫当可预测。

我们朝鲜义勇队自从直接参加中国抗战以来，在前线对敌宣传工作，或直接参加武装斗争中，已留下许多可歌可泣的史迹。尤其是最近河北邢台战役中光荣的胜利和壮烈的牺牲，表现了朝鲜民族英雄的气概和视死如归的革命斗争精神。这些不仅给强盗日寇以重大的打击，同时奠定了中韩两民族合作的基础，并对国内二千万同胞给了莫大的精神上的鼓励和刺激。但是我们并不以此而自满，相反地我们要惭愧我们所做到的工作成绩离我们国内同胞和中国同胞对我们所企望的程度相差甚远！所以纪念今年“三一”节的时候，我们要以加倍的勇气和努力，争取敌后千百万朝鲜同胞，以谋巩固并扩大朝鲜义勇队，使成为参加中国抗战中的一支强有力的朝鲜革命武装队伍；同时我们要以最大的诚意和努力，要求临时政府当局早日召开临时会议，以□容纳各革命团体于临时政府，使〖之〗成为朝鲜革命最高机构。我们要求以本身的革命武装势力和内部团结的力量，与世界民主国家和日寇侵略下□方各民族，特别与东方反法西斯支柱——伟大的中华民族团结在一起，把全世界人类公敌——东方法西斯恶魔日寇，永远从地面上赶出去，以争取中韩两民族的自由解放，并完成世界反法西斯斗争的胜利。

我们在这里高呼着：

纪念“三一”要发扬“三一”运动革命精神！

纪念“三一”要巩固扩大朝鲜义勇队！

纪念“三一”要争取敌后朝鲜同胞武装参加中国抗战！

纪念“三一”要发动朝鲜国内民众反对日寇侵略战争！

纪念“三一”要加强中韩两民族团结！

纪念“三一”要加强世界反法西斯联合战线！

打倒日本帝国主义！

中国抗战胜利万岁！

朝鲜独立万岁！

世界反法西斯战争胜利万岁！

朝鲜义勇队

三月一日

（原载于《新华日报》1942 年 3 月 1 日）

致朝鲜义勇队前方同志们（信5封）①

[朝鲜]金文 等

（一）

朝鲜义勇队前方将士全体同志公鉴：

为了祖国的独立和民族的解放，为了中华民族的神圣抗战，为了全世界的和平与日本强盗血战的诸位同志们！在这里我们为了向你们表示一些诚意起见，一分一分的零星凑集起来，捐集了区区的三十二元，不管多少，不顾惭悚的送上，请您们笑纳。

你们既负担了民族复兴大业的重大任务，所以更进一步的万众一心，义无反顾的努力奋斗，而且在前线英勇的杀敌，相信我们在不久的将来，会在祖国国土上凯旋的歌声里欢晤，在这里我谨代表在四川成都的全体同胞同志向诸位同志致崇高敬礼。

朝鲜民族革命党成都区党部书记金文 上

侨居成都全体同志同胞为朝鲜义勇队捐送慰劳金芳名如下：

金仲文同志	五元
金震一同志	一元
李英茂同志	四元
金淳爱女同志	二元
金尤爱小姐	五角
金义龙君	五角
金允泽女同志	三元
金文同志	二元
崔沧石先生	十元

① 题目为编者所加，原题作“来信一束”。

高毓灵先生	二元
孙斗焕先生	一元
崔镶城同志	一元

以上总计合三十二元正

（二）

敬爱的前方诸同志们：

同志们！为了祖国的复兴和民族的生存，牺牲了自身的幸福和一切享乐，参加战线准备流热血！使在后方的我们该是如何的钦佩，如何的崇敬。我们知道你们过着辛苦的生活。同志们！你们是朝鲜三千万民族的救星，是争取朝鲜独立的栋梁。同志们！只要为朝鲜自始至终的努力下去，我相信在不远的将来一定可以再建设新的朝鲜。最后希望同志们努力奋斗！

崔养生 上　三月十九日

（三）

勇敢的哥哥们：

你们的勇敢促成我写了这封信，在写这封信时，我是坐在凳子上，我坐上了它，心中惭愧极了，我想你们骑的是战马，睡的是战壕，吃的是敌人的肉，喝的是敌人的血，虽然是不舒服，但是在我幼稚的眼光中看来，不，或者是在大众的眼光中看来，你们的精神是可钦佩的。尤其是你们这次帮助中国抗战，更使我深深的感动，深深的钦佩！可恨，我年纪太小了，不能和你们在一起工作，你们能原谅我吗？先生对我们说："现在我们的责任是努力求智识，以备将来贡献国家的需要。"

说了半天话，你们知道我是谁吗？我是一个朝鲜的女孩子，在我十岁的时候我叫妈妈做泡菜给你们其中几位同志吃，后来你们还送我一个银匙，你们还记得吗？好了，暂别了。

祝你们

英勇杀敌！

小同胞尤爱 上

（四）

亲爱的勇士们：

温暖的春风在挥动着我的笔头，使我不得不提起笔来祝贺在前线为着祖国的独立与自由而参加中国神圣的民族抗战的诸战士。

战士们！正义的炮声已响了，这是我们被压迫的弱小民族，正好起来复兴民族的好机会到达。我们都是朝鲜民族的爱国者，是朝鲜民族的卫士，快快爆出胸中积压着数十年的仇恨和愤怒！共同起来，为着正在敌人的铁蹄下哭泣着的祖国和人类的和平而奋斗呀！

英勇的战士们！你们在直接参加中国民族抗战的战线上，高呼着打倒日本帝国主义，不畏惧一切的困难，组织坚固如钢、伟大而光明的朝鲜民族义勇队，你们的精神、你们的英勇，使敌人胆寒，这是值得我们敬佩的。

英勇果敢的战士们！你们在狂风暴雨的前线，不分寒暑，不分昼夜，紧张的为着祖国拼命！是多么的光荣。但是在后方的我呢？觉得很惭愧，请诸位战士原谅，我是个学生，并且是个女子，但是我的热血沸腾着，我的精神已经跑上了战场和诸位共同工作了。

大地上的春光随着炮火无声息的降临了！在后方的我敬颂你们的健勇，并且我很盼望你们的工作日日高升，收回我们数十年来被敌人蹂躏着的故乡。那时五千年来，历史上重复点缀着灿烂的光辉！诸位勇士们！努力吧！努力！敬祝

你们健康成功！

你们的同胞相贤 上

四月三日

（五）

诸位英勇的战士们：

我现在觉得很愁闷，因为我失去了在平时和我谈笑的哥哥们。可是我想到你们这次是为了祖国的独立自由而战，将来把敌人打得落花流水，把我们的家乡夺回时，我也可以和平时一样，和你们说笑了。这样一想我顿时觉得很高兴了。

我很想和你们在一起共同杀敌，可是我太幼小了，不能和你们在一起杀敌，因此我的心中又奏起悲伤的音乐来了。

我很希望诸位英勇的哥哥们，努力杀敌，把我们失去数十年、美丽可爱的故乡收回。假如我长大后，你们的工作尚未完成，那时我可以和诸位一起工作以达到我们的愿望。努力吧！我们的前途很是光明的。写这几个字祝

诸位健康成功！

小同胞李□哲 上

（原载于《朝鲜义勇队通讯》第13期，1939年）

答覆一位小朋友的公开信

[朝鲜]李达[1]

朝鲜义勇队的任务,是什么?

亲爱的小朋友:关于前一次你所问我的问题——朝鲜义勇队的任务是什么?因为我始终懒得动笔,所以迟到现在才答覆你。在我解释这个问题以前,先把朝鲜义勇队产生的意义很简单地说一下。

朝鲜亡了已有三十年了。在这三十年以来,三千万朝鲜民族,由于生存权完全被日本帝国主义者剥夺,而过着凄惨的奴役生活。朝鲜民族的痛苦,我想可以不必赘述,因为你也许能够想象得到吧!

朝鲜的国土,虽染上了日本的颜色,但其民族仍是朝鲜特有的民族,他们有半万年的文化历史,更有着民族意识和民族的自尊心。他们要反抗的,以全副力量来反抗,以期争取最后解放。

过去三十年的历史,是一部血的历史,为着民族的解放,不断继续地斗争着。在这种斗争中,表现出朝鲜民族仍在活跃着,同时已奠定了民族解放的基础。

自从中国的抗战开始后,朝鲜民族解放运动更进一步走上了光明的路,因为中国抗战胜利,无疑的是朝鲜民族争取解放的绝好的时机。不仅是朝鲜如此,其他在日本帝国主义宰割下的东方各弱小民族,都由于中国抗战而能实现他们的独立自由。正是为了这点,在华朝鲜革命者,组织起朝鲜义勇队,直接参加了中国抗战。

中国的抗战,不单是为的中国自己,同时东方被压迫民族的一致呼声。进一步说,中国的抗战,不仅是反对日本帝国主义者侵略中国的战争,同时也是反对破坏世界和平的日本法西斯强盗的战争,在这点上,朝鲜义勇队的产生,

① 原文作"达"。

有着很大的意义。

那么，朝鲜义勇队的任务是什么呢？

第一要和全世界爱护正义和平的人士们，携起手来，直接参加中国的抗战，执行国际纵队的先驱任务。

第二要号召朝鲜全国同胞——除少数亲日份子外，使他们在统一旗帜之下，发起民族的反日革命斗争，以援助和支持中国的抗战。

朝鲜义勇队，担负了如此重大的革命任务。现在为了忠实地执行这任务起见，一队一队地被派到南北各战区里去工作，特别执行着对敌宣传、瓦解敌军的工作。

自中华民族的神圣抗战开始后，东方被压迫民族，已经先后的起来了。我们坚持着中国抗战必胜的信念，也相信着东方被压迫民族的光明一定会临到我们的面前！再会。祝你

快乐

二·一　达上

（原载于《朝鲜义勇队通讯》第2期，1939年）

给前线同志的公开信

[朝鲜]李达

亲爱的在前线奋斗着的同志们！你们在前线克服了一切困难，不顾牺牲的战斗着。首先我敢代表队本部同志们向你们致崇高的敬礼。

你们在前线经过四五个月的苦斗，打破种种困难的环境，建立了工作的坚固基础，并且已引起了各界深切的注意，你们的工作这样顺利进行与发展，这当然是你们热心工作和努力奋斗的结果，在这样队本部同志，觉得莫大欣慰和惭愧。

你们已在英勇地执行着自负的朝鲜革命的前卫任务，同时，也是在中国抗战中国际纵队先的任务，所以你们的工作范围的广大是不问可知的，同时也正因此而使你们忙碌，不过你们还有不能忽略的一种工作，就是报导工作。

《朝鲜义勇队通讯》是你们的工作成绩表，换句话来说，借本刊的内容如何，可以看出你们工作成继[绩]的进退。所以你们必须时常把你们工作成绩的记录——在前线亲自经验过的一切生动事实汇来，使本刊更丰富更美满，这是对你们最低限度的要求。最后敬祝你们

健康和努力！

李达 上

四月一日

（原载于《朝鲜义勇队通讯》第 9 期，1939 年）

一封信

[朝鲜]李达

敬爱的台湾义勇队同志们！在《东南战线》第三卷第四期上，读了台湾义勇队专页，才知道台湾义勇队已在产生了。我在这里，向台湾义勇队的同志们致最热烈的革命敬礼，并抱着更热烈的期望。你们大概是和我们一样都是在日本帝国主义铁蹄下长大的，所以我们真真地知道，日本统治者对我们的压榨是怎样厉害，同时也使我们更知道怎样打倒日本统治者，以完成我们的革命事业。

台湾和朝鲜，一样在日本帝国主义者的剥削与压迫下挣扎，而革命的策略目标和方向也是相同——至少是现阶段。在朝鲜，为了要完成民族革命，他必须在内建立民族统一战线，对外要联合其他弱小民族共同奋斗。台湾所遭遇的如此，他也必须用同一的策略始能使他自己，在国家关系上，脱离日本帝国主义的羁绊。

自从伟大的中国抗战发生以后，台、韩的民族解放运动，更进一步走上了光明之路，因为中国抗战胜利，不仅是中国自己的胜利，同时就是台、韩民族争取独立自由的决定的时期。所以我们要组织义勇队，直接参加中国抗战。台湾义勇队和朝鲜义勇队是有姊妹的关系，我们这一次的握手是更亲密，更热烈。相信我们在疆场上携手并肩，帮着中国友军，向着敌人打进去的时候，每个战士的心，燃烧着的友情和义愤，一定是更激昂更坚决的针对着倭寇进攻。我们要奋斗，奋斗到把共同的敌人——日本法西斯强盗完全消灭的那一天，就是说把我们的民族解放运动完成的那一天。最后向着台湾全体革命同志，敬致
革命的敬礼！

李达 上
五月十日

（原载于《朝鲜义勇队通讯》第 12 期，1939 年）

给在前线的同志们

[朝鲜]李达[①]

亲爱的同志们！

当我读到了朴队长的来电——游击战捷报，我是如何的兴奋啊！不但是在这一次，就是在以前，当我每次接到你们寄来的游击战胜利消息，或是实际上等于工作成绩的刊物时，我的热血也在沸腾，精神也感到无限的兴奋与愉快。我虽然和诸位同志还是不识面的朋友，可是在我的内心里边对你们有莫大的尊敬，尤其是对各位英勇的奋斗精神，更是无限的敬佩！

同志们真是充满了大无畏精神的英勇战士。无论在任何艰苦的环境中，尤其在物质困难的条件下，而丝毫不以为苦，还是为了工作而英勇奋斗。真是不愧为朝鲜革命前锋的斗士！

我也时时在想，和同志们到战壕里一起过甘苦共尝的生活，但是因为队部里有许多不重要而繁杂的事情，绊住了脚，不能马上如愿以偿，可是诸位同志在战壕里的英勇姿态时时萦回在我的脑海里——那被太阳晒的又黑又红的面孔，穿的屡经汗浸而且破旧了的军服，充满了战意的眼睛，同志间胜利的会心的微笑……一切的一切实在太令人景慕了！

同志们，这样的努力奋斗，使这个没有什么贡献的我，相形之下真是感到万分的惭愧，我只有更时时警惕的努力工作，追随诸位勇往迈进，以期补内疚于万一。最近队部工作人员，因为受了诸位同志伟大努力精神的感召，打算组织一个流动宣传队，长期的深入乡村去工作，以推广加强我们宣传的范围。但是因为有诸多的困难，尤其是人员的不足，以致使我们这个愿望还没有实现。我们决用最大的努力来把他组成，克服种种的困难，追随诸位多努力一分工作。

① 原文作“达”。

还有诸位是知道的，在重庆正在受训中的女同志和三一少年团的小朋友们，他们假如能够到这里来，我们组织流动工作团也就不成问题了。或者就是他们能够来一部分，这一工作也马上就可以实行了。

最近留在美国的朝鲜侨胞，他们为了祖国的革命，无论如何是不甘落人后的，他们的爱国热忱正因为他们的长期居留国外，而更加热烈更加深切，他们受了种种的刺激，更感觉到了祖国的需要，只是他们因为职业以及种种的关系，不能回到祖国来和英勇的弟兄们共同参加战线，和丑恶的日本法西斯军阀血战。这也是他们常常引为遗憾的，他们既是不能手刃寇仇，以舒数十年来的积愤，所以他们组织了后援会，来援助为祖国英勇的血战的弟兄们！这固然是由于他们爱国心的驱使，但是诸位同志的英勇的奋斗当然也给了他们以莫大的影响。这也就是诸位同志努力的反响和英勇斗争的成果。同志们更英勇的迈进吧！不但海外的侨胞期待你们的捷音，就是祖国内三千万受苦受难的同胞，他们是更殷切的希望你们早日凯旋。

（原载于《朝鲜义勇队通讯》第 13 期，1939 年）

李斗山的信件[①]

中朝多人

来

一

斗山同志：

（……）接到《东方战友》创刊号，我禁不住跳起来！说："他真是健者，他丢掉行李，丢掉所有一切，仅仅救出一条命到梧州来，而于最短期内弄出这样刊物，真真是不容易的事呀！他真是一个刻苦奋斗者！"

你的函中说："各人须以工作第一，实际第一为原则，决不以为逃避而逃避，为事业方便，而暂退为绝对原则……"不错，你的话真是革命家的话，吾人应以工作第一为原则，我来重庆也正因为工作而来的，请你放心！……

韩一来

二

斗山同志：

……（韩译汉）自昨年于金陵一别以来，因环境及地域关系，无从致候，抱歉之至。据吾党机关之通告，同志站在华南一带，以一骑当千之英勇姿态，与中国抗战当局及文化界，联成一气，为中国抗战及朝鲜民族革命，而对全世界和东方各民族尽力宣传，不但收伟大之效果，而为在华南之坚固炮台，得来本党全体事业上莫大之效果及自信力云。闻听之下，不禁雀跃，遥望南国，时表

① 题目为编者所加。

敬爱。广州失守后,同志之消息,渺然无闻,一般同志,正在担忧或啜泣,而待消息。志弟于月前到桂林时,有人报告,同志之论文发现于梧州某报纸上,但未知住址。还在焦虑之中,不料,因事赴长沙,访见长沙国民日报社总编辑任启珊先生,氏即出一刊物——《东方战友》,谓:“如斯人材,如此奋斗者,实为东方弱小民族之中坚”……称颂不已。

最爱最敬的同志!同志之百折不挠,不仅使全体同志激励反省,齐赴沙场,并使吾人革命事业突飞猛进。志弟披阅同志之伟论——狮子吼,泪泫然而承睫,血涌然而鼓动!……吾人朝鲜义勇队同志等,于十月十日离汉口,流转于长沙、衡山、岳阳一带,没头于对敌宣传、对内宣传及其他必要工作等,而现集合于××地方。

一般队员同志们,都很活泼健壮,智识的探究,杀敌的技术,日益向上……

同志!目下我们的事业,在中国东、北、中、南各地这样的发展,就是先进诸同志努力奋斗的结果。……

现在,我们马上跑上敌我对峙地带,并冲入敌人后方,要完成我们所负义务。……我们义勇队所到之处,受了中国军民的莫大欢迎和赞助……

同志!今后,我们把第一区队之活动情形,要详细报告的,借贵刊广为宣传……

志弟金×日 上

三

斗山先生赐鉴……先生为求解放弱小民族,歼彼倭奴,参加我国抗战,钦仰靡已……稍有闲暇当遵命草英文一篇,投诸尊刊……

自强 拜

四

斗山同志:

自广州逃出至于今日,大小五口安然到此……同志在梧竟能创办《东方战友》,弟对于同志之坚苦耐劳之精神,至为钦佩……

弟 明熙于重庆

五

斗山先生惠鉴……窃中韩本兄弟之邦，同受日帝国主义之荼毒，如水益深，如火益热，非共同携手奋斗牺牲，不足以救两大民族之危亡，先生从事革命已数十年，早予敌人以莫大之打击，名震东亚，尚盼对于宝贵之革命理论，与有效之革命行动，不时予以指教，幸甚，幸甚……

卢绥

六

斗山同志：

得读了《东方战友》以后，我们半死的心弦，由冷淡弛宽再而热烈紧张起来，胜过服十剂兴奋剂。于我们在现实的遭遇，要是真正躲在牛角里讨生活的凉血动物才不相觉，如果稍有血性的人们，定必表同情而醒起来。

中国人民为求中华民族之生存和解放，同时为我东方弱小各民族谋独立解放而抗战开展，在这十九个月里，给法西日寇以重大打击，是则中国抗战英勇的战士，实在是我东方各弱小民族的急先锋！使人敬仰，使人深刻认识。但其牺牲代价的伟大，真能惊醒了全世界人类的迷梦。我弱小的各民族在铁蹄下已有抬头扒起来的机会，并同时也准备大联合而团结我全世界各个弱小民族的阵线，争取我们最后的胜利，迈勇直前的挺进奋斗！尤其是我台、韩、越、印、缅、菲，各弱小民族更应速即参加！同时也要切实接近和援助我亲爱可敬的中国抗战英勇将士和中国抗战的群众！

细想我东方各个弱小民族里面的革命精神和有力量的革命群众为最伟大和英勇！举世公认为轰轰烈烈的群众，干过不少的革命工作，虽未能达到此人的欲望，可是给了法西日寇不少的打击，建立了法西日寇害怕的基础成绩！不久的将来，成功就在目前，多么光荣可敬仰啊！值得赞美和称颂。

我越南的环境遭遇，同人等亡命在外，返顾母邦多么惨淡黑暗，翘等盼望曙光来临的群众，有如婴儿的望慈母，言之实自愧不安！同人等无时不疾首痛心，坐糠卧荆的努力奋斗，以图挣扎。可是，法帝国主义者，它很滑头地利用平民阵线的名义，挂羊头卖狗肉的压制殖民地的革命发展，但我们越南党人领导下的群众，谁都明白帝国主义者的骨子把戏，但机缘未许可，未有掀动的机力。加以同人等暂弃暴动政策，诚恐损失平民阵线的势力，如强干起来不但不成功，返[反]而增加其凶焰。可是，革命工作不限于暴动和武力夺取政权，对于独立奋斗的精神，百磨不灭，茹苦食辛的不忘母邦，努力奋斗以力求我全民力量真正团结的以后，如果法帝国主义者确能忠诚于我平民阵线，我们认贼作父的偷生忍辱当可和它合作和法西斯周旋，争取我们平民阵线第一步成功。如果它丧心病狂而投降法西斯，助桀为虐的增长敌人——法西日寇，阻挠我弱小民族的保姆——中国抗战将士和群众的进展。那么，我们同人等，就只有放弃以前的和平主张，实行武力运动，掀动全能以驱逐一切敌人出我越南境外，进一步再联合全世界弱小民族切实争取最后美满的成功。

吾人深想今日环境的险恶和幻变，实在利害可怕，刻不容缓的急谋补救方法。剜肉整疮的计划，就只有采取一种确有效力的步骤，如果法西斯把我劳苦群众驱到战线上杀害我东方各个弱小民族的救星——中国抗战群众时，我们就要把东方各个弱小民族联合起来，我们党人就要领导群众予打击者以打击！促其崩溃灭亡，达到还我山河，取回我政权的目的，这就是切实的解决办法，根本肃清法西斯的效能。

同志们！你勇迈前进奋斗吧！我越南党人谨以致[至]诚而愿意助你！愿意和你合作到底，以达到我们伟大光荣的目的。相信我们东方各个弱小民族不久就会扒起来，走上美满灿烂光明的宝座——革命成功——的机会了，在这次通讯的末页里，我同人拟贡献我国民之前者，拟在最近组织一个东方各弱小同族的阵地，或韩越台救亡运动，促彼法西斯觉悟，俾易于提携进取，望多多指教！

往

一　明熙兄：我于一月五日，照来信所列的地址汇款到贵阳给你，到否？请示知。

二　世日兄：请将各同志最近活动和生活情形见告。

三　一来兄：目前有许多事等着我们去做，愿意做的，愿意牺牲的人，应该趁这时自动出来。吾人只有脚踏实地去干，干，不必忧虑。最近消息，请寄下。

四　若山兄：此地事忙。弟于本月中旬以后，或可赴桂。搬社事，看最近情形，想是不必的。

五　文钊、启汉、高灏、治苍、夏衍、木天诸同志：请惠鸿文，以光篇幅。

六　在恭先生：本刊朝鲜文体，系斗山创拟，尚无该项辞典可供参考。

七　大成、贞浩、东浩：望时时来信，将近况告我。

九　蔚文、参天二同志暨各亲爱的读者们：几月来，得你们许多来信指教，感激得很。我们当留作改进的参考，并努力改进。恕不一一奉覆。

斗山

（原载于《东方战友》第6期，1939年）

留美韩侨的信①

[朝鲜]李永淑

朝鲜义勇队金队长：

我是一个留美的侨胞，当此贵队成立一周年纪念之时，我谨以十二分诚意来祝贺你们前途顺利。

当我听到贵队活跃在中国抗战前线上的许多珍奇的消息，我的心禁不住在雀跃着，血亦在沸腾着！你们在战线上奋斗，不但为着中国和朝鲜民族之解放，并且为着全世界的正义和文明。你们的奋斗的事迹，将深印在世界民众的脑蒂。我相信在不久的将来，中国大地将成为日本帝国主义者的墓地。

希望贵队力量逐渐发展，逐渐雄厚，最后让我们高呼：

朝鲜义勇队万岁！

在美朝鲜义勇队后援会李永淑 谨贺

（原载于《朝鲜义勇队通讯》第 28 期，1939 年）

① 题目为编者所加。原题为“朝鲜义勇队金队长(译自英文)”。

问候大家

[韩国]韩志成

久未给你们来信了。其实我是知道在桂诸社友努力的情形，我，你也知道我的生活的，我和在渝的社友们是常见面谈谈的，因此自然疏忽了给你们写信。

《半月通信[讯]》上看见社友们的动态，和社本部诸同志的奋斗情形，尤其是《国际新闻通讯》的发展，更使我感激诸位的努力，这里读者无不钦佩。

社二届年会的筹备怎样？预祝年会胜利地完成！

说到我的生活，今年二月由老河口返抵重庆后，负了编辑通讯组的工作，编写教本、中韩文刊物等工作，到现在也负了超过我能力的工作，同时六、七、八月曾患了盲肠炎。

我的健康曾至于非长期休养不可的程度，但现在已恢复了不少，我想，不久便会完全好的，将来的工作也暂时在重庆，请各社友常来信指导。

（原载于《半月通讯》第75期，1940年）

“三一”独立运动第二十一周年纪念敬告中国同胞书

[韩国]旅川韩国革命各团体

亲爱的中国同胞们！

今天是朝鲜民族伟大的“三一”独立运动第二十一周年纪念的日子。一九一九年三月一日全体朝鲜民族为着推翻日本帝国主义的野蛮统治，为着争取民族的自由和独立，在孙秉熙等民族代表三十三人领导之下，不分党派，不分男女，一致团结起来，实行了最勇敢最坚决的反日流血斗争，而这种斗争，一直继续到八个月之久，被牺牲者达四万余人！最后在敌人极度野蛮的屠杀政策下，一时被镇压下去了！可是这一伟大的革命运动，已很充分地发挥了朝鲜民族的独立自存的精神和能力，而且明确地指示和开辟了解放运动的光明前途！

过去二十年来，朝鲜民族每当这个纪念的日子，不论男女老幼都必须以壮严热烈的罢工、罢课、示威等革命行动来纪念它，为的要继续发挥“三一”运动的精神，为的是要打碎系在颈上的亡国奴的铁链，更为的是要打倒日本帝国主义，建立自由、平等、幸福的新朝鲜！

我们在中国的朝鲜革命者，在今年正当着中国抗战快要胜利的时期，正当着日本帝国主义开始总崩坏的时期，迎到了这一伟大的革命纪念日。无疑地这个纪念的意义是特别重大，而且使我们格外兴奋，格外奋勇起来了！

亲爱的中国同胞们！我们必须知道，日本帝国主义是中韩两民族的共同敌人！过去五十年以来，它用最野蛮的侵略手段，抢占了琉球、台湾，灭亡了朝鲜，到今日又要来灭亡中国。可是它这次的侵略战争，却正是它自掘坟墓的勾当。现在四万万五千万中华民族在伟大领袖蒋介石先生领导之下一致团结起来，实行了神圣的抗日革命战争！而这战争，很显然的不仅使中华民族开始走上了自由解放的康庄大道，同时使朝鲜民族开始踏进了独立解放的光明前途！

过去二年以来的抗战经验，已很明显地告诉我们，敌人的一时的部分的胜利，不仅并不足征服中国，刚刚相反，这所谓胜利已经变成了它的最后败亡的决定的条件！为什么？因为中国方面坚持长期抗战的战略，已经粉碎了敌人速战速决的企图，已经促进和巩固了中国民族自身的空前伟大的统一团结，已经组织和发动了敌后广大人民的游击战争，争取了相持局面，已经获得了全世界爱护和平的国家及人民的广大的同情和援助，已经发起和推动了日本人民及朝鲜、台湾民族的反战反法西斯的革命斗争。在这种情势之下，敌人是愈打愈弱，而我们是愈打愈强！日本强盗们虽如何装腔作势，耀武扬威，利诱汉奸卖国贼，要组织傀儡，欺骗民众，但这只不过是它的最后挣扎的表现而已，它已经走到总崩坏的境地是没有疑问的。

亲爱的中国兄弟姊妹们！你们应当晓得，朝鲜二千三百万民族，是和中华民族站在同一个战线，处于同一个革运的最可信赖的同盟军！我们在这伟大的"三一"独立运动纪念日，不仅要积极发动朝鲜国内的同胞们坚决实行反日革命斗争，而且必须积极发动在华全体朝鲜革命者直接参加中国抗战，和中国的兄弟姊妹们携起手来，共同打倒日本帝国主义！我们坚决相信，在这次战争中，日本法西斯强盗一定被打倒，中韩两民族一定能够解放！为甚么？因为我们东亚数万万被压迫民族及人民，已经好像一个巨人一样团结起来，筑成了不可攻破的铁血的长城，而日本强盗们，已经在这巨人面前开始发抖，开始崩溃了，只要我们不迟疑，不要踌躇，抱着抗战必胜的信念和抗战到底的决心，向前迈进吧！自由幸福的新中国和新朝鲜，就展开在我们的面前了。我们高呼：

纪念"三一"，要发挥"三一"运动的反日革命精神！

纪念"三一"，要建立中韩民族联合战线！

纪念"三一"，要确立朝鲜各党各派的总团结！

纪念"三一"，要根本打倒日本帝国主义！

东方被压迫民族解放万岁！

朝鲜民族解放万岁！

中国抗战胜利万岁！

旅川韩国革命各团体
"三一"纪念大会
韩国建国纪元四二七三年
西历一九四〇年 三月一日

（原载于《新华日报》1940 年 3 月 1 日）

韩国“三一”节二十二周纪念大会敬告中国同胞书

［韩国］佚名

亲爱的中国同胞们！

今天是朝鲜“三一”大革命运动廿二周年纪念日。正当着中国抗战已到全面反攻的阶段，正当着日本帝国主义已到最后崩溃的时期，我们来纪念这个日子是有特别重大的意义！

在二十二年前的今日朝鲜三千万同胞，配合着当时全世界革命运动的高涨，高举着自由独立的旗帜，向强盗日寇展开了全面的血的斗争。这次大革命运动虽然因为主观条件的不完备，尤其是因为内部团结的不够与没有进步的政党的领导，所以经过八个月以上的全国的大暴动以后，结果没有达到胜利的目的而中途失败下去，但是经过这次大革命运动以后，使朝鲜民族更加觉悟到：只有组织有计划的全民族的革命的暴力才能推翻日本帝国主义的统治；经过这次大革命运动以后，使全世界人类知道：朝鲜民族是不甘做日本帝国主义奴隶的、光荣的檀君子孙；经过这次大革命运动以后，使日本帝国主义感觉到：朝鲜民族是永远不会屈服的革命的民族；经过这次大革命运动以后，使朝鲜民族解放运动，像快马加鞭一样地更加往前发展下去，在世界革命历史上能够占住光荣的地位！

纪念今年“三一”节的时候，日寇已进行了三年半以上的侵华战争。在这三年半当中，朝鲜民族所受到的战争的灾难与痛苦是不可形言的。日寇在朝鲜，已增加了五十多种的苛捐杂税；无限度地增加了工人工作时间；封闭了所有一切言论机关；逮捕和屠杀千百万的反战人民；逐出数十万以上的失业群众，送到中国的华北与江南一带沦陷区域里来，强迫他们做投机奸商、翻译、运输、间谍与其他不正当的行为，以谋破坏中朝两民族的团结，而适合于他们侵华战争的利益。凡此种种都不是日寇把整个朝鲜民族的利益，当成他们侵华战争炮灰的铁的证据么？当然，我们伟大的朝鲜民族，决不会像羔羊一样毫无抵抗地等待着刽子手来宰割。看吧：朝鲜民族已经像中国民族一样地站立起来了！他们为着不愿意做亡国奴，为着争取自由和生存，为着响应神圣伟大的中国的抗战，向强盗日寇展开了英勇决死的斗争。在东北抗日联军中，在鸭绿、豆满两江国境附近，朝鲜民众武装反日斗争，全国屡次爆发的工人、学生、小市民，罢工、罢课、罢市的反战革命运动，以及各地不断发生的□民骚乱，难道都被日寇完全封锁消息而不为世人所共知么？毫无疑问地朝鲜民族又重新开始发挥了“三一”大革命的精神，以坚强无比的自信力，利用有利的国际形势，特别配合着中国抗战的胜利，为着争取自由独立而奋斗！

亲爱的中国同胞们！我们都是受日本帝国主义压迫的民族。所以从过去我们已站在一条战线上，反对我们的共同敌人；我们从现在更要亲密的携起手来，共同合作，互相帮助，完成我们的历史任务。我们坚决的相信：在中韩两民族坚强的国际联合战线之下，日寇的力量将被粉碎无余；我们坚决的相信：日寇已深深地陷入侵华战争的泥坑中，而不能自拔；目前又要实行南进政策，这是日寇最后的挣扎，这种最后的蠢动，也只能在中国内部团结抗战的力量之下，在英美苏更进一步援助中国抗战的力量之下，将受到双倍的打击，而自促灭亡。一言以蔽之：中国抗战的胜利已在不远的将来；独立自由新中国的曙光已照在我们的面前！

亲爱的中国同胞们！我们在中国的朝鲜革命者，自从七七事变以后，在中国的政府与人民伟大的援助之下，先后成立了朝鲜义勇队与韩国光复军，直接参加了中国的抗战，在中国各战场上留下了许多的宝贵的功绩。但是我们并不以此而自满；相反地我们很惭愧：抗战三年半以来，我们的工作成绩，离我们祖国的同胞和中国同胞对我们所企望的程度相差甚远！所以，在今年三一纪念日，更加感觉到我们的任务是：不但要发动在华朝鲜同胞参加中国抗战；更进一步要发动朝鲜国内千百万群众，向日寇举行全国的武装起义，以响应中国的抗战，争取朝鲜民族的自由与独立。我们坚决的相信：不但完全靠我们自己的力量同时在你们伟大的援助之下，我们一定可以完成我们的任务。我们坚决的相信：以我们中韩两民族铁一般团结的力量，把强盗日寇永远赶出地球之外，争取中韩两民族的自由与解放。我们在这里高喊着：

纪念“三一”要发扬“三一”运动的革命精神！

纪念“三一”要发动在华全体韩国同胞武装参加中国抗战！

纪念“三一”要发动韩国国内民众反对日寇侵华战争！

纪念“三一”要加强中韩两民族联合战线！

打倒日本帝国主义！

中国抗战胜利万岁！
韩国独立成功万岁！

纪元四千二百七十四年三月一日

（原载于《新华日报》1941 年 3 月 1 日）

大韩民国临时政府告中国各界同胞书

独立运动今日已届第二十二周年
奠定血的基础切望中国伟大援助

[韩国]大韩民国临时政府

(中央社)大韩民国临时政府,以三月一日为韩国独立运动第二十二周年纪念日,除于是日召集留渝韩人各团体举行纪念大会外,并发表告中国各界同侨书,其原文云:

今天是韩国独立运动节二十二周年三一节纪念日,正当着中国抗战将要全面反攻的阶段,日本帝国主义已陷入总崩溃的绝地,韩国临时政府把这个具有重大意义的纪念缘起,郑重宣告于中国各界同胞。

在二十二年前的今日,韩国三千万同胞,仗历史的权威,凛正气的驱使,配合着当时全世界各民族自决的崇高潮流,举起独立自由的旗帜,向仇敌暴倭展开全面的血的战争。全国二百余万的每一个角落,飘扬乃太极国旗,动员了二百余万,牺牲了二十余万,建立大韩民国临时政府,坚决的否认倭寇的伪统治机构,执行了全民族光复运动的大本营任务,并昭示这种运动的意义和事实于全世界。首先中国各团体致书巴黎和会的中国全使,促其提议承认独立,并由广州非常政府承认韩国临时政府,继之而英法美苏等各国,或在国会提议承认韩国独立,或正式接待临时政府代表和物资援助,或设置援韩会援助………韩人独立运动等等事实,轰动全世界,当时虽因暴倭优势的阻害和国际的错杂关系,没有达成预期的目的,而当始终奋斗维持至今日。后来因为韩国民族的自觉心更加深切,团体或个人不断的努力奋斗,其可歌可泣的事实,使全世界深切的认识韩国民族不甘做暴倭奴隶的光荣的檀君子孙,使日寇也感觉到韩人是永远不会屈服而确有独立性的民族,因而韩国民族前后轰轰烈烈的光复运动,在世界复国史上,实占有光荣的地位。纪念今年三一节的时候,日寇的侵略战争,已进入第四年的阶段,这四年当中,韩国民族所受到惨痛越来越深,勒加重税的物资，封闭了韩人一切言论机关，禁止使用韩国言语文字，绝对禁止二人以上的会谈，甚至强迫变更韩人姓氏，而改用倭姓，要灭绝韩人的民族观念，驱逐农民及失业群众，送到中国的北方和江南，强征青年充当兵士，送到中国战场以作炮灰，造谣诳骗，要永远做它的工具，但是我们具有光荣历史的大韩民族，决不会甘心无抵抗的任其宰割，我们为着不愿做亡国奴，要争取独立和自由，到处响应着神圣伟大的中国抗战，或千百成群投入中国各战区自愿效劳于抗倭战争，或直接实行决死的对倭战斗，在中国东北和关内各地，展开各种不同形态的抗倭战争，在国内和世界任何地方的韩国民族，现方磨[摩]拳擦掌，要待机而动的，已发现种种的征兆，这无疑地韩国民族要重新发挥了三一运〖动〗的精神。

我们临时政府建立在血的基础上，在中国关内和东北四省继续不断的恶战苦斗到二十三年，国内民众纵因暴敌的严密防范，不能够发挥其意志，但是向我临时政府所表现的精诚，除极少数的奸探而外，我们全体韩人，在任何立场上，是数十年如一日的，并且渴望其发展和执行历史的任务，所以临时政府年来遭遇任何恶劣的内外环境，而能够支持着、保存着，这种光荣伟大的“三一”精神的结晶体，这种决定的潜藏力，万不可以表面的现状估计出来的。

亲爱的中国各界同胞们，我们不但在历史上地理上自有辅车唇齿的关系，现在同一的受着日本帝国主义的压迫，利害和休戚相同，我们是站在一条战线上，认清“不战即自毙”的铁则，毫无踌躇的歼灭我们共同的敌人，我们要实行此伟大的任务，应该更要亲密的携手勇往直前，在中韩两大民族联合战线之下，粉碎暴日的侵华势力，确有坚决的自信和把握，何况在英美两大民主国家更进一步的援助中国抗战的今日呢？所以，暴倭的灭亡和中国的胜利，已成为公认的事实。

亲爱的中国各界同胞们，我们已于二十三年前在中国东北实行武装抗敌，掀动世人耳目的延长青山里血战，以少数兵力歼灭数千敌军，厥后虽因环境的恶劣，不能正规战争，而继续不断的游击战，支持到中国开始抗战以后，最近始化零为整，编成统一武装的国军基干部队，以期与中国抗战配合，已经在中国最高领袖嘉许援助之下，成立了韩国光复军，正在整装待发，要实行参加神圣抗战，我们根据两大民族历史的事实，坚确的相信愉快的达成其任务，协助中国抗战胜利，争取我韩国的独立自由，共奠东亚真正和平的根基，是我们韩人纪念“三一”节的重要的意义。

亲爱的中国各界同胞们，我们韩人应该靠自己的力量，奠定了自立的基础，同时还深切的需要你们的伟大的援助，然后才可以完成此巨大的任务，我们更坚确的相信中国同胞一定以同一的心理，担负起这伟大的共同任务。

大韩民族临时政府

（原载于重庆《益世报》1941 年 3 月 1 日）

告侨居在中国敌区内的同志同胞书

[韩国]李青天

亲爱的同志同胞们！

我们是神圣伟大的大皇祖檀君的子孙，具有五千年悠久的历史和辉煌灿烂的高级文化。曾在美丽可爱的三千里锦绣江山里，过着自由美满的生活。

那野蛮的倭敌，乘我民族的一时疏忽，用最毒辣的手段，于庚戌八月二十九日（一九一〇年），强迫我们缔了亡国灭种的条约，就是《日韩合并条约》。

那强盗倭奴，强占了我们祖宗遗留下来的三千里疆土，蹂躏了我们三千万人的整个民族，玷污了我们高级的文化和灿烂的历史，剥夺了我们神圣不可侵犯的生存权。

那暴敌为镇压由我民族生存欲所发动的革命运动起见，至今三十余年来，在韩国便施用惨无人道的毒手，阻害民族的自由发展，摧残民族的自由生长。用二个师团的陆军、五个队的宪兵、七万消防队、四万在乡军人、三十余个警察部、二千三百三十余警察驻在所、一百九十七个警察派出所、一百六十六个警察官出张所等鹰犬爪牙，星罗棋布于半岛要路，以便尽视我们的一举一动。并施用所谓《治安维持法》《思想保护观察法》等苛法酷律。极端束缚我们的言论、集会、出版等自由。同时以绞杀、殴杀、毒杀、拘留、监禁、苦役等恶行，鱼肉我民族，牛马我同胞。于是乎，我锦绣半岛，逐〖遂〗成为杀戮韩族的宰杀场，监禁同胞的监狱所。凡我韩族，都成为鱼肉、奴隶与罪囚了。

不仅如此，彼倭寇除此政治的压迫外，还施行最严厉的经济压迫。日本在韩国肆行明抢暗夺，无微不至。把韩国全民族的生计命脉如农林、矿产、工业、渔业及一切生产机关，均剥夺净尽而入其掌握，甚至韩人吃一根卷烟，饮一杯烧酒，都不能自作自吃，而非向日人所经营的专买所纳高利以后不能到口，此外还有不可胜数的苛捐杂税，使人民难以应付，喂一只猪，养一只鸡都有相当的税金。彼等又召集来自倭国内的财阀盗贼们到韩国半岛，使之任意蹂躏吞并我民族的经济生计。所谓三菱、三井、住友、安田等财阀及不二农场、东山农场、态[熊]本农场、朝鲜兴业会社、东洋拓殖会社、水理组合、金融组合、各种银行等，那一个不是抢劫我们韩人的强盗窠窟呢？

实施政治经济的压迫而外，倭奴对我们还作文化侵略的毒计，想把我们韩族的固有文化和历史，从根完全抹杀。倭奴为消灭我们民族的独立意识起见，一方用怀柔利诱政策，拿出所谓什么“日鲜融和”“内鲜一致”等口号，以欺骗笼络，又一方面，利用民族败类民族叛逆崔南善、崔麟、李光洙等腐化文人，使讴歌倭敌的所谓“大陆政策”“大亚细亚主义”“东亚新秩序”等狂吠谬论，以眩惑我民众的视听。禁用我固有的国语文字，禁办韩文报纸及一切刊物，连韩人历代所用的姓名，都强使改用倭族的姓名，限制韩人设立学校，使韩国学龄儿童难得入学的机会，有百分之八十以上聪俊儿童，竟徬[彷]徨于黑暗世界，失去学习生存技能的机会。彼等为塞责计，虽设几处所谓普通学校，而专门学校，职业学校等则如拂晓稀星。这仅有一些教育机关，也是专预备给日本子弟和有钱的亲日者子弟而设的，也就是为专养成日本帝国主义者所使用的走狗而设的，没有钱没有权利的韩国平民子弟是不能入学的，所以我们韩国儿童的百分之八十不得不陷于文盲无识的境地了。

倭寇以政治的压迫，夺尽我民权，以经济的压迫，剥朘我民生，以文化的侵略，毁灭我民族思想。请看！亡人国家、灭人种族的毒计，是何等的惨毒！

那疯狂的倭寇，亡我韩国而犹为不足，又梦想实现其所谓“大陆政策”，因而掀起了侵华战争，一九三一年九月十八日沈阳事变是这次侵略战的序幕，一九三七年七月七日芦沟桥事变是它的正演。这样触发了中国四万万五千万人民的愤怒，起而作全面抗战。那狡猾的倭寇，屡次以威胁欺诈的伎俩，获得过不少分外的赃物。这次芦沟桥事变他们又想只威胁，用“不战而胜”的诡计讨便宜，何曾料及英勇的中国人民，毅然决然从事抗战，于是他所谓“不战而胜”的政策，完全粉碎无余。后来倭寇自觉自己力量有限，不能长期作战，急图“速战速决”，在南北战场，倾巢来犯，作孤注之一掷，但是仍被中国从容自若的长期抗战给击破了。后来又自觉以武力不能够征服中国，乃利用汪精卫、梁鸿志等汉奸来组织南北的傀儡政府，图“以华制华”，可是早被英勇的中国人民看透，依然不能发生任何作用。其后又拿出什么“以战养战”的怪名辞，想在已占领区内，调整政治，建设经济，吸取中国人民的膏血，而填补自己的虚弱症，可是常被猛烈活跃着的中国正规军及游击队迎头痛击，已占领区内的秩序无法树立，“以战养战”的计划，终归泡影。

那奸滑的倭敌，每当一个政策失败时，即匆忙的又改变一个新政策。“不战而胜""速战速决""以华制华""以战养战"等不可胜数的怪名辞，都是在此四年内敌倭所陆续制造也相从失败的政策，这些名词现在都要放到失败的古物陈列所里去了。目下倭寇已山穷水尽，连这种空头名辞业已用尽，再没有新东西可以制造了。敌倭正在极端的苦闷中，乘着欧战方酣，美、英、法等无暇东顾的时候，遂加入轴心国，声言南进，以掩蔽在中国战场所遭失败的事实。敌倭所谓"南进政策"的内幕如何？他们在中国战场已经牺牲了那么些的"大和子孙"而得到的城市据点，为何今天又忽然轻易的撤退，稍加检讨我们便不难看破其不可掩蔽的主观与客观上的弱点。

日本军阀，发动了与日本民族有害无利的帝国主义侵略战争，于今已有四年。在此四年当中，把日本民众的膏血完全消费在中国战场。国库已经告罄，外国公债无法募集，国内公债已超过人民的负担能力，战时通货恶性澎[膨]胀，物价暴涨，民生艰难，社会秩序极形混乱，这些现象，都证明日本已经走上了无法挽救的绝境。同时对中国的侵略战争，其不利与时间及空间成正比例，打的时间愈久，倭寇的战局愈失利，愈深入中国内地，地形地物，愈予敌倭以艰难。现在渐被中国的抗日大军所包围，已成泥足不拔之势。所谓"大日本皇军"的威严，一落千丈，"大和子孙"的青磷白骨，竟埋葬在中国的青山，永无回家乡的希望。处在骑虎难下、进退维谷的倭寇，将到何处去？只有在死灭的尖端上，坐待最后崩溃的命运罢了。他要退出中国吗？悬崖勒马，固是好办法，可是它自己国内的血债民怨，如何推脱塞责？它还一味的孤注进犯么？那么用什么方法来征服那愈战愈强的中国抗日军呢？这就是日本帝国主义进不得退不得走头无路的绝境，是的，敌寇最后还有一计，就是近来盛传的所谓"南进政策"。这所谓"南进政策"实在有一种投机，想利用国际的矛盾取巧，又是一种欺骗，欺骗他国内怨恨的民众，可是现在弄假成真，难上加难，一足在中国未拔，另一足又陷入太平洋漩涡。

那末南进的结局将如何呢？倭寇在中国战场苦战四年，牺牲了一百八十万"大和子孙"，消耗了三百万万日圆，其所获的代价是什么？不过几条空车铁路和已成焦土的几处死城空镇而已。在侵略中国战争中，屡次惨败的倭寇，神经麻木，已经成了疯狂的希斯特里病者，再没有估计成败利钝的能力，只有放任感情的冲动。如果他真的南进，一定会与美英两国作正面冲突。同时被苏联和中国的侧后攻击。受国际的环攻，必致最后崩溃，现在已明若观火。

值此倭帝国主义者崩溃在即的前夕，我韩国光复军，手执彩色鲜明的民族革命的旗帜，为着自己的独立解放，更为着东亚乃至世界的和平，在东亚大地的暴风雨中，负着伟大的时代赋予我们的使命，俨然屹立于东亚战场了。

韩国光复军，有五千年文化历史的背景，和五十余年奋斗的革命光荣史，在三千万同胞的拥护和世界友邦民族的协助之下，正在向着胜利光明之路阔步直前。韩国光复军是韩国民族革命军的中心部队，是中韩两民族的联合抗日军，是东亚和平的先锋军、世界人类的救世军。

韩国光复军的奋斗史是光荣的。自从亡国前后，我们的民族英雄与先烈们，发动义兵运动，在国内造成许多杀身成仁轰轰烈烈的反倭事实，持续有八年之久。曾于一九一九年三月一日把全国国民总动员起来，赤手空拳的向倭对抗，又曾在西比利亚，在中国的东三省以图门、鸭绿两岸为中心，作了三十余年长期血战的抗倭武装运动，又曾在美领、俄领及中国内地以各种方式展开与倭奴斗争的民族运动。这些史实，汇合而成为今日光复军的主流。

韩国光复军的任务是以革命手段扑灭倭敌的侵略势力，完全光复国土主权，以政治、经济、教育均等为基础，建设新民主共和国，内而确保国民各个的均等生活，外而族与族、国与国，实现平等，并进一步，实现世界一家理想。

韩国光复军直辖于韩国临时政府，是韩国唯一的国军。因为临时政府是三千万韩族共有的革命政府，所以韩国光复军亦为三千万国民共有的革命武力。凡韩国革命男女为完成自己的历史任务与革命使命计，均可参加杀敌，这是每一个韩国儿女的权利和义务。

住在中国敌区内的侨胞们！被倭寇夺尽了国土与家产而来到这乌鸦乱飞的血腥的战场，你们的生活一定是觉得非常惨淡罢？你们是失去祖国，徬[彷]徨在荒野的流浪者。你们为什么来到这充满了恐怖的中国战场？当然不是自己愿意的，而是被倭敌的铁蹄蹂躏得别无生路，才冒着死而来的。

你们是被倭敌的虚伪宣传欺骗了！倭敌欺骗你们说：“日本皇军”所侵占的“支那”地方，是黄金世界，谁都可以一攫千金，衣锦还乡。但是，没有权利没有保障的亡国奴，那里会有安乐的地方？除了丧失天良，作违反人类道德的鸦片贩卖、人肉生涯，以及作倭贼的走狗外，就只有卖苦力的奴隶生活等待迎接着你们。

亲爱的同胞们！这样苟且与不合理的生活如果再延长下去，那真是自取灭亡了。为了根本的从地狱里解救你自己，必须用你自己的力量，自己的手，打倒日本帝国主义，建设理想的国家和社会。

亲爱的同志同胞们！是时候了！日本帝国主义，因了自己的矛盾，国际的孤立，战争的败北，已经走上了最后灭亡的道路，我们的革命阵容和国际关系，反而愈趋巩固有利了。革命的领导机关——韩国独立党、韩国临时政府、韩国光复军，以正确的主张主义和政略战略，三位一体地，向日本帝国主义开始了最后决战。从此，我们可以洗雪三十余年所受的耻辱，可以除去无理的压迫，可以光复三千里的江山，可以发扬五千年固有的文化，也可以实现东亚乃至全世界的和平了。

同志们同胞们！快起来迎接这千载一时的机会，与倭敌作个最后决战，争取最后胜利吧！准备以革命的手段、血与肉争回祖国吧！把物力人力，都集中在光复军吧！三千万同胞，都集中在光复军的帜旗下，驱逐倭寇，作独立国家的自由民吧！韩国的革命青年们！在倭敌的铁蹄下，你们还要延长苟且的奴隶生活吗？还要继续着弱者的流泪、消极、颓唐的行为吗？现在决不是作个顺民，坐而待死的时候，而是革命的大时代来到了。收拾起弱者的叹息与眼泪，勇敢地冲出黑暗的环境，向着光明的革命底园地跑吧！这里充溢着满足的笑和最后胜利的希望，你要复仇，这里有枪和子弹；你要学习，这里有正确的革命理论，有政治、军事的学校。韩国光复军是你们实现最高理想的革命集团。来吧！没有踌躇地来吧！我们一同笑，作那最后胜利到来时欢乐的笑吧！

大韩民国二十三年　月　日

韩国光复军总司令李青天

（原载于《光复》第1卷第4期，1941年）

韩国“三一”纪念大会告中国同胞书(节略)

[韩国]佚名

亲爱的中国同胞们：

今天是韩国独立宣言廿四周年纪念日。在今天，旅渝全体韩族在韩国临时政府领导下，举行盛大的纪念大会，热烈地纪念这一伟大的革命节日。在此机会，我们首先向在最高统帅蒋介石先生英明卓绝的领导下，对日奋战达六年之久的中国各界同胞，致诚恳亲切的敬意和慰问，同时坦白说明我国革命运动的实际情况，要唤起友邦人士更加深厚的注意与同情，特别要促成中韩两国在政治上更进一步的合作关系。

韩国民族在亡国后三十年间，得到中国各革命党派及开明人士的精神及物质上的援助，实在太多了。尤其在抗战以来数年间，中国党政当局及各界人士对于我们的同情和鼓励，更其深厚的。我们将永久不能忘记这种敦厚的民族的友谊。可是到今日，世界反侵略大战已踏进总反攻阶段的时候，我们需要更大规模的援助。首先最重要，最紧急的，就是友邦政府及人民必须使韩国临时政府取得国际的合法地位，取得和盟邦并肩作战的资格，尤其要使之取得中国及其他同盟国的足够的物质援助，这样使韩国革命运动，得以从容计划和实行全民族的反日总蹶[崛]起，又得以建立能与敌作战，能保卫国家的武装力量。我们可以很坦白地说，中国在政治及道义上，都有着这样帮助的义务，而我们则在历史关系上及实际需要上也都有这样要求的权利。

从来一些不了解我们革命实际情况的中国及其他盟邦人士，只看了表面的或局部的乃至某一时的现象，就认为韩国革命党派太复杂，不能团结，没有民族的代表者，没有统一的指导机关。甚或一些怀着恶意的人们，竟公然诬蔑我民族，说我们无政治能力和行政经验，更公然主张战后韩国须要国际管理之说。此种错误认识及恶意烂调，适足以引起韩国民族的愤怒□□□。韩国也和别的国家一样在民族内部有阶级之分和党派之别，而且有时因政见的分歧而发生磨擦。可是自中日战争发生以来，各党派的团结合作日益强化，到了去年，全民族各阶级各党派，都在临时政府领导下，一致团结起来了。临时政府不仅为全民族的统一领导机关，而且为对外代表全民族的唯一合法机关。不仅全民族的政治意志集中到临时政府，而且民族的外交、军事、宣传及其他反日革命行动，都在临时政府中统一起来了。韩国民族，只除了韩奸敌探外，没有一个不接受临时政府的领导，更没有一个会反对临时政府的。这就是目前韩国革命运动的实际情形。

亲爱的中国同胞们！我们流亡在海外的韩国革命者，在中国抗战首都，迎接廿四周年“三一”大革命纪念节，我们眼看着你们国家的日益强盛和最后胜利的日益迫近，眼看着英美反攻力量的日益增强和苏联红军的乘胜挺进，眼看着法西斯侵略者尤其日寇的日见败亡，这一切急激进展的国际形势，更使我们鼓勇前进，更加感觉到打断系在颈上的亡国奴锁链的日子快要到来了！我们确信：在克服万难坚忍苦斗中，在获得同盟国的援助而与之并肩作战的条件下，可以发动更加猛烈而更大规模的第二次“三一”大革命，这样来取得民族的自由独立，来建立东亚的永久和平。

（原载于《新华日报》1943年3月1日）

朝鲜“三·一”革命运动第二十六周年敬告沦陷区中国同胞

[朝鲜]华北朝鲜独立同盟晋西北分盟、华北朝鲜义勇军第十九支队

敬爱的沦陷区的中国同胞们,在一九一九年的三月一日,我们朝鲜人民,为了反抗日寇的血腥统治和争取朝鲜人民的自由解放,全国掀起了对日寇的激烈斗争。这天,不论男女老少都出动了,有的手执镰刀,有的握紧菜刀,直向日寇的宪兵警察冲过去,当英勇的烈士在日寇的枪刺和马刀、机枪扫射下倒下去的时候,他们仍高呼“打倒日本帝国主义!”“归还朝鲜人民的自由主权!”“朝鲜独立解放万岁!”不管敌人怎样残酷地镇压,而这伟大的斗争,竟支持了八个月之久,终于取得了部份的胜利,并给凶恶的日寇统治者以打击和震惊。

告诉你们,沦陷区的中国同胞们!从日寇的兽蹄践踏进我肥美的国土之时起,我国人民便时常横遭血腥的屠杀与无止境的抢劫,全国各地布满着监狱与屠场,土地资源尽归日寇霸占,从此广大的朝鲜人民被陷入饥寒交迫、流离失所、恐怖逃亡的惨境。在战争中,日寇对我国的压榨更加残酷了。在人力上,强制征兵,抽拉壮丁,送到中国战场给他当炮灰,并迫使我千百万同胞,给他当牛马做苦工;在经济上,抽捐纳税,强制贮蓄,献金“报国”等无耻的剥削。而今,你们暂时被陷在日寇的兽蹄下,你们的生活,我们是体验过来的,我们深知你们的痛苦,因此我们在这儿的朝鲜人民,在祖国伟大的“三·一”革命第二十六周年的纪念日,寄与你们无限的同情!对于中国人民进行的伟大的抗日战争,致以崇高的敬意!

但是,沦陷区的中国同胞们,你们得到解放的日子快要到来了,在欧洲,苏联红军已将要打进希特勒的老窠——柏林;在太平洋,美军已占领了菲律滨的首都——马尼拉,盟国飞机早已开始轰炸东京、九洲[州]等日寇的重要工业区;而在中国,七十多万最优秀最英勇的八路军、新四军和二百多万已武装起来的人民,正在积极地准备反攻,你们更是亲眼看到,城内或据点,日寇兵力逐渐减少,战斗力降低,以及他们吃杂粮穿破衣的穷困窘态,充分显示着日寇的

穷途末路即将到来。

跟随着中国即将到来的抗日胜利，朝鲜人民得到独立解放的日子也不远了！自然我们朝鲜人民，也和你们一样在英勇的斗争着。在华北各个战场上，都有朝鲜独立同盟的分盟，在八路军和新四军里，有我们的朝鲜义勇军，和中国人民并肩作战，中韩人民的血流在一起。我们宣誓：不到朝鲜人民得到独立解放日，我们的战斗决不停止。

亲爱的沦陷区的中国同胞们！日寇最怕我们中韩两大民族的坚强团结，因之，他必须千方百计地阴谋企图挑拨中韩人民的亲密感情，我们绝不能上这个当，希望你们尽可能的照顾住在你们那儿的善良的朝鲜人，有志参加抗日的朝鲜青年，请你们帮助引导，介绍到八路军中的朝鲜义勇军里来，而且盼望你们自己，现在积极地准备在反攻时，配合进行里应外合的工作，使你们得到自由解放的日子早日实现。

让我们中韩人民更紧地携起手来，更坚强的团结起来，加速消灭日寇法西斯强盗！

华北朝鲜独立同盟晋西北分盟
华北朝鲜义勇军第十九支队

（原载于《祖国呼声》第 21—22 期，1945 年）

一个朝鲜人给日本人的信

[朝鲜]孙得明
马军 译

译者曰:这篇文章的原著者孙得明君,是一位朝鲜人,原文刊载《改造日报》,译文里有许多地方,被我删除了! 至于原文有不通之处,也一一把它改正,以适宜吾人阅读。

诸位战败的日本人,在目前你们徘徊于冷酷严肃之现实中,回顾从前帝国主义与侵略政策的因素,这也是因果报应的事,不过这次也可以说是诸位自我批判的一个机会,吾人对诸君向来所采取之殖民政策,必然需要公开地严正批评。

在从前诸位之所谓"反省",是根据民族的优越感出发的,认为诸位都是具有种种优秀者,但是这不能算是高明的理论,乃是一种侮蔑感。在今日专认为其他民族为劣等的诸位,得到凄惨的悲剧,侵略战争的诱导,给予诸位是不是真正的胜利?

诸位所以致败的原因,是所谓优越感所致的,从中国过去八年间,最远溯到三十余年在朝鲜的种种态度,在"伪满洲"的生活,都得批评的。——我是个朝鲜的医生,曾受过殖民政策的教育者,与诸君在同一学院受业,然而由于诸位的优越感,否定朝鲜人与诸位是同学,使吾人的地位沦入三四之流,固然这是殖民地的必然现象,断然认吾人为愚蠢者,这种恶劣的癖好,实是恶劣军阀的驱使国民,实行帝国主义的掠夺战争所致,明显的此种官僚的教育力[方]针。

同时在大阪附近,诸君对付华侨与韩侨的态度可以窥知一切了,但吾人对在上海、朝鲜各地的日侨,所采取的办法,决不同于大阪附近华侨与韩侨的遭遇。

诸位对于柏林亚林匹克运动会,孙基桢的优胜,在记忆中,大概还未消退吧？当孙君胸前所抹的“太阳旗”还未消退的时候，就遭了人类有史以来所未有的非人道的酷刑。并且破坏文化，二千三百万民众的言论机关，仅三家透露些消息，新闻社一律封锁孙君遭酷刑的新闻。

由朝鲜民族之处所榨去的膏血，建造了总督官邸，这［还］麻痹二千三百〖万人民〗的五官，抹杀了朝鲜独有的文化。——我们又饱受了侵略者的经济压迫之苦，饱受了弱小民族在人类上的痛苦！

诸君的同化政策虽然欺瞒得很巧妙，但民心是始终反离的，诸君又欲将“同化政策”赐与人们，欲征服其他民族，然而结果是诸位受到了天地公道的处罚，近视眼似的焦躁，简直是儿戏的谋略。——土地与民族的发展是不能用强权的。

现在希望诸位，能为人类，作忏悔吧！

（原载于《胜利》第 11 期，1945 年）

为万宝山事件告中日韩三国劳苦民众书

中日韩三国共产党中央委员会

中国、日本、朝鲜的工人农民与一切劳苦民众：

最近期内苏联社会主义建设的长足进步，世界资本主义恐怖的深入，以及资本主义国家及殖民地与半殖民地革命运动的发展，使帝国主义者和殖民地与半殖民地的地方资产阶级，更加紧了对于苏联的进攻与对于革命运动的压迫。一切他们的政策都是擎这一任务为中心而旋转的。这次万宝山事件，也只能从这一观察才能得到正确的了解。

这次万宝山事件的发生。完全是日本帝国主义所挑拨、所指使，已经是公开的秘密。日本帝国主义这种煽动两国民众间民族仇恨，主要的是为进一步的实现它的满蒙政策以进攻苏联，是为将要更残酷的屠杀中国革命的民众。同时，它又可以利用这一事件，大批的逮捕朝鲜的革命工农，以“平定”朝鲜工农反对日本帝国主义的斗争。很明显，这是日本帝国主义最近所能想到的最巧妙的、最狠毒的殖民地政策！

但是对于万宝山事件负有同样责任的，除了日本帝国主义之外，还有地主资产阶级的国民党。投降帝国主义，出卖中国民众利益，屠杀中国民众的国民党刽子手，与其他一切帝国主义屠杀中国民众的事件一样，也是这次事变的主要负责人。同时，国民党在所谓“中华民国的版图”内，同样是一切弱小民族的压迫者。它在东三省对于朝鲜的革命民众，在新疆、甘肃对于回、苗等的劳苦工农所采取的政策，也完全是压迫与屠杀的政策。它对于工农民众不断的污蔑与攻击。希望这样反革命的国民党政府起来反对日本帝国主义的这种殖民地政策，这实是不可允许的幻想。事实已经告诉我们，东三省的军阀现在已经想以“就地解决”的办法把这一事件消灭下去，南京政府也已经对于这一事件表示怠工！

然而,中国的地主资产阶级以及它们的国民党,现在都要利用这一事件,做他们反革命的工作了。他们在"朝鲜人仇视中国人"及"日本人屠杀中国人"的口号之下,想造成一个反对"朝鲜人"、反对"日本人"的"民族运动"。他们现在在上海已经开始成立了"反日援侨大会",要"以沉毅勇猛之精神"永远对日经济绝交了。他们这样做的主要目的,并不是想真正反对日本帝国主义,而是想利用一些民族主义的宣传,转移民众的视线,使中国广大的工农群众,不去反对帝国主义与国民党,不去反对他们进攻苏区与红军,而来拥护国民党反对"日本人",拥护中国资本家,反对日本资本家,购买"中国货"而反对"东洋货"!他们只是想利用这一事件反对日益高涨的革命运动,来巩固他们自己的统治,做他们投机的买卖!

中国、日本、朝鲜的工人、农民、一切劳苦的群众!对于帝国主义与国民党这种屠杀与欺骗的唯一回答是:我们要不分任何民族的界限,一致团结起来,做打倒帝国主义、打倒地主资产阶级的国民党、拥护苏联、拥护中国苏维埃与红军的斗争。只有这种斗争,才能把日本、朝鲜、中国的工农民众从帝国主义与地主资产阶级的铁蹄之下解放出来。我们要坚决的起来反对那种以引起民众民族仇恨的欺骗宣传,来代替我们共同的根本任务!全世界的无产阶级与一切被压迫民族的劳苦群众,都是我们的兄弟姊妹。对于我们,没有任何民族的界限!

中国、日本、朝鲜的工人、农民与一切劳苦群众!起来!用各种各样斗争的方法,在下列的口号之下继续并扩大我们的斗争!

打倒帝国主义!

拥护苏联!

打倒地主资产阶级的国民党!

拥护中国苏维埃与红军!

拥护朝鲜的民族解放运动!

拥护日本与无产阶级革命运动!

反对第二次世界大战!

反对中国的军阀战争!

全世界的无产阶级与被压迫民族联合起来!

反对日本帝国主义屠杀中国民众!

反对日本帝国主义捕杀朝鲜的革命工农!

反对日本帝国主义满煽动中韩民众间的民族仇恨!

反对国民党民族主义的宣传！反对反革命的“反日援侨大会”！
中国、日本、朝鲜的工农劳苦民众联合起来！
参加红色“八一节”的示威！

中国共产党中央委员会
日本共产党中央委员会
朝鲜共产党中央委员会
一九三一年七月十五日

（原载于《红旗周报》第 13 期，1931 年）

“世界反战反法西斯蒂执委会”的一封公开信

——援助中国民众反帝的斗争

世界反战反法西斯执委会

亲爱的朋友们：

我们曾接到你们以“中华救国会”的名义寄给我们的活动消息。

你们□运动的兴起给我们以强大的反应，我们是不错过机会地诚意地对你们这伟大的努力致敬的。很多年以来我们都是热情地和苦恼地追随着在残酷的侵略中和在外国侵略者的统治之下大部份土地中的中国的罹难大众的英勇的反抗。

我们晓得中国□仁爱的习惯，他的友爱和爱好和平，他所贡献于人类文明中的千余年的文化和贵重的助力，我们更知道民族独立是中国民众最重要的一件事！你们以运动证明你们不会让这些财宝给他人所掠取。如果你们呼号着反抗，我们晓得他不是由于征服和向外侵略的意愿，他是由于保护你们国家以自由，他在证实你们以唯一的愿望：和平地生存和工作。

亲爱的朋友们，和平是我们共同的不可分割的权利。我们对于你们兄弟之在列强的支配下的受苦和那些痛苦每天由在侵略者的统治下的男人和女人去接受，是强烈地感觉到如我们自己的苦难一样。我们也明白当侵略者公开地和很野蛮地进行侵略时，他们是多么不安地追求着抗战的期望。

我们认为那些在乡村中、工厂中和大学中进行工作的英勇的战士们，他们的工作不仅增加拯救中国以反抗能力，而且是为着任何侵略者都欲破坏的世界和平。

你们是中国的救星，因此法国的知识分子，有进步和公正意识的战士们，爱和平的朋友们，以及前进的意国都对你们的运动致敬，他们很关心地期望着运动的开展。

在不久的将来，青年社和法国、英国以及其他欧洲各国的中国人民之友社的代表时在伦敦和他们的中国朋友团结起来。他们将团结他们的力量，使全世界知道你们的运动。并且他们将尽可能地使全世界的青年后代与这一工作发生有效的休戚相关。

亲爱的朋友们，勇敢地干下去吧，和平的支持者与中国底争民族独立的战士是一致的。我们在庆祝你们早日得到中国的自由和统一的胜利！

世界反战反法西斯蒂执委会

一九三六年三月六日

（原载于《新宇宙》第3卷第8期，1936年）

致世界和平大会英国分会电

日、朝、台反法西斯同盟大会

观诸世界三饿狼日、德、意之侵略行动，牺牲弱小国已不能饱其欲。其魔手此已伸至北海、黑海、地中海、红海及太平洋，而汇合于印度洋。凡既往之回避、妥协，或局部抵抗策略，皆不足以阻止法西斯之联合侵略。鉴诸中国、西班牙、奥大利、捷克及阿尔巴尼亚诸事件，证明最有效之阻止侵略办法，即在于集中国际反侵略力量，予以全面的，持久的集中打击，方能奏效。为拥护世界和平，现在正是团结全世界和平力量痛击法西斯饿狼之秋。吾辈以大会议决，敬祝贵大会及游行之成功，促成全英人士加强及法西斯及侵略运动，为重建世界和平，深冀集体安全制度早日成功。

日本、朝鲜、台湾反法西斯同盟大会

日本代表　　青山和夫

朝鲜代表　　金 若 山

台湾代表　　谢 南 光

一九三七年四月十五日

（原载于《朝鲜义勇队通讯》第 10 期，1939 年）

苏联一个集体农庄底庄员们写给八路军的一封信

[苏联]彼斯古诺瓦 等二十余人

亲爱的中国八路军的弟兄们！

我们是国际红色济难会在苏联乌克兰苏维埃社会主义共和国尼古拉省大亚力山大区远维多夫—勃罗特村的“布尔什维克胜利”集体农庄里的分会会员。我们想在这简短的信中，略为把我们的工作和生活的情形告诉你们一下：

我们的村庄在十月社会主义革命前是很贫困的。很多的农民——雇农和贫农，在地主和富农的地里，在国家自来水工厂里做工，所得的工资却没有几文。我们村上的农民曾因为不能忍受这种残酷的剥削、压迫，还在一九〇五年就掀起了反抗可恶的剥削者的斗争，曾为土地和为自由作了斗争。但是这些起义是被沙皇的宪兵、警察和哥萨克残酷地镇压下去了。我们之所以失败是因为没有与俄罗斯先进的工人们一齐发动斗争，而起义过了很多，当我们起来时，工人阶级底先进的前卫队——比得堡和莫斯科的工人已被沙皇军队打散了。

我们在十月革命前是在贫乏和穷困中过活着。我们是食不饱腹，衣不暖身。我们是不文化地生活着，也没有读过书和报纸。大多数农民是文盲，只是有产阶级的子弟才能受到教育。我们都是没有土地或只有很少土地的农民。既没有文化机关，也没有医院。但是教堂和酒店却遍地皆是，这些东西就是帮助剥削者来吸取农民的血汗的。

十月社会主义革命给了我们新的、幸福的和快乐的生活。我们村上的农民都自愿地联合为一个集体农庄，并且完全集体地为自己工作着。

我们的集体农庄是什么呢？

我们毫无代价地从我们国家方面得到了终身享受的二十五个公亩（一公

亩＝10000 平方米——译者注）肥沃的土地。我们种的小麦、大麦、燕麦、向日葵、棉花和其他工业上用的农作物，都是用品质优良的、有很大收成的种子。

我们现在耕地所用的不是落后的木犁和木耙，而是强有力的拖拉机了。我们的镰刀成为历史博物馆的陈列品了，收粮食用的是康拜因机。通年在我们集体农庄里有四个拖拉机和两三个康拜因机工作，它们耕种大量的土地。作工的马匹已成为拖拉机和康拜因机底辅助的力量了。

我们有一百九十头德国种的牛，其中有五十四头乳牛。我们底养猪场有一百一十八头猪，我们底牧羊场有一百二十只羊，我们的家禽场约有四百只鸡和鹅。我们有三十五头作工的公牛，七十匹作工的马。有两种汽车，这就是基本的运输车。所有这些都是全体集体农庄庄员底财产，也就是联合在集体农庄里的农民底财产。

资本家和地主还在一九一七年就被我们驱逐了。富农在一九二九——一九三〇年就被消灭了。我们现在有两个友谊的阶级：工人阶级、农民阶级和工农知识分子。

在我们村上的许多集体农庄庄员中间，有二十位受过中等和高等教育的，并且现在在伟大的苏联底各个地方担任医务人员、小学教员、农业技师、饲养动物者、兽医、技师、工程师以及其他工作等等职务。例如，尼哥铃哥·依西多罗，从前是个孤儿，是个贫农，现在他受了高等教育并且当了工程师了。其他的也类似于他。

在我们村上有机器拖拉机站，该站耕我们的和其他集体农庄的土地。在站上工作的和领导该站的人员都是工人和农民。该站有各种样式的拖拉机六十四架，康拜因三十七架，以及各种集体农庄的生产工具。机器拖拉机站所耕的集体农庄的土地共有两万五千公亩。

在村上有一所成立已达十年的中学。工人、集体农庄庄员和智识份子的子弟，都是免费入学的。他们受着中等教育。孩子们在这个学校毕业后，又可升入苏联的技术学校和研究院学习。受教育是一切孩子们底天职。在我们村上的成年人，已消灭了文盲现象，我们已没有文盲了。

我们的妇女与男子有平等的权利。她们在我们集体农庄底各部门担任工作，如小学教员、医务人员、拖拉机师、康拜因机师、农业技师，以及其他领导工作。有许多妇女工作比男子都做的好。为了减轻当母亲的妇女对于小孩子们的顾虑，集体农庄管理处组织了托儿所和幼稚园。在白天去工作的时候，每一个母亲把自己的小孩子带到那里去受人保养。在托儿所和幼儿园里对于小孩们是很好的保养着。晚上母亲再抱着自己的小孩回到家里。保养小孩是免费的。

我们在一九三九年，谷物和其他工业上用的农作物都得到了丰收。从集体农庄其他各部门(牧畜业和园艺部门)中得到了很大的赢余。

每一个庄员所完成的工作底数量和质量，是以劳动日——它是化费到工作中的劳动底尺度——来计算的。在一九三九年底，在我们集体农庄底生产上所花费的劳动日，即是每一个庄员在一个劳动日内得了四公斤的现物(谷物)和一个卢布又四十哥比的现钱。平均每一个庄员总共有二百五十—三百个劳动日。我们集体农庄同样也有先进的人——斯达汉诺夫者，他们所得的报酬有很多的谷物、菜蔬和现钱。例如，庄员费鸠姆根·马克辛得了三百个普特(一普特＝23.4465中斤——译者注)的谷物和一千六百六十三个卢布的现钱；古勒哥·阿多尔夫·约西芳维赤得了三百八十七普特的谷物和二千一百四十一个卢布的现钱；舍夫琴哥·耶必凡·马特外维赤得了一百八十二普特的谷物和九百七十三个卢布的现钱，其他的人还很多。

我们幸福地、愉快地和富裕地生活着。除此以外，庄员们还有报酬，即从集体农庄里所分得的东西，每一个庄员的家庭都有自己的辅助经济：房屋、菜园、牝牛及牛犊、母猪和小猪、无数的家禽、果园、蜜蜂以及其他种种。

我们集体农庄的男女青年们唱着悦耳的生动的歌曲，在集体农庄的田野中工作着。

集体农庄里有很好的俱乐部，有戏剧小组和音乐小组进行娱乐。庄员们看剧，看电影，开讲和开座谈会。冬天全体庄员就研究农业学和饲养动物学。在俱乐部下有图书馆，共计有各种书籍七百册，其中大部分书籍为苏联著作家所著。所有庄员无代价的享受这些书籍。除此以外差不多集体农庄的每一家都订有报纸和杂志。

亲爱的中国八路军底工农同志们！

你们为自己的神圣事业，为民族和国家的独立而斗争和流血吧！亲爱的弟兄们！我们是同你们在一起的，我们追随着你们英勇的伟业。我们相信你们在自己的斗争中要战胜日本帝国主义强盗和争得幸福的快乐的生活。

请你们把我们之间的联系巩固起来。

来信告诉我们关于你们的生活和斗争的情形。

我们的通讯处：

苏联乌克兰苏维埃社会主义共和国尼古拉省亚力山大区达维多夫—勃罗特村的“波尔什维克胜利”集体农庄里的国际红色济难会分会。

一九四〇年四月二十二日

彼斯古诺瓦、丽沙、克拉文哥、彼斯古诺夫、古杰□亚、费鸠舍瓦、尼□亚、尤林等二十余人同启

（原载于《八路军军政杂志》第2卷第10期，1940年）

苏联人民给八路军的信

[苏联]多人
张成功 译

伟大的社会主义国家的人民，在人民领袖——斯大林领导下，对我国的英勇抗战，表示最高的友谊与最热烈的援助。去年三月间，他们从遥远的地方，写了许多信来慰问与鼓励我八路军全体将士。从这些信中，可以看出苏联人民是怎样的在关心着我国的抗战，是多么亲切的同情我指战员的英勇行为。兹将来信选登三封，以飨读者。——编者

一、莫斯科“MT”工厂给中国国民革命军第八路军的信

亲爱的中国国民革命军第八路军全体战斗员同志们，你们好吗？

你们的人民根据中国共产党的创导而统一起来，予侵入中国领土内的日本强盗以英勇的抗击。

我们知道中国国民革命军第八路军在组织全中国人民作广泛的游击战争中所起的作用。

毛泽东、朱德的名字闻名我全国。

我们经常可以听到关于你们在前线上英勇战斗的消息的报告和关于最好的斗争经过的报告。根据红色救济会的提议，于一九三八年十二月二十日曾作过关于你们前方情形的报告，于报告之后，我们看了《中国抗战》的电影，学生们都很热烈的向你们战斗员们、你们的骑兵们鼓掌。

亲爱的同志们！

我们希望从这一封信开始，今后经常的和你们通信。

在你们的信中请将你们的生活和斗争写给我们，并请你们的战斗员们个别的和我们通信；我们对你们的每一封信都单独的回答你们——我们就这样

建立我们的联系，伟大社会主义国家的学生和你们——国民革命军的战斗员们——伟大的新中国的战斗员们建立联系，你们将会把日本强盗赶出中国去，把中国变成伟大幸福的国家。

紧紧的握你们在战斗中锻炼出来的手！

敬祝你们斗争的胜利！

你们伟大的人民是不会不胜利的。我们的心永远和你们一起，因为你们的斗争不仅是中国人民的事业，而且是所有进步人类的事业。

我们代表全校同学向你们致同志的青年团的

敬礼！

"MT"工业学校 红色救济委员会

涅尔柯夫、尼告利斯喀雅、列昂纳夫、纳瓦克、

高劳文纳、萨咱纳维其、□布□纳夫

二、苏联斯大林城红色十月工厂给中国国民革命军第八路军的信

亲爱的同志们！

苏联斯大林城红色十月工厂纯钢总账房、工程师们、技师们和职工们，谨向英勇的国民革命军第八路军的战斗员、指挥员和政治工作人员致热烈的敬礼！

战斗员、指挥员和政治工作人员诸位亲爱的朋友们，我们向你们报告下列的消息：

一九三九年三月十七日我们召集了纪念大会，纪念有历史意义的"三一八"——巴黎公社纪念日，纪念六十八年前光荣牺牲了的公社社员们。我们俯首纪念牺牲了的社员们，并且我们也纪念贵军中为自由独立而斗争、牺牲于现代刽子手（日本武士道）手中的英雄们。

亲爱的朋友们，我们相隔遥远，就是说距离一万多公里，但是我们每天都注视着你们的斗争。我们经常从报纸上，得到你们英勇进展的消息，得到关于你们怎样战胜帝国主义狼群——日本武士道的消息。

你们所获得的胜利使我们非常感动，因为这些胜利是接近我们，因为你们为人权，为生存，为民族独立而斗争。

在二十一年之前，我们也斗争过，而且我们胜利了。我们相信你们在不久的将来也一定会走向胜利，而将日本帝国主义者完全赶出中国去。

战斗员、指挥员和政治工作人员，诸位亲爱的朋友们，我们将我们自己今

天所□的幸福的生活叙述一点：我们没有或大或小的资本家而建设了自己的社会主义经济已是二十二年了。关于我们的伟大胜利，在联共党十八次代表大会上，人民的领袖斯大林同志和政府的首领莫洛托夫同志的报告中已经说明了。例如在沙皇时代我们的大工厂，只生产些作商品的铁，工厂主曾是法国资本家。无论村庄、工厂和人们都在污浊的、不文化的、醉汉的鞭笞之下。现在我们的工厂、村庄和人民完全是另一种了。在两个斯大林的五年计划中，我们工厂发展成了伟大的建筑物，生产各种高等质量的钢。无论是在工厂中、在村落中，随处都是文化和清洁的模范。也就是说，我们的工厂和街道都是用洋灰砌成的。并且周围种植了许多果木。在工厂和村落中都有很好的景致，而且生活也非常愉快。过去的教堂都变成了俱乐部和图书馆，过去的酒店都变了戏院和电影院。而且现在的人也完全与过去不相同了。例如我们苏维埃的知识分子，大多数是工农出身的，他们在苏维埃政权下受了高等和中等教育并领导着伟大的企业（我们企业里已经没有了资本家）。我们苏维埃的知识份子为我们的社会主义祖国全体勤劳人民服务，他们自己的一切知识和经验，都供献出来为祖国谋幸福，巩固国防事业，请看吧，我们的国防堡垒之巩固已于一九三八年张鼓峰事件就可证明了，日本武士道的厚颜曾在那里被我们苏维埃的边防的支柱打碎。

战斗员、指挥员和政治工作人员诸位亲爱的朋友们，祝你们在你们的斗争中获得胜利，并希望写回信给我们，叙述你们的生活、学习以及自己的英雄们和自己的胜利吧！

紧紧的握你们的手！

你们的朋友们：

1 马克西莫夫；2 萨毛恒；3 坡子得涅夫；4 莫劳金；5 它拉索瓦；6 劳曼□柯；7 吉□柯；8 聂克□□夫；9 汝柯夫；10 毛古今纳；11 依吾身；12 巴尼巧夫；13 拉胞特金；14□塞□夫；15 塞瓦斯仙纳夫；16□马索夫；17 苦于聂索夫等四十九人签名

三、列别景斯克师范学校学生、教职员给英勇的中国国民革命军第八路军的信

在巴黎公社和红色救济会纪念日，我们列别景斯克师范学校全体学生、教职员向你们——亲爱的同志们，致热烈的兄弟的敬礼！

我们和我们社会主义祖国全体劳动者，庆贺你们为自由解放而反对日本

武装干涉者之强盗侵掠以及你们在艰苦斗争中所获得的胜利。你们有为祖国的独立而斗争的伟大的爱国主义，日本武士道进占你们的领土，企图夺取全中国，伸手侵犯你们的独立，但他们是妄想的。我们相信中国英勇的人民和英勇的中国军队，一定能保障自己的民族独立，并且予日本武士道以严重的打击；这种打击的严重，也正如苏联红军在哈桑湖左近给日本所受到的打击一样。

我们居住在社会主义国家内，在这个国家内的人民和一切劳动群众都是很快乐的、富裕的和幸福的生活着。在我们的国家中自由的和幸福的青年有教育权、劳动权和休息权，他们的积极的参加社会工作和政治生活。

在我们学校中的一部分同学，是准备毕业后作教员，教育我国的青年。我们在学习上得到了优等和最优等成绩。我们的教员在各方面都帮助我们，我们领到国家的津贴，领到免费的书籍和宿舍，我们的学校建筑的很好。我们很愿意学习，因为在这方面，有我们的政府、党和斯大林同志帮助我们。

苏维埃的人民，在每一分钟中都准备好予进攻我土地者以打击，我们已准备好随时起来保护我们社会主义的祖国。我们在国防体育组中工作，我们在体育组中研究军事和锻炼体力。

亲爱的同志们，你们进行民族的革命解放斗争，进行从日本侵略者压迫下解放出来的斗争。你们进行反日本法西斯的斗争，进行解放全世界劳动群众的斗争。

我们热烈的希望你们胜利并深信你们是会得到胜利的。

为自己的独立而斗争的英勇的中国人民万岁！

红色救济会万岁！

共产国际万岁！

1 胞布柯；2 皮林宁考夫；3 聂依凡诺夫；4 高老十喀；
5 喀木前诺夫；6□依乐柯；7 木里喀等三十九人签名

（原载于《八路军军政杂志》第 16 期，1940 年）

日本共产党给在华日本士兵诸君的号召

[日本]日本共产党

日本帝国主义进行抢掠中国人民的最残酷的战争，现在是大规模地爆发了。如诸君开到中国替强盗的军阀当炮灰一样，内地正在疯狂的进行着总动员，日本的年青的劳动者——农民正成群地被强迫换黄呢军服，往中国战场上送。

天皇的反动政府为蹂躏中国四万万的兄弟，已经通过了前后将近六十亿圆的军费。十五亿圆的杀人公债，已经在开始发行了。这样当着诸君被迫地送到中国来屠杀中国的兄弟的时候，诸君的家庭就被压上了空前的重担，无法继续生活下去，陷入了饥饿的命运。华北的侵略战争一发动，内务省就立即颁发了一个法令，罢工是被禁止了，所有职工会的会议被禁止了，连反动的社会大众党的各种集会都被禁止了。很明显的，日本帝国主义明白我们日本劳动者农民的强大的反战运动，明白我们在反对日本帝国主义的共同斗争中和中国人民兄弟的携手，就要将日本帝国主议[义]送入坟墓去。日本有觉悟的劳动者农民绝对反对这样历史上最黑暗、最反动的战争。日本进步的劳动者农民的真正要求，便是将全满洲和华北立即归还中国人民，由中国撤回全部陆海空军，推翻由日本劳动者农民身上每年榨取七十亿圆杀人军费的天皇政府，建立全人民的民主政府，和中国人民手携手地实现远东的真正和平。只有实现这些要求，全日本的劳动人民才能从帝国主义统治的地狱中解放出来。

现在，全中国民族都奋然起来，英勇地和日本帝国主义与军阀强盗进行着抗争。日本共产党代表着日本所有觉悟的工人农民，向伟大的中国民族致热烈的兄弟的敬礼。因为中国人民战胜日本帝国主义，同时就是日本反战人民的胜利。同样的，倘若日本的军阀强盗达到他们的预定目的，那就是日本人民最悲惨之命运的到来。因此，每一个进步的工人农民出身的士兵诸君的阶级任务，就是尽量向这战争怠工。应该迅速地使日本军阀强盗的战略计划归于失败。应该使每一个战友都了然日本军阀进行的战争就是等于绞杀七千万日本的人民，等于将全日本的人民推入饿死冻死的道路。因此只有使日本帝国主义完全失败，日本人民才能获得和平、面包、地土，与建立民主政府的出路。

因此，诸君应该到处和前线上的中国兄弟进行联欢，应该到处与中国人民的游击合流，应该到处组织哗变来响应中国弟兄的斗争，应该有组织的将枪口掉转对着最反动的军官，应该使日本帝国主义军阀所布置的全盘战局归于失败。

你们起来，为日本帝国主义的失败而斗争吧！日本帝国主义的失败就是我们日本劳动人民的胜利！

你们起来，拥护中国人民反抗日本帝国主义的斗争吧！因为中国人民的胜利，就同是日本劳动人民的胜利！

打倒资产阶级及地主的天皇政府，打倒强迫群众参加战争、迫使群众陷于饥饿的天皇政府，打倒蹂躏中国人民的天皇政府，打倒强迫诸君来屠杀中国人民的天皇政府！

日本人民与中国人民的团结万岁！

打倒日本帝国主义！

日本共产党

（原载于《风雨》第 9 期，1937 年）

告出征中国士兵书

[日本]全农全水总同盟

哎！悲惨啊！你们远适异国去流血卖命，果为了谁的利益呢？军阀与财阀是借了战争，来达到他们自己的私图！

你们在故乡的妻子儿女，在贫病交加之中，已经到了不能支持的境地了！

我们在满洲事件中死伤了的二十万同胞，究竟为谁而牺牲？这不过为了军阀的野心和财阀的榨取，而毫无代价的被杀戮！

我们不能再受军阀和财阀好听的宣传所欺骗！战争与大众生活的地狱化，在军阀的野心和财阀的榨取继续进行当中，绝不会有终止的可能！

中国人是敌人吗？不是的！日本军阀财阀侵略中国的时候，我们始不得不为了毫无理由的战争和资本家贪婪的榨取，而被驱使前去送死！

战争不一定是爱国！真正的爱国，真正的国家观念乃大众生活的向上，蹂躏大众生活的军部和战争，才是民众的敌人！国家的蟊贼！

我们要：

即时和平！

军部啊！还士兵的命来！

全农全水总同盟产组乡军有志团

（原载于《抗战大学》第1卷第2期，1937年）

致在华北日本将士

[日本]现役将校有志团

九月四日天皇陛下行幸临时议会，发表下述意味的敕语："日本为了国际和平，应刻不容缓的赶紧停止战争，与外国以中正和协之态度从事交涉，实现东亚之和平。"

被上述敕令惊骇了的军阀，立刻禁止议会附近的交通，用宪兵的特别警戒监禁议员，防止他们自己大罪的曝露。

对于诸位所以迟迟不派遣应援部队，乃因为陛下反对战争，不许出兵。

然而军阀不得陛下许可，仍悍然出兵了！

现在虽然已经战争，但尚未能入宣战的阶段者，系因陛下要令实时和平。所以这回的战争，完全是军阀的抗战！

忠勇的皇军哟！

军阀要废立今上陛下，以与军阀方便的秩父宫为天皇。"二·二六"的时候，川岛陆相、真崎大将等，不是曾通电全国的师团为要放逐今上陛下树立新天皇而造反吗？军阀要使陛下成为有名无实，要使自己实际成为日本独裁者。

忠勇的皇军哟！军阀真正是昭和的叛逆者！好好忠实拥护今上陛下啊！

服从陛下的敕命，决心实时撤兵！实时和平！

把枪口向着军阀！

（原载于《抗战大学》第1卷第2期，1937年）

告日本人民

[日本]鹿地亘
邢桐华 译

日本同胞诸君！

在日本军事法西斯残酷强迫牺牲下，苦恼着、呻吟着的一亿同胞诸君！被蒙蔽了耳目，陷入孤立无援境地，忧虑着祖国危机，而仍然在黑暗中继续不断斗争的亲爱的日本同胞诸君！

诸位对于五月十九日夜，突然出现于祖国上空，把中国四亿五千万民族底意志和站在战斗的和平战线上的世界兄弟底们意志传达给你们的使者们，发生怎样的感想呢？中国底弟兄们和世界和平战线的同志们，对于诸君，充满了热爱的激励，这在诸君心里唤起了怎样的反响，怎样的勇气呢？我们深切愿意知道。我血肉的同胞们哟！我们居留海外和中国和平之友们结成中日人民大同盟的同胞们，热烈期待着为祖国光荣和人民名誉，你们对于这样致送诚挚的热爱和激励的中国以及世界各和平国家的人民们，将有怎样的回答。

同胞诸君！诸君一定从我们天空的使节学得了许多东西。祖国天空是一点也没有防御的。假如中国人民本身也上了法西主义战争挑拨者、侵略主义者们底圈套，对于日本人民怀了不幸的敌意，那末东洋以及祖国日本，便一定会呈现更要惨不忍睹的地狱。而一旦地狱出现了的时候，冤枉牺牲的是谁呢？不是人民么？不是我们人民么？!

不要听胡说八道的日本军事法西主义者大言的欺骗。祖国天空是一点也没有防御的。中国空军并不像他们欺骗诸君一般，在坏灭着。中国底空军是日见充实，日见强大。四月廿九日汉口上空的空战，日本海军飞机三十六架完全消灭了。只有法西斯蒂们底广播，才说中国飞机被打落五十架，日本飞机只有两架负伤，这种广播只是世界底笑柄。从那时以来，只要看法西斯蒂空军几乎没有敢再到内地来便可晓得。

同胞诸君！诸君应该是很明白的：实际上阻止这种可怕的不幸，是那种力量。请想一想吧！中国，伟大的中国，几十万无辜人民在流血，还咬紧牙关，一心为防止人民与人民间的不幸，饮着眼泪，来向诸位耳目被蒙蔽的日本兄弟们喊叫着他们底热爱！多可耻哟！同胞们！知耻才是我们日本人民、武士道底矜持么？

关于战争的惨祸，诸君可以说是完全不晓得的。这确实是一种幸福，然而，另一方面，也可以说是一种不幸。为什么欧洲有实力的民主国家，对于那两个疯狂的法西国家底挑拨，始终忍气吞声，最后忍耐着避免战争呢？诸位只知道那是由于民主诸国家底无气力，只听到“我们新兴国家才强大胜利啊”等等，连日本军事法西斯主义者也在内的妄想家们底胡言！

然而诸君若是看到了今日东洋战区地方的时候，便会晓得了。

诸君如果看到了家破人亡，骨肉离散，侥幸逃脱生命的难民群，便会晓得了。诸君看到了可怜的难民的孩子，站在路旁诉说饥饿，伸手向你讨饭的脸底正中央被打穿了的血红的孔洞时，便会晓得了。当诸君看到了被法西斯颓废的风气感染了的士兵逼迫不过，一群女学生投河自尽后的浊流底漩涡时，便会晓得了。当诸君接触到了讲述这些事实的目击者底脸上浮泛着的难言的表情，接触到了那种声音时，诸君的心脏定会感觉到战争底恐怖，意识到灵魂底颤慄吧！

只是直到今天，诸君还侥幸地没有充分晓得，军事法西斯们底御用新闻，狂妄地大书特书着“一亿同胞忍受着伟大的牺牲，在为东洋和平努力云云”的时候，诸君也许确实意识到今日不幸之中的自己底“牺牲”吧。那确实是可怕的牺牲，不单只是饥饿和自由的剥夺，眼瞧不见，诸君底家族失去了长兄，失去了父亲，慢慢地现出了离散的悲境。然而，请想一想看吧！这种不幸比起在炸弹和铁蹄之下所受的蹂躏来，要相去多么远？防止日本弟兄们这种不幸的，不正是伟大的中国以及世界和平战线对于诸君的充满了血泪的友情么？

诸君应该是知道的。在委托给中国空军散发的对于诸君的警告之中，有东京、大阪、京都、久留米、满洲派遣军军政部内反战同盟兵士们底传单。这样的同胞，这样的有心肠底兵士，爱国的人民的兵士，现在急剧地增加起来了。上海军事当局时常给这些光荣的将士们加一个“共产党”的名目处死。其中甚至有石田少校那样的高级将校。他们在世上最残酷的法西斯蒂们底威胁之下，默默地战斗，默默地死亡。请想一想他们底苦衷罢！他们只是为了想要把一片赤诚传达给诸君，冒着死，用尽了手段，把这些传单底草稿交给中国底国防军。

这样的将士们，如今决不在少数的了，各个战线上都有。为什么都说他们是共产党呢？诸君还不知道么？最近，名古屋第三师团的勇敢的崛田少尉坐着摩托车，突破了第一线到我们这边来了。他清楚地说着："我讨厌社会大众党员底浮器，我决不是社会主义者，我对于政友会中的人士倒有些好感。我投到诸君底战列里来，决不是因为贪生怕死。若我这样被误解，便很可悲了。日本今日被为政者所误，陷入狭窄的国家主义了。我觉得要救东洋，要救祖国，必须打破这种狭窄的国家主义，所以投到了诸君这边来。"

中国以及世界的同情和尊敬，如何地降到这位勇士身上来，诸君是可以料想到的。贪生卑怯之徒，如何能作出这种勇敢正义的行动呢！卑怯之徒，只会甘受狭窄的国家主义者，牺牲国内、扰乱国外的法西斯蒂侵略者底欺骗，只能选择可耻的死而已。

骄傲吧！亲爱的日本同胞诸君！诸君之中能有这样的勇士。法西斯御用新闻要抹杀这位勇士，或者冠冕堂皇地称他作"国贼"和"卖国奴"的吧。谁是国贼呢？是把国家陷入到泥海之中，蹂躏人民一切权利，遮着他人眼睛诱到灭之途的法西斯蒂与其走狗们呢？还是希望在人民与人民的友爱结合之上，建设幸福的东洋以及自由、健全的日本的这种站在和平战线上底祖国之勇士们呢？

起来！祖国底勇士们！亲爱的同胞们！诸君不是在孤独之中奋斗的！世界和中国的人民在向诸君伸着手，战线上两国有心的勇士们，在向你们作必死的鼓励。从浴血的悲惨之中，救出祖国日本来！对光辉的天空的使者们，轰出潮水一般的回答底声响来！

五月二十二日

（原载于《新华日报》1938 年 5 月 27 日、29 日）

致日本同胞

[日本]鹿地亘

同胞诸君！

时节已是送递遥远异国花讯的时候，但我今天想对各位说的，不是大陆上春天的花事。各位想也没有倾听花讯的闲情逸志[致]，我也是没有的。因此，我想说的毋宁是怎样才能够使日本人民，以至于东方诸民族，□复宁静心境，过快乐的□天这一个问题。

各位怎样的想呢？战争能够很快的终结么？怎样才能够停止战争呢？陆军大臣杉山在这次战争的开始时，曾经声明："我们不□□战争扩大，采取速战速决的方针。"今天我们都明白这种速战速决再也不能把战争打□了。当初军事当局确也并不希望把战线扩大，预定以局部战争迅速达到目的的。跟着占领了上海，占领了南京，这个打算完全失败了。屈服国民政府——这种"未□□□□□□□□"的□□，因中国的长期抗战完全被粉碎。但是一部分浅薄的杂志评论家依旧没有从迷梦□□□，还说："虽□长期抗战，但像样的战争已经完结，以后只有占领地的□□□□□□□□□□□□□□□□□□□□□□□□□的警告吧，他已感到日本已到艰难的关头，希望国民□于延长的战争□忍□重和准备牺牲，即使爱做大言壮语的军事当局，也不说速战速决。而高□国民的"觉悟""觉悟"了。同胞诸君，的确，我们日本人大彻大悟的时候来了，但我们所说的觉悟，在意义上完全与近卫、□田、杉山他们所用的并不相同。真正□□□□□□□□□□□□□□□□□□□□□□□□□□者，他们在去年战争开始后就像苍蝇一样□□□出来。在你们那□□□□的外国军报，都遭禁止，新闻通讯由唯一的军事御用通讯被□□□社一手所统制，所以真实的情形可以说是完全不了解的。日本人民受军部的任意虚报所欺骗，这是踏出日本国门□□的人都公认的。总之，他们在叫嚷着"国民的觉悟！觉悟！"自然是有原因的，我希望大家把这件事完全明白。

总而言之，随着战事进入第二期后，在全战局上，渐渐产生了一种均衡，有几个起因于这次战争本来性质的特征，清楚的发现到表面上来了。

那么，这次战争的性质，是什么呢？我这里告诉你们诸位一个日本兵俘虏的故事。他被中国的军人问："你们为什么打仗呢"？"中国兵开枪打我们日本兵的演习啦。"——他这样回答。他完全这样相信的，诸位恐怕也是这样相信的吧。好吧，假如要是这样的话，我现在也不想同诸位计较这一点。但是，我告诉你们诸位一句，就是：除了可怜的日本国民以外，谁也不相信这回事。不管占领满洲的时候的北大营事件，或是卢沟桥事件，一定是在日本陆军抱着一种企图，小心周到地伺机的时候，总是中国兵突然适巧地，糊涂傻瓜地先开枪：我们就算它是这样吧。而当着开枪的机会，我们来看进攻的日本军的进路——前年竟偶然地伸展到日本军望了好久而吃了一大次亏的绥远——我们就算它偶然地伸展到那里去了吧。

然而，我想要说的重要的话，不是这个。而是下边的话——前头那个俘虏更受到了如下的质问："那么，作算那话是真的，换一个立场来想想看吧，假如中国军队在东京附近来演习，日本兵能够看着不管么？"听了这话，他突然气愤了，他大声喊："那太岂有此理，中国兵在东京来演习！那太极端了，极端了！"好的，这个兵的气度非常之好！假若在日本的领域里，外国兵们跑进来，而这群外国兵在那里开始傍若无人般的演习，把老百姓苦心经营的田地都被糟蹋了；那我们才要把他们的手脚扭掉，赶出国外去的吧。不，我也要同这个兵一样地喊叫——那里能够，连想象都不许的啊！………

那么，诸位，请想想看，北平虽然不是东京，至少也是中国的京都。就在京都府的正当中，这个不祥事件便□□来了□□□□□□□□□□□□□□□□□□□□□"□□□的希望"，始终拿隐忍自重的态度来处理；然而，日本方面，就□□□火□□的□□□□□□□□往南□进兵，昏蛋的军事评论家们还说这是"大下无敌的机动战"，胡吹一场。

战争的性质现在也不用说了，是很明白的。是侵略战争啊！是一毫不差的侵略战争啊！还不止此。去年十二月十五日文艺□□□□□□座谈会上，□□了□□□□□□化作日本的保护国，也就是属国的计划，□□□□□的不是□□□□□□□□□□□□□□□□□□□□□□，从对俄的国防见地上来看，较之华北，更有把察哈尔、绥远、□□□□□□□□结合起来的必要。"不是很明白的，七年来日本军部为了取得对俄□侵略□□，□□□□□□在日本的掌握之下的有计划的战争开始了么？

只是天不作美，这野心没有达到而已。只是没有像上年前造成了满洲国那样来造成华北国而已。理由是很简单的，军部们只靠了一群流氓地痞的特务机关来作□目，根本没有看到七年前满洲事件以来的中国根本的变化；没有看到谁都一目了然的中华民族的根本变化。而这个变化，才是使这次战争的特征成为决定全大陆的“民族防卫”的决心。

于是，全大陆民族抗战的烈火便猛然燃烧起来了。直到如今，成了中国发展之的□内部的对立和内战的一切都停止了，全民族各党派各军队都一致团结，为了捍卫国土而站立起来了。在这种高涨的民族意识下面，很快的消除了从来政府与民众间的深深的隔膜，并且神速的发展到使政府成为民众的政府，民众成为政府的民众；在这种蓬勃的民族复兴前面，从来给侵略者做清道夫的民族的叛逆，旧军阀与腐败官吏一些人们，均消声匿迹，失掉了存在的余地，自抗战开始以来的六个月中间，一般老朽废物全被淘汰下去了，新青年中国已另以一种姿态走上了活泼而急速发展的行程。我是亲身经验过这种行程的人，所以才能发表这样确信的言论。中国正向自由与民主的大路大步的并进着，中国已经强化起来了，国民政府已将全民族的信赖集于一身。□□自由与民主已造下了不可动摇的根基！

战争的第二期是自中国再编成的第一阶段完了时候开始的。自然，这是要影响战局的，如同第一期抗战一样，上面所说的那种激烈的摩擦还是很多，以韩复榘为代表的旧军阀与腐败官吏们妨碍了统一的战斗，政府与民众亦仍未充分密切的联系起来，在这种情形之下，乘隙而来的日本军事的进攻完全被阻止住了。山西的日军已陷于广大的游击队的包围中，到处遇着袭击而无法进展。现下最主要的战场除山西外，还有津浦线，但在这里，日军想打通南北铁道的计划已在南段淮河一带的会战上受了挫折，乃变更方针将战事重心移于鲁南，但数次大战的结果，特别在最近台儿庄一役，板垣、矶谷两师团差不多陷于全灭的境地。据前天的情报，济南的一角，好像被一队中国军队夺回去了。此外杭州、上海近郊、南京、芜湖一带，甚至从来最落后的北平郊外等后方，都不断地受游击队和义勇军威胁着。虽说正式的战争是过去了，但是日本军渐次踏进了不能忍受的困难的战争阶段了。

不能相信罢！对于只能看到日本的天下第一的御用新闻的诸君，是不能相信的罢！特别是装备完全的英勇的日本军，被武装上显然劣势的中国军败北，是不能相信的罢！好，拿一个证据给诸君看看罢！最近沂河之后，在被俘获的日本军的本田作战命令中，日本军指挥者自己这样写着：第一，在近来的战斗中，我方屡屡挫败，常常被勇敢的中国军击破，因为左右两翼的联络不好。

但是，实际上并不是联络好不好的问题。根本上联络自身就是困难的事情，这是侵入意识觉醒了的广大民族中去的侵略军的当然命运。日本军终于陷入泥沼里了，泥沼一天一天地深起来，一天一天地扩大起来。连日本军惯用的自治会、治安维持会等巩固后方的手段，也失效了。自然，就是在今天，也还有□中国的残废者和民族的叛徒，伪政府也不是不能暂时出现，可是，当当□□民□□□□□威胁，而没有一个能成功的样子。

亲爱的同胞们！事□已经成了这样了。从我们的家庭，从我们的亲爱的人们中间抽出去的，被送到大陆去的兵士们，被这样的不幸所光顾了。大陆将成为可怕的无底深渊，要把他们吞食干净。无论如何，这回的战争，在未将两国过去的关系作一总决算之前，是不会终止的。浅薄而短见的军部的□货们，不懂得这个道理。他们将一面焦虑指挥□能如意，一面把我们这些可怜的青年完全拿去送死罢。不但如此，在上述的作战命令的第二□中，还写着这样的话："对于弹药粮秣须特别加以节省，目下日本□□□□□□□□□□□□□□，几及日本全土的一倍半，现在战事将历半载，各种物资，均□□□□□。"不但是战场的士兵的生命，就连国内的大家的血汗，国家的财富，也□□□□□□□□了。□□□□的□□的行事的原故，日本正在向□乏的深渊里沉□。

爱国的同胞啊！真正的爱国者的同胞啊！各位现在国内□□□于怎样的困难的生活之中，我可不必在这里说起罢，因为各位自己，由直接的经验，□是知道得□清楚的，如果祖国，我们的日本，想为它的发展与幸福而牺牲的话，我们日本人，无论怎样是能忍耐巨大的困难的。然而，问题是这种牺牲究竟是否为了日本！日本到底想由对华的侵略，获得什么呢？

我想在这里向各位提起一个问题。质言之，我想请各位把中日、俄日两战争，拿来和这次战争仔细比较一下。说起中日、俄日两次战争的时代，我们必须先加以注意的，是想完全吞没东洋的可怕的欧洲列强，尤其是侵略的帝俄，想由北方席卷而下。以无力的旧中国——军阀的中国——为立脚点，来威胁我们祖国（日本）建国的基础。在这种危险之下日本为了自卫的原故，有着在大陆打击这侵略的帝国主义，而使大陆不致成为他们的□据地的必然的理由。

但是，后来这种情势是改变了。日本成为东方第一强国，东方任何国家，已经不敢加以非礼了。就是中国的情形，也复起了变化，南北□□，殆已销形敛迹;为着民族解放的缘故,从事长期的革命斗争,经过猛进的经济建设,使帝国主义的据点也渐归削弱行将消失了。倘使这两个民族向来就能抱定友爱的□□互相提携的话,那么,光华炫烂的东方曙光,将以这两民族为中心,逐渐焕发,进一步说,□来陷于黑暗中的印度和其他亚洲民族,受其影响,声应气求,也不是困难的事,如是真正幸福的互助生存,也会在东方萌芽而滋长了。

可是,实际上怎样呢?日本□□□□□军国主义国家□□。企图奴役中国称霸亚洲,狂妄举动层出不穷。

北方侵略者俄国帝政崩溃以后,苏联起来代之,一九二九年向日本提议签订互不侵犯条约,结果,日本对于这种提议,直接了当,一脚推翻,进而沿用有名的田中义一征服世界的梦想,首先占领满洲以为其第一战绩。

亲爱的同胞诸君!

请你们想想,满洲的占领,究竟对于东洋两个民族发生了怎样的不幸啊?

你们要晓得,中国已经不是旧军阀时代的中国了,中国已经是反帝运动和要求民族解放运动到达顶点的中国了,□中国全民族□来,对于日本抱着同仇敌忾的态度是当然的事。自此以后,日本的和平发展——贸易也好,大陆上其他经营也好,□□和平的发展,通同被这抗日的铜墙铁壁所阻止了。这样一来,日本为着延长大陆发展,打破这种的壁垒起见,起而诉诸武力,也是势所必然的事。

可以只细考虑用武力发展的界限,在二月号改造"上海复兴问题座谈会"一文中,纺织代表者说得很明白,谓"对于军队保护力不能达到的内地,从事事业,应须考虑",此即人民对于经济的发展,蒙军队的所□,亦起了畏缩的观念。

同胞诸君,不但如此,还有在昭和七年的前后,日本政府因为军备扩张,通过巨大的军事预算,而惹起国民对于赤字公债的非难,试问此种巨大军事预算有甚么必要,还是为者[着]警备苏联的远东□□不得不如是呢?假使日本与苏联缔结"不侵略条约",不用武力占领满洲,招来今日危险的仇敌,我相信对于国力不相称的军备扩张,当然没有苦恼的必要。

我们现在可以说日本的发展已完全停止了,纷乱黑暗的政治,国民生活极端的痛苦,已显著的开始充满了日本国内。

想诸君都明白,民众连包括资本阶级在内,已联合成为有系统的与政府斗争反对政府此种政策。我们不知政府对民众□□的回答,我们自昭和七年以来,从此对沦于极端苦闷中,对于丧失了自由,言论集会以及一切人民权利的今日日本社会情态,雅不欲浪费一言。今日国民既陷于极端痛苦的深渊,然而军部□□所谓少壮派军人法西斯，确立了军事政治的权能，他们无论有甚么阴谋变动，都在暗中活跃不使国民注意，事件突发，则公然不顾造作妄语以欺骗国民，此所谓“将有密谋，须□好心。”前年满州事变，此次中日战争，均系日本军部阴谋的惯技，此种突然□□起的事情，往往出于国民所不及料。何故这样的恐惧国民，这样的愚弄国民，此种理由，□□□□□□，是□□不信任国民，而且不承认国民，我前在东京警察署，□□□□□□的□□□□□□□□□□□，即少壮军人法西斯暴徒的纲领，是在昭和九年九月□□□□□□□□□□□□□□□□□□□□□，我对其中的大概，略知一点，谓民众系乌合之众，□□□□□□□□□□□□□□□□□□□□取□□□□，正是他们阴谋整体的暴露，唯他们是日本国民的□□□□的□。

忧国的诸君，爱国的诸君，我□切的向诸君声诉，国民敌人——日本军阀，对此次战争开始的行动，事先一点也没通告国民，他们死命的将国民的鼻孔捏住认定国民为“乌合之众”，他们狂呼“膺惩抗日”，然而抗日是谁惹起的呢；若日本人在中国严守中国的秩序，又焉能有这样抗日的事情发生？抗日是甚么？中国民众及国防军，决不以和平的日本民众为敌人。他们对于诸君在法西斯军政权之下，民众权利的遭受蹂躏是怀抱着深切的同情和悲愤！日本国民反军事法西斯的若干斗争的心声，当其传到了此间，已经在中国激起了无限的狂欢！他们的心胸是涌上了给予日本民众的□待和友爱！

诸君，请你们安心吧！他们并不是把诸君当做仇敌，请看在这里被中国国防军解除了武装的我国同胞，是受着怎样良好的待遇，便可以明白。愿一切俘虏们的家族充分的安心吧。

在这里我要向诸君痛切的声诉！即赶快号召日本军回到国内！他们是正在实行着无益的屠杀！俘虏固然是受其残害，即在外国医院内治疗的中国伤兵，亦遭其驱逐，或竟要求引渡，而且不仅是兵士受了残杀而已；还有无数平民的屠杀，妇女的大量杀戮和奸淫，也是日本军不断的暴行。这在我是握有充分的证据可以证明！同胞们！诸君恐怕还不知道这些情形吧，日本的这一耻辱，还正在与日俱进的增加着，全世界人士没有一个不知道的！

日本军纪的颓废，实在太使人惊异了！理由是简单得很，军事法西斯主义者们，既不以自己的国民当做人看待，自然也就不把中国的民众当做生物了。不但如此，日本兵士们也不知道战争的意义。因为他们既感受着毫无意味之死的恐怖的威胁，又遭受残酷的法西斯主义者的驱策，便失掉他的人心了。

召回军队吧！同胞们，亲爱的同胞呀！把他们从堕落和死的深渊中挽救出来吧！鼓起勇气和中国协力来打倒我们共同的敌人！以两国民众的手，站在友爱和自由的、新的关系上来确立东洋的再建！现在是真正爱国的日本人民，断行他的决意的时机了！

四月十二日

（原载于《日本反侵略作家鹿地亘》，现实出版社，1938 年）

从广州寄到武汉

[日本]鹿地亘

胡风兄：

拜见了你底信，高兴得很。

将近半年的不安和焦燥，请你想像一下罢。不知有多少次遇到了生命底危险，但几千万人底生命成为问题的时候，我们个人底生命又算得什么呢。只是，面对着像狗一样地死去的恐惧，什么工作也没有做地一天一天地消磨着日子，请想像一下是怎样一种情形。所以，当焦燥得忍耐不住的时候，从我底胸膛里迸涌出了这样的悲愤：

中国底兄弟呵，认清楚敌人和朋友罢！

要这样才是真正有勇气的人！

早就打算写脱险记。在上海曾开始了几次，但每次都把原稿烧掉了。现在虽然得到了好朋友们底保护，但又感觉到了连那气力都完全没有了的那么疲劳。

可是，疲劳也已经恢复了。我想开始工作。

《七月》经常地看到了，很怀念。早想写点什么寄上。每天都这样想，但现在只有下面那么一点即兴诗。

不久当能和你们愉快地会谈。告诉萧军、萧红、力群君等罢，说是在期待着不久能够见面。

似乎情势渐渐好转了呢。我现在也大大地被希望鼓励着。日本底杂志看到了两三本，这又从反面证实了我底确信。今年才真正……详情面谈罢。祝诸君底健斗。

一月四日　在广州　鹿地亘

（原载于《七月》第9期，1938年）

复张绍康君

[日本]鹿地亘

张绍康君：

你的信拜见，非常高兴，谢谢，谢谢。

马上写回信，高高兴兴的写，对你这样的中国少年说话，真愉快。

但是从那儿说起呢，实在要说的太多了。信写得太匆促太杂乱了，如果大路书店的老板，跑到你那儿说："这封信登在《少年先锋》上好么？"那时，我可有点难为情。老实说，对于中国的书店老板，我可比日本军事法西斯书店还害怕。因为他们太"自由"了。比方我所写以及写我的事情的文章的小册子，已经出了两本，是谁出的我一点也不知道。但这些文章中，有许多翻译的错误，我正想有机会来把它订正。可是突然我的地方送来几本错得一塌糊涂的小册子说："书出版了，这几本送给你。"这种"出版的自由"，是属于书店的，并不是我所主张的"自由"。我生活不困难（这一点请放心，你们的政府对我照顾得非常亲切），所以我不要版税。但如果因了文章中的错误，使我的话不能充分传达于诸君，那是非常遗憾的！我希望尽可能的对亲爱的诸君，传达我的直接的话。而且更奇怪的，对于作者不通知而出版的书的底页上，却写着"版权所有，不得翻印"，我可没有把板权给过老板。不但如此，如果我所写的文章中有"有益"的东西，或是我那蹩脚的文章也可以挣钱的话，书店能够挣钱，自然是好的，那末，让多些书店来出版更好些，真所谓"功德无量"了。这样的话，怕没有趣味吧？

实在，我看了你的信，稍稍有点吃惊。

你说："我是十五岁的少年。"但是看这封信的笔调，看你的头脑，我觉得你有点像"三十岁的少年"。如果我错了，请你原谅，我想，我的话说得即使曲折点，大概你也会明白的。那末，请求我们贤明的政府，来颁布限制这种"出版自由"的出版法，使中国能够出版几本可以叫作者、读者都满意的好书，我以为决不是无益的。

日本有出版法，因此书店不会使“作者与读者”苦恼，使人苦恼的是政府，政府使“书店、作者、读者”都苦恼，这个不准写，那个不准写。不准写的是什么呢？便是不准写“真话”。要是一写，书店老板和作者马上就得坐牢。看书的读者，被发觉了的时候，也得坐牢。所以要出版写“实话”的书，非常困难。这样的国家，文化是不能发展的，特别不准写的，是“人民的心”。

中国的政府，现在是人民的政府，所以这层心事可不必担。你们是幸福的，如果能限制使“作者与读者”感到苦恼的出版过分的自由，为了文化的发展，将更加幸福。

这封信值得发表吧，你如允许，请在《少年先锋》发表，有一点儿不方便没有呢？

我所以怀疑你好像是“三十岁的少年”，有一部分的理由是因为你的信中说登了我的文章，“《少年先锋》的销路自然也是扩大的”。

你说到“销路”，固然也好，但是从“销路”来替《少年先锋》打算，是稍微有一点“成人气味”，而且使人想到也许是书店老板的朋友。哈哈，我也希望《少年先锋》变成一个好杂志。

因为它是可以说，中国唯一的少年诸君的杂志。

但我以为应该不是从“销路”的方面，而是从“怎样使杂志好”道[这]一方面来着想的。

第一点注意到的，这个杂志也一样有点“三十少年”的气味。理由是因为你们少年的文章太少了。请你们向编辑先生要求，使它造成少年人自己的文化杂志。

多写一点少年人的活生生的生活经验，文字写得不好点也没有关系。比方陷落后北平的少年，请写一点在伪组织底下，过着怎样的生活；从战地逃出来的难民少年，请依照亲自在战地所见所闻的寇军的行为，以及有一些怎样的勇士，看见过怎样的汉奸，捉那汉奸时，少年人怎样帮助成年人。“四二九”空战时，汉口的少年人做了些什么？应提出意见，当时做得甚样不好，以后要甚样改变，尽量的写出来。

请写出你们少年人去慰问负伤战士时心中的感动；对于被法西军阀所压迫的日本少年同志，也请写信给他们。把这种记载代替成人的文章，充满全本杂志的篇幅，便成为真正活泼有益的杂志了。

自然，高深的政治讲义等等，也得请适夷先生、云彬先生写得容易懂一点。我也要来帮忙。大家来造出一本好的少年杂志——为了你们，伟大的中国的未来战士。

向你作亲密的握手。如果你真是十五岁的少年,请握住我的手说:“我没有说谎呀。”那我便愉快地笑着说:“呀,对不起,对不起。”如果你真是三十岁,就得叫你挖挖头皮来说“对不起!”,我就不要客气了。

致抗战的敬礼。

五月十日　鹿地亘

再,大路书店的老板出版我的小册子,我相信是“好意”,请致意。只是“好意”也往往因对社会不适当的“太自由”而失败。以后,我想一定能够改正过来的。

(原载于《少年先锋》第7期,1938年)

致陈诚（信3封）[①]

［日本］鹿地亘、池田幸子

（一）

部长阁下[②]

敬肃者：窃职前经奉准从事组织日军俘虏，当经与重庆、镇远（贵州）、桂林等三处俘虏发生关系，进行工作，兹将经过情形报请鉴核，并乞指示。

（一）关于重庆方面者：

重庆现有博爱村俘虏二十五名，及由镇远和平村移来之优秀份子组成之新亚村俘虏十一名。此外另有正义村之朝鲜人俘虏三十名。朝鲜人俘虏经于九月九日全部加入朝鲜义勇队矣。

日本人俘虏方面，经职等继续教育训练之结果，殆已全部赞成职等反帝国主义、反战争之宗旨，而在彼等环境允许之范围内，开始局部之活动，援助中国抗战矣。如本部第三厅第三科编印之《敌情研究》第十一期所发表之两次座谈会，即是一例。最近且有公演戏剧、协助筹募寒衣运动之准备。诸如此类之后方宣传活动对于中国抗战将士之鼓励，及俾［裨］益两民族之互相理解与亲善者定非浅鲜，是可自信者。

职等之教育方针，前承召见时亦曾面陈，即强调"日本人民革命之必要性，与中国抗战之不可分关系"，使其澈底了解是也。关于此点，拟综合过去经验，于最近编成教育方针大纲，呈候钧裁。

依职愚见，上陈之三十六人，日前已完成初期教育，故于九月十日对之公表组织日本人反战同盟之方针。同时为防止意志薄弱份子之混入，职特要求

---

① 题目和序号为本书编者所加。

② 一九三九年六月二十五日。——编者注

彼等作严格之宣誓，即“觉悟在世界人类和平、拯救东亚、解放日本人民之信念下，无论何时均可牺牲生命”是也。

对此要求，踊跃参加宣誓者共十九人。其他十余人，亦均赞成宗旨，但因顾念家族或其他而有所踌躇者，此辈拟照旧留置于收容所内，继续训练。

（二）关于镇远方面者：

镇远和平村之一百三十名，系由常德之俘虏收容所迁移而来者。当职上次访问常德收容所之际，大部份仍固执其强硬态度，因而从事俘虏工作者（即日本人同志亦然），对于此项工作之前途，多抱悲观。但是后来因战争持久不决，彼等对于战事亦渐有反省之倾向。根据最近报告，多数俘虏，均希望与职再度访谈。此为第二期抗战以来之特征，想将来必大有希望也。

（三）关于桂林方面者：

桂林现有俘虏三十人，待职前往训练。据报，此处俘虏均为新近所获，其情形之良好，不亚当地博爱村，前途有望之份子当亦不少。惟默察彼方情形，似因教育方针之未能确立，及俘虏工作者之不熟练，而陷于相当混乱状态中。因此职拟于当地之组织准备完成后，火速前往援助。预定十月五日左右启程，谨请俯允。

关于桂林方面当前之工作方针，拟先以一月期间从事训练，然后选拔优秀份子组成反战同盟桂林支部。同时，使同盟会员组织反战工作队，参加并援助中国之各种抗战工作。

另外为充实西南行营之敌情研究组及对敌宣传组，拟选拔若干智识程度较高者充当服务员，以援助工作。

以上乃系迄至最近之概况，惟职最近须赴桂林，在未动身之前，关于重庆方面之工作，尚有若干须待准备者，兹特列举报告于次：

（一）日本人反战同盟成立大会，拟于桂林支部成立，职返渝后，即本年十二月中举行。但在此期间，如将觉悟份子放任不用，一面为人力之浪费，一面又恐彼等紧张之情绪为之松弛，故拟立即开始活动。

立即可以进行之工作，约如下列：

一、收录日本广播；

二、向日本军民播音演说；

三、协助第三厅第三科编印日文小册子及对敌宣传品。

对于此点可以负责报告者，为现在当地已有优秀而且积极之份子五名，如得彼等之协助，本部敌情研究及对敌宣传方面之事业，确信必能更趋活泼。

因此拟解放上陈五名，使居住于重庆市郊，由池田幸子同居指导，立即开始工作。如能附以中国人通译员及翻译员一两名,更近理想。同时在工作中,亦可训练干部。

其他反战同盟之候补会员,拟请准予在乡间本部附近觅定寓所,使于可能范围内早日移居此间,一俟职返渝,即可开始工作。倘蒙许可,无任荣幸。

最后拟特请鉴核者:即日本人反战同盟之成立,无疑是中国抗战史上之伟大收获,誉为空前之事业,相信亦非过言。因此职殊觉责任重大。盖对中国当局须负责任,而对参加同盟之日本人亦须负责也。为此,对于解放日本俘虏,必须请求中国政府,就下列事项请予切实之保证及保护,即:

(1)对于今后被解放之反战同盟会员,一律不适用中国之俘虏条例,完全承认彼等为反战日本人,在任何环境下,保障其生命之安全。

(2)对于彼等绝对不作不利于中国抗战之言行,且将实行决死援助中国抗战一节,请准由职完全负责。

关于当前之工作计划,及最后之两项保证,谨请鉴核,赐予核示。不惮冒昧,伏陈管见,缺礼之处,敢恳宽宥。

职 鹿地亘 叩

(二)

辞公司令长官钧座:

际兹盟国反攻时期钧座移旌西北,亘等闻之,不胜雀跃。中央党部陶友德先生自延回渝,曾于西安晋谒钧座,并转达优渥教言,至深感奋。数年来亘等旦夕以求者,即在钧座领导之下,对反日本军部侵略者之决战尽最后之棉薄。今竟得此机会,嘱亘等驰参麾下,自应遵命。性[惟]在准备上,尚有未周之处,一时难以成行者。谨为披沥如左,并恳赐教。

首先,同盟各国对处理战后日本,已开始表示积极之关心。惟战后日本,军阀业被打倒,足以为同盟国之和平交涉对象者,自应是日本人民。因此,各国政府对如何化日本人民为己友,已讲求积极之方法,其中堪称楷模者,一为华北之日本人民解放联盟及美国方面所训练之四千余在美日侨。亘等所焦虑者,为七年来以打倒日本军阀为职志之中国政府,似应不落后于今日之形势,宜及早建立一个中心,以便与各地及各国之日本人民运动,提携联络,共策共进,而使此一运动有一中枢。此种准备工作深信为必须进行者。

近来中央党部吴秘书长,对此事已正关怀,常以各事见询,工作似有进展机会，曩者亘等在钧座指导下所组之日本人民反战革命同盟会，对今日之所需，留下极大之基础。亘等引领企望活动时期之早日到来，一如四年以前之情况。

其次，今日在重庆之反侵略日人，连亘及池田幸子只五人，前反战革命同盟会之会员，现仍收容于镇远俘虏收容所中。被收容该所中之同志，经不断组织教育之结果，已于俘虏中增加二百名之同志，惜未能与外界接触，日兴髀肉之叹。及至最近各方需亘协助之事甚多，颇有应接不暇之势，不能不向主管当局请求增加工作人员。

如上所述，虽奉钧命，至为感奋，但其前提不能无所准备，即自收容所解放若干同志，以便组织工作队。则将来报效之机会，必甚多也。政治部对此，亦有所计划，惟何日实现，则未敢必，如蒙赐助，以促其成，不胜幸甚。临书神驰，不尽欲言。

谨祝

钧安

鹿地亘 顿首

（三）

陈部长阁下：

亘等承蒙贵国政府之同意与援助，将归国参加军部推翻后民主日本之建设工作。八年前应阁下之邀约到武汉，得以置身于东亚解放战争之光荣事业中以来，长期间受优渥之荫庇与教导，使亘等得有今日，至深感激。此次归国人员为亘等一家及曾在阁下指导下成立之在华日本人民反战同盟会会员四人，谨代表上述五人表示谢意。

至于亘等离境后，留渝多数会员今后之出处，谨于此时陈诉愿望，恳赐援助。过去数年间，在贵国政府保护下，同盟会会员继续努力，现在在贵部集中营及第二俘虏收容所中，已增至一百六十名。都□以为此项会员，不但有助于新日本之建设，归国后在日本人民间，扩大对贵国友谊之理解，以增进两国间之亲善，亦将大有裨益。谨附呈上述一百六十名会员名册及现住地点，恳求明察，依据国际惯例，对上述会员予以曾协助盟国工作战俘之证明，给以遣还之优先便利，亘等将感激无涯。

传闻贵体违和，不胜忧虑，想吉人天相，早沾勿药。归国途次，深愿能于上海晋谒尊颜，并领教益。

敬祝

痊安

鹿地亘

池田幸子

一九四六年二月十八日

（转载于《日本人民反战同盟资料》第10卷，不二出版，1995年）

致张治中[1]

[日本]鹿地亘

鹿地亘谨呈[2]

窃职奉委座命令应美军总部邀请赴昆协助对敌工作一案，曾于本月廿二日晋谒时，业将详情报告，并奉谕照准在案。职决于周内出发，一俟该方面工作就绪，即行回渝销假。惟顾及美方工作之需要，于职回渝销假前，能有接替人员赴昆工作，故恳函请军政部将前日本人民反战革命同盟会会员十名予以解放，由第二俘虏收容所移交职室接管训练，以便派赴昆明，接替职之工作，实为德便。

谨呈

部长张

副部长□黄

职 鹿地亘

窃职室前准美军总部交来俘虏义隆巴尔一名，予以训练，一俟训练完毕，当交还该部服务，恳予备案。

谨呈

部长 张

（转载于《日本人民反战同盟资料》第 10 卷，不二出版，1995 年）

---

① 题目为原编者所加。

② 一九四五年五月廿六。——编者注

致蒋介石[①]

[日本]鹿地亘、池田幸子

蒋主席阁下钧鉴：

阁下领导抗战，获得了伟大的胜利，对于东洋的和平，奠定了光荣的基础，谨致最崇高的敬礼，借表钦驰！

现在日本军部已被打倒，亘等自由日人行将归国，致力于民主的日本之再建。缅怀过去九年辱蒙阁下及贵国政府深厚的荫庇，得与于神圣战列的光荣，铭刻五中，永矢弗忘。今后当竭棉薄，努力增进中日两国亲爱的相互关系，用以报答隆情厚谊。

临别依依，特申微悃，敬祝

政躬康健！

鹿地亘

池田幸子

（转载于《日本人民反战同盟资料》第10卷，不二出版，1995年）

① 题目为编者所加。

寄自火线上的信

[日本]鹿地亘
张令澳 译

第一信

总部各位同志：

寄给你们第一号快报！

一九四〇年十二月六日午后七时，我们在华日本人民反战革命同盟第一挺进队，向着扬子江右岸敌军第十三师团一〇四联队之据点四〇五高地开始集中总攻击，敌军全线显然地发生动摇！快哉！快哉！

同志们啊！在第一次工作报告中，就能送给诸位痛快淋漓的报告，我们太感觉高兴了。

我们绝对确信，我们起誓，假定这样的总攻击继续一个月的话，这里的敌军一定要陷于危机了。要是恐惧士兵们内部革命而崩溃，那他们就得从长江南岸撤退，否则也必得将一〇四联队召还至后方，另以别的部队来换防。任他们怎么来吧！任他们来换防吧！

日本军内部情况，因为某种条件的关系，我们随时了如指掌。已经继续的攻击三日了，我们用尽方法毫无客气地进迫，一刻一刻显出我方压倒的胜利之征兆，全体同志的兴奋不消说了，就连×师全体官兵的士气也因此“快意冲天”。

在说到工作经过之前，先告诉你们一点这里的情形。

日本军为坚守宜昌，在对岸山地构筑阵地，四周坚固地张着铁丝网，一〇四联队就驻扎在这里守备着，并无进攻的模样（实在是没有这种力量，中国军的压力重重），为着对应目前整个的政治攻势，在这里也派遣有一班“宣抚队”。这批家伙把对象弄错了，竟对精锐无比的四一师将士继续地做着笨拙的宣传，这情形你们请想一想。关于四一师我暇时想另写一篇通讯来描写。说一句实话,我自到中国以来,还没有看见过这样好的军队呢!要讲给诸位听的故事真是说不尽;假使现在所有的中国军队都能像这师一样好,我可确言中国抗战即可进入到全面反攻的阶段。这支军队教育得真好,官长爱士兵像家人,精神非常愉快,军民不是口头说说"合作"而已,实在是互相帮忙的,军队连民众的生活都关心,为了难童,成立了战地民众学校,使挑拨者找不到一点可乘的空隙。他们跑到这个地方来干"宣抚工作",干的方法是怪可怜的,这些家伙们躲匿在掩蔽部内,怕死的频频狂吠:"到这边来呀!你们为甚么要受苦呢?"在对峙中,渐渐地胆大起来,最近竟敢偷偷地跑到外边来,终于说出这样的话来:"怎么样?大家不要打枪讲讲话。这边跑出一个人来,你们那边也能出来一个吗!"

"不行,讲话就在那边讲得啦,一出来会开枪罢?"

"绝对不开枪!"

这样就约定了,在两军最前线的阵地相距二百二十公尺处,双方都架起六挺机关枪构成火网,在那中间地点派出讲话的代表去,假如有一方面对另一方面动手的话,双方就立刻发动机关枪开火,那边出来的家伙自称是"汪政府"少将参议何队长的一位汉奸,带着许多敌军军用"荣誉牌"香烟及五瓶酒作礼物,在香烟盒里放着浅薄无聊的宣传品,我们这边由姚××君假说是一个副班长前去,那是一位年轻,英勇了不得的军人,真是个痛快的汉子。

"喂!不投到这边来么?要是过来的话,我保你到'南京政府'做大官,我有这种能力,送你从汉口坐飞机到南京去。"

"别胡吹了,你才□投过来呢。汪逆精卫是背叛民族的汉奸,蒋委员长是民族解放中的伟大领袖。在全民族忍受艰苦为民族求解放的光荣时期里,受着汉奸豢养做走狗,你的心中难道快活吗?快些带着同伴回到这边来吧!"

"你不是班长,是军官吧?"

"不,是班长。"

"一定是军官,你什么全懂得。"

这时,双方阵地里都叫"回来!""回来!"。(日本军更叫"再不回来开枪了")因此,都退回来了。竟说出"你什么全懂得",这批家伙们宣传工作的可怜也够叫人好笑了。

"真是谢谢,得了不少烟和酒,哈哈哈!"在这以前,那批家伙也常常丢些罐头作礼物送过来。

第二天,那个姓何的家伙又来要求会面,第三天照样的来。大家都担心恐有危险劝阻不让再去,可是姚君痛愤难禁,还是跑过去,说服那批家伙。全师自然不会因这样的事而发生动摇，可是都切齿痛恨地觉得不甘心。因为在对峙状态中，双方都不发一弹的时间里，对面一天到晚用中国话“哗啦哗啦”地宣传。用中国话回骂詈也没用，所遗憾的是这方面没有一个可以对日本士兵呼喊的日语流利的人，只好咬紧了嘴唇，听从对面那批家伙的“哗啦哗啦”了。大家都感到“要是有一位懂日语的人在这里该多好啊”的时候，突然开到了我们革命的机械化宣传部队。自然，全师全体的官兵，因此都兴高彩烈，喜欢得了不得，我们听到了这些情形以后也是感到热血沸涌。

“好，瞧着吧！给你打个落花流水！”这是我们当时听了这些消息以后的心理。

立刻决定程序，召开工作队全体会议，决定下列数点：

第一，这一次归这边送礼给日本军士兵，由经理部森本、高野两同志作成四个满装桔子的竹篓，在篓内放入各种宣传品及问候的信。

第二，做了许多传单裹成的手榴弹。

第三，作成放射传单的弓矢。

此外，除了在正面用扩声机广播以外，一部的挺进队员更用扬声筒及喇叭，在敌人之前纵横各处进出。

第四，为求全师部队和我们协力起见，由各连遣送代表，第二日起，组织实际应用的日语口号训练班。教科书系我前在恩施所编，刚请冯乃超同志印刷的那一本，内容简明易记，立即可以应用。将这一课本迅速的印发后，成绩之佳，从下面所记的事实中，诸位即可想象这一训练班在当时学习的热忱和努力了。

第一期训练班六十名，今天已经第四日了，再过两日就可毕业。毕业后立刻再召集第二期。我在训练班第一期讲授时，曾将关于对敌革命宣传的基本心得对士兵讲过。前次世界大战时，在两帝国主义的争霸战中，英国且曾以宣传崩溃了德国，今日诸君的场合系革命的解放战争对反革命的侵略战争，无疑地必定可以胜利；问题是全军如何运用这一种保障胜利条件的政治手段，如何压倒对方的宣传。士兵们已经正确地在大声呼喊，“兄弟！敌人在后面！”“别打朋友！”“过来！”“别跑，不打你！”等等。甚至在露天旁听的村人、小孩子们，都学会了这些话，当我们饭后去散步的时候，突然来一个“别跑，日本兄弟！”叫人停住了脚步。

到达后的次日，师部曾举行了一个盛大的欢迎会，这一带地方的军民现在在×师长领导之下完全打成了一片，都以热烈的欢呼围绕着我们，不，我们工作队自身也早已在这热情的漩涡里融洽成一片了。

旁的事暂置一边，还是重回本题报告工作罢。第一日，全体出动先侦察地形，假定情况良好，立刻就开始工作，关于攻击的准备是早已完成，这一天以陶指挥官为首，许多许多观战部队和我们同往前线。为了要在天未黑以前侦察地形，下午三时就从四一师招待所出发。经过了步行艰难十公里的山路，作响[向]导的农民却领错了路线，无意中把我们带到暴露在敌阵正面一千二百公尺前的田野上，首先就受到步枪一声的警告，“快跑!”中国的哨兵在怒斥着。说起来真是奇怪，这样的大部队竟太平无事安然地通过了。从敌人机关枪一枪不发看来，极易了解他们是毫无攻击意志，只在拼命地做一种“送礼的宣抚工作”而已。下午五时到了××团团部，因为走错了路，倒使我们大略明了今天敌阵地的位置和中国军阵地的关系。团部自赵团长以下，军官中那位勇敢的青年姚君(就是那位去当面谈判的)以及其他许多官兵摆设着茶桌，准备好了对我们的欢迎，说是等候我们好久了；又谈了许多战场上的故事：近来，在夜里，士兵们常常偷摸到敌人的铁丝网那里去，敌人慌忙地开枪时，我们已经跑回来了，等等。

“这个真不坏，好，我把这些礼品亲手交给你何队长罢，一定交给他，明朝九时，因为对方曾说要再会我。”

姚君兴高彩烈地把我们带来的几篓桔子接收了过去，此外，两包传单也交给了团部的勇士们。

火线上的中国勇士们是怎样地欢迎我们啊！就连我现在写这篇文章时还不禁微笑。不论那个士兵都兴奋得很，欢喜得了不得，其实我们自己也高兴非凡呢！

六点钟，我们开始走向阵地了。阴暗中，士兵们全部配备整齐。秩序井然，气象森严得很。静默寡言的赵团长走在最先，据说，今天士兵们白天休息，为防万一，全体在夜间配备着。真的，通过的地带还看到炮兵阵地，士兵们似乎都在说：“来试试有嘛!”全部慎重地待机着。

“很早，就接到你们要来的消息，可是老听人说：今天怎么还不来呢！大家都等得可真不耐烦啦。”团长说。

上弦的月光，照得裸山上的枯草宛如猫身上的毛，沿着山腰走，已经到了敌前四百公尺的×××山了。团部连在这样的地方都为我们预备着茶水，真令人过意不去。

暂时休息的时间里，团长详细地对我说明了敌我阵地的配置，自然是小声说的，因为我们距离已经近到用大声说话就可被日本军察觉这里有人的程度了。诸君定知道山上夜里的静寂的，尤其在战场。虽然我们看不到影子，可是一千二百公尺的右方日军炮兵队就在阴暗的深处。炮口向着我们。绵绵的山陵线条，全都是敌军，也都是我们的听众。沉默中的紧张，兴奋中的静寂！

身体几乎要战栗了。

“好！开始干罢！”

我们在俯瞰四百公尺前方日军的山顶上，安置好了扩声机，将电线拉到掩蔽部——全师是怎样地在等候着我们啊！——工兵们早已特别为我们在炮兵阵地的死角上作好了非常完美的掩蔽部。

同志们啊！同志们啊！我一想起血就沸腾，是突然的奇袭哪！友军的阵地里屏着呼吸等候着我们最初的一声喂喽——发电机开始转动了。

欢喜得情不自禁的又指挥官匆匆地跑了过来，“给我先来一下！”突然把我们的话筒抢过去，立刻就喊起来了：“何队长！何队长！喂！好好地听啊！前次蒙你送来的很多礼品，谢谢！好吃得很，我们都领受了，该向你们道谢呀！替我们代达日本兄弟们，今天我们这边请到了日本兄弟要和你们说话，我们这边，日本的革命家都前来帮忙了。像往日一样，别开枪，大家谈谈罢。谁要开枪妨害人家讲话，谁就是理亏。要是你们有理，就别开枪阻扰。好吗？替我向日本兄弟这样说：我们的话和‘伪政府’的话完全两样，是拥护正义的革命者的话，好，瞧那方面说得有理。现在就开始了。”

无论如何，他的说法是了不起的。至于姚君，他兴奋极了，拿了宣传队的扬声筒，跑出堑壕外边一直冲到敌前二百公尺处，直立着向“宣抚班”呼喊。

在广播以前，因恐受对方炮击，轮不到班的，新井田、中条、森本三同志随观战部队的大部份退到后方掩蔽部去了。

打第一阵的我，受着大家亢奋的渲染，心境简直和指挥官是一样。

攻击开始！……我的心犹如士兵们在冲火之前一刹那的疯狂。

“日本士兵诸君，十三师团的同胞们！喂！我们是日本人民海外代表。亲爱的同胞！从国内的同胞那里有话传达给各位，大家都起来，睡着的都起来！别打枪，打枪的就是怕听入情入理话的家伙，怕叫你们听有理的话、事实的话的家伙。那批家伙正是你们的敌人——人民的敌人——假定自己有理，何必怕人说真话呢？兄弟，怎样啊！我们人民，长时期地被人塞着耳朵，掩着眼睛，那些家伙不使人民知道一切，检查国内来的信件，我们稍微说一点话，立刻就来恐吓你！各位心中的话一点也不能互相说出来！可是，不必顾虑啊！从今天起，我们什么话都要老老实实地说出来了……”

对方一官[定]非常惊异罢！

“我说一点关于东亚运命的话，说一点日本人民在过去如何艰苦斗争过来的话，不仅只是日本人民，全东亚的各民族，都为了同样的敌人而陷入于不幸中，这同样不幸的人们，因为一方面的不幸，另一方面想求幸福也是不可能的；有一方不幸，双方都不曾有幸福的，不幸的根源就在同一的敌人，别再彼此都受苦了。因为叫中国受苦，你们的父母，你们在国内的同胞也是怎样地在受苦啊！从中取巧、私相庆幸的家伙，这是那一小批的帝国主义统治者。和这批家伙斗争，只有这样才能得到解放，我们是在同一运命下不得不协力的日本人民所派到中国来的代表。国内的同胞在斗争着呀！叫我们对你们传达这意思，不要叫亲兄弟受苦了，和他们同心协力，各位兄弟，起来斗争罢！"不，尽写演讲内容是写不完的。圆满地说完了话，将话筒交给第二位，大家都嘘了一口气，显出愉快的笑容来。对方一定是侧着耳朵大为诧异罢，也没有什么反应。接着是山川同志广播："喂，十三师团的战友们，一〇四联队的弟兄们！"他指摘自上海战争以来，十三师团尽被骗使在最前线作战的整个经过。日本军方面一定在奇怪，他怎么会这样地熟悉呢？……"天晓得，你们还在被拖到第一线来么？吃这样的苦头，究竟是为了谁呵？今后，还继续打算被牵引着在第一线转吗？向后面去看一看，那些东西在你们战友染着血的后方拼命在分赃夺利呢！"

"爸爸呵，你真是傻瓜！"这一次成仓同志唱起歌来了。接着佐木同志也来："喂！我是川崎造船所的工人佐佐木，讲一点国内消息给你们听听，咱的工厂里呵，……女的、老的，络续被拉出来做危险的作业……每天受伤的、死的，多得不得了，……黑暗极了，黑暗极了！……"

这简直是惊人的巨弹连续射击！可是对方一弹未发，一炮未放，日本的混蛋军官，似乎因为先前说过"开枪的家伙一定是无理可说的家伙"的缘故，只得忍气吞声地被人压倒，咬牙切齿自认晦气而已。你们该想一想，中国军队方面的欢呼呀！说到那位姚君，简直喜欢得发狂，从最前线与我们之间来回的奔跑，报告每次演说的反响：

"姓何的家伙狼狈透了，"他说，"你们左面别再用扩声机了，停止吧！明朝九点钟再讲，不要用扩声机，直接谈谈好了。"我说："明朝是明朝，今晚是今晚，怎样？我们的话有趣吧？"他竟慌慌张张地问我："你们的扩声机按在那里呀？哈哈哈！"

话还未说完，他又不知道在什么时候一溜烟地跑到最前线去了，我们都笑起来。他用扬声筒在欺侮宣抚班的声音一直传到我们这边来。

广播结束后，姚君又跑回来说："话筒借我一用。"

"喂！何队长！何队长！你们干什么今天一句话都不说了啊？说点儿啊！

没有理由可说了吗？你这家伙究竟怎样了？明天哪，要还给你们以前送我们的礼了，这话请代达日本弟兄们，送给你们桔子。宜昌没有桔子吧？我们要送给你们从重庆带来的好吃的桔子，给弟兄们吃，约定明朝九点钟！”

我也对日本弟兄们说：“明朝送礼给你们，今天所讲的话请好好儿地想一想，月亮可不差呀！好好地休息吧，做一个好梦！”

大成功！大成功！机械的效果也非常圆满。我们一枪也没有受到，在中国将士感激与欢喜的包围中退了回来。

到了在隐蔽部候着的地方，新井田、中村、森本等同志都欣喜地来庆祝我们，并且说听得非常清楚；新井田同志更说：“你们开始的时候，××炮兵阵地立即待机准备，队长说：‘好，要是打一炮来试试，立刻回击压倒他，叫他知道个厉害。’哈哈哈……”

这是第一次工作经过。我们在团部里宵夜后，沉溺在胜利的情绪中，从黑夜的山路里回到根据地来。在归途中，听到敌军右翼开始炮击了，象是山炮，轰轰轰继续发射，毫无间断的放着，连续数小时，究竟是为什么呢。第二天清早也打炮，大约有一百五十发左右。据说，夜里发炮，过去没有这个例，那晚中国方面一发也不去回击它，悠悠然沉默着。

第二天打电话一问，并没有一个人负伤。

同志们啊！你们大概想知道七日晨九时的结果吧？我们也等着——等着电话来。结果是这样的——我们所送的礼品亲手交了，并且答应一定分配给日本士兵；姓何的家伙自感惭愧没有来，伪军叫一个自称为李参谋的来了。这家伙讲完了官样文章的话后，那位姚君问他昨夜广播声音是否听得清楚，他就小声地说：“听得非常清楚，日本士兵们都非常注意的听，大家受了这打击，丧气得很，不过，今晚得小心，下级军官们非常不高兴，恐怕要用大炮打你们。”

“干什么你不回到这边来啊？”

“要这样两人都会被打死，我的心中全明白，好吧！再见。”于是两人就分手了。

各种情报很多，在广播时有几个敌军不持枪，跳出了战壕，跑到铁丝网附近，侧着耳朵热心地听。其他还有种种的传说，关于昨天的炮有两种解绎：其一，或者是恐怕中国军一面在×翼广播，一面也许从×翼机动的出击，因此施行威吓射击；其二，或者是宜昌的敌军司令部接到我们革命的奇袭情报，怒而命令炮击，士兵们不愿打，于是胡乱地放。这两点都是师部的解释，我现在想想，还有一点别的意见——由伪军李参谋所说的话可以推测出来，就是昨晚先来一次威吓射击，使人想到也许今天要开炮来打也说不定，要我们“识相点”，不要再来，也许是含有仍然是一种恐吓的意思。总之，日军已经感到恐慌，这是确实的，我们才不会就这样罢手呢。因此，在七日下午三时半，我们工作队照旧出发作第二次攻击。

编队是成仓、佐佐木、新井田、中村、鹿地、山川、森本。山川系扬声筒奇袭队，到最前线去，携带二十个用传单包有小石块构成的“手榴弹”，可是，到了团部，团长对周一计划十分担忧，因为自称李参谋的忠告，说是敌人今晚也许要炮击，于是今天暂时停用扬声筒的工作，“手榴弹”全交给了中国的士兵。

阵地较昨天更前进一百公尺，隐蔽部非常妥善坚固，我们安置好了扩声机后，从山顶上看过去，三百公尺前方的敌阵静静地踞伏着，胆子愈来愈大了，全身给不知名的快感所灼热了，想到在黑暗中，对方的炮口、机关枪正对准着我们，不禁要笑起来。

半轮明月洒下来柔和的光，天公作美，又给我们顺风，轻飘飘地由后面吹过来，可真顺利啊！

今天也是我打先锋，“日本兄弟们，今天再来谈谈吧！”接着——“亲爱的同胞，怎样，昨晚好好的想过了没有？假定以为我们的话很有理，今天也不要开枪，好好地听我们讲。射击我们，对日本人民，对你们，一点没有好处的。我们必需团结互助，要是有人要破坏我们，叫你们开枪，这些家伙才真是我们的敌人。他们是恐惧人们说实话。打也没有用，人民的灵魂一旦觉醒了以后，是没有法子消灭的。你们二年半的经验该明白了罢？不论用什么大炮、飞机要想消灭觉醒了的中华民族解放战争是不可能的。军部这批东西因此削弱了，筋疲力尽了。日本人民也须有自信，人民会胜利的，我们会胜利的……假定强迫要你们打，在没有办法的时候打也不妨，向着天空开枪！明白了吗？兄弟，好，开始了！”

从容不迫地做完了工作，出乎意外，一枪也没打过来。

我将太平洋危机及日本人民将来要遭遇的可怖的地狱描写了一番，告诉他们士兵们，该如何非和这危机战斗不可。佐佐木同志把我们的集中目标——近卫新体制之阵势——加以爆击。新井田同志一条一条举出如何使士兵日常斗争组织化以及士兵的要求等，煽动他们提出这样的要求，去逼问长官和军部。中村同志系游艺广播，唱起充满了悲哀的反战歌曲来。成仓同志报告新闻：国内、战况、国际，真是一个模范播音员。最后，佐佐木同志意气激昂地又唱了一首《民众之旗》，对方一弹未发，静静地听着。士兵跑来告诉我们，伪宣抚班的中国人像老鼠似的跑到前面来，做无聊的扰乱，他们高喊：“听不见，再大声一点！”“听不见吗？放屁！神风所播一直到你们那里一千五百公尺处都可听得清清楚楚呢！分明是‘装聋’胡说。”宣抚班毫无办法地被压倒了，姓何的家伙从此再没有说过一句话。

最后是姚君的三呼万岁，演说终了后，我们全体回来了。中国军方面今晚又增加了炮，护卫者也待机应变，可是敌人至终未发一枪，我们明天决定再在同一地点强袭一次。

“从不发一枪上推想，这些家伙也许别有阴谋，是不是他会叫敌兵退到后面去，叫伪军跑到最前面来？”山川同志说。

“这样也好，明日就和中国方面配合煽动伪军。”

可是，询问了师部后，知道伪军确实没有在第一线。

这一夜，我们勇敢的士兵们，真是胆大包天，将我们传单制成的“手溜[榴]弹”并不用投掷的方法丢过去，却干脆地亲自跑到敌前铁丝网前，把它挂在那里，然后悠悠然走回来。快哉！快哉！

说点第二次工作反响罢！

八日上午九时，我们又叫对方“宣抚班”出来，将礼物（桔子篓）亲手交给他。叫人出来的政□本是这批家伙先开始的，因此现在想不出来了也不行，真可说“自作孽，不可活”。

据伪军李参谋偷偷地述怀说：“我们真不想干这工作，听了你们那边的宣传后，日本士兵也非常丧气，却说这样下去是毫无希望的了。你们那边倒象是很痛快呢？我是想跑过来，可是现在一跑就会被打死，没有办法。”那家伙悲哀地携着两篓桔子回去了。

应该举全力对伪军宣传，伪军才正是促日军崩溃的因子，正像将来占领区系促希特勒崩溃的主要因素一样。

我们意气亢奋地又编成了第三次挺进队。

人员——山川、中村、新井田、佐佐木、高野、岸本、新井田。岸木系扬声筒奇袭队，我因为昨晚走山路归来脚踵发痛，今日在家留守。

留守队可真是寂寞哪！成仓、森本和我送走丁[了]勇士们后，默默地看着钟，同时更担心地等候炮响。夜深了，在皎洁的月光下出去下便[边]，看看火线方面，座座的山一点声音也没有，静悄悄地踞伏着。

休息下来后，方感到已经是到了严冬寒夜的时节了，相互的胸中都感流出一种真正的“同志之爱”来。三人唱着我所改作的日本歌《讨匪行》，急切地等候同志们带来好消息。炮声今夜一发未响。

我们有这样一致的意见——这里情况好极了，敌军是处在进又不能退又不是的状态中，在我们攻击的前面，除束手待毙以外毫无办法。我们要改变方针，采取集中战法，把工作日程较原定的增加一倍，决心非把这里的前线摧毁后决不松手。

十一时半，勇士们回来了。

好消息，今晚又是好消息，每晚、每次都是好消息！同志们回来报告如下——到了团部时，团长告诉我们日间的情况如次："今日敌军情势稍稍有点不同，也许要炮击，奇袭队的活动，今晚仍请停止。"我们到了阵地后，一预告将开始广播，日军方面就有日兵五名背着三尺大小的方形白旗越过铁丝网，跑近到中国战壕附近来，他们在那里一直默默地听完。这方面要是出去看看就好了，可是据团长推测恐怕多少有点危险，我们方面仅仅严密加以监视并无什么动作。据说广播完了后，待了一回，他们也卷起白旗悄悄回去了。有趣味，那批家伙不知要干什么了。据团长的推测，可能想象下列三种场合。

(一)侦察扩声机的位置。(二)引诱我们出去，加以集中攻击，自己也决心牺牲的敢死队。(三)也许想投到我们这边来，结果踌躇而未实行。我们关于这三种场合一直讨论到深夜。据我们的见解，第三种的场合绝对不可能，因为世上决没有可以扬着白旗公然地投过来的革命的脱逃者，要是乘机秘密的跑过来，那也许可能；可是我们也不能推测他是决死队，假定是指示射击目标的决死队，一定会要求来会见我们，一定是侦察者，侦察我们扩声机的位置在那里，恐怕还是军官斥堠呢！

"宜昌方面一定闹得大成问题了，为了探得确实的情况，特别派遣军官斥堠前来的罢？"

总之，已经大大地惹起敌军首脑部的恐惧，已属确然。"宣抚班"那批混蛋们已经不再出来，定是受到严重申斥。

那位姚君更高兴得了不得，教给他一句"不打你，来，来，来！"的日语，兴高彩烈地说："明天就用它试一试。"

日军下次来那一手，倒是有趣的问题！

我们决不放松攻击。我们要努力慢慢地能达直接和他们交换谈话的情势。假定那批家伙开炮的话，那更好，日军士兵们的心理反更会同情我们这边来，要是发生强制命令要士兵射击的话，那更见效果。无论怎样，总之，是加强我们的胜利。

"假如来请求和我们见面，怎么办呢？"

"去啊！要是开抢[枪]，那批家伙就算输了；不去，我们算输了。这里难道不敢派遣决死队代表！"

"要是师团长自己来，我一定见他。"我这样说时，山川同志笑起来："来的怕是假师团长哩。”

三日的经过已像上面所告诉你们的，明天开始进入到第二阶段了。

工作队士气冲天，中国军全师兴奋极了，我们彼此都成了好朋友，就连在最前线也处处给我们照料和帮忙。昨天工作队送了些香烟给前线的中国士兵们，这算是我们对他们些微友情的表示。

令澳君也非常起劲，最后一天去的时候，也对日军广播说：“各位请安心，我是中国政府方面的，我们对日本人民衷心抱有友情，现在这里已经有了许多的日本的革命家都来援助我们了，请你们安心地过来……”说完了后才回来。

像这样代表中国人方面的广播有时也是必要的，而且现在曾在我们讲习班学过口号的全军士兵也都会叫起“日本兄弟，敌人在后面！”等等口号了。

希望等候我们第二次的报告！

祝各位同志健康，第一挺进队万岁！

一九四〇年十二月九日于陆军第四一师防次

第二信

各位同志：

愈来愈有趣味了，今天（十二月十三日）第一阶段的预定工作告一结束，全体同志正在一起煮“西露果”（注：一种用赤豆及糯米块做成的日本通俗点心），举行慰劳同乐会时，突然来了一个惊人的情报，万岁！同志们啊，我们第一期的工作已经引起了巨大的反响。

事情是这样的，请你们别以为我在写小说，为了便利起见，还是照例依次报告三日以后的工作经过：

第三日工作后，从宣抚班的话里，我们可以确信同盟的工作已经予日军士兵一个相当深刻的影响，因此，此后为了暂时给他们充分考虑的时机起见，决定突然机动的去袭击日军右翼阵地（距离第一次工作阵地约二里的北方）。

这里较第一次工作阵地的日军数目多，他们盘踞在高约三百公尺的一个尖锥的山峰上，控制着这一座山的南方其他两个较低的丘陵阵地，更在丘陵间山峡的稍后方配备了〇〇炮，就这样处在周围各山重重被中国军包围的状态下面警备着。这里距宜昌也近，我们革命的奇袭，不但在长江南岸，就连宜昌那边也刻划出恐慌的波纹来了。

第四日，晨微雨，全体休息一天，第四一师师部周到地为我们预备了洗澡设备，一起沐浴后，悠悠地养精蓄锐。

第五日，天似乎特别给我们幸运般地又是一个碧天晴空的好天气。瞧吧！老天究竟帮谁的忙啊！湖北的天，宛如为了同盟而微笑。

睡着了吗，战友？睡着了吗，草木？
只有步哨，那静寂的天地，
一想起，随时都愤激了我的胸头，
我要大喝一声，吟道：
“霜满军营秋气□，
数行过雁月三更，
饱彼贪婪欲无底，
故乡父母奈若何？”
啊啊！我们徒作了那厮们的牺牲，
要是曝尸在这异乡的土地上，
冤魂将永久迷惑在此，
还说什么堂堂的神州男儿汉！

这是我即兴改作的军歌，同志们一起唱了起来。

下午三时后，成仓、森本、高野、佐佐木、鹿地六员编队出发。走出宿所没有几步，留守在家的今泽君遣人追了上来说：“师部来的电话，通过敌阵地前面时请散开走，因为有一段无隐蔽的暴露地带。”其实我们都是一群肚子饥时连子弹也能当饭吃的人，口虽答应着“晓得了”，还是照样前进。

抵第×团本部，张副师长、陶指挥官、陈督导员等许多观战部队早已先等候在那里了，要一观今天的战斗究竟。说起张副师长、陶指挥官来，他们都是从几十年战场生活中锻炼出来，始终站在士兵的最前方进击的老勇将，看他们和士兵宛如家人般地相亲相爱，真叫人痛快。两位一见到我们，用着中午在日语口语讲习班中刚学会的日本语说：“朋友，请到这儿来！”“日本兄弟！”可真使人“吃不消”。随即我们又转到营部去，等候太阳下山。营部里还备了许多桔子、花生等，在火线上，竟还有这样珍贵东西的招待，全军将士对我们的欢迎真使我们过意不去。

亮晶晶的月光，爬上枯草盈盈的山头时，我们就向着阵地出发了。看起来这里比第一阵地更使人有“战场”之感。“那个？”尖锐的口令时时问着。沿着山腰寂寂地走在毫无声音的萱草中。在遥远的南方可以看到第一阵地静寂地沐浴在美丽的夜色里。眼前已经可以俯视日军尖锥形的山峰了，我们挺进队更偷偷地走进前面比较低一点的阵地，不久就停止在一千公尺处的隐蔽部前，赵团长陪着我和佐佐木同志先去视察阵地，走向敌前三〇五高地时，敌军配备的全景了如指掌，真是绝好地点，立即命士兵跑去叫全体部队都来集合。说起来真是悠闲的话，连观战部队也都蜂拥而至，可是因为敌炮兵阵地距此很近，大家都躲藏在隐蔽部内。佐佐木同志立即配置好了机器，虽是在这样的火线上，可是为了我们的广播，营部竟连桌子、茶，都替我们准备好，你们听了可别吃惊啊！

晚七时，第一声广播的我，就宛如在中央广播电台时一般，悠悠地开始播音了。

同志们！痛快，痛快，这里的那批家伙们可真有点怪呢！

那批家伙们早已等候了，一定的，在日间，不，在前几天，上面的军官已经命令他们了。那批家伙自听到第一次广播打了败仗后，必然地早在此紧紧地统制住士兵完成准备。

有趣的故事开始了，经过如下：

我的播音刚完，在发声机前检查音调如何的岸本同志带着笑急急地跑了进来："对面也在讲话，非常近，听得清清楚楚。怎么办，用扬声筒和他们对话试一试罢？"

据说对方开玩笑地说："听不清，再大声一点！"听怎么会听不清，就连小子们后方一千公尺处都能听得到呢！就连他们用口说话这里都听得很清楚呢！

"好，用扬声筒试一下，小心别被打中，说话要简短，敏捷地随时移动位子！"

岸本同志背着扬声筒，兴冲冲地奔向敌前二五〇公尺处去了。

第一次扬声筒队的活跃，什么炮击等早已不放在心上了。厉害！厉害！竟引出那批家伙来答话，可说是已经给征服了。天胆不敌的观战部队张副师长等听说岸本同志跑到最前方和日军兵士交换谈话去了，赶紧也跑到那边去参观。

扩声机班，接着我后由佐佐木、成仓依次地进行放送。在第一个休息的中间，岸本同志总是用着场[扬]声筒大声地疾呼。

"乓！乓！乓！"三枪。

我立刻跑到山头去看，还没有说出"子弹飞向那边过呀"时，岸本同志又继续地在讲了。

"别太长了！"我几乎像申斥似地把他拉了回来。

双方对答的内容如此：

“怎样，刚才讲的话明白了吗?”

“不明白!”

“那末，再听，你们究竟为谁打仗呀?”

“为国家!”

“要是为国家，为什么光叫人民牺牲，为什么一部分家伙尽舒服，尽做好事?”

“马鹿野郎!”

接着就是乓乓乓！家伙们答不出话竟开枪了。可是又不像真心向这里打，子弹一点也没有落在附近。这批东西准是受谁的(恐怕是士官罢?)指挥，被迫开枪来妨害我们。因为对方像早已在那里等待着了，这边一说话，就来回答。这样，我们就又改用扩声机的攻击了。岸本同志广播时——他稍为“抬杠”得过早了一点。

“说到天皇还早呢!”我来不及阻止，他早已在成田菩萨、金比罗大神(注：“成田”“金比罗”都是日本神名，出征侵华敌兵多求其符签以冀避免中弹阵亡)都来不及救了，士兵纷纷地阵亡，天皇假定是神的话，拉这家伙出来试一试，拉这位活神仙出来尝尝子弹的滋味!”

“马鹿野郎!”乓！乓！乓！

“不行呵，怎么现在就拉出那‘活神仙’来了呢?”我说。

岸本同志红着脸搔头。说句实话，这一天的广播，日军方面准备周到，我们方面都太慌张。更不好的是成仓同志竟负伤了。那刚是敌阵那边跟我们胡乱开玩笑的时候，我正在山头看形势，跑下来时。

“成仓同志负伤了”，佐佐木同志脸变色地说。

急急地跑去一看，他正用手按住汩汩血的头，眉头紧蹙着。

“怎样了?”

原来是为了调节机器的发音太忽[匆]忙，跑出去的时候脑壳碰上了岩石的尖角。森本同志和我立即替他裹了绷带，因为他自己说没有关系，就叫士兵先扶了回去，当然我们不能就这样叫对面那批家伙起了兴头，这有关我们挺进队的名誉。为了缓和这批得意忘形的家伙们情绪起见，我们稍为做了一点游艺节目的广播，并且为了补救岸本同志讲出“活神仙”的“开张失败”，这次由我重新将关于“人民的权利”方面开了一个讲座。

“明治天皇是一位聪明的。——喂！好好地听！这次讲一点日本人民应有的常识。你们是一句话也不能讲地被封住嘴、掩住眼，驱使着来打仗了。可是，天皇曾说过一切的事应由‘万机公论’来决定。当时为什么要说这一句话呢？因为明治维新根本是受美国军舰的刺激，由于觉醒起来了的‘民族自觉’而实现的。在当时谁也不能否认这一具有‘民族自觉’的人民，试一试谁否认这一力量吧？那结局就是幕府第二。天皇因为赖人民的力量才完成了维新，自然不得不允许人民以权利，‘万机公论’是由人民的斗争才获得的，试问天皇自己真心愿意‘万机公论’吗？下面的事实怎样？……”接着：

“人民只有始终团结，自己能发挥力量时才能得到权力。人民被压迫着，稍为失却了一点力量时，那批家伙就随时来愚弄人民了，一面说是为了国家，一面却早已将人民的眼境遮蔽起来，驱使他从事莫名其妙的战争了。”

说到这里，轻机关枪、重机关枪猛烈地一齐射击过来。

森本、高野两同志，在枪弹中笑着跑下来。

“这批东西倒有点劲儿，起先说‘停！闭嘴！’，最后竟唱起一种日本民谣来了。而且当我们演说一直继续下去的时候，这次竟开起枪来了，哈哈哈哈！”

最后，佐佐木同志歌《民众之旗》时又是步枪数发。今晚是闹了架回来，我们都不禁苦笑。佐佐木同志临别说：“日本兄弟！吵闹虽不妨，还请静静地考虑一下，我们还要来呢！月儿好得很，慢慢地想一想吧！晚安，祝你们做个好梦！”

陶指挥官也笑着用话筒对中国士兵最后忠告说：“弟兄们，不要开枪！即使对方开枪我们也不要开枪，要是两两三三地跑过来，欢迎他们，这是好朋友，不必打他！”

从月光照着的山路中回来，同志们边说着话：“总之，有了反应，就有趣味，因为可以明白那批家伙的心境了。要是老不开枪也不讲话，冷清清地怪没意思。”

“关于天皇说得太早点了，可是也好，失败就是教训，从今后那一种应在第一期宣传，那一种应在第二期宣传，内容方面还有考虑的必要。”这是岸本说的话。

是的，我们的《言语的子弹》（注：反战同盟此次所编缉的对敌宣传材料集的书名）在使用以前，还应补充一种初步的宣传资料才对。

鉴于今天的经验，全体同志立刻树立了明天的对策。

在营部吃了丰美的宵夜，成仓同志的担架先回去了。张副师长真是一位愉快豪爽的军人。同志们在月光下不断地唱着革命歌曲□进时，他跑在最先头用手杖装着打军鼓——笛儿隆，笛儿隆，冬隆，冬隆，非常地高兴，宛如在做军乐队的鼓手。军人真好哪！我简直爱上了军人。同志们！不必担忧，成仓同志的伤并不重，以后的工作虽然未能参加，可是现在已经渐渐恢复到不久即可重上火线的程度了。

第六日(十二月十一日)。

清晨,三架轻轰炸机通过上空,这也许是在示威说:“宜昌也有飞机哩!”今天是第一期日语口号训练班结业日,大家都学得很好,这批士兵立刻将回到火线去。“停止战争,敌人在后面,日本兄弟!”这种雄壮的集团的呼声将使军部的家伙们丧了胆,我们分给每人一卷传单来代替毕业证书,讲授传单的种种使用法来代替毕业典礼的致词。眼送着这些年青的弟兄们勇跃地回到各自的部队里去了。

挺进队今日的编成是:山川、新井田、佐佐木、岸本、高野、鹿地六员。下午四时和令澳君一起再向昨晚的阵地进发。临行征募扬声筒奇袭队,山川、新井田两同志先举了手。

新井田同志兴致非常高涨,对缠着绷带出来送行的成仓同志说:“给你复仇去!”

先赴营部。途中,张副师长已经早等在那里了,他对我们的工作真喜欢,每晚都同行,真是一位好心人。

月儿珊珊,当她用奶白色的光线倾注在一座一座的山头时,我们挺进队又悠悠地出现在待机着的日军正面了。尖锥形的山峰静寂地伏着。今天定把那批家伙们的妨害和枪火一举压倒下去。

广播开始。可是,打第一阵的我,关于“何谓东洋和平?”一题刚说不久的时候,突然,高野同志跑了来说:“发音非常不好。”试了几次竟连声音也没有了。机器发生了故障,这真糟糕,宛如吹了冲锋号,刺刀却突然折断了一般的毫无办法。

“用扬声筒去罢!”新井田同志意气昂然地说。张副师长也说:“好,咱俩一起去。”令澳君替两人担心说:“今天也许要开炮,算了罢!”“什么?没有关系,不过别演说太久了给人以目标。好,去罢!”

新井田、山川的扬声筒队立刻跟着副师长出去了。

岸本同志和我也一直跑到山头上到安有发声器的地方去,来了,来了,来了地等候他两人的呼喊。回头一看,扩声机的喇叭已经取了下来放在地下,佐佐木同志仅携了发声机回隐蔽部修理去了。

“这是个重炮,我们用这个来干罢!”

岸本同志和我将喇叭筒对准了敌前三五〇高地的位置上尖锥形的山峰作目标,不一会,从想不到的另一角落里距敌仅二百公尺的地方,新井田同志的演说开始了。

干了,干了,已经堂堂地在干了,是“为谁而战争”的大演说:

“从你们流了血的后方,这里,那里,那批家伙们在干着什么呀?正在分赃夺利。政府已经规定了‘指定专卖人’这样的东西,三井商事呀,爪屋(注:在华北、东北日寇所设特殊会社的别名)等,只有一部大资本家,公然在独占权利。你们流了血,人民饿了肚皮,可是那批家伙却发洋财!什么叫三百万万的军费,是人民的血!政府把这些用到那里去了啊!立出了奖励金哪,什么哪等等各种名目,这些钱早融通给久原和中岛的军需工厂去了。为什么用人民的血汗叫那批东西发洋财呢?你们拿了八元八角一月的饷却连命都要送脱。既然说是奖励,为什么定要奖励这些财阀们去发洋财,而不去提高工人的工资呢?”

干呵!干呵!正是大胆不敌!不但不用简短的话说,反大谈而特谈起来了。“碰”的一枪,一个子弹好像不知掠过了那里,像打在铁丝上发出了音响般地从我的头上飞过去,可是扬声筒决死队却毫无其事般地动也不动。

“怎样?明白了吗?”

“不明白!”

“各位士兵,提出这样的要求向军部斗争罢!”

新井田同志依旧立着继续地叫,把长篇的口号一条一条从头读到尾。我们真替他捏一把汗。一枪又“碰”的从头上飞过,可是后来他们终究认了输也不再射击了。

我和岸本同志为了分散目标起见,时时用那大喇叭筒作很短的演说。这时,山川同志登台了,十三师团的弟兄!对方必定在吃惊,这座山,那座山,全是我们的声音。

“怎样?明白真正的敌人了罢?”

“混蛋!”

“什么混蛋?战争了三年、五年,竟还不明白过来,你这小子才真是太混蛋呢!”

山川同志的话极有意思,他一会儿用责骂的口吻,一会儿又用安慰的口吻:

“可是,我们也了解你们的心,因为有官长在那里,你们自然不能说明白了;不说也不妨,不过我们希望你们虽不说话也得好好儿地听,并且好好地去想一想。你们不说一句话,我们也能十分了解你们的心,我也是宫城县人(注:十三师团士兵多宫城县人),所以你们在战场上的心境如何,我是非常的同情。不过,你们既然明白了,就别再冤枉地送死,中国的弟兄们对你们并无敌意。

开枪务必要向天开，留得好好的身体回家去才对，你们回去的时候，我们为了日本同胞，为了革命，也得回去，那时，你们和我们全是同志，明白了吗？"

有一个声音说“明白了”，寂静无声中竟有“明白了”的一声。同志们啊！说是“明白了”！日本弟兄中竟有勇敢的说出这样一声：“明白了！”

山川同志终究压倒了他们的开枪和扰乱，引出了一句“明白了”的话来。大胆不敌的我们两位勇士啊！出其不意在日军枪口之前显出了他的英姿来，夺了两军将士之胆，也博得了他们的赞叹。

日本军已经不再发一言来回答了。

“金鸦勋章！金鸦勋章！不，金鸦勋章掉到阴沟里去，你们今天该受革命荣誉章。”（注：金鸦勋章系日本天皇颁赐于有军功者之勋章。）

我拍着两颊灼热刚归来的新井田同志的肩膀拼命地称赞他。我们这位可爱的革命少年却怕羞似地咬着嘴唇，指着那时为了修理机械已经精疲力尽的佐佐本同志说：“不，荣誉赏不应该是我的，佐佐木同志才正该受第一个革命荣誉章哩。”

真的，佐佐木同志也够辛苦了。机器全是屡生故障而以代用品凑集的旧物，□淡努力来维持我们这一机械化宣传队的可说全赖他。

同志们！但是，结局荣誉章并没有颁给，要是颁给勋章的话，瞧瞧，我们工作队的勇士们全都要努力争取这一荣誉了，那不论有多少勋章也不够分配的。

机器修理好了，现在又要开始重炮射击。

我先来——“侵略战争的曝露”：“现在正是决定东亚两民族运命的时机，从长时期同一命运中苦过来的两民族，在血的牺牲中，必须获得的是什么呀？是在同一命运中面对着我们真正的敌人相互携起手来这一件事。我们为了两者携手起见，经历千辛万苦才跑到这里来，我们是国内同胞所派遣而来的人民代表，我们一起呼应啊！日本军弟兄们！士兵们！团结罢！国内同胞正在斗争，和他们呼应吧！”

已经不像昨天一样的妨害了，完全胜利了，同志们！我们是完全胜利了！

预定的节目完结，把机械全部整理好，我跑上山头瞩望沉默着的日本军阵地，胸中不禁无限欣喜，不自制地拿了扬声筒，叫了起来：

“兄弟呀！亲爱的兄弟呀！自己要是不干谁也不会替我们干的，自己始终没有干的勇气，也就永远救不了自己，救不了父母兄弟，团结起来啊！明白了没有？亲爱的兄弟们！”

踏着月影回到营部，副师长感叹极了，尤其对年青的井田特别爱好，“不能留下新井田及其他二位同志在四一师吗？”新井田同志回答得妙：“不论几个都可以留下来，不过同盟现在人手不够，请四一师多抓几个俘虏，把他们交给我们训练教育后，那就可以好好地留在这里工作了。”

“哈，哈，哈!”副师长大笑起来。

和将士们肝胆相照地谈着话，十二时半回到宿舍。

第七日。

第四四师派来了使者，“欢迎早临”，并且看看我们在四一师的情形，似乎非常期待我们早些到那边去。这样子倒使我们感到惶愧。实际说，我们工作队假定确是已经有了些许成绩，那也不过是因为四一师给我们非常大的便利，才使我们托庇，发挥工作的效果而已，要是对我们期待太大，那才叫我们惶愧呢！我立刻想建立一道这样的“防御线”，这并不是“客套”，却是事实。我在前封信中也曾说过，我们对四一师真钦佩极了。

贤明而用功的丁师长，勇敢而又经验丰富的张副师长、陶指挥官——这许许多多的人以及士兵弟兄们每一个令人羡慕的亲爱的雄姿。真的，有机会我一定写一个详细的报告告诉诸位，现在把这些话暂时不提，还是回头来讲四四师派来的使者的事：他是来探问关于我们居住的准备该怎样，喜欢吃点什么样的菜淆[肴]等招待事宜而来的，真太慎重其事了。幸亏知道我们脾气的四一师的许多朋友替我们回答说：“没有什么，尽你们所有招待他们就很高兴了。”

今天清早，又是九架轻轰炸机盘旋在我们上空。据来电话说，六架敌机曾在我们昨天工作的阵地上低旋侦察。

混蛋的东西，真跟蹩脚的击剑者同样，见了敌手以为举起剑来威胁威胁就行，难道不知道趁你往上举手的当儿，就会乘隙刺你一刀吗？

今天仍是到原地方去。

佐佐木、中村、新井田、鹿地以及扬声筒奇袭队山川、森本等编队。

下午四时出发，张副师长连今天已经三天了，总是在我们通过的地方等候我们同行。走熟了的路，在下午七时就到达了月光笼罩着的阵地。

同志们，这里的阵地真有趣味，双方对话热闹极了。我们判断今天对他们分析天皇制的正[政]体已经不妨，于是先由我讲演“国际情势与日本”，接着是中村的游艺节目，佐佐木同志的国内情报，最后，新井田同志诗吟独唱。可是因为新井田同志调子唱得过高，中途竟发不出声音来了，重新再唱时候，那批家伙就：

“喂！饭吃饱了没有？”

“要是肚子饿，给你吃‘卫生丸’好吗？”

大家都笑了。

扬声筒就在这里开始活跃了，我和中村同志都到山头去看，奇袭队，已经不像是奇袭队了，堂堂地在枪口前面大演说着，是森本同志的声音，日军方面又在有计划的对我们“应酬”了，说出开玩笑的话：

“你们是俘虏么？”

“胡说，我们是国内同胞派遣而来的革命代表，和被三井、三菱豢养着而奔跑者的身份不同。”

简直是吵嘴，我苦笑了，那边，这边，全都带着半分的插科打诨。

山川同志开口了：

“喂！东北（驻：系日本之东北地方，十三师团敌兵多该处人）的士兵们，十三师团的弟兄有话和你们讲，好好地听一下。”

“得，听你的。”

带着东北口音的士兵们亲热地回答，起初都静静地听着。他把关于血还未干的战场，资本家却早在那里争利，以及仅拿八元八角一月薪饷而要牺牲生命的士兵们的差别，反复地煽动着。

“这也是为国家吗？”

“混蛋，那一个都为的是国家呀！”

“为八元八角钱的国家吗？三井、三菱听了很高兴呢！”

随着又斗嘴，中村同志快乐难禁，作着姿势想要立刻跳出去说话。山川同志还在叫：

“为了什么要打仗啊？再说一遍听听！”

“为了东洋和平。”

“傻瓜，拿着枪，为了他人去扰乱别的国家，这也是东洋和平吗？”

他接着又说：

“喂！东北的老乡！你们该振作一点，咱是你们的同乡，说到东北地方的人，人家都批评我们是爽直忠厚的人；忠厚确为好事，可是太忠厚了，就什么都照着人家说的话做；不会自己去费些脑力，判断一切事情，因此老是跟着别人的屁股后面做傻瓜。回想一下明治维新的时候罢，东北人最后还附和幕府做贼军。别再成落伍者了，东北人总老是一贯的有落伍份子的倾向。”

“同感！”对方反响。

“喂！我们这样讲话，你们也高兴罢？可是官长恐怕在生气，一定会说：‘别听他们说的话！’——哪，这是当然的，因为这批东西才是你和我们的敌人。”

轰轰地在骚闹，好像不容易静下来，终究在日军阵地的山背里吹起歇灯号来了，大概意思是在说：“别再闹了，睡觉！”

不理它，我们这次又改用扩声广播了，森本同志当着张副师长的传令兵跑过来说：“对面那批糊涂虫闹得很，可否请您到前面去和他们说几句话。”

吹丁[了]歇灯号后，虽说已经静下来了，我仍到最前方阵地去作一次狙击兵，副师长笑着在等候我。这真是个绝好的据点，我走进山川同志的壁壕，照着指示我的枪眼瞧去，鼻下就是日军阵地，据说就是刚才他们跑下到山麓来向我们揶揄打□胡闹的地方。

“喂！大家好好地听！”我在静寂中开始叫喊了。

“刚才你们有人说是为了东洋和平，现在就说究竟什么才是东洋和平。东洋在被一部份贪婪的东西视为禁脔的时间内永不能和平的。东洋在被这批家伙们争夺的时间内，永没有和平的。过去白种人视东洋为他们的肥肉，今天一部份日本的坏东西梦想攫取禁脔，这批家伙们存在的一天，和平决不能到来。不仅是日本帝国主义，不论那个帝国主义我们全不需要，驱逐他们后东洋才有和平。人民和人民假定能协力，和平始属可能。中国的抗战就是这一种全民族的抗战。同胞说是为了东洋和平，可是却受了那批贪婪者的利用，白白地牺牲生命，我们见了真不忍地要哭，不，我们简直欲哭无泪了。谁会拯救我们的父母兄弟？兄弟们！自己不救，谁也不会救我们的。好好地想一想罢！明白了么？”

“精诚团结起来，别再冤枉送死了，想想可怜的父母兄弟们！有困难的时候跑过来和我们商量，可以说是过来找同盟的，明白了吗？好，请安歇罢！好好儿地睡！”

我最后的声音几乎变成呜咽了。

日军悄无一声，第七日的工作就此结束，我们回到营部休息。

关于“吹歇灯号”的事，据森本同志的解释是这样的——在最前线吹歇灯喇叭似乎很少听到，一般大抵是除了大队长居住之处或大队本部以外并不吹号。也许这里有大队本部在，也许听到前线有我们这批人出现，宜昌方面特遣高级将校前来视察，因为太噪闹了，没办法，就吹起歇灯号威吓士兵不许再闹也未可知。

再询问团长时他也说这样的事在这里还是第一次，定是日军因我们的出现已陷入不堪收拾的混乱中无疑了。

第一阶段的工作至此告一结束。

现在让我来告诉你们前已预告的“惊人的情报”罢！

同志诸君：

今天（十二月十三日）上午，指挥官叫士兵携了许多罐头、波萝蜜，笑嘻嘻地跑到我们这里来，这是怎么回事啊？说是这些东西都是第一次工作阵地的日军方面送来的礼品！

事实是这样的：

十二日下午四时，日本军方面又是那个参谋及另一日军将校向中国军方面要求会谈。

“请派出两个人来，有话谈。”我们方面也就应他的要求派了一位军官、一位士兵出去，可算是“军使”，双方都扬着白旗前进至以前屡次会晤的地点，握手敬礼毕，那边的日军将校用熟娴的中国话说（由此可以断定他必是特务机关人员）。

“听贵方连日的话，贵方的心理我们充分了解，我方士兵也颇感动。”

“听到了么？”

“全听到了，我们非常感动。（什么话，该说是受了当头一棒！）士兵们也颇为消极，我们深切希望和你们讲和，贵方能否允纳我方的和平请求？”

“当然可以允诺，要和平极简单，只要停止侵略战争，无条件撤兵就可和平了。”

“那很好，我们将撤兵，两民族互相亲睦吧！那么关于撤兵的条件一节贵方可否和我们商量一下呢？这事恳托之至。还有，这件事也得希望你们加以考虑：就是不要相信美国能够援助中国，我们应该警惕，东亚两国彼此打得精疲力尽的时候，全将受第三国的压制呢！”

“不，我们正因为不希望受任何方面的压制，所以才抗战到今天。”

“明白了，贵方米粮充实否？价格如何？”

“米粮极为充足，一斤不过七分。”

“这是指军米罢？老百姓没有米吃很苦罢？要是米缺乏的话，我们倒可以送给你们。”

“不必费心，民众食米虽较军米价格要贵，但充足得很，而且和汉口比较低廉得多了。”

“那么，食盐缺乏吧？”

“食盐从四川也运来不少，要是宜昌不足的话，这方面可以送你们一点。”

“那也不劳费心，你们好像很痛快，军队数目似乎不少呢？”

“也不怎么多，可是不论那里，所有山头全有军队守着，贵方如何？”

“很多，后方约有十三万。”

“呵，原来讲的是后方，那我们有近百万呢！”

“是吗？哈！哈！哈！哈……”那特务笑了。

“贵方士气很旺盛哪，还有，那许多日本人究竟从那里来的？”慢慢地谈到本题来了。

“那是从你们贵国派来援助我们的革命家，不仅只是这里，各战区都有出动。”

“这样么？好，再见。”

这样，那家伙就放下了罐头礼品回去了。

同志们啊！我们带回礼品来了，可纪念的礼品——台湾制造的波萝罐。欢笑吧！欢笑吧！

师长、副师长都来了，我们都大笑着谈论怎样回手打击他们。中央社的S先生惊异极了，说：

“从没有看见这样的战争过，妙极了。”

那批家伙的鬼计何在？

大体可从三方面来推测：

第一，系宣抚班工作之继续，想逆用这方面革命的接触，打算照例又用和平的诱降政策来影响军队的士气。

第二，想用和平的手段来缓和因我们革命的宣传而生的日军将校与士兵间对立的激化，同时欲侦察我们的真相及中国军的士气。

第三，使中国军与我们松懈大意，诱导我们入更深的状态时，阴谋一举袭击消灭我们。

好，叫他们知道点厉害，我代中国方面提出和平条件吧！“买点桔子来，把我们的信放在里面送给他们如何？而且，这样的信反正他们不会给士兵看的，我们应编成两队宣传队，分别派到第一、第二两阵去，读给对方全体士兵听，煽动对方全体士兵参加讨论反战运动。”

大家一齐拍手赞成，我就立刻起草，信的内容如左：

谨告日本军将士书

前日（十二日）得悉诸君之部队传达于中国军方面之意见，中国军将士暨我在华日本人民反战革命同盟会前线工作队皆欣慰异常，关于诸君之和平希望以及要求此间提出和平条件，经我等立即电告本同盟总部后，总部覆电谓愿以斡旋者之立场回达诸君如下：

此系本同盟及谅解本同盟之中国方面之原则的回答。可分为四项表达如下：

第一，日军之无条件撤兵。盖此次战争实由于日本一部份帝国主义者所发起，因此中国对日本人民以及立于日本人民立场之各位士兵并未含有敌意，因此应以废除足以使双方负担之条件，双方以无赔偿、不割让之原则撤兵。

第二，吾人切望日本人民暨立于日本人民立场之各位士兵，打倒目前日本帝国主义之军阀、资本家等操纵之政府，另立民主的日本共和政府，盖查近世史上东亚两民族之不幸，皆发端于此辈贪婪所致。此辈之支配力一日存在，欲求东亚之永久和平无异梦想，中国从过去经验上，对受此辈支配之日本难以信赖，故极愿日本树立民主的共和政府而与此作友谊的提携。

第三，中国之抗战，原本久被压迫之民族立场，从事求自国解放之独立自卫战争，决不是从属于任何国家之后，只是为了击溃共同的敌人而与其他国家平等合作，反过来说，中国更毫无附和日本帝国主义，拾其"南进政策"之残余以自利之意，惟今日为对抗日本帝国主义之侵略，乃以友谊欢迎援助中国本身抗战之各国，总之，吾人深知欲求中日两国国民之福利，首须消灭日本帝国主义，次方能消灭任何帝国主义之压制，然后始能实现东亚永久的和平。

第四，取消汪精卫伪政权，如汪逆之毫无节操、见利趋附之辈存在一日，则欲安全东亚和平仍不可能；因此种无骨格之徒随时可为贪婪之阴谋家所利用而出卖东洋和平，查过去东洋之种种不幸，可谓由于此种人物太多亦占大半之理由。

吾人及中国方面四项和平条件一如上记，希日军将士诸君善加考虑。

本同盟在今日，在此次战争中对中日两民族友谊的结合及确立东洋和平之基础已略尽贡献，此乃系我在外日本人民代表对同胞应尽之义务之一，若蒙将士诸君之赞同实不胜欣慰之至。

最后，三呼民主日本建设万岁，并祝诸君之健康！

一九四〇年十二月十四日

在华日本人民反战革命同盟会前线工作队全体谨启

信后，端正清晰地盖下了本工作队堂堂的印钤。

同志们啊！桔子箩与信明晨就可送去，两队的“军使”（宣传队——第一阵地：山川、岸本。第二阵地：森本、新井田）将分别的拿着信稿前去敌前宣读，我们的军使是不以帝国主义者为对手，堂堂的要把此信读给士兵听，请等候我们的结果。

祝诸位健康！第一挺进队万岁！

一九四〇年十二月十四日

第三信

亲爱的各位同志：

十二月十八日，我们转移至第四四师。

连日阴雨，不知什么时候才能放晴，大家都不胜脾肉之叹。想起了在四一师工作的时候，那样的好天气，使我们可以随心所欲顺意活动，同志们不禁抚臂感慨。我一方面安慰他们，一方面对周到备至悉心招待我们的本师官兵，尤感到内心的抱愧。

“这天气很快就会晴的，湖北的天气老是这样，不会继续天雨到十天以上，马上会变的。”每天到我这里来闲谈的王副师长、于指挥官等，像担保似的这样安慰我们，还说：“敝师极希望您们那样珍贵的国际友人多住几天。”

多恳切和善的军人啊！没有办法，我们只有等待天气好转。高地为一列低低底红色土山遮蔽着，无可眺望，只有在遥远的云雨中，鄂西不毛的石山迷迷糊糊显出它淡蓝的影子。附近没有家屋，孤零地就只有这一个小小的农家，每天清晨几个行贩从山头那边挑来些香烟、花生、蜜桔等向士兵们交易；此外，就和外界毫无接触，无聊，寂寞，我们这些“宣传的机械化”部队简直没有办法来解决这种闲散，真是可悲哀的弱点啊！因为发电机遇到湿气就要走□，扩声机难以如意使用，除了天气放晴以外，毫无办法。也有人耐烦不过而建议说：老这样下去讨厌极了，扬声筒宣传队总可出去工作哟。

——“不，不，还得忍耐一下！那批家伙这次准在等待我们从那一方面出现……轻易的乱干会减低宣传效果。已经等待到今天了，我们还是等到可以使用扩声机的时候再干吧！”

大家都这样地忍耐着。

十八日，接到陈司令长官嘉勉的电报略谓：“……至慰，尚望加倍努力……”陈将军接到四一师的工作报告后，极表欣慰，这样一来更使我们感奋而对天气的焦虑也达于极点。有些同志不时地推开窗望着满布着乌云的天空，看看地上，带着喜欢的声音说："啊，天空明朗一点了！"

午前，出席四四师干部训练班，教授日语口号。结束归来后，各人都随意地吃着师部招待我们的香烟、水果、花生等；一面努力准备天晴时向士兵同胞攻心宣传用的《言语的子弹》(注：系日本人民反战同盟会对日军宣传用之广播资料稿的汇编)集。成仓同志作成一首《赤城催眠曲》的名歌，围坐在师部招待所为我们而预备的榕榕[熔熔]火盆，用扬声筒轻轻地自唱着作试验。

"宝贝啊！你的爸爸那里去了？
哦！我并不问你，乖乖地睡罢！
说起来真叫我伤心……"

好得很，一句一句打动人的心，大家都静默地听着。"好，我也来一个！"中村同志感奋地拿出一张纸来，舐舐铅笔尖侧着头思索起来了。岸本同志开始草拟"南进之危机"的警告演说词。山川同志也默默地工作，吃过晚饭后，大家又拿出纸制的围棋、将棋来，兴趣浓厚地互争胜负。

山中的夜静悄悄地，户外细雨箫箫[萧萧]。

同志们！

晚上围着火，杂谈些战争经验也颇有乐趣。现在报告些在四四师等候已久的工作经过吧！

首先还是从向日军提出的四条和平条件那事说起。

先是，宜昌日本军事当局欲躲避我方之宣传，作出苦肉计来，提出所谓"和平交涉"，我们对此由工作队作成四项和平条件，于十五日上午九时，经勇敢的四一师军使之手，在前次山上的会面处亲手交给了日方军使。并且为了答谢前次日军送来的罐头礼品起见，我们方面也连带送了几箩子桔作为还礼。

好，这才有趣！那批东西莫明其妙地派遣军使，现在可说是意外地遇到埋伏噬脐莫及了。师长们都拍手称妙，立刻抄成两份，按照预定计划派遣两组宣传员至两方阵地分别向日军士兵直接宣读。军书系在十四日上午委托四一师军使转致的。当夜，我们方面并随即派遣两组志愿宣传员往两处阵地去。

往第一阵地之宣传员为山川、岸本、中村。

往第二阵地之宣传员为新井田、森本。

双方都是利用扬声筒的呼喊宣传队。

因为这样的和平条件正刺中日本军部的心脏，今晚若不小心一定很危险……勇士们出发的时候，每一个欢送者的脸，自然地紧张起来。

"不要紧！我们去去就来。"新井田同志精神活泼地打头先走，看看表还只三点半，我们一直送他们到后影消失，才和师部的许多人一同回到家里，围桌闲谈。待师部的许多人散去后，我们也各自回到自己的房间。夜渐渐地逼近了，已经是勇士们络续到达火线的时候，我的头脑空恍恍地不知怎的耐不住这种孤独的紧张，遂跑进会客室去。其他同志的心境也似乎和我一样。

"快到开始宣传的时候了罢？"成仓、高野相继跑出来喝茶。

"奇怪，倒没有射击？"

谁都侧着耳朵听。

又恐怕他们回来的时候肚子饿，我们留在家里的人烧了些山芋预备给他们回来充饥。

……八点……九点……总不见有射击的样子。

夜十时过后，明月中好像有人走来，跑出去看看，第二队的同志回来了。

新井田同志兴高彩烈地进来报告：

"好得很！"

"开枪了没有？"

"不，没有……初到营部询问敌情时，据说昨晚我们按[安]置扩声机的地方，待我们撤退后曾有催泪性毒瓦斯弹射击过来。还有，今天昼间交换步哨的时候，有一个士兵露出一点身体，立被狙击，子弹擦过颊部负了伤。因此大众都以为今天一定会胡乱射击，要小心点，我们抱着挨打的决心走出去，意外地却并未射击，当我们一叫"喂！"，对方好像意料不到似地有点狼狈，也回答一声"喂"；待后说起今晚来的意义时，没有多久，对方就乒乒乒乒开了四枪，有一枪子弹掠头而过。后来我责骂他们说——"别开枪！每颗子弹都是同胞、国民的血汗制成的，不要浪费！——今天我们是作军使而来的，要打待读完了这封信后再打！"

说了后，堂堂地站立在对方的枪口前，借着月光读了信。

以后，一枪也未曾射击，距离敌人仅仅二百公尺。

"马鹿野郎！"只听到这样地一声，以后就静静地没有作声。新井田、森本轮流地读完两篇准备好了的"文献"。并且挨次地改换地点向全线日军传达殆遍，大成功！

所谓二件文献，即是除前述的军书以外，另一篇系我在今晨草就的"军使的由来"说明书，内容约略如次：

亲爱的各位日本士兵同胞！

在前天晚上，我们对诸君左翼第〇〇大队阵地广播的时候，宜昌军事当局曾向我们建议说：他们很了解我们的意思，要求双方谈判和平，请中国方面提出和平条件来！因此，我们日本人民革命家得中国军事当局的谅解，代表答覆该项建议。我方之和平条件已由我方所派遣之军使转交与宜昌之军事当局。

可是，事实上不庸说，我们是一点也不相信宜昌军事当局的和平交涉的。我们固然反对使两国人民遭受牺牲的此种战争，但欲实现和平，必须认真选择可以信赖之对象，我们的对象实在是各位——日本人民同胞！

各位同胞，请想一想下述的事情：

究竟此次战争爆发时，政府及军部有否和同胞——诸位士兵商量过没有？不，自满洲、热河、内蒙诸事件以来，政府计划如何，怎样实行，究竟有否征求过人民的同意，那批家伙动手的时候，由着自己的性子胡干。要是追究他们胡闹的责任时，就用“非国民”“国民的自觉不足”等话来威吓，不许人民讲话，然而，一切的牺牲和负担却统统推压在人民的身上。因此人民无法知道这批东西究竟在做点什么，但却必须忍受所有的牺牲。而且以后也还是如此，关于战争如何结束一点，必然地不会和最受痛苦牺牲的人民——各位士兵一谈的。这批东西愚弄国民，以为国民全都是盲目的可以随意杀，随意地吃苦。

人民对于此次战争事实上是毫无责任的！

不过，我们必须想到的就是：这样下去，日本——我们的祖国，要被一部份随意妄为的东西，陷落到无底的不幸中去了，人民尝尽这种灾祸又不能不与之共遭受这种厄运。

同胞们！日本是我们的祖国！不论“和”或“战”，必须公决于我们九千万同胞的意志。日本人民定须争回自己的权利来！日本人民自身必须想到，怎样把这批妄干乱干的东西赶出去，从这批东西闯下祸的不幸战争中，恢复和平，重新建立起健全的日本来。因为这种意义，我们的和平条件是以诸位为对象的。请监视军事当局是否把我们提出的和平条件和诸位商量了？要求共同商议！为了这个原因，我们现在将条件公开报告给诸位听，请诸位将这些条件告诉全体战友，告诉后方，要求政府及军部关于和平问题由人民公决，和人民商议！

我们别再永远被人愚弄了，现在开始诵读原文！

这篇文章由森本同志朗诵。

“今晚好像很理解”，森本同志用照例若无其事的语气笑笑说。

晚上十一时，到和平交涉谈判地点去的第一阵地使者也回来了。

"辛苦！辛苦！怎样？"

烛光照着冒汗的脸孔，使者们被人簇拥着，进到屋子来。然而，"今天并没有当使者"，山川同志出于众人所料，先说了这样一句话。大家面面相睹显得有点意外。

"实际上，蜜柑箩还不曾送到火线，因此今天有和平条件也不曾交给对方。据说明晨可以交过去，自然，我们的使者的工作也必须延到明天晚上，可是就这样珊珊地回来觉得有点没意思，我们三人就做了一番宣传回来。"

"而且，今天收获不少，总究给我们成功了，使那批家伙说话了！"

"说话了吗？说些什么？"

成仓同志带着急逼的声音慌忙询问中村同志。

第一阵地和第二阵地不同，那里的日军宛如哑子一样始终不曾开过口。所以一听说第一阵地那边也说了话，同志们好像打下久攻不克的城市一般地欢喜。第一个突入的应算中村同志的功劳。

他的报告如下：

他们三个宣传队员，带着扬声筒由团长引导，今天到了最前线距敌两百公尺的堑壕里。那里的日军，近几日来也不时地向这方面射击。昨日并且有一颗炮弹落在大脑山山顶，打伤了正在那里建筑工事的三个士兵，在空气极为险恶紧张中，我方一点也不还击，他们以为好欺侮了。照例又送出这批"宣抚班"的宝贝来，频频地向中国军士兵呼喊宣传，于是，当我们到达后，中国军方面就通知他们说："喂！何队长！何队长！现在日本兄弟要向你们讲话了，请双方都别开枪，好好地听吧！"

"好！"对方回答说。

于是，我们开始工作了，山川同志——"何谓东洋和平，吾人为何非实行东洋和平不可？"岸本同志——"为谁而战？"

整个的山头寂然无声，连枪声都听不到一下，冷静得简直像没有一个人的样子。

中村同志着急了，一下跳上掩蔽部的顶。

"日本士兵弟兄们，你们究竟在那里？一点声音也没有，我们真感到没趣，究竟你们有人没有？有人的话干脆地答应一声！"

"喂！在这里！"

忽然在很近的山峡下面发出了这么一声，同志们是多么地又惊又喜！

"就想听这么一声啊，兄弟！我们真高兴！"

中村同志不禁感动地大叫起来。

“谢谢你们,兄弟,明白了我们的话了没有?”

“明白了!”

“明白了!”他们说是“明白了”啊!

大家都兴奋得了不得,一个一个跳到掩蔽部的上面去,在月光下露出自己的身姿来。

“兄弟,听到你们的话,我们真是欢喜极了!今天是月半的夜晚,你们望着明月,一定在思念故乡吧?我现在唱一首歌来安慰安慰各位,请细听!”

“好,听你的!”

中村同志热情沸腾,岸本也唱了一个歌。连平日不会唱歌的山川也唱了一首东北民谣。

“再给诸位唱一曲好吗?”

“好!”

在数月以来静寂如死地的月光下的山中,想不到突然会展开一次“融洽心声之交流”。

中村同志受到大家的称赞,洋洋得意地述怀说:

“今晚才真正明白了他们的心理,不深入到士兵心里是不行的。”

“还有,”岸本同志也带着微笑说,“我们在归途中曾讨论过,觉得与其一开始就人讲道理不如先融洽他们的心来得重要。我和中村君讨论说:譬如,先说些有趣滑稽的‘对话’(日语称‘漫才’佛彷我国北方之说‘相声’——译者注)等,如何……明天准备些这样题材试试看。”

佩服,同志们真叫人佩服,他们立刻能从实践中得到教训,从实践中求得进步。

故事不仅止于此。

“此外,还有,”山川同志说,“中国方面以阵地也到处都在叫:‘停止战争!’‘敌人在后面!’努力地在练习。”

“呵!我们这边也是!”到第二阵地去的新井田同志忽的想起了这事,也大声说:“在山中突然听到有人叫‘日本兄弟!’呆住脚正觉得奇怪时,借月光细细一瞧,原来就是白天来训练班学习口号的中国士兵们正在练习。”

“喊得真不错”,到两方阵地去的使者都赞叹地说。据说在第一阵地的火线上此种口号呼喊已全面实施,收效颇大。这事也使我们更感奋,我们第一次的短期训练士兵呼喊日语口号居然立刻收到效果。今后对此项工作当更有扩大规模之必要。

“各位都辛苦，吃点山芋吧！”

“你们都吃了没有？我们在团部吃过很好的宵夜回来，不过现在肚子又饿了……第○○团都十分希望我们再去，老是询问我们什么时候再来啊，而且，以为我们还要回去工作，已经在火线上作好了四个完美的掩体准备我们重去。就这样换了地方真有点对不起他们。”

一切听了都叫我们高兴。虽然答覆“和平交涉”的事延迟了一天，但收获却太美满了。

第二天——十五日。由第一阵地火线上所得之情报如下：

“我方之和平条件及蜜桔箩等礼品，已经很妥当的亲手交给日本方面的使者——何队长了。

除了何队长、李参谋之外，另有称为日本军参谋的一个男子作军使来说：

“明天，参谋长直接由宜昌来，想见见日本人革命家。我方派遣三人出来，请贵方也派三人出来。”

又问这方面的意思怎样，我方军使回答他说，这事现在不能决定，但答应他把这意思告诉日本人革命同志。

慢慢地来了，可是我们怎会上他当呢！

但，拒绝他们也得有个巧妙的法子。

“见他不好吗？”

上午，师长、副师长等来访问我们，围着茶桌讨论，每人眼望着我的脸，似乎都在问我：“你说怎么办？”其实我的意思是如此：

“尽可能的逆用对方的阴谋反击他。可以回答他们说，会可以会他，不过仍须正式派遣军使，持着白旗遮住眼睛到这边来，说实话，日本军部对我们毫无关系，他们既说要见我们，就见见也不妨，只要他们肯履行正式军使的手续就行。”

“您以为这样说说对方果真会来吗？”令澳君说。

“当然不会来。这样更妙，正好曝露那批东西毫无诚意。”

事情就这样地决定了。

因此，我请今晚前去工作的同志，除了曝露和平交涉的真相外，更请他们传达“答覆要求会晤”的话：

日本士兵兄弟们！昨天宜昌军事当局说是参谋长亟想一见日本人革命家，请求会面，我们的答覆是：见面也可以，请他履行军使的手续，手持白旗，遮住眼睛，跑到这边来。

诸位弟兄们！率直地说，军部是人民的敌人，而且正如过去事实所证明，是最卑怯恶劣的敌人。是欺骗、出卖、伤害人民士兵的最坏家伙，他们所说的话一句也不能相信。我们除了打倒他们以外，既无和他们说话的兴趣，也无和他们说话的必要。我们要想说话的对象，正如我们每次说过的一样，是诸位亲爱的弟兄们！然而，他们既说要见见我们，见见也不妨。不过，必须要堂堂正正地履行正式手续过来——请把这话传达给参谋长吧！

亲爱的弟兄们！那批东西一点也不告诉诸位究竟想和我们说点什么话？可是我们把他们所说的话全部报告诸位的。那批东西若真要和我们会面，尽可以跑过来，何必恐惧？我们是日本人民代表，和人民之敌——军部不同，告诉他们安心的过来好了。

还请诸位好好地注视着，这批东西果真会来吗？设若不来，那才真是卑怯者！由此证明那批东西要求会晤，实际是毫无诚意。正充分暴露他们自己借会晤之名，别具心肝！

诸位兄弟：到那时候，究竟这批东西要求会晤的卑怯手段真意何在，叫他们自白吧？请你们把这意思告诉参谋长阁下如何？

好了，已经一针见血地触到这批东西的痒处。宜昌军事首脑却碰了这样一鼻子灰，恐怕歇斯的里又将发作，也不便再挖[挖]苦下去。我们可以说已〖经〗达成澈底暴露了这批家伙的鬼计，也抓住了士兵弟兄的心。

下午三时半。

担任今天军使使命的新井田、高野，踏着夕阳走向第一阵地。夜十一时后，圆满地达成任务归来。据他们报告说：今晚不论怎样向日本士兵呼喊，始终默默不作一声，想是为了昨晚上双方愉快地交谈，使军官们感到恐慌，因此严加管束了吧！

又据回来的同志们在火线上听到的消息说——今天上午宣抚班姓李和那个姓何的家伙，又来要求会晤，那姓李的带着埋怨的口气说："你们对和平毫无诚意，一点也不谈判实际和平，却尽对日本兵作虚伪欺骗的宣传。我们说的全是老实话，确是真想和你们商量和平。要事[是]你们老是毫无诚意的利用这事作宣传，以后日本兵再不听你们的话了。我也不想再和你们见面，明天就回汉口去了。"

当晚，我方使者朗读了等于最后通牒的报告，对方似乎都听到。——同志们苦笑地说:“明天恐怕要开炮打我们了。”

宣抚班这批走狗们,总算被我们工作队压服要退出这里的阵地了。倘若还不滚蛋,明天开始我们就要在广播的后半段,揭穿宣抚班,驱逐这批家呵[伙]。

十二月十六日。

一清早。就炮声隆隆。日军由长江北岸炮击中国军队左翼第××师防地。听声音像野炮,真是混蛋!大概是昨晚广播结束,曾对他们说:“到今晚止,我们要撤退了。”那批东西就以为我们今天会移到左翼阵地去工作,于是想用威胁的炮击,欲图牵制。出其不意,我们决定仍旧在原阵地作一次最后的袭击。

同志们因为今晚在这一阵地工作将告一段落,从早晨开始就热心准备题材,完成了岸本同志所提的两人对话式的“革命问答”三篇。

主题——什么是帝国主义(第一)?战争到什么时候可以结束(第二)?什么叫日本人民革命(第三)?

今晚全体出动工作。

到第一阵地去的——山川、岸本、佐佐木、中村、森本、鹿地系携扩声机之主力“机械化部队”。

到第二阵地去的——新井田、成仓、高野系使用扬声筒的“肉弹奇袭队”。

两队在下午三时半,精神抖擞地整队出发。此外,副师长、指挥官等今天也去最后一次“观战”。

第一阵地连草木都悄然无声。

到了团部后,团长、营长也都随着我们出发。果如前天山川同志告诉我们的一样,距前次广播地点更前进一百公尺处,在山岩背后,新为我们筑了一个掩体,散溢出还未干燥的新土香味。将士们在火线上对我们的这种热忱,予我们无限的激励。

军官们愉快地告诉我们说:“今晚宣抚班这批家伙未曾出来。昨天,岂有此理的竟跑到我方步哨线附近来,频频地叫:‘喂!到汉口去玩吗?带你到宜昌去。’这边根本不去理他,看样子很像来试探的。其实,他们连我方部队的番号都不知道。鬼鬼祟祟地偷问:‘你们师长是不是姓王,年纪很轻,极有精神的那一个?’哈哈,我们总是点头,含糊其词。”

宣抚班果真撤退了么?痛快得很。和这批小子演戏也演得够了。

微风吹来,摸着像猫脊似的山背,当月儿从东方地平线慢慢爬上来,照耀着山野的时候，我们的一切准备都已完成，遥向日军阵地发出了响亮的第一声：

“喂，兄弟们！我们又来了。”

因为今晚上可说是最后临别广播，我们首先宣布播送慰劳的游艺节目。

每位同志一个挨一个地轮流着唱歌。

“精彩之至，哈哈哈哈！”

中国军队方面的将士也大为高兴。

接着对话式的问答开始：

(甲)要是打完仗，
　我就想回家。
(乙)如何能回家？
　如何能回家？
(甲)明白其中理，
　毋需再苦恼。
…………

“亲爱的士兵同胞们！最后，有一件事想和你们谈谈。”

我拿起话筒，开始广播。

谈话内容约略有下列三点：

(一)我们十日间所讲的话是否已经澈底了解。我想许多弟兄们定必已经明白了，那末，从今以后，我们应如何组织人民及士兵来斗争——它的具体方法如何？

(二)士兵们应绝对的避免为此种违反人民意志的战争作牺牲。必要的时候，可以和中国方面觅取联络，不，应把握所有机会，采取双方协同的方法以作投到中国军方面反帝国主义抗战阵营的必要手续。

(三)不仅须消灭两民族之共同敌人——军事侵略者——并应一起消灭它的走狗，驱逐他们！——宣抚班究竟是什么东西，我可以拆穿它的西洋镜！

在你们旁边的这批宣抚班，说我们的宣传是欺骗诸位的。然而，他们却对我们说，我们所说的道理很对，并且还要和我们谈判和平。

后来，这批家伙又说我方没有诚意，不理日方恳切的和平交涉。一味从事宣传，甚而竟将好意思说出他们的宣传才是诚实的宣传呢！

这个，我倒要问问诸位：

究竟,军部和它的走狗这几日来所玩的“奇妙的和平交涉”的把戏,诸君也信以为真吗?我们早已经给了它一个无情的反击。为了实现真正的和平,我们曾说我们决不以这一班小鬼为对手,我们应诚挚地和诸位——人民同志——共同设法打倒这批和平的敌人——我们和那批家伙们的行为,究竟谁诚实,谁不诚实啊?

宣抚班那批家伙每晚向中国士兵这样宣传:

——跑过来,给你们好东西吃!跟我们坐飞机到南京去吧!过来,给你做大官!这难道是“诚意的宣传吗”?不错,宣抚班倒才真是一批想吃喝舒服做大官的下流坏[坯]子。而且更是在这次陷两民族于不幸的战争中摇尾乞怜替主子效劳的走狗,正因为有这批走狗的关系,军部才能任意地进行牺牲中日两民族的侵略战争。可是,人民并不全是走狗,要想用这样宣传方法来结束战争,那才是做梦呢!为了民族的自卫,为了从军事侵略者手中求解放,谋和平……不辞一死的中国英勇将士们,这才是诸位和平的对象,诸位的朋友。

宣抚班究竟是些什么东西?也有日本人也有中国人,介绍些那批东西的真相给诸位听听吧!”

我痛快淋漓地拆穿了他们的西洋镜,并且告诉日本士兵把这批东西赶走。

“昨天他们说是要回汉口去了,呸的一声叫他们全滚蛋吧!”

“兄弟们!亲爱的兄弟们!我们总是……不论在那里要结成一颗心,为了人民的幸福而奋斗!亲爱的兄弟们,怎样?请好好的记取我们的话吧!”

带着血色的浑圆底月亮,辉耀地从东山上升起来,她下面的正是日军炮兵阵地。我们以为今天晚上一定要开炮了,但却意外地一发也没有射击。走到山顶极目眺望,微风习习抚摸我灼热的双颊。

将近十点钟的时候,我们奏着凯歌回来,在一时始抵宿舍,到第二阵地去的扬声筒队已经先回来了。

据新井田同志报告:

那边和第一阵地不同,愈来愈热闹了,愈来愈胡闹了。

“喂!今晚上又来慰问了。”

“好,来罢!”那边回答。

“先唱一个歌!”接着先唱了一曲。

“再来一个!”“再唱!再唱!”“没有再好听的歌了吗?”……乱七八嘈地叫喊。

"跑到这边来唱唱不好吗?"

"跑过来!""跑到这边来!"

让他们这样去噪闹,我们却说:"这次该你们唱一个了!"对方吃吃地笑了起来,毫无敌意,依旧向这边开"丘八式"的玩笑。

"你们是那里人?美国人还是日本人啊?哈哈哈!"这是向新井田同志讲演时的打□。年青的新井田同志倒有点气了。

"我是堂堂正正的日本人!"

"家乡那里?"

"北海道的函馆。"

"喂,老乡!我也是函馆!"

"函馆的乡哥儿,回去时我替你向家里传话。"

同志们都利用这种机会开始提出许多问题问他们。

"是谁发动战争的?"因为眼下两百公尺处就是敌人阵地,所以连几个日本士兵互相商量回话的情形都在月光下隐约看得见。

"发动战争的是蒋介石!"商量好的一组中有一人用大声回答。

"不对,我告诉你们!是日本的军阀。"于是同志们开始解说了,待这里刚说到一段落时,那边又开玩笑了——

"你们的话,少许有点支那猪的臭味!"

"声音这样小,听不清楚!"也有这样说的。

我们问他:"你们的话我们听得很清楚,怎么这边的话听不清?"于是这边那边都有回答说:"听得清楚!""很响亮。"

"怎样,懂得我们的意思了没有?"

"全懂得了。"

正当对方回答这句话的时候,我们听到山上的黑暗处突然有两声怒骂的声音。燥闹着的日军全线霎时变为肃然无声,任凭我们怎样呼喊再也不答应了,但听确是还在听着,同志们依旧照常广播。

"这样乱七八糟地燥[噪]闹,日军步哨线的位置全给我们知道了,哈哈哈。"

"士兵却抱有好感呢。半开玩笑地在静听,而且一定还在思考。"

"已经做到这步成绩,从这里阵地转移,有点可惜。"

诸位同志——今晚的情形大概已如上述,我们四一〔一〕师的工作也就此告一段落。

同志们你一句、我一句,纷纷地谈论。

首先我们可以说：这次工作是大成功了，已将宜昌军事首脑部所玩弄的和平交涉，送礼政策等等把戏一一予以摧毁。宣抚班也被我们赶走了（据说此后这方面阵地确实再见不到宣抚班的影子了）。我们已经能够把握日军士兵的心。这握似乎是一个小小阵地之攻克，但由这一点影响带去的波纹却必然地是极为广大的，我们是满怀着热烈的希望。

同志们，再谈罢！

一九四〇年十二月二十四日

第四信

诸位同志：

十二月二十六日，天已放晴，望望天上久违了的太阳，一齐欢声雷动。地上虽还没有干燥，但我们像脱了羁的小马一般，再不愿呆在家里了。也有人担忧电气受了湿，发声机的效果不能如意；但据管理机械的佐佐木同志保证说，发声器只要用油布包裹不致受湿气影响。于是我们遂决定今天晚上向南岸日军右翼阵地，开始集中的年终攻击。

同志们！战场的雨，多使人寂寞无聊呵！想一想吧：——红的土山，潮湿的岩石雾，荒凉的屋子——和外界毫无接触，孤独而忧郁的世界。只有几个乡下人偶而从山麓那边，挑来些价格要比普通高一成的桔子、落花生，以及士兵们惯吸的“司令牌”香烟等杂货，到这里来零售，这对困守无聊的我们，可算是一种无上的安慰了。勤务兵杨君不时冒着雨出去交易，年纪已经不小，生了胡须的同志们也全像小孩一般，笑嘻嘻地跑进跑出去照顾那些小贩们。

师部的人们对我们真是亲切极了。在这样偏僻的山中，招待依旧周到备至：为我们生起融融的火盆煮菜、奉烟，还不时来闲谈以解我们的寂寞。同志们有的和中国士兵互相教授本国语言，有的下着纸制的将棋消遣，也有将步枪的子弹拿来取去火药，改做烟咀的，为了消磨光阴，正在不厌烦地挖去子弹中的电管。啊！要是这样，雨天继续一星期以上的话，我们的心中真会发霉呢！

不过，同志们！我们也决不是尽在雨天中打打呵欠，感到无聊就完事，一方面我们也正不倦地在准备天晴时的工作，为了今天开始的“年终攻击”一刻也不曾马虎过，譬如，由经验中，我们知道在第一期宣传时，多做些带有安慰意义的广播，是件极重要的事，因此中村、成仓两位同志，近来极热心地在改作许多流行歌。我也曾帮助成仓改作过一首名歌《赤城催眠曲》。成仓同志一边把两脚架在火盆架上烤火，一边却愉快地把头埋在扬声筒内，呜呜地低声练习那一支歌；岸本同志则特别专心一意地，起草他那篇“年终的煽动演讲”稿。我则拟就了三篇“漫才”(注：一种对答体的游艺，仿佛我国北平之说相声)，题为“帝国主义”“战争什么时候可以结束？”“人民革命”。此稿前几天已经付邮寄上了，收到后请拜托政治部赶紧印刷，然后分寄各地作为广播用的资料，或给新同盟员作教本是很有意义的。

除了这些准备之外，我们在这里对同志们相互间的融洽训练，也一刻没有懈怠过。曹参谋长、于指挥官，有时王副师长，每天总到我们这边来，告诉我们许多关于国内外的消息，来慰我们的寂寞。消息的内容诚然很贫乏，但是以此为基础，我们不时举行工作队的时事问题研究会。我们断定日本明春为策应德国对英的攻势，其南进政策已经迫在眉睫。如此则中国方面反攻宜昌之战也为期颇近了，因此我们决定今后必须将宣传的焦点集中在这一方面上，我们对这一点的准备，后面可以知道，颇著效果。

现在先告诉你们，这次“年终攻击”的经过罢！

下午四时出发。

今天系在第四四师的首次出动，于指挥官和我们同行，向靠近扬子江边距此约十里的○○团团部前进，途中，从美丽的溪谷，翻过高地时，罗列两军阵地的群山全景，宛如沙盘一样清楚地呈现于眼前。在山与山间的洼地上，和敌对峙中的中国军士兵们，仍不丝毫松懈他们的训练，在狭隘的操场中加紧操练。他们已知道我们是到火线上去工作的，因此每过一处都发出号令，向我们敬礼致意。我们则背着大衣喘着气向前行军，准备今晚在前线露营。因为，这里系攻击宜昌距离最短的要冲，日军对之频[颇]感不安，把大炮都集中在这一边，而且在对面南津关也有野炮，常向这边射击。尤其在没有月亮的黑夜——正是现在的时候，为警戒华军的夜袭起见，时时滥施炮兵的威胁射击，一晚上最多的时候，常盲目发射到百发以上，渐近阵地之若干距离处，宜昌对岸之日军观察所(磨箕山)，并且可以明晰望见。所以夜里要是一队人打了灯笼回来，极其危险。

一会儿，我们已经走过了数日以前日军曾胡乱开炮轰击过的全是坟墓的馒头山，等到天渐渐黑下来的时候，方始抵达○○团团部。

每次都叫我们感到不敢当的就是：虽说在火线上，但依旧是多么客气地接待我们这批“客人”啊！茶点、水果、香烟，这还罢了，最使我吃惊的就是说一声“请坐”，把我推在想都想不到的一把舒适的沙发椅上——就是幸子君(注：即鹿地亘氏夫人池田幸子君)在病体衰弱时常常想望的“有一集够多好啊！”的那一种软绵绵的沙发。我问他们在这里怎会有这样讲究的家具。团长回答我的一个故事，非常有趣：在今天我们要去的中日两军阵地之间，有一栋相当好的民房，双方的哨兵时常到那里去休息，有时候双方碰到了，于是就互相开火退了回来（战争真是见鬼一般地悠闲）。第一次双方步哨遭遇□，华军人数多，日军不敌逃了回去，该屋就被华方占领，屋内的沙发、椅子及其他精致的家具极多，中国军队就都把他们搬了回来。后来据说这屋子原是宜昌商人的家，现在避难到后方去了。这些家具也就捐赠给这里英勇的守军们。这所屋子现在已空空的，被日军占领着作为前哨所，平时约摸有十来个日兵把守着。

询问近来之战况——据谓并无其他变化，仅在两日前，日军方面曾向此间炮击四十余发，俱落山中毫无损失。于指挥官笑着说："大概是欢迎鹿地先生的礼炮罢！但要是放射毒瓦斯礼炮那可不是玩的，明天起还是准备防毒面具为妥。"好，开"礼炮"欢迎，那倒有点太客气了。——我们得赶快还礼！

下午六时，由杨团长领导在夜雾下降的山谷间，黑暗中摸索到了第一线阵地。

这里，在不触及军事机密范围内，介绍一点在第一线的情形给诸位听罢！

你们所想像的火线上情形是怎样的？

以为是士兵们匍匐在战壕中，手指按着机枪的纽一触即发的紧张情形吗？还是寂然无声，黑夜中目不转瞬地注视着前方的敌人那样严肃恐布[怖]的世界吗？我在桂南会战时曾目睹过追击中的华军阵地，这次又充分经验了对峙中的华军阵地。日军宣抚班那批家伙们，专门以物质生活来引诱中国士兵，说："这边好，伙食、生活、待遇都比你们好，你们为什么要这样苦呢！"这除了暴露那批东西立场的可怜以外，同时也足以说明他对这边中国军现状，毫无智识的可笑。我不知道日军的情形如何，然而看到中国士兵的阵地生活以后，只感到宣抚班这批狗，真是像狗一般的乱吠，而军部却期望他们的宣传发生效果，真也够可怜够可笑了。中国士兵的生活，全是亲爱而又愉快，不像日本新兵，要替阎王一般的老兵们洗短裤、挨拳头等等阶级性的压迫，中国官兵全像一家人似的。

"于指挥官真伟大，要不然……兵士们对这样的长官怎会不乐愿效死呢？"成仓同志感叹地说。

当于指挥官走过的时候，所有士兵全都立正敬礼，他却满脸笑容，挥着手以亲热的口吻说"好了，好了"，叫他们"稍息"，士兵们也从心里对他感到一种亲热。我们跟在他的后面立刻体验到：这一种笑容，任什么炮弹在身边开花的时候，永不会有一点变色或慌张的，士兵们所以能不怕死，过着悠闲而愉快的生活，自有他的道理啊！

这里毕竟是因为炮弹常常飞来的关系罢？包围日军阵地的山峰的每一个山顶边缘上，全筑有坚固的战壕与掩体，交通壕布满四处，壕中士兵们的生活宛如住在家里一般，有的还有拙劣的木板床睡。这种悠闲的起居，各位听了也许会感到惊奇？而且，有一位排长在战壕里的住所甚至还放着瓷花瓶，挂着美丽的画片，并且还在那间房中请我们喝茶呢！士兵的伙食我们也看过了并不坏。……虽然火线上的生活不能说是满意，但较我们所想像的是好多了。这在待遇一天比一天坏的帝国主义者军队中，是不能想象的——士兵的生活日渐在改善，高级军官的生活则日趋俭朴，这样使上下的生活渐渐相近，结果全体打成一片。因此在前线的士兵们精神饱满，士气旺盛，宣抚班那批走狗对这样的军队竟还狂吠着："过来！给你们好东西吃！"不用我说是如何的好笑啊！只是，在这样的空气中，例外一件事就是，此地的当局接待我们这批"客人"太客气了。这在我们的心中常觉得很难过，你们大概也能明白这种心理罢？

闲话少说，还是再谈正事。

天黑得像墨一样的暗夜。

因恐人数太多危险，仅由我和管理机械的佐佐木同志两人由于指挥官陪同到山顶去察看地形。一座座日军阵地的山头，静寂如眠。指挥官放低了声音，轻拍我的肩膀，指着给我看——隔着暗淡的山谷，距离三百公尺的对面，那些山峰中有三个山顶连成一条棱线，好像一伸手就可以给我们摸到一般地清晰。

条件太好了。山谷之间两军警戒阵地，各用铁丝网等对峙着，据说今天为了我们的缘故，中国军方面特别在这些警戒阵地中增厚兵力。指挥官还告诉我们说："这种地形，不论那方面要进攻都困难，白白牺牲。"真的，事实上攻击者方面非从守御者的眼下谷底仰攻上来不可。赶快与佐佐木同志商量，将发声机按[安]置在山的凸出部分，我们就准备广播。

六时半，由我开始第一声。

岸本、高野两同志跑到前面去检查发声机的声音如何。

"诸位日本兄弟！诸位同胞！"

打破静寂，最初叫出这一声的瞬间，心里真感到一种莫名的痛快。岸本同志回来报告说："机器的发声非常好。"出乎意料，机器的发声竟非常好，湿气大多被油布防住了。我照例先说——

恐惧于说理的就开枪罢！兄弟们啊！命令你们射击的家伙，准是恐惧日本人民有眼睛，有耳朵，目睹真理的家伙们，立刻可以明白这就是人民的敌人。今天请停止战斗，好好地谈谈罢！广播内容，多系关于迎接第四个战争中的新年，向同胞诉说的话，这是不久以前，全体同志精心准备过的演词——想起来，士兵们离开故乡当时所生的孩子现在也有五岁了，父母也已经苍老多少了啊?！不但人变老了，在你们远离的时期里，祖国也已经变成个什么样子了啊？战争究竟什么时候可以了结呢？……明年？后年？有结束的一天么？时代愈来愈可怖了。军阀们在企图南进，由南宁撤退的第五师团的弟兄们，已经被派到南方待机中……你们以为国内怎样了？

国内已经变成地狱了！为了谁啊？幸而留得一条性命回来的人，在经过三年五年的苦劳后，回到国内时，也已经差不多"身无长物"。许多熟识的人已经过了世，小孩也不认识你了，亲死妻老，田圃荒废，家产荡然，故乡已非你所能想象的了。你们头发也已渐渐变白，可是在变尽了的祖国和同胞的头，照例的这批吃饱而又贪婪的家伙傲然地践踏着，自在地吸着血。

这是战争的结果，这是诸君为国辛劳底祖国的真态。祖国是谁的啊？这批东西的呢？还是人民的呢？兄弟们啊！明年才真是人民和士兵们睁开眼站起来的时候。祖国的危机一天一天逼近了，亲爱的兄弟！寂寞的岁腊时光，请好好儿地想一想！

真的，在广播的时候，真感到寂寞。万籁无声的夜，山头好像是替我们烧茶的火，静静地映出红光。说着话，我的眼中浮起了刚才看了过来的，像坟墓般底日军阵地的山峰，不由涌起一阵伤感。因为是岁末时节的宣传，所以我们广播的重点是按[安]置在游艺节目上。

"请介绍一下，说我是同盟的有名歌咏家。"成仓同志一面笑着坐了下来准备播送，"各位久等了，今天我们为了慰问亲爱的同胞们，特别举行除夕大广播，最先介绍本同盟有名歌咏家成仓进君与各位一乐……现在开始了！"

成仓同志拿过我的话筒去笑着说："我就是刚刚被介绍的流行歌手成仓进。"接着开始唱了起来。究竟的在围着火炉长时期哼着线习过的功劳，所唱的《赤城催眠曲》，就是坐在掩体里的我，听了后也不禁被它诱出了眼泪来。

……

乖乖的爸爸那里去了？
哦，我并不问你，乖乖地睡吧！
白木小箱，无言底凯旋，

……三年的老鸦还在咕咶着。

其次是中村同志的低音独唱。

岸本同志忽的跑了过来。

“有反响，对面在叫喊！”

大家莫不兴奋，听来好像在叫“再来一个！”“好哇！再来一个！”“好！”同志们笑着又唱了起来。过一会儿，前方来报告说：中国军阵地方面都起了骚动，因为日兵三三五五地跑前来听唱歌，上面命令严密警戒但不许随便开枪……我们还是继续播送，一位营长说：“去看看日本军的模样，有人同去吗？”新井田同志来征询我的意见“怎样”，我答应他“只要小心，不妨去看看”，他立刻兴冲冲地随着营长在黑暗中不见了影子。

“日本兄弟们！现在来个‘漫才’给各位听听，题目是‘什么叫帝国主义’。”

佐佐木同志唱了起来，一句一句和我对答。一会儿，岸本同志带着笑又跑回来了，告诉我们：

“闭嘴！不要脸的东西。”对方咆哮着。

“唱歌得啦，别说这种无聊话！”“讨厌！”“丢日本人的脸！”乱七八嘈的闹着。我叫岸本全部听了后再来报告，于是他又急急忙忙的走了。据说这些谩骂，全从右面山峰那边发出来，左面山峰上虽间亦有“马鹿野郎！”等声音，但照例是半开玩笑式带着快乐的语气。当我刚说到：“三井、三菱等代理人，命令你们打倒白种人帝国主义，你们就立刻迷惑了眼！发昏似的仇恨白种人，难道忘了还有扼住你们喉咙的家伙吗？真是，三井、三菱才在狞笑呢！”哒哒哒哒哒对方一齐开始机关枪的扫射。成仓同志喃喃地自语：“真的，说中要害了。”扫射一直不肯停止，是不是因为山后烧火的光给对方发现了，目标渐离山脊上的树不远。嘘嘘嘘！树枝像剃头一样地被削得光光，热闹非凡，步枪的射击也一齐开始。我们的播音因此只好暂时停止，但他们的枪声也就跟着我们停止，我们一待他们停止后，立刻又开始广播，这样一直闹下去，最后一出“漫才”总还是给我说完才了。

岸本同志笑着回来报告说：“都是从右面山峰那边打过来的。想来多半是军官，并且还有相当顽固的家伙。”

“我们不怕你们这些宣传。”接着又说“停止！”“不停止就射击了”。

于是，啪啪的打了起来。

说是“不怕”，那正是“怕了”才这样说的。据山川同志说：日军晚间没有命令是不许射击的。可是现在却一齐开排枪，准是感到怕惧的军官指挥士兵射击的。

高野和山川同志继续的唱了一些东北民谣。这次连唱歌也要射击了，一切从右面阵地过来的，左面阵地却极自在，当高野同志唱歌时还“嗬，嗬”的合拍子呢！

“哈哈哈！他们还替我们打 Base。”岸本同志捧腹大笑，可见士兵与军官对我们反应的不同是很显然的。

其次，又是岸本、成仓两同志的“漫才”——“战争何时结束？”我在话筒前介绍说：“……兄弟们！请别开枪，静听我说。你们所发的每颗子弹都是父母兄弟的血肉造成的！不要浪费！……刚才，你们有人不怕我们的宣传，大概是军官说的罢？假定不怕，那就应静静的听，好，再说个‘漫才’给你们听听！”

同志们不禁都笑了起来，开始说“漫才”不久，那批家伙好像又怕了起来，哒哒哒哒哒，重机关枪、轻机关枪一齐开始扫射。

正当两位同志说得最起劲的时候，“当”——的一声可怕的爆炸声惊散了黑夜，站在掩蔽部入口处的我，受一阵爆风冲过来几乎停窒了呼息。“当”——第二发又来了，一股血红的火柱！好厉害！我叫在掩体外边摇着发电机的勤务兵，立刻暂停工作入内躲避。

“是大炮罢？”关于兵器方面的智识我是完全外行。佐佐木同志说“大概是山炮”。这时在发声机附近检查声调的中村同志也惊惶地跑了回来。接着机关枪也不断地妨害射击，我们没有办法只好暂时休息。中国军官也说“这是山炮”。“当”——的又响了一声。这次是在两军阵地之间。一会儿，到最前面去的新井田同志回来了——他是跟着营长，越过铁丝网，跑到距日军最近的地方去窥测情形的——据他报告说：“刚在上山时，一团血红的火珠从头顶掠过，立刻化为一根火柱爆炸了起来，听说是手榴弹，声音好大哪！”

据山川同志的意见：打过来的是掷弹筒，问问正在笑嘻嘻地跑过来的于指挥官，也说是掷弹筒。掷弹筒的配备是每小队两个，直属于小队长，由此可知今晚还是军官们统制士兵有意来妨害我们的。掷弹筒爆烈声最大，正可以用来唬吓我们。“哈哈哈！”山川同志大笑。

“这批东西满以为我们怕起来了罢？再干一点给他们看看！”

于是又开始广播。

佐佐木、岸本歌唱□对方不久扫射起来。因为勤务兵疲倦了，山川同志跑过去轮流和老杨两人摇发电机，正在这时，一股火柱“当”的一声落在距离很近的地方，耳朵几乎震得发晕，“当”的立刻又是第二炮，混蛋！真是可恶极了。我们依旧毫不客气的攻击，最后由我“结束致词”——妙极的“结束致词”。

“喂,亲爱的兄弟!怎样,很明白了么?中队长很不高兴罢?当然要不高兴!因为他们的立场和你们不同,他们自然不高兴我们彼此交换谈话。怎样,可看清楚了不愿人民互相诉说实话、辩识真理的家伙们的本来面目了?这批东西是连诸位写信给家属都要检查的坏蛋。他们恐惧人民,他们正是人民的敌人!……假使是因为上面的命令没有办法,那你们就开枪好了,没有关系,要你们咒骂我们就请咒骂罢,我们是最了解你们武装兄弟们的心理;不过,开枪时请朝天开放,这样我们就可以充分知道你们的真心了,我们该多愉快啊!以后还会来慰劳你们的,岁末的除夕,还希望你们仔细考虑一番我们说的话,好罢,请安息!”

最后又是“当”的一声,似乎仍是手榴弹,爆炸声非常厉害,但并未打到我们这边山谷就落下去了。

九时过后,回抵团部,指挥官、团长等极为高兴,说是日本军大动摇了,士兵们多喜欢跑近前来窃听等等。在团部吃了精美的夜点后,打着灯笼由卫兵带路,踏着崎岖的山径,我们回归宿营地好安息。

同志们,鉴于今日工作的经验,我们将讨论所得的主要内容告知如下:

“日军一开枪,就是我们宣传的失败。”这种见解是不得不修正了。日本军内部也有各种各样的人,尤其是可分为“官”与“兵”的两个阶层,前者始终是我们的敌人,统制着后者(我们可能的敌人),因此在这种统制力破坏以前,要他们不射击可说是绝对不可能的事。实际上“被射击就是失败”这种见解是成仓同志特别强调主张的。这仅限于像在第四十一师时,趁对方刚也有宣抚班在工作,一时本身陷入于困难的立场,无法自圆其说的条件下才行。当时日军何尚[尝]不想射击加以妨碍,只是自己曾说过“彼此谈谈,不要打”,因此假使一开枪,适足以暴露本身宣抚工作的卑势,结果只好被我们牵着转,弄得啼笑皆非,于是我们的工作影响愈大,对方想射击或其他破坏的阴谋也愈切,因为他们必须防止士兵心理的恐慌与动摇。当桂南会战时,他们对我们的宣传也未加射击,这是因为当时被围弹药缺乏的缘故。总之,射击是当然的,对方若一弹不发必定另有原因,有一部份同志,以为不去触犯士兵们的心,就可以使他们不射击,而且甚至认为这正是他们细心倾听我方宣传的成功;因此宣传节目中,欲尽量减轻“触犯”士兵“耳觉”的革命的内容而产生“慰问主义”的倾向。固然,同志们的这一种见解也自有其一面之理由,即是不可立刻去刺激士兵而应渐渐的加以启导,不过,假定过分强调了这一点,始终欲求避免说出“触犯”士兵的话,则其结果会陷入到“大众追随主义”中去。在昨天以前许多同志都不大承认我的话,可是由于现在的经验,他们也清楚地认识了,同志们的这种态度，可以说是革命的。

我问他们："怎样？"

"对的，不能叫他们不射击。他们不开枪，必定另有道理哪！"

因此，明天以后我们决定不再顾忌"触犯"那批家伙了。最必要的，是设法分化他们官与兵的感情。这批家伙，这次准想用炮轰击我们！想起来，第四十一师与第四十四师之间日军态度之不同，不仅是两地情况各别，主要原因恐怕还是宜昌日军当局最初不知怎样对付我们，先用软的手段，不行，这次就用炮火威胁的强硬手段了。不管它怎样，总之，他们准是已经感到麻烦了，假定这次炮火再没有用，那以后再还有什么方法呢？好罢，明天再去领教他们的所玩的把戏！

昨天，依照第一次的规定系全体出动工作，今天则系山川、成仓两同志休息，森本因病休养，出动部队仅岸本、佐佐木、高野、新井田、中村、鹿地六人。因为日本军愈来愈对我们感到头痛，今天听从指挥官的忠告，全体同志都带着防毒面具前去，出发的时间较往日稍早。因为于指挥官曾和我们约好，假使要使白天到阵地上去更详细的视察地形，他可以早些陪我们同去。

到达团部时，于指挥官已先在等候了。他真是一位精神饱满而又愉快的军人，什么时候都是带着微笑，态度沉着，待人亲切。下午五时由他陪同，我们直接前赴火线，阵地中还很明亮，官兵都在等候着我们，对我们的意见极表重视，譬如昨天成为敌机关枪集中射击的目标的一颗枯树，今天早已根本砍去。我们——我、佐佐木、岸本、新井田四人——随着指挥官由卫兵护卫，从山背一直走下到山麓旁，拉开伪装照指挥官所指挥的前方瞧去，清清楚楚地在我们的当面就是日军阵地。而且昨天频频射击的阵地，对着华军的包围线，是一个独自突出的最高山峰，在冷清清的灰色天空下，连顶上一株一株的树木都数得清楚，相距不过二百五十公尺而已。好极啦！发声机一直可以搬到这边来按[安]置，这样声音只要一通过中间的公谷，就可来回荡漾于整个的山谷之间，就是连左边阵地的最远那方面也都可听到，因此日军阵地可以说已整个的收于我们目标范围以内。决定位置以后，我们立刻开始准备工作。卫兵指着那方面薄雾笼罩处告诉我们说："若没有雾，可以看到那面就是宜昌，飞机场中连飞机都可看得清楚。以前，大炮打过去，曾经打毁了日军飞机二十四架，因此最近除加油外就不再停降在这里，所以也很少飞机飞来，目前来的也多半是运输机。"

正在这个时候，从一座好像驻有日军大队部的山背后，忽然听到一节短短的军号声，似乎和"吃饭号"不同，有几个同志说像是"集合号"，中国方面的官兵们则说在这里听到号声倒是第一次。

我立刻预感到对方好像有些什么动静。天黑了，四周的暗影愈来愈浓，布置好机器后我们迅速的开始工作。

这一天的节目是——鹿地的序言；第二，中村、高野两同志的游艺广播；第三，佐佐木同志的年终煽动演说；第四，岸本、新井田之对话——“人民革命”；第五游艺广播；最后，又是鹿地的结束词。

今天毫不客气的对他们触犯了，一开始我就说：“喂！兄弟们，我们又来了！”对方一定在想“这些家伙倒真顽固”。据探听所得对方日军的大队长名莲中少佐。

“怎样，莲中少佐很不高兴罢？”

同志们大笑起来。

“这家伙当然要不高兴。亲爱的士兵们，今夜仍向你们慰劳——我说是向你们慰劳，而不是向莲中这个家伙！你们的官长一听到我们说话就要不高兴罢？你们可知道这是什么理由？……”

澈底的揭穿它：

“这理由就是你们和他们立场完全不同，然而他们却每天欺骗你们说：这全是‘为国奉公’。那么，我倒要问一下：同样是为国献身的人为什么彼此待遇会如此天渊之别？士兵每月仅仅八圆八角，而这批东西却收入三百元、五百元，连吃的伙食都不同；什么都是一个像在天上，一个像在地下。你们是战争的牺牲者，他们却是战争的商人。你们是强迫征集的，他们却是志愿的职业军人。你们是饱尝痛苦的人民，他们是三井、三菱的爪牙，舐食三井、三菱残汁的走狗！他们最惧怕了解这些内幕的人。怎样？他们只说大家为的是国家，那末不论上官和士兵的待遇就应该彼此合理些！第一，军官的待遇应大大减低，这样就可看出这批东西究竟是否喜欢战争了。瞧瞧罢，这批东西难道真的是为国家么。”

“同样都是卖命的人，为什么待遇要如此不平等？要求改善士兵待遇，团结起来！现在我代你们宣读士兵的请求书，请细听！”

我逐条朗诵我们过去所编的“士兵的要求”。

“快年终了，马上就是战争中第四个新年，要求减低他们——军官的待遇，要不然，他们永远的愿意打仗。现在开始播送游艺节目，向诸君年末慰劳。”

讲到三分之一的时候，机关枪又猛烈的扫射起来，妨害我们。

接着是中村、高野唱歌。

谛听发声情形如何的岸本同志回来报告——日军前线三座山峰上，反响极为热闹。开枪射击的仍是右方阵地那边，左方却仍是叫喊开玩笑等。

第三个节目是佐佐木同志演说——“年终煽动”。我跳上掩体的顶上，抽着烟倾耳细听。他在暴露国内人民之生活、工人之生活，在叙述他们的工厂川崎造船所的情形。女人、老人都在做着危险的作业，负伤出事的人多得不得了。工资未加，物价腾贵，饥饿……战争给人民的好处不过是这些！又是一年了，老百姓也慢慢的想到战争的实际情形了。政府的神经已经有点过敏，只要一听到“战争”“支那”等字句，就睁着眼疑人疑鬼，统制言论……正当演说到把日本统制阶级暴露达于顶点的时候，哄——摇山震岳的一声几乎把整个大地激荡起来。

即使对军事是外行的我，也可立刻分辩[辨]出这和昨天掷弹筒的声音不同，掩体内的灯光突然摇幌起来，泥土从顶上不断落下。大炮！我第一次受到大炮吼声的洗礼，可是真有点唬人，几乎疑心我们整个的阵地是否会被这种大炮打得粉粹。

哄！第二发，一条火龙飞过，真厉害！

第三发，第四发，一炮又一炮，不断地射击过来。

要是被这种炮击中的话，那可说整个都完了，我命令大家都进掩蔽部来。——在前面检听发音的中村，高野同志也回来了，他带着笑跑进掩体来告诉我们说：“这是山炮，打得真凶啊！”这是山炮吗？我和来观战的中国军军官们一块儿，接过周营长敬的烟，悠闲地吸着，静听日军炮兵先生们的“得意杰作”。炮声的确唬人，每一次的爆烈都像摇山撼谷似的，而且还有一种“曮！”的一声着地后再炸的声音。顽强的高野同志却依旧站在掩体外面，笑嘻嘻地说：“莫名其妙地全打到××方面山边去了。”

大约连发了十余炮，始行停止。

下面掩体中的同志们又立刻开始工作了，发电机开始转动，我叫高野同志不必跑到发声机那边去，受伤了可不是玩的，在距离远些的地方也可以听得清楚。

“没有关系”！说着仍旧去了。不一会，佐佐木同志开始广播：“喂，兄弟！开炮吗？请告诉炮兵同志，闹杂杂地真受不了，叫他们别打扰好么？现在再继续讲下去。”

不久，当他正说到“人民已经变成哑吧了，那批家伙最惧怕人民……”惊人的爆炸声又来了，佐佐木同志依旧不顾地讲下去，接着第二发、第三发，几乎要把地面崩裂似地不断爆炸。还有“嘘”的一声带着尾音听来极不舒服的炮弹从头上飞过，跟着“轰”的炸了开来。这可确定它是另一种炮。岸本同志回来说：“探照灯在搜索我们的发声机。”

“什么？探照灯？”

"好像搜索不到，左右的在回转。"

高野同志说，听声音不仅是山炮一种，并且还有迫击炮，刚在带着"嘘嘘"尾音的就是它，第四发、第五发……

最后佐佐木同志终于在燥[噪]扰中把演说结束。

"呵！又是一炮"，高野同志说"轰"一声爆炸。

"又来了"，轰，轰！连续几炮，他站在掩体筒口，侧着耳朵细听日军开炮时的声音，过了一会，对方才又静了下来。

我跑到下面掩体中去看看工作的同志们，大家却目光闪闪，笑眯眯地非常有精神。

"怎样，休息二十分钟再干罢？叫他们安心以为我们已经结束了，然后出其不意又继续播送"，佐佐木同志建议说。

"这办法很好。"

这样，大家抽烟休息，随便闲谈些刚才日军所发射的炮的种类等等。

据周营长告诉我们，当面的敌人，仅配备山炮两门、迫击炮两门、平射炮两门，今晚可说是运用全武器来嘘吓我们了。

"刚才我们快要广播的时候，对面山那边曾吹过军号，"岸本同志说，"现在我们正谈论这件事，这恐怕是叫炮兵集合号，因为他们知道那时正是我们快开始工作的时候了。"

"他们早就等候好了呢！"

"他们一定是和前方有电话联络，我们一讲话就开炮，可以猜想是用电话告诉炮兵说'已经开始了'，于是炮兵就射击来妨碍"，这是佐佐木同志的见解。

"声音真可怕！"说这句不胜感慨话的，正是在工作队中，和我一样，唯一毫无战场经验的中村同志。

"哈哈哈……中村君，今晚的炮如何？"

"唔！"他沮丧地应着。

最初，当他在发声机的后面，突然，闪的一道奇妙的光射了过来，慌忙地把身子伏倒，接着就是"嚩！"的一声。

大家很朗爽地谈着话，因为发声机用油布包扎伪装着，因此使探照灯找不到。但是，也得小心，以后他准备会用平射炮向着发出声音来的方向瞄准射击，探照灯究竟是从那里来的呢？不知谁说，每一联队都配有一架手摇发电的探照灯。那末说来，这批东西今晚可以说早已大规模的准备好了。

过了一刻钟后。

因为他们妨碍太烈，所以今晚的节目把长篇的对话中止，由岸本、中村、新井田开始游艺广播，正当中村同志唱歌到一半的时候，惊天动地的声音随着炮弹又来了。

当！轰轰！

“噢！不得了。”中村同志赶忙丢了话筒就躲了起来，佐佐木同志一把将话筒抢在手里继续唱下去，不管他怎样开炮威胁，我们还是把他唱毕。

唱完歌，这边停止后，不久那面也停止了。

最后，新井田同志又唱了一首歌。

我拿起话筒说：

“兄弟们！兄弟们！打得凶啊！可是请你们向莲中大队长如此说：人民的灵魂决不是大炮所能打碎的，以为用大炮即能威胁的话，请再打得凶一点。试试罢！亲爱的诸位士兵，请你们记住谁在妨碍我们的谈话，这些东西才正是人民之敌！诸君之敌！不要忘记了敌人！一年又要完了，别再拿出傻瓜样的勇气，冤枉牺牲。保重身体，祝你晚安。晚安！”

噇！嚇！嚇！

打了一阵方才停止。

同志们！今晚才开始和军部起了正面冲突。结果是我们胜利。他们最多不过把山上的红土打了不少的洞，而我们正击中了士兵同胞的心坎。而且，我们“言语的子弹”吓醉了军部混蛋的胆！他们当然拼命开炮威胁，这正是“言语与炮弹”之战。对方一共开炮三十多发，尤其是当佐佐木同志说话的时候，可说是炮弹、轻重机关枪、步枪的伟大交响乐。结果，打中了什么呢？红土的山，然而由此可见我们已引起他们多大的恐慌。

这里，我还要告诉诸位一些愉快的情报。

因为我们预料敌人当我们撤收机械或在归途的山路中定会乘机炮击，我们为了略略延迟一些时间，就在营地上喝茶休息，指挥官也在一起，依旧是一副悠闲文雅的笑脸。

“佩服！佩服！”带着笑容他激励我们说：“日军非常动摇了呢！第一，炮兵毕竟听了你们的话，被迫开炮。从过去战争中的经验，日军的炮兵训练相当高妙，现在一炮都没有落在危险范围里，可说正是听了你们的话，炮弹故意的打到无关重要的地方去。”

“指挥官真会说话啊！”佐佐木同志嘻笑着说。这件事且不管它。指挥官还告诉我们下面一个情报：事实是刚才接到密探来的报告：正在我们工作时，宜昌方面有七艘汽船来往，据说观察当时警戒的情形似乎像有高级军官——说不定就是奈良旅团长本人——过江来。指挥官的意见以为一定是他们因部队受宣传向影[影响]起骚动，特意过江来视察，说完望着我们的脸，似乎要求我们的同意。

“难道是增员么？为了免使人注意起见，从白天起就络络续续的渡过江来了。”

“说不定是旅团长，因为旅团长至少要带一个小队卫兵，七艘汽船也许正是装运这些人。”

大概是罢？因此这批部下拼命开炮轰击给他看。日军已经是上下震惊了。

回到团部，进夜点后，才悠悠地打起灯笼在黑夜中摸索山路归来。

十二月二十八日。

今天系工作的第三日。在这一阵地第一阶段的工作预定今天完成。师部的官兵们精神兴奋得很。早晨，参谋长等来访，欢谈甚洽。师长的意见认为假使对方今天仍旧开炮，为了杀杀他们的威风，这里也予以还击，稍为压制他们一下，征询我们的意见怎样？

“这才有趣，痛快，痛快！”成仓同志高兴得几乎跳了起来，同志们莫不欢喜。

“谢谢！请这样办！我们先作警告词劝他们……这可有味，不过，请别在我们正在讲话时开炮，待我们结束后，再炮击吧！”

“好的，在讲完话开炮，也给这批东西发发抖。”

同志们！事情是愈来愈精彩了。

我们居然也是有大炮作后盾的宣传队了，立刻我们拟就下列的警告词：

“兄弟们！亲爱的兄弟们！奈良旅团长昨天用炮弹来扰乱我们的谈话，我们很知道这种炮击并非出于士兵诸君的本意，因此没有加以还击。我们因为要想和诸位亲爱的兄弟们谈话，所以并不理睬他，可是，今天若仍来阻扰我们，那可不客气了。请对莲中以及其他官长们这样说：假使还要来阻扰，那我们也要稍稍给他些‘颜色’瞧瞧了，请这样告诉他。此外，开炮时还请你们在堑壕里小心些，别被打中！”

真痛快。一定会吃惊！

还有从参谋长那里听来的情报：这几天，当阳至宜昌的公路已被切断，日军的输送仅赖运输机空中往来，这件事也应加以宣传以使他们更陷入恐慌之中。我们准备好今天广播的开场白如下：

> 日本的兄弟！亲爱的士兵们！……
>
> 今天在慰问播送以前，先告诉你们一个重要消息，大家请注意的听！

实际上，你们的官长已在守着秘密，宜昌至当阳的公路已经切断，扬子江右岸已经陷入极度危险中。兵队的刽子手——第十三个师团的长官们，又在叫你们扮演大别山、多宝湾的两役中的惨剧！而且军部正在准备南进，部队都集中在南方，不会有援军派来的。

宜昌最近也没有一架飞机，都集结到南方去了。

亲爱的兄弟！这样子你们恐怕又要遭遇可怖而又痛苦的境地了，请听听我们以下的忠告罢：

请勿作无谓的牺牲，被财阀及职业战争者所驱策，轻易牺牲自己的生命，这并不是一件荣誉的事。

困难没有办法时，请记起我们的事，不要忘了我们的话；我们是与中国政府已有谅解的日本人民海外代表、革命代表。只要说"请介绍我们给反战同盟"，中国军队一定能够陪你们到我们这里来。欢迎前来参加革命的日本人民，中国决不会把你们当作俘虏待遇，必视以勇敢的军人来招待你们。

做了财阀们的走狗，故意以为自己了不得，这决不是勇敢，大胆的说实话，敢作敢为才是真正的勇敢。

人民非鼓起勇敢不可了，兄弟们！怎样？请理解我们的真心，我们早已决心受炮弹等射击，为了同胞的事，跑来前线作革命代表。明白了这点以后，必要时请想起我们的榜样，稍为替自己的兄弟、妻儿、同胞们的苦况想一想！别再被长官所欺瞒，落伍在时代之后了；一被时代所弃遗，就会像你们的先辈明治维新时代的东北人一样，结果成了贼军。亲爱的兄弟们，请不要忘了现在所说的话！

准备就这样结束。

今日系佐佐木、我、森本休息，这篇文章遂交岸本同志及新井田同志播送。工作队编成——新井田、山川、成仓、高野、中村、岸本。节目——第一，新井田同志朗读上文；第二，成仓、岸本——"人民革命"问答（我们预料今晚对方仍要炮击加以妨碍，所以想趁他们还未准备以前，乘隙先将这些革命的宣传播送。因为昨天我第一个演说时，日军还不及开炮）；第三，中村、山川之慰问游艺广播；第四，高野同志朗诵全部"兵士之要求"口号；第五，成仓、中村歌咏；第六，成仓之演说；结束。

诸位同志！请看看这些节目，这可以说是毫不客气地向军部单刀直入了。

今天的宣传真是已达白热化的程度，每一节目莫不令人血肉沸腾！

下午三时，我们留守的人，送别了勇士们去后，一刻一刻等候时间的到来。

天黑了下来。

不久，东北方面，对着我们的阵地有炮击声。我们坐在黯淡的烛光下，竖起耳朵，听候同志们的消息，炮声不断地轰击着。

午前二时，去工作的同志一齐平安回来。

经过如此——一切全照豫定完成。

今天是刚在“漫才”节目说到一半的时候，开始炮击，一共大概发了三十多炮。

因为在阵地上暴露身体极为危险，军事当局特地为我们架设了电话，使我不必来往于发声机与播送的掩蔽部间暴露目标，日军的反应则由电话立刻报告过来。今天的经过一切都好，只是敌方的平射炮曾向我方的发声机轰击了五发。砰！砰！砰！不断地轰过来的时候，掩蔽部震动甚烈，泥土嗖嗖地都落了下来；而且左翼阵地的一间草屋中弹起火，山峰受火光照耀轮廓显明，因此日军的机关枪格外射击得凶，但是，最后他们颓然停止，显然是自承失败了。我们播送到一半以后，简直完全停止射击。今天日本兵士一句话也不说，我们很顺利地将节目一一广播完毕。

他们总究完全败北了。软的手段也不行，炮击威胁也不行，剩下来唯一的方法只有不再理会我们勇敢的宣传队，单方面统制他自己的士兵，绝不允许开口和我们交谈。

我们胜利了，绝对的胜利了。

好，不论他们如何统制，我们仍会专心一致地对着沉默的山头，播送我们“言语的子弹”，打破士兵们心的束缚。

然而，因为已经使他们的炮沉默了，我们方面是否还需要发炮呢？

干他！老是静默，反倒养成他们的骄矜。于是岸本同志朗读了“警告辞”，唤起士兵们的注意之后，就归返团部，途中，国军的炮声已嚯嚯地在怒吼了。

奈良旅团长这一下恐怕也有点嗒然若失罢！第一阵地的袭击至此结束，明天开始转移阵地到长江岸边去，向敌野炮阵地——南津关方面攻击。详情且待下回报告。

谨致

革命的敬礼！

一九四一年一月十日[①]

---

① 据第四信、第五信内容，或当作“一九四〇年十二月廿八日”。

第五信

诸位同志：

宜昌日本军当局和我们工作队的格斗，规模一天一天的扩大了。

击溃了宣抚班，引起旅团长“阁下”亲自出马，展开炮战；大炮、探照灯被我们一脚踢开之后，最后他们竟拿出飞机来了。

诸位同志！我们年终攻击已经达到白热化的顶点。

以下，报告廿九日以后的经过：

十二月二十九日。

天气朗爽晴和的一天。

今天，暂请南岸右翼侧面的日本士兵兄弟们休息一下，我们决定到扬子江边向隔江之北岸日军阵地攻击，理由是——他们以为我们专向右岸攻击，因此把注意力集中在右翼，我们却乘虚去威胁他们的野炮阵地，这是其一，日本军事当局似乎努力在搜索我们的踪迹。到二十八日止，我们在黑暗的山路里，愚弄这批家伙，故意打着灯笼归来，他们似乎已经推测出我们居住的方向了，昨晚，朝着工作队点灯而来的地方，约摸开了十余炮，可是一个也没有负伤。自然，他们上了我们的当，根本猜错了我们的地点。这事后来可以证明，因此我们为使他们更感迷惑起见，应即变换阵地——这是二。

今天目的地路程稍远，预定于工作后即在阵地附近宿夜，挑我们行李的辎重队、卫兵，以及成仓、新井田、山川、中村、佐佐木、鹿地六人所编成的工作队，下午一时，当太阳还照得高高的时候，就由宿舍出发了。

爬上溪谷，接近江岸，沿着红色土山杂草丛生的边缘前进。多雄大广阔的视野啊！人在这样的生活中，胸境为之谿[豁]然。同行的参谋长是一位非常愉快的军人，跑在众人之先，脚健步速，日语、华语夹杂着热闹地和后面的人谈话。

“走上那里可以望见宜昌了。”

我们加紧脚步赶上他，跑到山顶，啊！我不禁赞叹：宜昌！宜昌！这就是宜昌！大家全站立在山顶上低声惊叹。同志们！宜昌正是很好的都市，景色多雄伟啊！越过南岸菊花石一般起伏凸凹的红色土山，对岸淡褐色的草平[坪]坡上，宜昌的市街，带着白色的雄姿迺[迤]逦地静伏在江边，是一座雄大的城市，像是曾经在我渺远的记忆中颇为熟悉似的一个城市，外观极为富盛。

“不错啊！比重庆还好，反战同盟的根据地移到这里来罢！”

其中急性的同志，早打算最先攻入城去。

“诺诺诺诺……！”参谋长拍拍我的肩膀指给我们看，宜昌后面的高地上有一座很美丽的寺庙——名为东山寺，它的下面是一片广大的飞机场，没有飞机，只是一片枯干了的草地，静静地伸展到扬子江峡边，和江边的白色市街连系着。

“快点走！”

我们非常兴奋地加速了脚步，望着眼前这样的目标——不用说，在这样的环境中，我们对中国士兵磨[摩]拳擦掌准备夺回宜昌的心理，最为理解。“快点夺回来吧！”同志们也兴奋地祈望。不一会，渐渐走下靠江边的阴地，到了一家小茶馆，在那里买桔子，抽烟，喝茶，休息。这时忽听到轰轰轰发动机的声音，而且不止一架，像有一队的样子，奇怪——我立刻伸头去眺望刚才的飞机场，远远地有一队飞机飞来，说句实话，在后方最怕的是飞机，但一到了前方就不同了。士兵、老百姓全是悠悠然若无其事。我们离开茶馆继续前进的时候，九架轻轰炸机，低飞向宜昌机场而去。但不一会又飞回来了，始终盘旋于宜昌上空，并不下降，这些飞机不知打那里来，到那里去？新井田同志曾是海军飞行士，见了陆军机不断地骂：“陆军机差得很，技术更糟！”我们走入山谷，在那里看到过去被轰炸过的荒凉残破的民房村落，在前进几步，用泥上新建的小屋，早已恢复日军的破坏，理发匠很悠闲的在为客人剃头了。据参谋长说——最近，敌人飞机场常被我们炮击，大批飞机决不在此下降，因为中国军炮兵观察所完全可以看得清清楚楚，前几天被我们击毁二十四架飞机以后，若飞机必须在此降落加油，必有友机滞空警戒，监视中国军的炮兵阵地，而且决不同时降落三架以上以免危险。

“什么，原来是滞空警戒！”

新井田同志知道之后依旧还是诋毁陆军飞机的技术怎样拙劣，编队下降都不会等等。

不久到了满是炮弹弹痕的广阔田野上，这时许多人密集前进已经不行，于是我们三三两两地把队伍疏散开，到下午四时后之络续到达〇〇团部，据情报——刚才来宜昌敌机共二十一架，其中十二架不知飞向何处，六架下降，三架滞留警戒，都系从湖南方面飞来。

同志们，请想象一下下列的情形罢！

昨天以前，前线并无日军的飞机，不但是海军机，就连陆军机也没见到它的影子，一方面固然因战线入于停滞状态，一方面也可说他们的飞机为了南进已集中待机。然而，当我们昨天广播时曾威胁他们说“飞机一架也不会到宜昌来了，为了企图南进，你们的后方兵力已经大大减少”。

这一宣布可以想像日军士兵心理的动摇多大，于是，不得已，今天勉强抽出一部飞机到宜昌来示威说：“谁说我们没有飞机？”

而且，算准了我们每天出动的时间，就在这时故意在红色的土山上来回低飞侦察。

我们这种推断不会错罢？究竟错还不错，再请看下面的经过：

在团部略作休息后，我们立刻出发到江边的阵地去。这一带平原完全暴露在日军炮兵观察所前，正是日军炮兵阵地的弹道。当我们三三五五疏散前进的时候，满眼看到田中散布着一个一个遭山炮打过的弹穴，充分感觉到已经一步一步逼近了敌军的防备阵线。

“宜昌！”

参谋长压低声音，拉拉我的袖子，一看，从右边长江岸边的山与山的峡中，宜昌更显得清清楚楚了。它的对岸磨箕山顶上飘着日章旗，那里有日军的炮兵观察所，美丽的宜昌城街，近得像手都触得到一般，但恐怕被敌人发见，我们也不敢多所欣赏，从弹道中间匆匆穿过，不久到了两山中间的谷道，山后有一栋土屋着火燃烧。据由团部派来引路的士兵说，这所房子上午才中有烧夷弹，战场的气氛愈来渝[愈]浓厚，神经不自然地紧张起来，通过这座山的屏障长江又豁[豁]然展现在我们眼前，虽说岸边是日军炮兵的弹道，但农村风景盎然如旧：茅舍麦田，屋旁的桃树已经吐了芽，伸着枝等候春天的到来。江水无声地流逝，江中有一块相当大的岛，岛上人烟稠密，岛对岸又是一片平地，平地那边一列半月形的山丘，后面群山一座高如一座。岛上连居民的菜圃都看得清楚。这地方的居民究竟是怀着怎样的一种情绪在生活着的啊？处于两军的火线间——但因双方每天都乘船到这岛上来采购蔬菜，因此都未派兵占领，是一个毫无防备和掩蔽的小岛，也可说是在炮火下讨生活的部落，岛上居民们依旧悠闲地耕作，静候不久的将来国军克服宜昌。

抵营部后，揩干了汗，略进茶点，即攀登岩山直向江边前进。路不好走极了，带路的兵一路还指点给我们看“这里昨天落了很多炮弹”，“那里今天被山炮轰击过”！地势已经非常危险，我们分散着走，不一会扬子江混浊的水，滔滔地流过山峡早已呈现在我们眼下了，前方毫无隐蔽，对面山谷那边是日军阵地，江北方面第一线两军似乎继续在战斗，相隔有一千五百公尺的地方，双方机关枪正猛烈地射击着，据说这里也已经是在对江日军机关枪的射程以内，幸而太阳已经下山，对方已不能明晰地了望这里。我们继续默默前进，路傍到处都是炮弹穴，四间空屋的石墙，被炮轰得连墙脚都翻了过来，据说这是野炮弹，威力着实可怕。我仿佛感觉到已经处身在四面八方炮口的包围中。

哒哒哒哒哒——沉重的机关枪声音在隔江咆哮着。走近江边离日军阵地只有一千公尺处一座小山背后，参谋长站住了，告诉我们这里有一个山洞，把扩声机放到前面去，人就在洞内工作了。我们却感到太远。

“再到前面去一点！”

“前面没有掩蔽，危险得很！”

“跑下江边，找个山麓的一角掩蔽好了。”

“迫击炮危险。”

“炮弹的危险也应该小心啊！”

陪伴我们在一起的令澳君也这样主张，可是，照我们练习的经验，隔着流水的广播，虽也可听，但话声受水声的扰乱，不容易一字一字的听清楚，所以非距离很近不可。

于是参谋长说：“那么，到别的更适宜的地方去罢！你看那边怎样？”他指着隔一条溪的右边一座山给我们看，我们立即折回，走到山那边去。

天黑了，对着江，两座互相平行突出的峻峭断崖间，——构成凹进去的一个赤土山峡，有一个天然的山洞，我和佐佐木同志由参谋长陪同，到前方去决定按[安]置发声机的方向，从我们的地方距离日军阵地依我推测大概是七百公尺，但参谋长却说只有五百公尺。临江断崖上据高临下的形势，真是理想的地点。在那附近一带因为没有隐蔽部，恐炮弹危险，于是只好在相距七百公尺处，把扩声机案[安]置在山顶上，朝着对岸广播，效果也并不为差。

落日整个钻进山北的背面，大地完全漆黑了，已是下午六点半的时候，佐佐本、新井田、岸本、山川四同志为了按装机器，黑暗中也不得不攀登满是荆棘的山顶，匍匐前进。

“同志们这种认真苦干的精神真使我佩服。”参谋长赞叹地说，我在黑暗中，撑着手杖，笑而不答，但心中却这样想——我喜欢军人！我爱你们中国军人！这是在后方不能想像得到的友情，我常感觉在死亡之前还能勇敢行动的这种军人的精神，和专心从事革命者之间似乎有一个共同的感应，这是因为你们是民族革命的军人，我要向你们伸出我的手来。

这里——同志们，关于我们工作队的同志的情形，有一点是我可以大胆自夸的——就是像新井田、佐佐木两同志等刚才争论的时候，面红筋赤说“没有确实效果的事情我不干”，态度虽稍嫌粗野，但他们每个人，我可以说，绝对没有一个做事马马虎虎的，死也不肯含糊一点儿。若已经决定做了的事，则不论在荆棘中，在断崖上，总是绝对贯澈到底。同盟工作队员都是些很有趣味的同志，虽然有些缺点，但是应该做的事则必定做到。

诚然被荆棘刺得满身都痛，不久，同志们苦心惨淡地从杂草丛中爬了出来。

前面机关枪交射，今晚两军似乎都显示着战斗的情态。

突然，轰轰的开始炮击。参谋长说——这是中国军方面开炮轰击日军飞机场。对方还击的声音，震动山谷。八时左右，我们在互相炮战中开始广播。

节目——第一，鹿地演说："年末告同胞们书——警戒一九四一年的南进"。第二，中村、成仓之游艺广播。第三，新井田、佐佐木之漫才"帝国主义"。第四，成仓之演说"迎接第四年之新年，告士兵书"。第五，山川、中村、佐佐木之游艺广播。第六，鹿地之讲话："战争什么时候结束，怎样才能结束？"

参谋长说："今晚反正不能回宿营地，我们好好的干它一个痛快罢！"我们非常赞成这一主张，因此在预定节目外又时时插入许多额外节目。

日军似乎没有预料到我们突然会向这边宣传，当我们广播时并未炮击，只在我们最初说话的时候向着发声机开了几枪。这一带地上迫击炮弹痕累累，而今晚竟毫无动静，洵属意外。一会，一个排长从江边上跑来说：对面日军不知在乱叫点什么，叫我们派一个人跟去听听，于是新井田同志立刻带了扬声筒跟着他去了，不久，山川同志也带了扬声筒追踪着走向江边去，节目继续地进行着，我们的声音，震荡在两座山岩间的怀抱里，回音盘旋，响澈四野。突然，日军阵地中起了一种怪声音，黑暗中像有飞机的引擎声轰轰地响个不停，在这样底山岩中，这样的深夜，日本飞机还要来访问我们，似乎太殷勤了。最初我们讨论的结果以为是日军机场在夜间修理飞机预备明天轰炸。因为在这静寂的山中，除了我们一队工作人员外，连一只鸟的叫声也没有，何来隆隆的机器声，实在令人太奇怪了。

"不，那不像是飞机，是汽车"，参谋长听了一会这样说。确实也好像混杂有卡车的声音，渐渐地近了，恐怕真的是卡车罢，沿着对岸绝壁的公路行驶？是不是卡车一直开到火线上，现在又回去了？一忽儿声音轰轰地响了起来，一会儿又远了，像似卡车往来不绝；也许因为是在深夜的山谷中，所以回声特别响亮悠久，而致妨碍我们播送的声音，然而，这样的黑夜中有什么必要把卡车一直开到火线上来？开到危险的绝壁的边上来？

"啊哈哈哈！是他们在妨碍我们广播呀！"

令澳君忽然想到了，笑着说。这样一说，倒确是这个原因了。

可恶极了，我们停止的时候他们随着也停止，我们开始的时候，他们也开始，确实是一种新的妨碍办法。

难道他们竟这样开一夜的汽车么？不管它，我们趁它停止的时候依旧继续广播。

蹲着腿在山洞里旁听的参谋长，听得非常高兴，频频地称赞：

“这一支歌很感动人，中村同志唱得真不坏。……一定打动了日本士兵的心。”

新井田、山川同志回来了。新井田同志的报告：——

当我走到江边向他们呼喊：“喂！日本兄弟！”时，对方曾答应过一声“有！”。可是当我再说：“这样，大家谈谈吧！我们都是同胞啊！”而且问他们为什么要战争，此后则一言不发了。这可以知道最近几日来宜昌当局彻底统制士兵，不许他们回答我们的话。不管他们怎样，我却依旧继续我的演说，关于南进的危机、人民应取的态度等等，最后并且唱了一首《民众之旗》，这时，轰轰的汽车摩托声响了起来。

真堪佩服，在峻峭的岩壁上毫无隐蔽之处，我们这位勇敢的青年同志，竟敢这样滔滔不绝的演讲。

日本军，最后只得不和我们对抗，采取严格的统制士兵手段作消极而又可怜的防御了。可是，统制的结果，必然会出于他们意料之外，徒然惹起士兵的反感而已。

十时半结束，对方一声也没有反响。

北斗星辉耀地在天边闪着光，踏着幽黑阴影寂然无声的山路归来，在营部附近为我们准备好了的宿舍夜餐。十二时——疲劳已极，酣然入睡。

次晨，为了避免炮击与空袭。预定天黎明时即出发。

十二月三十日。

晚前的寒冷，促人时时起来小便，随着东方的发白，在朝雾中看出天在降霜，像血一样赤色的太阳，朦胧浮现于冷白的霜雾之海中，清晨六时，在敌机连翼的盘旋声下向宿舍出发，九时始到。

今天是休息日，大家经过了四日来继续的工作，疲劳已极，因此师部特意在午前招待我们沐浴。

晴朗的碧空。全体携着毛巾带了换身的衬衣裤等出发赴浴场。跟着领路的人走，不一会到了一所满地落叶位于清幽山谷中的小屋，这景宛如在日本深山中的温泉场，而且又是多讲究的浴场啊！仿佛都会中的大浴室，在专为我们布置的休憩室中陈设着桌子、椅子，泡着上好的茶，还有水果、点心，里面一室更有可供躺卧的榻。室的右边，是用大石块砌成直径约有六尺的大型浴槽两个。在这荒山野谷中竟有这样舒适的浴场，同志们都喜出望外，高兴极了。大家半开玩笑半属乱猜地说：这恐怕是以前山大王聚居之所……

“回到重庆后，我们也照样地造它一所，对的，只要决心建造没有不成的；虽然要化点心血劳力，可是建筑用的石头却应有尽有啊！真的，石块重庆多得很呢！同志们，请等着罢！工作队回来后，给大家建造一所浴室，哈，哈，哈，……”

浴后，悠闲地喝了一会茶，吃些点心，越过日光懒洋洋照射底山谷，回到宿舍大家又是抽烟，下棋，满心都觉舒适。

现在，我还得告诉你们，我们这几日来大家相约过一件事——就是日本军一定很注意我们，今后飞机来时，务须跑到屋外躲避。“再下一盘棋躲还不迟”，这种态度要绝对禁止。“啊哟！这可吃不消！”成仓先生搔着头皮。

毕竟，隆隆的飞机光临了，大家赶快跑了出去。九架银翼编队的飞机，在我们头顶越过。待我们一回屋里从新热心地下围棋的时候，隆隆的声音又来了。仍旧是这九机编队，翱翔地飞向东南方。一回屋里，他又来了。似乎今天整天想来打扰我们的样子。每次我们以为“已经飞过去”了的时候，发动机的爆裂声接着就由远而近，由小而大，到后来，我们索性打算到田野去晒太阳，当敌机来时就站在树荫下眺望，那时正是午后一点钟。

畜生！又是一架轻轰炸机飞来了。飞得非常低，直向我们而来——危险了，别动！……愈飞愈低，日章旗赫然可见。已经距地不到一千公尺，好容易已经越过头顶，不，竟频频地在我们头上盘旋，突的一个急降下，几乎碰到了一个小山了。新井田先生可愤怒极了——

“真是混蛋！把他一下打落多好阿！要是有一架战斗机的话，决不会叫它这样耀武扬威啊！”

可是，那一架飞机，转了几圈以后，忽的落下来一些东西，霎时红色的传单散满了天空，像下了一层彩色的雾。

又散下来了，红的一阵，绿的一阵，五色缤纷！

敌机竟悠悠地大散其传单，到处都是，看起来在火线的一带也散下许多，整个前线都被它散遍了，左右盘旋，很久很久不肯离去，经过了几十分钟后，这些传单纷纷地落了下来，老百姓们因为好看都抢着跑出屋外去检，简直像开运动会的情形，头上的飞机好像全不在眼中。——我们却以为这样子可不行啊！飞机还在那边山上盘旋像纸鸢般地飘飘去，那不正是在侦察吗？在宣传的任务之外，必定还在注意，山中那一家房屋里，跑出怎样些人来。这次再飞过来时，恐怕不会再散传单而要在被注意过的屋上掷炸弹了。果然，出去买赤豆预备做点心的高野、岸本两同志来告诉我们说：当他们刚越过一座山岗到达〇〇部落的时候，看到敌机一面散传单一面又掷炸弹，那种可怕可惊的刹那情形。据说，老百姓争集着在一块抢传单的时候，炸弹也落了下来，一共炸死了四人。

总计，这一架轻轰炸机，在同一地区盘旋到下午四钟半才珊珊而去。

十二月三十一日。

晨，微雨。

最后的工作日，我们望望天空仰天叹息。

不久天空渐渐地明朗起来，雨也不知在什么时候停止了。

没有关系，依旧去工作——路恐怕有点不好走，天空没有星光，夜里一定漆黑异常，可是，日本军士兵同胞们正在等待我们，连奈良团长"阁下"恐怕也要等得不耐烦了。

在黑云低垂下，下午三点钟，我们一路滑着，溜着，蹒跚地向第〇〇团部出发。工作人员——成仓、佐佐木、高野、山川、岸本、鹿地到达团部时天已经快要黑了。张团长、于指挥官笑着来迎接我们，说是从〇〇方面特意转过来的，于是大家吃茶、吃点心、抽烟，闲谈了一会。

同志们！前线将士们是如何地欢迎我们！谁都希望最好能在整个战线上，每一师配备反战同盟一小队，那可增加抗战不少力量呢！我们也是多希望如此啊！可是，我们的力量呢！我们的力量不足啊！我们的同志太少啊！同盟的扩大与充实系当今的急务。我最近痛切地考虑到这问题。一九四一年第一项工作就是"扩大我们的力量"。

今天是除夕，我来到中国已经整整的三年了。同盟成立也一年多了。我们尽了自己最大的努力了，只是在这激动不已的时代里，我们这点力量又是如何的渺小不足道？

日本人民，士兵弟兄们，长时期苦耐过来了。现在日本帝国主义者已经说出"解决事变根本不可能"的话来，他们现在正想向太平洋作最后一次的投机，同时也拼命在制造"解决事变"的条件，而频死挣扎着。人民们、士兵们何尝知道这些事呢！只是无生气地迎接这一九四一年暗澹的岁月到来。毫无希望的大除夕，他们的心中是多么地悲哀啊！

今晚，我们要和他们作一个澈夜的畅谈。像"除夕话旧"般地，我要这样悠悠地倾吐一番！

六时以后——通过敌军炮弹的弹道下，由夜晚漆黑的山中摸索到了前方。

七时到达。视察阵地；站在山顶上，前方五百公尺处有一溪相隔，对面丘陵即系日军阵地。黑越越地——南边连着前几天去过的第一阵地，北方似乎是江边。小溪埋在雾海中，只余两座山峰浮在烟云上，我们就选定正对面的一座近些的山头做目标。

节目——第一，鹿地之演说："一九四〇年末和同胞一谈，祖国究竟往那里走？"；第二，成仓、佐佐木歌咏；第三，成仓、佐佐木之"对话"——帝国主义；第四，山川、高野之乡土演艺广播；第五，岸本之演说——"关于南进与日本之危机"；第六，成仓、山川歌咏；第七，鹿地之"关于自由民权与人民的力量"；其他临时加入的演艺、讲演等节目。

我们的阵地和日军的炮兵阵地极接近，因此构筑颇为坚固。在掩体内，我们蹲着腿开始广播，只有山川同志在壕外听察发声情形。当我刚说到三分之一时，照例又射击起来。正笑他们"打的方向莫名其妙"时，炮弹却渐渐的打近来了。山川同志赶快溜进掩体里来。以后，机关枪、步枪的射击十分频繁。

正像除夕的气氛，同志们精神极兴奋。

"喂！兄弟！都吃了年夕酒没有？今天喝个通宵，喝过通宵罢！打仗的事让长官去干好了！"

"喂！兄弟！我们没有'慰劳队'，这里全是'光棍'，只好由光棍们来安慰诸君，真对不起，可是，马虎一点得啦！"佐佐同志大开玩笑。

当成仓同志唱"冷清清的夜"的歌时，对面也唱了起来！只是频频地"哇哇"的乱叫乱闹，不能一字一字地听清楚，真是愉快的一批家伙——一定是在大喝其酒。

长时期，中间时时地休息。

在北岸昨天工作地点的对面，我们广播开始以后似乎激战很烈，机关枪猛烈的交射声和迫击炮间断的爆裂声，听来非常热闹。跳出战壕眺望时，只见山中血红的火光美丽地闪耀着，好像双方正在争夺据点。"打得好凶啊！"成仓同志一面感叹一面眺望。

一会，天空上突然射出一道白光，宜昌方面的探照灯转来转去地向我们的阵地探案，可是似乎没有什么发见，因此也没有炮击了，同志们说话也差不多说得口干声哑。我拿起话筒，最后结束："一九四一年是危机四伏的一年，亲爱的同胞们哟！请勿作无辜的牺牲，有困难的时候，记起我们在这里！"话还未及说完，"当"的一声边近摇撼了起来，一颗炮弹掠头而过。接着是第二发、第三发！却打得很远。

"喂，亲爱的兄弟们！请转达炮兵的朋友们！是不是因为除夕想开一〇八发'过年炮'？（日本风俗，大除夕鸣钟一〇八下，称为'除夕之钟'，至最后一声毕时即为新年开始。——译者注）不打钟，而用开炮代替，似乎有点太不通人情了？哪！亲爱的兄弟！我们是为人民求福的神，跑来替人民驱逐恶魔的！好罢！请迎接快活的新年罢！还该勿忘我们所说过的话！”

这些家伙，似乎被说得不好意思了，此后一发也没有打过来。对岸的战斗好像也已经停止了。漆黑的天空，夜深更是静寂无声。

我们就这样圆满地完成了年末的攻击宣传战。

摸瞎地回到团部。

在团部吃了北方风味极鲜美的面条，这也可说是“过年面”，大家谈谈中日两国过新年的风俗等，非常热闹，并且预祝明年此日大家都可以在汉口吃“过年面”。

吃过面，拿出表来一看正是一九四一年一月一日零时零分——

恭贺新禧！

祝诸位同志健康！

向第六战区司令长官陈将军敬礼！

抗战将士们，万岁！光辉的一九四一年万岁！

（原载于《寄自火线上的信》，五十年代出版社，1943 年）

中国的胜利是全亚洲的曙光

一个日本世界语者给日本世界语者的一封信

[日本]绿川英子
叶籁士 译

V.M.女士，日本的进步世界语者，在“八一三”抗战前来华，这信原文是用世界语写的，发表于世界语旬刊《中国怒吼了》三卷四期。——译者

同志们：

沉默了多么久呀！日本检信的严厉总使我不敢给你们随便写信。现在这个战争把我们之间的音讯割断了几月之久了。我已不能再保持沉默。一种强烈而复杂的力量推动着我，……但是从那里说起呢！

同志们，只要有一颗人的心或是清明的理智的人——不管他属于那个民族，一定是同情中国的。我不是禽兽，我知道正义。因此我的心中，总盘据着这个问题：我应该做什么呢？做一些男同志一般上前线去吗？还是像一些女同志那样去照顾难民和伤兵呢？然而我不能，因为我是个无力的日本妇女，连中国话也说得不好。同志们，幸而我是个世界语者，是的，我说“幸而”，因为凭了这，我在反日帝国主义的革命的斗争中找到了我的小小的岗位。现在我们必须把世界语作为国际的武器而最有效的利用。“为中国的解放而用世界语”，这个口号绝不是句空话，给《中国怒吼了》写稿及其他的工作，对于我的意义并不只是一个外国世界语者，为出版一个小刊物而提供她的贫弱的技术那么简单。当我提起笔来的时候，我的热血为抱屈的正义而沸腾着，对于兽性的敌人烧起了烈火一般的愤怒。然而我又觉得快乐：我是跟中国人民在一起！

要是谁愿意，那就称我做叛徒吧！我一点不怕，我倒觉得耻辱，因为我是那些侵略者的同胞，他们不单侵略别人的国土，并且使无助的难民陷入了人间的地狱而且无动于中。真正的爱国主义绝不是跟人类的进化冲突的。不然，

那就是狭义的爱国主义，这次战争在日本产生了多少狭义的爱国主义者啊！当我听到连那些以前自称为觉醒的、进步的甚至是马克思主义者的知识分子，现在也做着反动军阀和政治家的尾巴，无耻地主张着“皇军”的“正义”的时候，我再也禁不住我的愤怒和厌恶。室伏高信，对于日本知识分子有着颇大影响的评论家，大放厥词，说什么日本民族负有创造新世界的使命，日本民族的任何阻碍者必然灭亡，因此目前的战争是东方二大民族的宿命。山川均，过去曾是个社会主义者，俨然提出了“支那兵之鬼畜性”的问题，痛骂中国人为鬼畜以下的东西……带住吧，因为这方面你们一定知道的比我更多。

啊！同志们，人们可以这样容易抛弃良心的最后一片吗？同志们，然而我是信任你们的。我可以完全确信，你们是连一步也不会走近他们的，因为只有你们那样的前进的世界语者，真正的国际主义者，才能澈底理解这个战争的意义和自己的行动的正确的方向。

在中国和日本民族之间，并不存在任何基本的仇恨。翻开历史来看吧，相反人们倒可找到两民族在各方面的亲密关系。辛亥革命时代，就有许多日本人自愿为了友邦人民的解放而流自己的血。就在几年以前，为了大众的解放，这两民族的工人曾经坚决地拉起手来。同志们，我记得很清楚，我们在东京曾经抱着多么大的热情谈过这件事情，而每次都讨论到为促进东方人民的解放而进行中日世界语者的合作。当去年春天我离开日本的时候，这个问题尤其成为当前的急务。但是后来种种原因——最主要的是日本警察的压迫——终于阻碍了这件事的实现。

同志们，现在是时候了！我们急迫地期待着你们的帮助，中国人民需要各样的合作者，你们怎能失去这个良机呢？真的，今天有个最好的机会，用最直接最诚意的形式，来开始筹划已久的极有意义的计划的第一步。小小的踌躇一定会引起你们将来无限的后悔和我们的十分遗憾的。这条路上充满着荆棘，那是可以预想的，然而这又算得什么呢？要知道：同志们，不管日本政府的死刑的威胁，反战的运动已在全日本燃烧起来了。就是在上海的日本军队中，也已发现了反战的传单，虽然有长官的严厉监视。

同志们，中国在这次战争中的胜利，不止是中国民族的解放，而是远东被压迫人民（连日本人民也在内）的解放。中国的胜利，是全业洲甚至全人类的明天的一把钥匙。同志们，你们现在怎能犹豫呢？要知道：在现在，什么事都不做甚至也是一种罪恶。然而关于这事我不再多说了，因为我完全信任你们的永恒的同志之谊的。

啊，同志们，在祖国危急之际，中国的士兵是在怎样英勇而坚决的战斗着啊！每次我都感到心跳，甚至流泪。要是你们也能亲眼看见的话……然而可怜的是我们日本的士兵。报纸上说，上个星期，日军在上海死伤一万两千人。而人们不断增援着，青年们几千几千的被运来。我不敢断定：这些人中间一定没有你们在内。不！连想起来也是可怕的。侵略邻人而自己又白白送死……同志们，对于一个世界语者还有比这更大的悲剧么？

（原载于《新华日报》1938年1月22日）

日本朋友慰劳信

——绿川英子致我前线士兵书

[日本]绿川英子

敬爱的中国士兵们！

首先我向你们拿自己的血肉来保卫中华民族的英雄们，致诚实的敬礼。

我老想到前方去，同你们在一块儿拼命的斗争一下好打倒侵略者，但我又怕你们杀了我，至少要恨我、骂我，因为我是从敌国来的一个女性。

使你们陷入这样困苦里，是日本军阀。他们杀了你们很多兄弟，奸了你们很多姊妹，实在我们很对不起你们！

在上海、广州和汉口，我曾看过许许多多难民和被炸的人们，非常难过！如果亲自看到血成河肉成山的战场，我一定更受不了的。为什么日本军阀来打中国呢?！为什么他们不知道，中国人决不是他们的敌人，而要杀光的倒是他们自己的上官、日本军阀、日本法西呢！

假如我有百个身体，要到前方的日本军队去，同他们好好儿谈一谈，不让他们再杀中国兄弟、中国老百姓；假如我有千只手，要到所有战线去，给你们中国士兵绷一绷受伤的地方，替你们洗一洗衣服。但可惜得很，我只有一个身体，只有两只手，只有留在汉口，帮你们做点后方的事情。但，我努力的做下去，因为这也是必要的。可是我非常对不起你们，当你们在吃着大苦的时候，我一个日本人却过比你们更舒服日子。

当"九一八""一·二八"以及此时以后，我曾写过不少的信给了日本士兵，但那时我不痛快，也难过，因为，虽然我已经多少一点知道日本军队的行动并不是侵略以外的东西，可是被学校当局——那时我是学生被威迫着，违反我的意志，"鼓舞"和"慰问"他们。现在呢，我完全自动的给你们写信，一点也不要背驰自己的良心。多么快乐啊！以前我又做了好多"千人针"送给他们——你不要骂，不要笑，实在没办法！——可是今天不给你们做，你们决不要那样迷信，你们是为了四万万的中国民族的生存而进行正义的英勇的战斗。

亲爱的前方的兄弟们！

日本军队不过是恃较优良的武器，可是，这种武器赶不上你们的勇敢，更赶不上你们的团结，因为他们没有正当的理由打仗，看哪，经过一年余，他们打的已有些不好了！而且他们在张鼓峰同苏联冲突时，吃了大亏，只好屈服，虽然他们进攻汉口，可是不管在甚么战线上，他们都没有精神，现在无疑的是给他们人打击的一个好机会。

你们无情的、顽强的打上去吧！我也在后方用一切方法来支持抗战。

你们的日本朋友绿川英子

（我在中国还没有一年半，所以中文写的不好，但想常给你们写信，你们也告诉我你们的生活吧！）

（原载于《新华日报》1938年8月20日）

致全世界世界语同志

——纪念柴门霍夫八十诞辰——

[日本]绿川英子

全世界世界语同志们：

今天是我们敬爱的导师柴门霍夫的诞辰。首先我得向你们致敬！

同志们，看！在西方，德意法西斯蒂的魔手，在企图勒死西班牙的革命民众，布特勒不断地屠杀犹太人，侵占奥国，抢掠捷克的土地。在东方，他们渴血的兄弟——日本军阀，在蹂躏中国广大的土地和众多的人民。第二次世界大战前夕的恐怖，统治着整个地球，使全人类惶悚不止。

看看周围的一切，到处是地狱一样！

日本的飞机每天来轰炸中国不设防的城市，许多房屋蹋倒着，成百成千的尸体在街上横陈着………

孤儿、寡妇、老人无人照顾，在那里哭叫呻吟……无衣无食的难民，愈来愈多，他们是日本“皇军”所作的圣战下面的圣迹。

这一切曾发生在许多城市和乡村里，而且还在发生，将要发生。

在战区和占领区域里，关于日本军队的暴行已有许多外国记者用文字和照像，告过给你们，我愿意用我的荣誉和一个人类的女儿的爱来担保这些事实，它是多么阴惨的事实呵！

同志们，请原谅我会打扰你们平静的心情，我必需要忍受我的厌恶和我的痛恨，我要控诉的，你们相信这些事实吧。当一个驯良的妻了，被几个日本士兵污辱了以后而割去了她的乳房，甚至十岁的幼女也不被宽容。同志们你们相信这些事实吧，因为它还在发生着。一个天真的孩子被从怀中夺去，作为魔鬼的玩物，她狂哭起来，不断地哭，忽然她的小胸脯已被尖利的腰刀戳穿了。同志们你们想这些事实吧，因为它还在发生着。成千的健壮儿童被抢去挤出了最后一滴血，注射给受重伤的兵士，小儿昏过去，于是把他活生生地被装在袋里抛入河内或海内。（唳，只在扬子江上就已发现了多少这样的小尸体呵！）我碰见几个东北人的俘虏，有些只是呀呀地叫着，另一些有一种奇特的语音，仿佛是患麻痺症的老人。后来我知道，原来他们是被日本军阀用特殊的注射药弄哑了，然后驱使他们对自己的同胞作战的（他们完全是中国人，而且讲着同样的言语，只是侵略者便把他们叫做满洲人）。有一次我看见过几个被俘虏的朝鲜的少女，她们是在慰劳队的名义之下被强迫来满足日本兵的兽欲的。有两个面黄肌瘦，另一个显然患着严重的梅毒症，第四个大腹便便，身怀着无主的孩子，谁是他的父亲呢，天才知道。同志们，请你们相信这些事实吧，因为它们还在发生着。

这就是“皇军”在中国的所宣传的文化，在日本“皇军”的文化的蹄印之下，紫金山的树木会脱掉绿叶连枝干也被烧光，美丽的西子湖里也浮满了血尸。

中华民族是爱好和平和秩序的，而且五千年来保有了她自己可珍贵的文化。他们安居乐业，靠收获来温饱自己，他们在和平的农村社会产生出伟大的哲学家诗人和柏拉图，无涯的绿田和平静的碧湖是他们的象征，近年来为了改进生活采取新的制度——民主制度，他们竭力想使这个民族成为人类最善的一部。而这时来了野蛮的日本帝国主义者。他不但阻止这光荣的传统的继续，而且企图以枪刺的威胁来破坏它。而他们造了可耻奇绩来满足他们自己□散布出的谣言。

你们不见同样的恐怖在西班牙已有两年半吗？谁能保证这毒焰明天不会燃烧到你们头上呢？

德日意法西斯主义者互相勾结威胁世界和平与人类文化，难道和以建立人类乐园为宗旨的你们无关吗？全世界已分为两大绝对相反的阵营：和平与侵略，我们应该站在那边，这是不必说的。中立是不可能的。同志们！你们胸前的绿星还在闪光吗？在绿星存在世界一天让我们斗争一天吧！

我要告诉你们，中国自抗战以来所有的新旧世界语同志一致团结起来了。甚至于和世界语运动隔绝了许久的老同志，也带着新的热忱和毅力来参加抗战，他们继续着一切应作的工作不顾种种困难。

是的，在这种情形之下我们以往的消极态度是不许可的。IPE（左派世界语者），SAT（文化派世界语者），UEA（资产阶级世界语者），LEA（劳动阶级世界语者），无论社会民主主义者或无政府主义者，你们还要谈到互相间区区的分别而不一致团结吗？分散力量对我们是极不利的，那只有利于人类的破坏者、和平的毁灭者。我还要郑重地说一句：我们敌人只有一个——法西斯蒂。

请牢记着那些法西斯蒂用各种方法，也用世界语来蒙蔽来欺骗全世界。在东京有一个受津贴的团体，为前帝大教授日本精神文化研究所会员藤津亲雄所主持，无耻地向全世界狂吠为侵略者作辩护；在和歌山县另有一个团体，出版世界语月刊《太阳》免费送到几十个国家；还有在京都也出一种杂志叫做《时代》，这些都是甘心为日本军阀做走狗的叛徒。同志们！在我们世界语者中间能容许这种污辱的存在吗？我们的世界语是为了建设人类和平的语言，它曾为高尔基的语言，曾为罗曼罗兰的语言，曾为马克思的语言。同志们！我们的语言不是给强盗们说的，不是给刽子手说的。同志们！我们必须联合起来打击他们，而且把他们假面具□穿。同志们！不要忘记世界语是对破坏人类文化与和平的野蛮主义作斗争的国际武器，但没有巩固的内部团结是不会有实际效果的。我们同志散布在世界各处，我们的呼声可以达到地球任何一角。而日我们世界语者本质上是和平的先锋，因此，我们有扩大统一战线的责任。因此，我向你们提出来：

一、建立和巩固世界语者及反法西斯的统一战线；

二、积极应用世界语作反侵略宣传；

三、澈底惩治法西斯蒂世界语者；

四、把我们的统一战线扩大到外界去。

在导师的诞辰除了这样向你们提出建议和要求，此外我相信没有更好的方法来纪念。

今天，中国的抗战将进入新阶段。西南、西北惊人的发展，曾经建造超乎人力的伟大的长城、运河的中国，将在这些地方再表现她的伟大，她将克服任何困难。国共两党以及各党派的合作，军队和民众的同心协力，天天在巩固在进步中。你们看日军后方的游击队如何使敌人不安，这些游击队无疑地在抗战的新阶段中有了异常重要的地位。如果中国有足多的高射炮和飞机，后方的牺牲就不会这样可怕。例如士兵因为没有防毒面具而受毒死是何等可怜呵！多少伤兵受苦不堪或者为了缺乏医药和看护而死！

我相信中国，甚至没有外援，困难不断增加也能继续抗战争取最后胜利。但援助中国是全世界爱好和平者的责任，因为中国不独为自己的解放而且也为人类的和平而奋斗。因此，我，一个在中国的日本世界语者，向你们提出如下的请求。这些请求不但是世界语者所应该作到的，而且也是整个人道主义者所应作的。

一、督促你们国家的人民和政府主张实行国际联盟第十六条；

二、要求你们政府禁止运输军用品给日本；

三、不要买而且劝别人也不买日本货；
四、请你们的民众捐助医药和别的需要品给中国。

你们的同志
Verda Majo
一九三八年十二月十五日在中国

（原载于《新华日报》1938 年 12 月 29 日）

心底的呼号

——一封和中国人结婚的日本女子的家信

[日本]绿川英子

伟大的亲爱的父亲：

自从我们开始听到炮声和你们断绝了信息，已经有数月了。近来你们都好吗？未曾遇到什么不幸的事吧？弟弟大寺没有被迫入伍吗？现在你们处于什么环境了？一想到你们，我心里似刀刺入的难过，充满了愁绪、悲伤！

窗外的雨，淅淅地落着，侥幸为了这雨，我们今天没有听到飞机飞翔的声音。溪儿正在甜蜜的梦乡，安睡着呢。

你曾经说过："当我的外孙和我说中国话时，我怎能不回答他？那么，我八十岁的老者，也得学中国话吗？"多么好心肠的祖父！但是，是不是真有这个机会，使你见到他呢？现在我们住得离战场颇远，所以人们倒不必怕炮弹的危险，然而我们每时、每刻、每分钟，都有死的可能，因为我们祖国的飞机，在任何人烟稠密的地区，都投掷那无情的炸弹或烧夷弹，虽然这些地方，都是不重要的非军事区域，那些人民都是些无辜的老人、妇女和儿童。

可惜你老人家，没有机会观光一下帝国飞机光顾过的地方，惨不忍视的情景，我用笔也无法写出来，告诉你老人家，在那里躺着许多已经没有了头颅而还紧紧地抱着他们孩子的母亲，那些还含着乳头涂满血污的孩儿，无言的看着各处，在咽咽啼哭着，他们已丧失了整个的家庭，慈爱的母亲……这样野蛮的行动，实在是人类历史中最低卑的把戏。可是，外国人已把这残酷的影象照下来，向世界人士公布了我祖国的罪状。刚开始时我还抑制不住我自己的哭泣，然而现在我的泪流干了。

父亲！开封的人们，在日本军队没有侵入以前，都过着太平的生活，别国有职业的国民，也没有丝毫的不安，经营他们的事业。父亲！请想一想吧：假使有人拿着武器，强横地冲进一个人家的屋里，并且叫他不能保留自己财产，或是没得人家的允许，就在人家家中建筑起自己的房屋来，那时，无论那家人，自己本来怎样仇视、气奋，也一定会一同起来反抗吧！这是当然地，你说不是吗？

父亲！世界的舆论，不断地向祖国攻击，各国反日的情潮，一天天的高涨，对中国有极力的赞同、援助。而且中国的人民都集成了一个铁的围墙，军民站在一条战线上争取他们的生存，给我们很大的创伤。何况，祖国的经济命脉，已到危险地步了，唉！这次的战争不知在什么时候，才停止呢？

父亲！我是多么讨厌这个战争呵！因为李(她的丈夫)是一个很有血性的青年，他常常沉默着不讲一句话，但从他的面色上我知道，他像在以为这个“日本妻子”妨碍了他，有一次人们甚至于把他当作侦探，在这样场合之下，假使我回到日本来，他也许能更顺利地完成他对自己对国家的任务。“一·二八”事件的前夜照子夫人哭着和她的爱人告别了(那时候他是南京政府的一个官吏)，聪明的照子不是选择了道最正确的路径吗？但是，我却无法离开我心爱的丈夫和孩子。并且，即使我回到日本，我敢相信，那些家旁的邻友，定会冷淡我，而骂我是“中国人的妻子”，这又有什么颜面呢！

李是一个爱好正义的人，他有魁梧的体魂[魄]，坚强的毅力，决定和他的祖国共生死。我，他的妻子，又爱着日本，在那里住着她的父亲、祖国、弟弟、同胞——回忆情绪洋溢在我心头。我也尊重正义。但是，父亲！你说什么是正义呢？它叫我不能理解了，“皇军是正义的军队”，我在童年，已经知道了，深深地相信。而现在我亲眼看见的，皇军所到的地方，不是劫掠，就是强奸、屠杀，给了我正相反的教训。父亲！尽可能的广泛，把这些事实告诉我们乡人吧！我们要拿我们自己的力量，来唤醒国人，阻止这人类的残杀和抢掠！父亲！告诉弟弟——我如何希望着——为了他没有成为那些坏蛋的工具，他们是挂着正义的招牌，而去侵略人们的，不要从那毁灭姐姐家庭的军役呵！父亲！亲爱的愿你健康！我们再见总会到来的。

别了！

你的妙子

(译自世界语《中国怒吼》，转载于《全面战周刊》第27期，1938年)

一个爱正义爱祖国日本女子的家信

[日本]绿川英子

杜也牧　秦炳耆 译

我们的同胞成千成万地受着敌机的轰炸，我们的田园每日受着敌骑的蹂躏，这敌忾心往往使我们对整个的日本民族发生出不共戴天的仇恨。但是我们是为正义公理人道而战，我们想[相]信在敌国的人民里面，一定也有爱正义尚公理的朋友。最近寇□内部陆续地发现了反战的传单，一礼拜前在华北前线，更爆发了大规模反战的行动。这一切，都是敌人里面也是我们的友军的表现。下面这一封信，是一个嫁给中国男子的日本女人的家信，她只极单纯地为着爱，爱丈夫，爱祖国，和爱人类的正义，而发出了对祖国侵略者的强烈反感。这是正义的呼号，人类纯情的发露，所以我们便觅得底稿，而在这里发表了。

怀念着的爸爸：

自从听到炮声，和你们断绝了消息之后，到现在已经半年了。你们都健康吧？生活不会发生困难吗？正弟不会征发出去征吗？想起你们，我心里就充满了悲哀，今天下着萧肃的细雨，好不容易听不见飞机的声音，英儿也静静地睡了！曾经说过："我的外孙用中国话叫我的时候，我不能用中国话答他，让我这八十岁的老年人也来学中国话吧！"现在你果真还有会见英儿的机会吗？虽然我们目前住在离战区相当远的地方，也许没有中炮弹的危险，但是什么时候会死，那是谁也说不定的，因为亲爱的祖国的飞行士不管非战斗员，不管妇孺老弱，只要有许多人集合着的地方，就要掷炸弹的原因。

你们虽则没有看见的机会，可是"皇军"所到的地方，炸掉了头颅还是紧紧地抱着自己的孩子的母亲的尸体，一家完全被杀而还无言地疑视看血迹的婴孩……这种形象，作为人类侮辱之历史的纪念，已经由外国摄影记者拍了照，而将这残酷的兽行传达给全世界人士了。最初，我禁不住哭泣，可是到现在，我的眼泪已经干了。

爸爸！在华北，在上海，祖国军队未来之前，大家经营正当商业过着和平的生活，一点不安也没有。可是现在什么都粉碎了！

祖国的飞机在各处散发传单，说："我们不要灭亡中国，而只要扑灭中国的共产党。"这种说法，连共产党什么都不懂的孩子，也会笑了。相信这种理由的人，是一个也没有的！被屠杀的人中，有许多是除出"妈妈"之外什么话也不会讲的孩子，难道这些孩子都是共产党吗？假使是的话，那么皇军为什么不去轰炸纽约、伦敦、莫斯科的"共产党"呢？这全是一种无稽之谈！

爸爸！战争实在太讨厌了！李是一个很好的人，所以沉默得什么话都不讲。可是，从他的表情，我已经知道，因为他觉得有一个日本人的妻子，实际上已经妨害了他应该做的事了！有一次，他甚至于被人当做奸细！那时候，假使我回到日本来，也许他可以更自由地为着它的国家而做些应该做的事了！在八·一三那天的前夕，野荻照子因为他的爱人是一个南京政府的官吏，哀泣地离别了，回到日本，聪明照子的路，果真是对的。可是，我却不忍离开我热爱的丈夫和英儿！即使回到日本，我也知道那些邻人们一定要冷视，骂作"支那人的妻子"，结果是也没有我安居之地的。李是一个爱正义而决心和祖国共存亡的人，而他的妻子我，也爱着日本爱着爸爸住着的国家，对于祖国，对于我的朋友、同胞，怀想的真情充塞了我的胸膛，我也爱国，我也尊崇正义，爸爸，正义是什么？到现在我已经不懂了。

爸爸！请你将这种真实情形尽可能地告诉给我们村人，假使能用我们自己的力量，来阻止这种奸淫掳掠、杀人放火焚屋的皇军，那是最好没有了。并且告诉正弟，叫他不要做那些僭用正义之名侵略中国是实，被派来侵害她姊姊的家园！爸爸——祝你康健愉快，也许我还看见有慈爱的爸爸的日子吧！再见！

美代子

（原载于《同仇周刊》第 2 期，1938 年）

还没有见过面的朝鲜兄弟们！

［日本］绿川英子

我想到，在那冰天雪地的前线，浴血奋战的你们，就要想到即刻飞到你们那里去。由我看来，在你们和我的关系上是出了其他住在中国的普通外国同志以上。你们一听见有日本人的话，就会皱着眉头表示你们的愤怒和憎恶，但我并不相信。记得我在日本的时候，会有许多很好的朝鲜朋友，这次开战后，我在香港过着困苦的生活的时候，给我最有温暖的同情和热烈援助的，还是一位朝鲜的同志。

我们是兄弟！中国的人民也是我们的兄弟！

我到了中国的内地，头一次看见贵国的人是在武昌收容所里的二位女人，他们在“慰劳军”的名义之下，被供给日本兵发泄他们兽欲而牺牲的可怜的少女。是一个日本女人的我，看见她们时，引起的禁不住的发怒，在这里我无法十分表现出来。

你们是为这般可怜的妇女斗争，为着在她们的背后苦难着的成千累万的朝鲜同胞，同时为着日本的大众而斗争。

中国抗战的胜利和朝鲜民族的解放，以及日本人民的解放是在想切断也截断不了的紧密而坚固的关系。这是不容再说的。

我现在不想再听你们常唱的那哀调至极的“阿里郎”，却想和你们再与中国的兄弟一齐放我们可能大的喉咙高呼打到日本帝国主义。

那么，朝鲜的同志们！我们紧紧携手在一齐斗争到最后——愿你们勇奋迈进！

你们还不曾认识的日本朋友绿川英子

（原载于《朝鲜义勇队通讯》第 6 期，1939 年）

覆曹白

[日本]池田幸子

曹白大兄：

谢谢你，谢谢你！

我们常常念到你的。

在要动身到武汉来的前一晚，因为希望和欢喜，我们睡不着。“曹白听到了，不晓得会怎样高兴呢”，我们甚至学着你在高兴的时候，总是不能自制地摇着身子，格……格……地笑着的姿势。然而，黑暗的上海——一记起在你寄到《七月》的沦陷后的上海通信里面的掩藏不住的苦恼，就感到一阵黯然，笑不下去了。

活下去，活下去，挣扎下去呀！

想起你底因为营养不足而衰瘦的身体，只好对于作为战士底灵魂底坚强寄托希望了。

在沦陷地上不做奴才地生活下去，那较之正面地对着枪口的战斗，怎样充满了更大的痛苦和悲愤，这，我们是知道的！我们是知道的！谨慎一点，不要取轻率的行动罢。不要跑到苏州河那一边，像狗一样地死去……一切的怀念，不久将有会谈的日子罢。

武汉现在充满了活气。切身地感觉着一切都在一天一天地好转。在街边，伤兵挣着枴杖，和老百姓底小孩子们玩着。每天早晨，我们被不知道从什么地方送来的勇敢的救国歌底合唱唤醒。我唯一担心的是一天天高了起来的长江底水，每年如此，也许地方的人们不大觉得罢。然而，在今天，如果有阻碍我们底战斗的东西，那不是敌人，也不是其它一切人为的什么，而只有这水罢。

作为侵略者们底所谓“新支那经营”底一个重要项目，提出了黄河治水，虽然这不过是他们底可怜的梦想。当治水不可能的时候，也许要向上帝祈求水灾罢。因为，他们底治水，并不是为了人底幸福，而是料想可以作为奴化的怀柔政策的。

长江江面的确宽起来了，不过，那是因为到了春天。是防疫工作也逼到面前来了的季节，这正是可怕的时期。也想到了难民的问题。我们应该现在就准备起来的。这，也许是我底神经质因为这八个月的不断的逃难，更加利害了。

恐怖的上海，但你把那叫做“苗窟”，我不赞成。我不觉得法西斯侵略者们是人，和人类里面的任何一个未开化的民族都不能相比。苗子不过是小孩子，精悍的小孩子，但这些混蛋却是文明底堕落者。他们是人类底堕落，是人类之敌。他们甚至拿出几千年前的文化底传统，夸耀人种底优越，把那当作侵略底盾牌。如像日尔曼民族底夸耀把中欧做成奴隶，罗马帝国的旧梦使莫索里尼蹂躏了亚比西尼亚。日本也在这样干着。

关于这，我记了起来，在抗战以后，常常看到了这样的说法：“日本曾经承受了中国文化底大的恩惠，但现在却忘恩负义地来侵略了。”

可是，听到这，我们感到有些为难。

这个堂堂的道德的论调，使我不能缄默了。不错，在过去，日本承受了大陆文化底恩惠。可是，在那文化底一面里所有的奴隶的屈从底精神，现在甚至反而成了法西斯底道德的精神底援助者。总之，在过去，文化底交流在邻接的民族中间是一直存在的，比方在日本，就是所谓倭寇，也帮助了海外文化底输入。在这个场合，我们虽然如实地看倭寇，但并不能在倭寇底行为里面找出什么道德的根据。我底意思是，在这个“恩义说”里面，使我感到了和侵略者日本底倭寇道德论有相近的东西。

说是侵略者，不是很够了么？说是人类之敌，不是很够了么？像我们，不是并非为了报恩，而是对于这人类之敌站在同一的位置上，因而伸出了同志的手的么？

我很懂得上海底困难。在那里，并没有苗族底年青的精神，连战前的苟安都有了使年青的生命腐败下去的危险，而不是养育人类生命的东西。这个条件，在枪口底威吓前面呈出了怎样的相貌，大致想像得到。想到可亲的市民们，想到难民底困苦。而且，在你们青年们底可怕的困难前面，我胸口作痛，然而，对于你们底神圣的任务，严肃地表示敬意。

千万保重呵，亲爱的曹白！

四月二十八日幸子 拜

（原载于《七月》第3卷第1期，1938年）

日本工友的来信

［日本］阿部重夫
何立三 译

我在上海做工的时候，认识了一个日本工友，他是在内外棉纱厂里做工头的。他的名字是阿部重夫。八一三抗战发生，内外棉关门了，他调回国里，在兵工厂中工作。他是个反对军阀反对打仗的工人。在这封长信里，他告诉了我们日本国内的困苦情形。希望本刊读者细细地看这一封信。

（一）不讲和是紧要的

立三先生：

你还记得我么？一个矮胖的秃头的纱厂工头，你还记得么？我和你做了二年的朋友，每逢星期日下午，两个人在曹家渡的小酒馆里，一斤花雕，一盘炒面，边说边吃着，这种生活，这种友情，是难得的。但是八一三的炮火惊散了我们。我不得不回到祖国——日本去，替军阀造杀人的军火。你却留在上海，为你的祖国而奋斗。每逢想到这一层，我的心痛得像中了一枝箭。我在你的面前，在你四万万的中国同胞面前，是一个极大的罪人。我帮着军阀杀你们，但是，我总有一天，逃出日本，到你们队伍里，一同为人类的和平而工作的！

老早想写信给你了。可是日本检查信件很严厉，我怕他们查出我信上有“拆穿东洋镜”的话，他们恼羞成怒，把我关起来，所以一直不敢写。现在乘着某某同志（他也是反对军阀，反对战争的人，这次和一千多个人，被日军阀送到中国战场上去）到中国去的机会，托他带了这封信。我叮嘱他一到上海，就悄悄地投入邮筒里，寄给你。他是一个忠实的人，我想一定不会“拆烂污”的。

在这封信里，我将告诉你日本国里各方面的情形。但是在说这些情形之前，我却要先劝告你们——你们政府和民众一句话：无论你们在战场上打胜也罢，打败也罢，就是不要同他讲和，长久的打下去，日本帝国主义只有像冰山一样，一下子崩塌！

为什么呢？请听我说——

（二）日本老百姓的忧愁

立三先生：

现在先从我们日本老百姓说起吧。

日本军阀存心要灭亡中国，已经好几十年。他们早已把你们中国，看做他们嘴巴里的东西，吞下去是一点也不费力的。去年七月七日（卢沟桥事变）以后，他们对日本老百姓说："皇军三个月灭亡中国！"谁知道，但是上海一个小地方，就打了三个月。后来在打下南京之前，他们对老百姓说："打下了南京，中国人一定屈服了！"但，打下南京之后，你们中国人还不屈服。后来，他们又说："打下徐州，中国人一定要屈服了！"但，徐州打下了，你们中国人还是不屈服。最近，他们又对老百姓说："打下武汉，中国人一定要屈服了！"想不到打下了武汉，你们中国人还是不屈服！日本老百姓上了军阀一次一次的当，再也不相信他们的鬼话，从那些时候之后，军阀说的话，日本老百姓只当是放屁。

现在，日本老百姓，成千成万的在中国送了命，他们的钱，也给军阀括光，作为战费。他们心里禁不住这样想：

"为什么要打仗呢？打到怎么样为止呢？打仗对于我们百姓有什么好处呢？我们许多亲戚、朋友，在中国打死了，有什么意思呢？还不是白白送死么？再打下去怎么好呢？"

连小孩子也不耐烦听军阀的鬼话了。东京品川区出征军人托儿所（这是代出征军人的妻子，管养儿女的）的儿童们，常常听到人家对他们说："你们的爸爸到中国去，不久就会带着中国很好的土产回来。"

他们等着，等着，爸爸总不回来（有些早已在中国剩了白骨），他们便疑心起来："爸爸到底什么时候给我带好吃好玩的东西回来？"

（三）铜匠的家破人亡

立三先生：

因为打仗，日本女人是入了地狱了。他们的丈夫或儿子，战死的战死，受伤的受伤，一方面使她们没法生活；一方面使她们做了孤老寡妇，她们的心里真是说不出来的痛苦。报纸上，天天登着"名誉战死"、"白衣勇士"（受伤者）的名字。码头上，常常停着一箱一箱"无言凯旋者"的骨灰。这些都是日本老妇人的宝贝儿子和青春少妇的亲爱丈夫啊！八月十一日有一家报纸上说：东京预备造一个很大的坟墓，专门埋葬战死的将士，造价五十万元。日本女人们看了这新闻，真要痛哭！

在日俄战争的时代，日本女人是勇敢的。她们欢送自己的丈夫和儿子到战场上去，日军到底是打了胜仗。但时代是不同了。这一次打中国，军阀和财阀是升官了发财了，老百姓却只有战死饿死。日本女人看清这一点，她们不愿意自己亲爱的人们白白送死。已经出征的，她们渴望他们回来，回到自己怀里来。但，军阀还给她们的，总是一箱箱的骨灰。

我现在告诉你一件伤心的故事：

大阪天王寺区，有一个铜匠，名字叫做石井正一，这铜匠去年十二月出征，不到两个月，就做了“无言凯旋的英雄”了。剩下年青的妻子和一个七岁的儿子。儿子常常记起爸爸。妈妈总是这样对他说：“要你的爸爸，去跟吃人的军阀拼命吧！”

孩子不懂事，他一逢到人，便大骂“吃人的军阀”。警视厅知道了，连七岁的孩子，也说他有“危险思想”，母子双双一同坐了监牢，到现在没有释放。

（四）随营军妓的惨剧

立三先生：

日本女人，除了那些军阀资本家的太太之外，都是穷得很的。自从打仗以来，军阀给这些穷女人三条路。第一条路：乖乖儿在家里挨饿，乖乖儿缝千人针。丈夫打仗去了，不准想。儿子打仗去了，不准想。打死了，也不准哭。

第二条路：到伪满洲国去，嫁给日本男子。但必须年轻，女学生最欢迎。但满洲是不太平的，到处有中国义勇军攻击日本人。所以愿意到满洲去的很少很少。

第三条路是最下流了，只有日本军阀做得出这种下流的事。他们叫日本女人做“随营军妓”，送到中国去，给皇军淫乐。

这儿就发生一件悲惨的事情了。皇军到一个地方，就设立一个“皇军慰劳所”，里面尽是些日本、朝鲜、满洲、台湾、琉球的妇女，听凭皇军糟蹋。有一个上等兵吉田，在扬州的时候，有一天到慰劳所里去寻欢，不料看到他自己的妻子蕙子，正在隔壁房里，给另一个皇军在奸淫。她又告诉那皇军：幼女死了，老母孤伶伶地在国内流泪。这些话吉田都听到了，于是大叫一声，冲了过去，夫妻俩抱头大哭，吓得那另一皇军逃走了。结果吉田和蕙子双双碰死在墙壁上。

立三先生，你瞧：日本军阀真是没有人性的动物。他对本国女同胞，尚且这样残酷，对你们中国女人更不容说了！

（五）农民的厄运

立三先生：

日本军阀害苦了很多日本妇女，我已经告诉你了。现在再来看看日本农民给这批军阀们害成什么样子？

日本军队里的兵，大部分是农民出身。农民的孩子，从小就玩枪弄剑。七八岁的时候，他就学习直着腿走正步。当他进初级中学的时候，就戴一顶像士兵样的帽子。年纪再大一点，便学习开机关枪。并且和同学们一起参加作战演习，受军部的指挥和退伍军官的监督。

在演习的时候，他常常吃不饱，这是告诉他：将来到战场上去，是要忍饥挨饿的。

最后，他们入伍的日子到了，就正式做皇军，为了天皇、军阀、财阀的利益，他们杀人，也被人所杀。这一次和中国打仗，至少有一百万军队，在中国战场上。成千上万的木匣盛着死兵的骨灰，运回本国，更有无数的青年，受了伤，运进医院。这些大部分都是农家的子弟啊！

几十万万的战费，大半从农民身上剥削得来。租税增加了，物价增加了，农民的子弟，被抽去当兵，农民的马匹被拉去运军火，田里荒了，收成少了，农民只好挨饿。有些人家就把他们的女儿卖给妓院里，得到很少很少一点钱（至多只有几十元吧）。

日本政府要农民到满洲去种田，但许多农民去了又垂头丧气的回来了。原来，他们到了那边一看，满洲的土地，比日本的还要不如。

日本北部的农民，特别穷苦。在荒年，他们拿树根、树皮、树叶过日子；今年，他们又要吃树皮吧。

现在我们把眼光移开，看看日本大地主过怎样的生活吧。

他们强迫佃农，把一年中收成的一半，缴给他。如果佃农不如他的意，他就可以把田收回，不再给他种。当地的警察帮他们压迫佃农，把佃农赶走，离开他们的田地。他们靠着田租，每年收入很多的钱，过着很奢侈的生活，一年到头不做工作。有些人花天酒地，有些人玩玩古董。他们用了巧妙的方法，使他们的儿子不当兵。

（六）反对打战的日本兵

立三先生：

日本军阀不知死活地和中国打仗。这战争使国内的老百姓失业、受饥、挨饿。这战争又使年轻女人做了寡妇，小小孩子做了孤儿。皮球越拍的重，越弹得高。人类也是一样，压迫越大，反抗也越厉害。昨天，一个熟人悄悄地告诉我一件事："近来我们在中国的皇军，自杀的很多，因为他们看到中国是不能征服的，这样打下去，只有使日本老百姓越来越苦，他们没有别路可走，只好自杀。有些勇敢的，便投降了中国军队，反转来向自己日本军宣传，要大家一起起来，反对战争，反对军阀。"

"最近两个月来，从中国运回日本的尸灰，有四五万包。"

"这些都是日本工人、农民、青年学生，被军阀冤枉送死的啊！"我说。

他又说："听说有一天，有一千五百具皇军尸身运到了上海汇山码头，就由那里的海军陆战队祭奠。正在祭奠的时候，突然有十五个陆战队兵士，一起跳在黄浦江里，自杀了。虽然极力捞救，也只救起了二名。据他们说，'我们是不愿同中国打仗的，都是被军阀逼迫来的。我们不愿做他们的走狗，听他们的调遣，我们宁愿投江自杀。'他们最后还喊了口号：'打倒日本军阀，中日两大民族联合起来！'不过，这两位反战的勇士，到底给军阀送回本国，悄悄地枪毙掉了！"

但，立三先生，日本老百姓的反战精神、革命精神，是枪毙不掉的，是越枪毙，越兴旺的。不久的将来，日本老百姓一定会起来推倒杀人不怕血腥气的日本军阀！

[原载于《战时民众》(重庆)1938年第27、28、29期，1939年第30、31期]

寇俘宣抚班长森下九郎告日本民众书

[日本]森下九郎

诸位！现在中日战争，正向长期演变着。

住在日本国内的诸位，每天看到报纸和听到电台放送，全都是日军以破竹之势，攻略中国，而所占领之地域，已全归日军之手，治安完全恢复，中国民众皆崇敬日军，讨厌以前的中央政府，而以新成立之“中国新政府”的国民，欢天喜地的成家立业，更以为日军将南京、徐州、汉口与中国之要塞等相继攻下，战争已将胜利。既然如此，何为战争终不结束？对此种种，量必怀疑而莫明其妙罢？

其内幕之原因，虽不一而足，而最显著者，首因日本之新闻、广播、杂志及所有日本之宣传机关皆受日本军部之统制压迫，不使发表事变之真相，常以充满虚伪之宣传，欺骗诸位，因此军部所发表之事实与战场所表现之事实，竟至完全不同。

如以上情形，诸位对于中国，实在缺少认识，认识不足。

试举例述之。现在日本政府方面，不承认中国的中央政府。但此只有日本政府，出此行为，至于其他诸外国，仍皆承认以前的中国政府，此外日本军部所说的“中国新政府”断断乎不是由于民意所组成的，实乃日本军部所援助而成者。往坏去说，在日本“支配”下；换言之，即在强权势力之下，无法无度，强迫而组织之者。

其证据，则为日本现所占领与驻屯之地域，无论何地，到处设有所谓“宣抚班”之宣传机关，极力传播“中国新政府”之政纲政策，拼命收买中国民众之欢心。

试思此“新政府”如确系中国民众之总意所组成者，则此等宣传工作，有何必要？且日军所占领与驻屯之地域，关于治安等等，早当完全恢复，又谁知，现在的战线已广布中国全土，日军占领的地域反而全面展开了他们的游击战术呢?

试观河北省的现状,更能明了,所谓日军之势力范围,只不过平汉铁路及其附近之县城内而已,且必以九牛二虎之力,始得守备之。

因此,凡铁道及县城内其他广大之地域,全部属于中国军之势力范围,且常常攻击各地守备之日军。

如此说来,其原动力究在何处?乃吾人所不可知者。

此无他,即中国民众,自始至终拥护中央政府,而对日本军之侵略共取敌对行为。因此,所谓"中国新政府"云云,只不过日军片面的、虚伪的一种宣传而已,毫无任何实力。

再者,中国民众自身,房屋被烧,父母妻子离散,甚而不得已,被逐于异乡,令其崇敬日军,宁可得乎?

今如立场转变,使日本国内,展开此最可痛恨、万恶的战祸,如现在中国领土内的现象,诸位将作何感想?

不是只有对侵略者,多增反感与敌忾心吗?前列事实,虽以普通人之常识,也能判断吧?!

现在中国已入长期抗战的阶段。

但此非日军所能短之者,实因中国政府之战策如此,实因中国民众之总意如此,始酿成此长期抗战。

然而,中国五千年来,向以和平为国本,一贯至今,故此番事变,亦非中国之所欲,亦非中国之所惹起者,只不过对侵略者,所忍无可忍,奋然而起之应战抗战而已。且中国之敌人,又决非无罪、无恶的诸位——日本民众——乃社会人类之破坏者——日本军阀——与支持军阀之后台老板——日本财阀。

若此可憎之斗争,长期下去,诸位你们觉得好吗?

诸位不要只喊什么"胜啦胜啦",好,更应对于此次事变,真实的想一想,确切的批判批判。

死伤几万几十万的良民,增加几十亿的国债,而其斗争结果,所余何□,除父母失散、子女伤亡,以及妻子流离于道路外,还有什么好处呢?再看看中国的现况如何?

虽云古今东西,皆有战场之遗迹,但以"昭和文明"时代,发生此事,你们认为好吗?

使祖先遗留的田园荒芜,且任其长期荒芜,几万的财富,一朝而成灰烬,他如房屋被焚,乡里莫留,父母妻子死伤别离,以社会人类言,是应有的事吗?以人生言,是应行之道吗?

如果想像到战祸之后，有如此悲惨的事实现诸目前，谁能不反对此最可憎恶之战争呢？

中国现在，军民一致，纵化全国为焦土，亦必打倒日本军阀，然后与无罪无仇之诸位——日本民众——共同携手，建设将来真正的东洋永远和平。总之，此次事变，日本一日不停止其侵略行动，中国一日不停止抗战，不但如此，中国人民除日见增加、日见巩固其抗战意识外，别无他事。

如斯思之，皇统连绵，有二千六百年之历史，称雄于世界的日本帝国，将蹈征服欧洲全土、不可一世之英豪拿破仑之覆辄[辙]，亦未可知。

战争之胜负，不在武力，其最后胜利，端在民意。

想到战争之里面，有多数涕哭的民众时，对于“人类爱”仍不恻然觉醒者有欤？总之，除非日本军阀反省觉悟，别无他途。

以上为我个人对此次事变感想之一端，谨此奉告。

此外，关于战场之真相，如只以老于事故之常识推度，无论如何，其想像不到之处，亦复多多，故乞同胞万勿惑于新闻、杂志及电影等之宣传；当各揭真诚，对此次事变，切实批判，而后定一自处之道吧！

[原载于《中华》(上海)第77期，1939年]

日本反战战士汐见洋给朝鲜义勇队的信

[日本]汐见洋

同志们！战争是革命的好机会。如果错过了，那里还有更好的机会呢？同志们！为着民族的自由和解放，英勇的奋斗吧！

我愿拿出所有一切的热情，和你们紧紧地握手，我有的只是为了人类的正义感。我现在尽管受着日本军阀给我的“卖国奴”的污名，但是我相信，在不久之将来，将日本军阀和财阀打倒的时候，我的母国日本和日本人民定能容纳我当做真正的爱国志士。祝同志们的健斗。

（原载于《朝鲜义勇队通讯》第28期，1939年）

一个觉醒的俘虏致鹿地亘一封信

[日本]关诚吾妻

(中央社赣东某地廿九日电)第×战区司令部,日前由前方解到大批俘虏,经政治部施以感化教育后,各俘虏均表示痛恨敌方军阀,感激我方优待,并愿今后努力反战工作,促成日阀崩溃,实现中日间之真正和平。其中有名吾妻者,毕业日本早稻田大学,对反战认识更为清楚,曾亲书致日本反战作家鹿地亘一信,译之如次:

鹿地亘先生,我草此文时,感慨无量!我为何这样感动呢?中国新闻记者曾□问鹿地,战争终局以后,你打算怎样?鹿地回答假如可能的话我将回到国土做我的未完成的革命工作。伟哉斯言,虑国者之词也。我看了这个新闻,顿时兴奋起来,好似得了百万人的帮手一般,我从前就感觉日本有革命的必要,可是缺乏同志,徒叹孤掌难鸣,现在有志同道合的鹿地先生,使我的意志愈加坚强了。现在日本政治界的腐败状态,军阀好战家的疯狂,三井、三菱等财阀们的跳梁,真是我们所不忍看的;这种腐败的国政,不知道有多少日本人民苦恼着。再如此支持下去,将使日本遭受亡国运命,这决非过言。军政财阀们的代表者,假借建设东洋和平正义的自卫战等口号,欺骗无知的国民,这种欺骗儿童的宣传,真使人愤恨,日本的侵略野心家,他们真不把我们国民当人看待呵。现在日本国政和军事行动,不仅是危害东洋的和平,而且危害日本国家本身,陷人民于涂炭,忧国之士能不寒心?尤其日军阀们所谓正义自卫战云云,这种虚构的宣传,稍有良心者岂能出诸口,这样的不忠实,诚人天所共愤。

鹿地先生,大约你也知道,目下日本政府一九三九年度的普通预算,约卅七亿,陆海军一般追加预算约七亿,至于军事费特别预算,实际达到了四十六亿五百万元的庞大数字。这样庞大的预算,若继续作一二年,日本经济将发生破产,一般人民将陷于超极度的悲境,这乃是明如观火的事实。亘古迄今,由于不纯正的军事行动,危害国家的例子实不胜枚举。欧洲大战的德意志,都是前车之鉴。鹿地先生，大日本的前途，现在非常的暗淡，忧国之士，岂能默视。

鹿地先生，蹶[崛]起罢！我们坚固的握手罢，现在是我们蹶[崛]起的时期了，我们第一步必纠集同志，打倒现在日本的恶毒政府及各种门阀，我们无暇选择手段，为了宝贵的革命工作，不问主义如何，即日本国内的共产党亦可与之合作。明治维新的工作，系由萨、长二藩与民间有志之士所成就的，继承忧国志士之遗志，实行昭和维新，建设文明的日本，打倒现在日本恶败的政治，解放日本一重大崇高的使命。

鹿地先生，何日将与你相晤，倾我心腑呢！两地遥隔，而我又拙于言词，无法披沥我的赤心，殊属恨事，惟有祈求与先生相晤时日之到临。最后敬祝先生的健康。

关诚

（原载于《新华日报》1939 年 8 月 31 日）

“日本反战兵士之家”的来信

[日本]吉田太郎
王克西 译

天野同志：

九月初收到了你寄来的充满着友爱的信，又当“七七事变”二周年纪念的时候，接到了《抗战日语教程》，从你的作品中可以完全知道你的工作情形。从《战地通信》中知道这次到你们那儿去的有我们的同志数十人，这使你的工作任务，将愈发重大了。在这里也增加了五位新同志，顺便给你介绍一下吧。两位属一零九师团：一位是河合俊，年三十岁，岐阜县人；一位是西村正雄，年二十五岁，琦玉县人。其余三位同志是属于驻朝鲜二零帅团：木村末吉，年二十二岁，京都人；藤堂竹次郎，年二十二岁，京都人；吉川奉一，年二十二岁，三重县人。这三位都是现役兵。在这五位同志中，一位是精通柔道和剑道的武士，一位是凡尔林的歌手。其中二位京都人是我的同乡，从日本谈到中国的社会情况，只有使我们专心工作，对于现代帝国主义社会的矛盾，引起了一种坚强的反抗心。回忆过去军队的生活，在冰天雪地里作战，在溽暑的强烈的太阳光下放哨，饿着肚皮作战，尸体累累，这是为了谁的利益呢？现在我们已转入另一个新的天地，过着愉快的生活，我们现在组织了一个“日本反战兵士之家”。据说从晋东南方面可以再送来二十多位同志，我们六人的任务，将愈重大，将来敌军工作与反战工作，一定能够活跃地开展起来。

现在我把日军内兵士心理跟你简单地谈一下：

在这次欢迎五位同志的大会上，听到他们的报告，日军内兵士的心理，日益浓厚的充满了反战思想。第一，厌战如同狂风一样卷起了全日本士兵。这是什么道理？因为战争的经过是一幅惨不忍视的图画，到今日仍然看不到结束战事的希望，难道有谁乐意家族渡穷日子，而自己则继续战争呢？不管军国主义的法西斯教育受得如何深刻，然而在铁的事实的前面，有谁肯出来为法西斯军阀资本家的侵略战争而作牺牲呢？为统治阶级的利益甘愿作牺牲的人，我看来恐怕一个人也没有。第二，阶级的不满。看到日本军队的生活，就能理解官长和士兵的待遇有怎样大的差别，这自然你是知道的。这种阶级的差别比以前更严格了，长官任性过着侈奢骄淫的放荡生活，然而兵士却在军事纪律鞭策之下缚束着，日军内不满上级官长的空气极为普遍且极浓厚。在今天处于战略不利的日本军队内，如果这些厌战心理和对长官的不满与反感，一旦爆发起来，立刻足能置日本帝国主义于死地。我们考虑到这许多问题后，便决意加紧开展今后的工作。

其次再谈一谈晋东南的最近情况。

今年七月六日开始，日军用了五个师团，以长治为中心，对晋东南抗日游击根据地采取包围形势，进行扫荡战。所谓日军的包围线，不过是几条公路而已，其实倒给中国抗日军队造成了游击战的一个绝好的机会。在×路军工作的杉本诸同志，乘机活跃起来。我们领导着决死三总队的敌工训练班学生，在日本军的进路上，涂写了很多的标语和口号，散发了数十种反战传单，学生们在实际的工作中，获得了许多敌军工作经验。再有一个多月，六个月的日文训练即可告一结束。他们毕业后，将在抗战的最前线，踊跃地担负起光荣的民族革命的任务。

现在日本军队已经被中国抗日军队包围在长治城，据说中央军有×个师，再加上我们的决死队加八路军，一周来激烈战斗的结果，日军完全陷于苦战中。中央军日夜出击的炮声，震动着我们所在的山谷，长治日军指挥官香月由于战况的恶化，老早就把朝鲜妓女送出来，准备退兵北窜。

我们听到西安俘虏收容所内组织起“大同学园反战同盟”的消息后，热忱地庆祝他们工作的开展。同时在延安，八路军也成立了敌工训练班，小林、杉本、冈田三位同志已经上延安去担任工作了。在河南某县一个村庄里，收容了很多的我们的同志，以“和平村”为名建立起来了。在前线工作着的我们，期待着从那几方面送来好的消息。

想写的事很多，余容再叙，就此置笔。

将来我们的新世界之曙光，照耀在东京的银座和京都的京极，那时我们可以穿上工人的服装，在大街上雄气昂昂走来走去。

最后盼望你保重身体，努力工作！

此致

民族革命的敬礼！

吉田太郎于“反战兵士之家”　九·二十

（原载于《黄河战旗》第 4 卷第 3 期，1939 年）

日本俘虏伊藤致朝鲜义勇队队长的信

［日本］伊藤进

朝鲜义勇队队长陈国斌先生：

对于我们仁爱的训词和笃诚的教诲，我们是异常感谢的，我愿借此更稍述我一点感想，以申愚忱，谅能顷听吧！

我在过去二十多年当中，又成为一个大和民族的一员，生长在帝国主义的日本，如何听知道日本法斯军阀与财阀是人类共同的敌人呢！在日本法西军阀“膺惩支那”的欺骗口号下，我方信以为自己正是舍弃了父母，别离了鹿岛，在中国山野之中，为“东亚的和平和人类的正义”而斗争。现在我已变了，在朝鲜义勇队同志的指导之下，我已下了工夫研究，使薄学的我知道这种暴力派的侵略战，正是人类的罪恶和正义的公敌，同时还威胁了全世界的和平，并使祖国日本已陷入了亡国政策的悲惨命运。

爱和平大于爱祖国的大和民族，从今天起是大举打倒法西斯军阀的时候了。我虽有着微弱的力量，但为了祖国的同胞，为了全世界的人类，我要打倒把人民推进饥寒的困境而不顾迫于眉睫的危难只挥振残酷的魔手狂暴的法西斯军阀，我要为消灭破坏和平根源的帝国主义而倾全力奋斗。

百万长者的梦，故乡父母的姿态，都已在我的眼前消失了，我只有站在怒涛激荡风浪席卷的海面上，为了解决根深的精神上的烦恼，踏上更生的大路，为向上的工作迈进，现在我已在朝鲜的兄弟们和中国同胞们握手并肩而进，首先我在樊城，已是朝鲜义勇队的一员了。我已正确的了解在抗战建国的中国。在参加劳军团时，我曾向前线的兵士们及一般的民众说明中、韩、日东亚民族在正确的理解之下，以全世界被压迫民族解放与自由平等为目标，为实现真正和平的新天地而斗争。

有一个很贫苦的农夫，他很理解抗战的意义，他高呼打倒日本法西斯军的雄壮的姿态，与一个士兵以不流利的日本语对我说：“我们欢迎一位日本的弟兄伊藤进君，你已离开了日本法西斯军阀的手，参加我们中国伟大的革命战争了。”他那种姿态是给予了我很大的刺激和永远不能忘的印象。

现在在全东亚步步进展的这种革命运动已距成功之路不远了，相信能达到我们革命者愿望的日子也快到了，我们为保卫全世界的和平，同心戮[勠]力奋斗到底吧！

伊藤进拜于樊城　二月二十日

（原载于《朝鲜义勇队通讯》第 7 期，1939 年）

为慰劳中国英勇抗战将士公演《三兄弟》敬告中国各界人士书*

[日本]在华日本人民反战同盟西南支部

民国二十六年七月芦沟桥战祸勃发，转瞬历两年半而有余，其间侵略者之刺刀和炸弹毫无忌惮的破坏了东亚的和平，剥夺了中国人民的土地和幸福。在都市上则因漫无目标的轰炸，把人心陷于空袭的恐怖下而破坏了文化，在农村则焚毁了村民的房屋，使骨肉离散，无辜人民彷徨于大陆之荒野。日本侵略者的罪恶，是如何狂暴和冷酷地施之于中国人民，真可谓难以言语形容了。可是惶惶于这侵略者之铁蹄下者，不仅止于中国人民，虽日本人民本身亦因本国主义者的"魔手"，追入于惨淡的生活中，现在日本人民的权，完全被剥夺而丧失，自由亦被略[掠]夺。蛮横无道的，只是法西斯蒂的狂风雨！

如是则日本人民对法西斯蒂的这种罪恶和压迫，究竟抱有何种感情，而彼等究竟呻吟于何种生活的状态！

当然大多数的人民底心胸中，对于法西斯蒂，沸腾着无限的愤懑，事实上因为法西斯蒂的压力，十分强大的加于人民身上，加以长年累月的欺骗人民，致人民向"正义斗争"的力量和判断力，都遭阻害，所以日本人民在中日战争的地位，除"肉弹"而外无他，多么可怜的日本人民呵！将为他们野心家所牺牲而归净尽了。

在华日本人民反战同盟，是由日本革命同志组织成的，其目的是在把日本人民从这种法西斯蒂的玩弄中解放出来，消灭中日两民族因侵略战而产生的苦恼，使两国人民提携起来建设真正的永久的东亚和平。去年十二月二十三日我们已在亲爱的中日同志诸君、世界爱好和平的友人的面前发表了我们同

---

* 原标题为"在华日本人民反战同盟西南支部为慰劳中国英勇抗战将士公演《三兄弟》敬告中国各界人士书"。

盟之成立，而在成立敬礼的第三天，我们就很快的向革命的路线上突进。就是当时桂南战局已紧迫了，遂急迷[忙]编成前几工作队，出动于昆仑关火线，而开始对于敌宣传，这是我们在海外的革命同志须负担起来的重大的任务，目的是在把在华日本侵略的军队诱成为和平阵战线上革命的军队，以完成援助中国为正义而抗的光荣的任务！

工作队员拼出生命，潜入火线，由日本人民心腑中所并[迸]出之正义的呼声，响彻于桂南的山野心[上]，这真是正义的日本人民拼着命向侵略者发出的挑战声浪，果然，我们的呼声，在侵略军中和中国军中，引起了预想未到的反响，对于侵略军，则彼等对于我们在交战国中的存在，先已惊愕，复因我们真理的呼声，而受到痛烈的冲动，全军都已感到动摇，至于我们这种呼声的反响的程度，则自桂南方面被俘的日本士兵供词中，可以确定的了，中国军方面，则为了我们的协力和激励，使他们发生了新的奋斗，欢声徹于全军。

今年二月十二日前线工作队回到了后方——桂林——像那些事实，如今还仿佛于眼前一样，为民族解放而牺牲的忠勇的中国前线将士的流血，由于成为日本革命之“花”的三位盟友的血所朱染的桂南山野，我们曾亲眼看到中国前线将士为正义而浴血奋战的尊崇的姿态，那些炽烈的革命精神，实表示无限的敬意。因欲有以慰问他们的劳苦，所以在前线工作队回来后，就同盟西南支部的全力注意于反侵略剧本《三兄弟》的演出，在桂林三月八日起，原定三天，为了观众的拥挤而延长了两日，至于十二日止。这次公演的目的是为筹募慰劳中国英勇抗战将士，兼以介绍日本的实况，以资中日两民族友谊的提携互助。

我们在桂林公演了之后，果然唤起了各方面的注意，促成浩大宣传的巨浪，因此本支部编成巡回剧团，决定以支部的主力倾注在后方宣传工作，这巡回公演是日本革命怒潮中的一个基础事业，同时也是日本革命和中国民族革命的与同战线上的正义抗战的援助，外此巡回公演的目的是为中国英勇抗战的前线将士募集慰劳金。

最后我们希望中国的亲爱兄弟们！对这事情热烈地给我们以精神的援助。

在华日本人民反战同盟西南支部

（原载于《抗敌》第 63—64 期，1940 年）

中国胜利是东亚之光

——《东亚之光》中一个日本演员给他日本友人的一封信

[日本]佚名

下面发表的一封信是《东亚之光》一个日本演员给他日本家乡友人们写的。该演员系去年在东战场自动的向我投诚,近在××为日本反战同志大同盟的会员,字里行间洋溢着正义与反战的怒火。 ——编者

亲爱的友人们!

我老早想给您们写信的,但是一直没有功夫给您们写信。友人们!您们该是想不到我是多么地忙呵!然而这种忙,就是忙到一天到晚没有时间吃饭,睡觉,我们是情愿的,友人们,是为了全人类得到真正地自由和平而工作着!

我敢说,只要是一个稍有人性或是清明理智的人!不管他属于那一个民族,一定是同情中国的。我不是禽兽,我知道正义,因此,自从离开日本,被强迫参战以来,我的脑海中总盘据着这个问题,我应该做些什么?还是像一些战友们那样消极自杀!还是硬起脑袋来从事反战呢?正在这种苦恼中,友人们,幸而我找到一个机会到了中国内地,是的,出乎我的意外,幸而我却会被中国的友〖人〗们优待着,而从这里能很如意的找到了我的岗位。这岗位便是我平日在东京时演过几次戏,有着一点演剧经验,又幸儿这里的军事委员会政治部中国电影制片厂摄制《东亚之光》,需要几个日本演员,因此,我竟被选了,和其他的几个日本同志同为《东亚之光》的演员,我现在必须好好地利用我的演技,为中国谋得解放,为全东亚的曙光而"表演着"。这不是一句空话,友人们!当我表演时,我的热血沸腾着,对于兽性的日本军阀燃起了烈火一般地愤怒,然而,我又快乐,我能跟中国最著名的文化戏剧者在一起。

要是谁愿意那就称我做叛徒吧!我不怕,我反而觉得光荣,因为这不是一个狭窄的爱国主义者所能做到,这次战争在日本国内不知道产生了多少狭窄

的爱国主义者，他们自以为前进，打着“正义”“和平”的旗帜，但是，天呵！却无耻的做了“皇军”军阀的尾巴！

我真是禁不住的愤怒，我敢大胆的说，只有中国的胜利才是东亚之光，才是真正的光荣和伟大的爱国主义者！

现在，而且我更进一步的了解了，在中国和日本人民之间并不存在着任何基本仇恨！他们是那样亲爱的对待我们，中国电影制片厂的同志们，和我们打得火一般的热，一点不歧视我们，他们教我们唱歌，《大地进行曲》《义勇军进行曲》我们都能熟稔地唱着。

友人们！是时候了，我们急迫期待着你们的帮助，中国人民需要各样的合作者，你们怎能失去这个良机呢？这条路上充满着荆棘，是可以预想到的，但这又算得什么呢？要知道日本军阀的酷刑的威胁，是阻止不了日本人民的反战的怒火的。最后，我再说一句，中国这次胜利，不止是中国民族的解放，而是远东所有被压迫民族的解放，是全东亚的曙光！友人们！摄影场的铃声已响了，拍戏的时间已到，下次再写吧！而且我将告诉你，《东亚之光》这部戏的故事和摄制的情形呢！

××××上

（原载于重庆《中国电影》第1卷第2期，1941年）

在华日本共产主义者同盟向毛泽东同志致敬书

[日本]在华日本共产主义者同盟

中国共产党中央委员会毛泽东同志：

我们谨以满心的喜悦来向你作这个报告，就是“在华日本共产主义者同盟”，今天已经正式成立了。我们底大多数，在过去，都曾是日本军队底士兵，都曾有过反动的思想，但是，我们在中国共产党及×路军的抚育之下，在一年乃至四年中，我们的人生观与世界观，已发生了根本的革命的变化。我们不仅知道了，现在日本统治阶级对中国所进行的战争，是不正义的侵略的战争，而且坚决相信：为要永远消灭这样的战争，为要使日本的劳苦大众从野蛮的天皇制与资本主义的剥削下解放出来，就非踏着中国共产党和日本共产党的道路——即伟大的列宁、斯大林的道路前进不可，并决心为此而贡献自己的一切。在这里，我们深深地感觉到，凡有这样决心和信念的同志，应该好好地团结起来，形成一个坚强的组织，因此，就产生了本同盟。我们将在同盟内，努力掌握马恩列斯的理论，接受中国共产党和日本共产党的斗争经验，这样来锻炼自己，准备迎接将来的斗争。但是，我们过去都是没有革命斗争的实际经验的，我们在理论上都很幼稚。然而我们并不害怕，因为我们是处在中共中央领导下和身居抗日根据地，这里对于我们的学习和锻炼，能给予最好的机会与便利，特别是我们能够得到你的直接领导。

当我们今天向着共产主义的大道踏上新的一步的时候，深切感谢你们过去对于我们所表示的崇高的国际主义精神，并希望你们今后更多的指示与帮助。

此致

布礼

在华日本共产主义者同盟成立大会

一九四二年六月二十三日

（原载于《新华日报》1942年7月26日）

日本士兵家信

死诀书(二则)

[日本]笠原生子、斧田敏子
佚名 译

A 日本军俘虏的家信

岂知春闺梦里人
已成无定河边骨

敌飞机员笠原凯二在平绥线方面作战，于南口被我击落俘获，在他的身畔，搜到其妻生子的一封家信，信中希望他得生还故里。岂知笠原因受伤被送入后方医院后，日机忽来怀来轰炸，遂将笠原炸死。从此春闺梦里人，便成了无定河边骨。原函译志如次：

亲爱的凯二哥哥：

我昨天到招魂社去进香，特地为你求了几张神符，现在封在信内寄给你佩带，并转给你的战友们，也可以一样地佩带。这是可以保佑你的安全哪！我这几天盼你的信真正望眼欲穿了！忽然今天早上接到你的信，知道你平安无事，我一颗心才静落下去，这样的欢喜是什么都比不上的。你说近来事情很忙，这也难怪，但希望你不要劳心过度，保重！保重！

福田浦和等已经去通知了。福田的母亲说你二年的兵役快要完了，就可以回来。我听了更祝你早日能回来，我们好完满的长聚，那知你又出征去了！这样的驱使，实在是难忍的讨厌的悲惨的事！我天天向菩萨祈求，祝你早早的平安回来。我每天听取收音机的报告，这两天忽然听了空军出动很厉害的消息，我常常因为听了稍为一点不利的报告就挂念到你，恐怕于你有什么不利的地方，所以把身子移近到收音机前面去听，因为这样听比较清楚一点，这恐怕你还不知道吧。

市川先生(市川亦在华战死之飞行员——记者)实在死得太可怜了。无线电报告上面竟没有提起！在晚报上仅仅登了小小的几个字！我看了心上又不禁又酸又痛的哭起来，回想他在出发前的时候，队内和高冈町的盛大的告别会，这种情景，不禁在我的脑海中盘桓着，现在他已死了！比什么都无价值的死了！这是如何的伤感呀！

现在第七联队一部份预备兵及后备兵又要动员了，动员令已经发出，预定三十一日出发，听说需要军医人员甚急，未受教育的都要去参加。

前几天有一个军刀店里的人，来问你的通信地点姓名，我已经告诉他可由队部转送。典子很活泼，近来常去邻近家里□烦人家。我们每天早上吃饭时，在你原坐膳席地方，常常供置一碗饭，祝你平安凯旋回来。典子自你去后，时常想念爸爸，一出门就说要到爸爸所在的地方去。桥上先生昨天送来一包鱼干礼物，他为什么事情送来的，他也没有来信说明，如果你在家我可以用他做你饮麦酒的肴菜，来供你一醉。可惜你已远适异国，不能领我的盛情了！你的亲友们，有的想要寄一点东西给你，可惜不知道你的详细地址，所以也作罢了。如果你有需要的东西，要家里寄来的，请你来通知我，当可遵命办到。最后，祝你平安无事的回来，这是我最希望的呀！

凯二样

七月二十八日　生子

御许口

金津市味噌藏町官町十五，二

笠原生子

(录自《大公报》)

B 木更津的战死者委实太多了

敌机长斧田身畔之一封家书

充分表现日本人的厌战心理

八月二十七日，我空军在天长击落敌机一架，在该机中搜出敌机长斧田卯之助家函一件，及其妻敏子照片一帧。兹译其函如下：

每天在酷暑中归来，都挂念你。不知道为什么，东西一点儿都吃不进，但是身体仍然很强健，你也强健吧？你的信一封都没有收到，实在使我太挂念了。你忙吗？倘若想到你，万一……悲惨的情绪立刻袭上我的心头。我是非常的焦虑，怀念，不安，有时遂至通宵不能入眠。木更津的战死者委实太多了！十六日以后的战死者又在发表了。请你每天给我信吧！我一时一刻一分一秒都在渴望着期待着你的佳音。黑崎军曹逃避战死的那样事，希望你也具有那样的神气。昨天去拜访持同军曹的夫人，还没有回到馆山去，在她主人未归来以前，仍住在木更津。长斧田君，祝你康健！母亲她们自从你出发后，天天早晨去拜菩萨，祝祷你平安，在这样冷静的家中，尤其到了已往你每天晚归的时间，而我依然在等待的样子，谁看了都伤心。请你早一点回来吧！你永远的平安(余留)。

斧田卯之助兄

敏子

(原载于《日寇燃犀录》，独立出版社，1938 年)

和歌子致其夫横仓勘一家信

[日本]和歌子

孔生 译

（一）

哥哥：新年了，恭喜恭喜。从心里面我再三再四地向你恭喜。还有一件可喜的事呢。我好像怀了孕了，这不是很可恭喜么？不过你要是能够早日凯旋，那就更可恭喜了。世间还有比这更可恭喜的事吗？

十二月二十七日收到了你寄给我的来信。我已经接到你写给我的两封信了。每天每天都是很快乐地等待着呢。二十七日午睡中，幸仔来说哥哥有信给嫂嫂呢，即刻就拿来拆开了。我也写了很多信去，不知道收到了没有。

每天母亲、祖母们都为你的饭菜和寒冷耽心着。我的菜已经弄得很好了，如果你凯旋，我一定好好地给你弄饭呢。

灵饭是每天都供奉着。米谷菩萨那里是每天都去，白山菩萨那里也是初一、十五一定不缺。家里神台面前是每天都供着饭呢。

我是一时一刻也不曾把哥哥的事忘记过。把你的相片拿出来的时候，总要礼拜一下。时时都梦见哥哥呢。我的相片拿着没有？听说大藏的母亲寄上的那张相片你已经收到了。

等待而又等待的元旦出行，是寂寞地同父亲和光仔三个人去的，一天便回来了。两个人快乐地一同步行的日子希望能够快点到来啊。我已经梳了圆髻了（注一），下次元宵日我打算好好地梳一下呢。一到大藏，仍然玩得忘了形。假使哥哥是在家里等待的话，那我就会早点回来了，这一点请你鉴察罢。

只要有闲，便会把摘桑时候的事、看电影以及出外游览时候的事回想个无穷无尽，早点凯旋罢，我是又在快乐地等待着呢。

我在前面曾说过，好像有了小孩子的样子。哥哥，恭喜你呢。或者是做了乌龟也未可知，哈哈哈……哥哥呵，请给我快乐地凯旋罢。一定一定，我要把孩子好好地教育起来的。

束带日（注二）本来应该是在这个正月，可是因为没有好日子，或许要到二月也未可知，不过还不十分清楚呢。我以为在正月里面要好一点吧。如果到大藏去，打算给熊谷的产婆好好地诊察一下。

大藏的母亲、祖母对我也很注意起来了，这里的母亲对我也非常留心，请你不要耽忧罢。可是不要同荻野君说，那是很讨嫌的。……真是好像大家都在议论着我呢，三轮方面、大藏方面，大家都说给良子开了路了。从大藏回来的时候，也听见大家"和歌子已经有了小孩子呢"地冷言冷语着。不知怎样，心里实在快活。请你在我还未生产以前凯旋罢。凯旋好像是在三四月之间的样子呢。

我也很替田中贞一君难过，因为他也负伤了。听说他的太太也是定这个正月生产呢。哥哥在这样寒冷的时候，负伤痛不痛呢？母亲也说，如果凯旋，给你洗温泉去。至迟至迟也请于五月底凯旋罢。

钱够用不够呢？能够洗澡么？

义君时时有信给我，请你也给文子写写信罢。

我也爱惜身体地工作着而且快乐地生活着，哥哥也请早日凯旋罢。希望哥哥以后留心不要再有负伤的事才好。和歌子向你请愿呢，再给我写信罢。大藏的母亲对我也非常耽心起来，请你就这个意思写封信给她。

千万保重身体罢——这封信不仔细读便看不懂吧。此致

哥哥亲鉴

等待而又等待着的和歌子 上

（注一）：圆髻为日本出嫁之女所梳以示别于少女。

（注二）：日本女人怀孕五月而束带。届时并举行庆祝。

（二）

好久没有写信问候了。这之间没有什么特别的变化吧？故乡是从老年的人们起，大家都在心里"今天吧，今天吧！"地等待而又等待着无恙归来的凯旋。

真是快的很呢，我也结婚后满一年了。新婚当夜的情形请你想一下罢。主人不要笑呵，七日晚上只稍稍睡了一下，可是头发弄得蓬乱，而今日（三月四日）来到大藏，头发却经过三天四天也很整齐。这究竟是什么道理呢？

那次新婚旅行真是可以怀念呵。坐那样的电车归来，又坐脚踏车，早又回

到了令人依恋难舍的故乡睡下。

那次七月的夏天晚上，我到大藏去，可是回来却给主人骂了一顿。

到底九月一日的晚上连主人也都来了。

记得面会的那一个月，两个人曾坐汽车到公园去散步，真是想早点再到银座（东京大街）去作一次“银散策”呢。分别以来，我一时一刻也不曾忘记过。请你早日凯旋归来，作我的“身体的肋骨”罢。大藏的母亲说，相传如果在主人不在的时候有了生产，那么第二个儿子的生产一定也是在主人不在的时候。无论如何都不要再有这样的事罢。等主人回来的时候再生产罢，我是这样向神祈祷着。每天到米谷菩萨那里去，都是为着主人，为着出生的孩子祈愿。此外身体上并无变态，每日都是平常一样地工作着，这也是菩萨的保佑吧。

肚子里面时常胎动也感觉得到了。二月二十八日同中歌子两个人到高幡不动神社去拜了一次菩萨，一点事情都没有呢。

二日为了梳头到白山君那里去了一次。三日到了大藏，看了一看邻近的亲戚。四日去鹤川本校展览会参观，是同母亲去的。本来不去，可是有同学在那里呢，也是去年嫁出去的。还不能确定是什么时候，不过此后决不再到外面去走了。请你不要耽心罢，最近我想请小山田的产婆去看一下。

产期大概在五月尾或六月初，我这样想着，在那时以前，一定一定请你凯旋归来罢。同柳川中将阁下一起，饭冢部队也要凯旋吧，心里是快活地欢喜着，可是好像还有一些时候呢。不过最近以内，总会成为凯旋部队吧。前几天接到了由西村氏寄来的相片，带到大藏去，大家看了都非常欢喜。

听说田中贞一君生了一个女孩子，我是祈愿着无论如何都要生一个男孩子呢。文子打算给我缝一件外衣。前几天给大藏果品店的政子讥笑了一顿。好像多摩村方面、大藏方面，都在谈论着我呢。真想早点生产下来看着。大藏的母亲事事都为我注意，请你安心罢。大藏的祖母、母亲也非常之盼望着你的凯旋呢。一定一定请你平安地凯旋归来，让我早日在你身边罢。

每次都是乱笔，真是失礼，一切都请不要耽心。

主人亲鉴

妻和歌子 上

大藏的母亲屡次向你问候。寄到大藏的信封面我看过了。又及。

（原载于《敌军日记》，1938 年）

江川清子致江川雄次家信

[日本]江川清子
孔生 译

（一）

哥哥：

六月二十七日来信收到。谢谢。知道你很康健地过活着，大家都很快活。

后方很巩固，大家都努力地工作着。

“三伏方半秋风吹”，好像有这一句话呢。国内这几天很凉快，非常舒服。大概又会热起来吧。

哥哥那边很热吧。

来信说，受到敌人迫击炮的射击，冒了很大的危险，可是没有负一点伤。我相信这是菩萨的保护。

神田青年团给你送了慰问品去了。

清子也弄了一些好东西给你呢。不过听说不能过六斤重，便减做了一个罐头。祈祷着能够早日寄到哥哥的手里。

相片收到，谢谢。非常康健，一点都没有瘦，同在家的时候差不多呢。母亲看了相片也安心了。

相片是同战友一起照的。内中写着若村的那位也平安么？前几天报上说饭冢部队若村君（名字忘记）战死了，所以这里附带问一句。

听说中村的浩君也到战地去了，是在那一方面登陆呢？

在此中日事变中，贤三的学校也不放暑假了，每日都去学校。听说是劳动服务，到日比谷公园、靖国神社等处去做拔草等等工作。

托你之福，工作现在由父亲做着。他很努力，真是感谢呢。

希望哥哥平安康健。身体务须注意。此致

哥哥亲鉴

清子 上

（二）

哥哥：

你康健么？东京很热，可是大家都很努力。哥哥一定也是边同炎热作战边对军务精励吧。如果成为长期战争，那么各位的辛苦困难固不用说，我们在后方的人们的觉悟也是要紧的了。

国内是贮蓄报国，节约“不买东西”，这是政府的政策。百货店等等简直闲散的很。

八月十七日，德国希特勒使节团一行三十名来到了东京，大概要力图日德的亲善吧。以前欢迎了意大利使节，现在又欢迎德国的使节团，真是愉快的事呢。

两国有名的花火，因为非常时的关系，已经停止放了。

连日天晴，可是今日（十八日）忽又下雨，不免忧郁起来了。帮助母亲裁缝衣服，一日便过去了。

大概哥哥也知道吧，出征时，店里的泽村君和池田君不是都在么？现在两人都离开了，清子有点觉得寂寞呢。

写这信的时候，听到了欢送出征的欢呼之声。出征的人很不少呢。不觉把头低下来了。

慰问袋收到了没有？同青年团、少年团的是在一起，收到时是几重的快活吧。母亲也很康健，请安心罢。托你的福，店里经营很顺遂，父亲是拼命做着。

哥哥所在的东台听说是一个偏僻之地呢。身体要十分注意。以后再给你写信罢。

祝祷着哥哥的健康。此致

战场的哥哥亲鉴

清子 上

（原载于《敌军日记》，1938 年）

青池峰子致青池节郎家信

[日本]青池峰子
孔生 译

前天报上载着凯旋的事。不过年轻的人怎样呢，正这样想着，昨天（二十九日下午二时）五十岚氏来的时候，便问他大野君回来了没有，他说毫无消息，风传是非常之多。今天接到托大野君转来的信才知道他确实已经回来了，大野君家里应该是怎样快活呵。

肚痛怎样了？要自己留心，好好地服务。没有回来的各位怎样了呢？我虽远在国内，可是心里推想得到。只要水、信、小包，能够顺利无阻，也就好了吧。今天送上了两个人的，一份有好几个。同英君还没有会到面吗？来信说出动到第一线去了，以后（已经有两个月了）便再无消息。饭冢部队是不错的，可是属何小队却不知道了。那位种田老现在怎样了呢？节仔尚且坏肚子，他就更要糟糕了吧。每天洗衣服的时候，总想到只要有这些水，在战地的人将会怎样快活呢。总之，无论做什么事都没有不想的时候。

住在我们家里的那些人都有信来。可是其中一个，柳田上等兵，已经于七月二日上午十一时在河口镇阵亡了；一个黑泽邦男氏，足上负伤入了院，真是可伤呢；另外两个好像还很康健。认识的人只要有一个遭遇不幸，便会使人非常败兴，心里真是厌恶的很，也许亲眼看到又会不同吧。

同正清君分开，已经××了。（原文如此）

对不起，对不起，总是寄了信以后才记起来。眼镜收到了么？大概这里寄去的信有的收到有的收不到吧。药也寄上了。

再等你的信来吧。那封信是六月二十六日寄的，可是到达却是七月二十九日，真是费的日数多呢。先刻也是无意中想起的，摩洛哥电影里面的赤足追

赶并不是没有道理呵。(注)

家里的事不必耽心。敬祝诸位战友一同武运长久。

(注):摩洛哥电影里面,描写一咖啡店女子,因追赶其当兵的情人,而赤足行入沙漠。

(原载于《敌军日记》,1938年)

永田泷子致其夫永田秀夫少尉家信

[日本]永田泷子

孔生 译

(原注:第六信)

秀夫:

今天请让我叫你秀夫罢。

自你整装出征,一月来完全像做梦一样。那以后你很快乐很平安地过着吗?请你告诉我罢。六日接到了可怀念的你的来信,快活得哭起来了。三日来,天亮也好,天黑也好,都是祷祝着你的武运长久。如果没有什么信托,便过得非常不安。现在的我是只有信托神佛,方能安心过活下去呢。

对于可怀念的你,告诉美也子活泼地跳来跳去,是一个最愉快的报告吧。那以后,托你的福,这孩子每天都很活泼地奇怪地问我:“爸爸怎样还不回来呢?”童心也想到战争是使爸爸不能回来的讨嫌的东西了。

明天想到店里面去,看看母亲和其他各位,问候问候。

在松屋(百货店)打算买些寄给你的慰问的物品。在那遥远的(同国内不同的,很远很远的,梦中的国家,今宵我要飞到你的身边去)不便的地方,寄吃的东西去一定是合适的吧,凡是看到什么合你口味的东西我都要买下来。这是一个快乐的购买。一想到那是给你买东西,心便跳起来了。慰问品的话等明天回来再慢慢告诉你罢。

宽一回来了。牛人的饭岛少尉打了电话来,说接到你由上海寄的明片谓以后再有信去告知现在何队,可是现在还未接到你的通知云云。请你写一封信给饭岛少尉罢。

还有,七日寄出的信收到没有呢?

还是我来赤羽以前的十七日,十尚君来访。他说十二日的中午来到这里的,如果知道你是十二日一时半的出发,那他就会立刻来访,可以看得到你了。

他非常地懊悔着。那时收下了他送来的果品。以后你有信给他时，请你顺便谢谢他罢。

秀夫，千万请你保重你的身体罢。只要你很康健，我便安心了。——一叫秀夫，就想同你会面了。在你回来以前，我一定要学会弄许多菜，可以做出合你口味的东西给你吃。在你不在的时候，我要好好地带大美也子，使她长得非常活泼、美丽和健康。什么时候能够会面呢？或许只是一年左右的忍耐吧。（注）

如果有什么吩咐，请你同我说罢，要什么东西也同我说罢。我请求你呢，如果照了相片，请你寄一张给我，大家都等待着呢。最后我再祝你一次武运长久。再会。此致

夫君亲鉴

泷子 上

（注）：读了这封信，不禁使我记起华振中将军去年出发抗日，过韶关留别其妻冯绣华女士的两句诗来了。诗云："且把娇儿寄爱侣，教他抗日做英雄。"单就这一点，也可看出两军士气不同的一斑。他们出征，抛妻别子，是毫无目的，而我们抗战，抛妻别子，却是为了我们后代的幸福。万一我们本身抗战不能成功，我们希望我们的子女还是抗战下去。我们中华民族是绝对不做别的民族的奴隶的。

（原载于《敌军日记》，1938 年）

日本俘虏身上的信

——反战，迷信

[日本]冈田鸿子
李振文 译

冈田二郎：

今日接到你的信，高兴地读了一遍，知道你在汉口很好，想你是精神健旺的在前线上活跃着吧！我想再也没有比这更愉快的事了！

家里大小都安好的生活，母亲仍是一样的健康，每天早上，她老必往竹原神社去祈祷，为你祝福，盼你早时归来。其实，那个不望你早早归来。昨日报载皇军松木部队已攻下了长沙，是不是可靠呢？（译者按　这是×国的一种慰民宣传。）

春田正夫也被征出征去了，他体格本来不好，在军队中，想必很感劳苦。临走的那天早上，他还到我家里辞行，母亲送他两包御神米、一个慰问袋，他极不愿往支那去，但是皇家的命令，××的威力压迫，不得不去。他去后已一个多月了，一封信也没有寄回来，不知开往甚么地方去了，有人说他联合许多人反战被杀，又有人说被支那兵活捉去了。桦久子急得要疯狂，天天为他祈祷，希望他没有危险，如果你知道他行踪时，速写封信告我。防疫药，今天包好寄给你，这是松原堂出品，母亲把它放在神前供奉过，你切不可把它抛弃了。去年十二月二十四日，寄了些千人针神符慰问袋，一个小箱装了，连寄费一起，用去十余块钱，你收到时，不知要高兴到甚么地步呢！现在，你笑的面孔，在我面前浮现着，我盼望你能早奏凯歌归来。

山田正雄君由青岛搭船回来，他是个不满三十岁的青年，可怜！他已成了残废军人，国家的抚恤既不丰，他的子女又多，将来生活，不堪设想，据他说："支那游击队非常厉害，神出鬼没，令人不可捉摸，我的同伴荒尾和关野兄弟，在睡乡中就给他们把脑袋偷去了。有时被他吵个通晚，使人不能合眼，日中又要开战，生活真苦极了。”我愿你谨慎防范着。

后日是“一·二八”纪念，政府预备热烈庆祝，国防妇人会及青年处女会备有很多的慰问品寄给你们。三个小孩都很好，三本太郎已一岁多了，生得白胖胖的，可爱得很，今天暂不写了。保重你的身体，我朝朝暮暮的祝着，望你早日归来。

鸿子

（原载于《学生杂志》第19卷第7期，1939年）

民怨沸腾的日本

——从日本信件中找出来的材料

[英国]J.Bruce
佚名 译

当记者在新四军总政治部参观时,看见墙壁上贴着许多各种各样的日文信件,据政治部副主任邓子恢(译音)氏对记者说:"这些东西是新四军第一支队(团结支队)最近在竹子岗(译音)等役从日军士兵身上搜获来的。当时除了这二百五十余封日兵家信以外,还有许多很重要的文件,杂志、报纸、军用品等,我们的敌工部为了要明了日本民众对这次战事真实意见起见,故把这些搜获的信件一一加以检阅,检阅结果,竟得到了许多宝贵的参考资料,使我们对日军内情和日本国内民众的意见有了更深切的认识……"记者听了邓副主任的一番说明后,认为这些信件实有公开发表的价值,俾使全世界正义人士能够明白日本人民对这次中日战争的真实意见,故当即征得邓副主任同意,并承敌工部部长林植夫(译音)先生的抽暇协助,不惮麻烦地化[花]了两个整晚的时间,把这些信件材料分门别类的集纳起来,译成英日两国文字,以向全世界主持正义的读者。

这次搜获的信件,大部份是日本冈山一县日兵亲友写来的家信,虽似乎太偏于局部(冈山一地),但是从这局部的情形看来,却也可以使我们比较精确的判断日本全国的情况。同时,从这次搜获的许多信件上看来,并可以知道日本对士兵书信的检查是非常之严格的,因为记者所看见的每封信上都盖有朱红色的"检"字或"检查济"等字样的戳子,想来日本人民被军部吸收的信件一定是不少的。因此,记者更进一步的联想到日本人民在来往信件中的说话也必然是小心翼翼,但我们从这些被检查过的信件中却已可看出后面的各种情形了,不消说,实际上的情形一定还要更加严重呢!

一、宣扬“皇道”呢，还是宣扬野蛮？

日军残杀中国人民早为全世界人士所周知了。即如新四军第一支队最近所缴获的相片中，就有残杀中国人民的相片数张(一部份照片已在本刊第五期发表了。——编者[①])，不仅有相片，而且还有日兵的家信作证。现在我们抄录几封在下面：

(1)歌子给她的丈夫谷野寿的信说：

“……三月六日收到了铳杀残废兵的相片一张……”

由此更证明日军不但惨杀中国的俘虏伤兵还拍照寄家夸耀，这是多么残忍野蛮的行为和兽性的表现啊！

(2)渡边好枝给她的哥哥渡边登的信：

“……五月廿五日的信，谢谢。对于土匪的枭首，尽管说是恶徒，而作为一个人看见他那极其可怜的姿态枭示着，说不出到底是憎恶还是同情？只更加刺激起来，像这样令人心中作呕的事情，就是听见都是讨厌的……”

这是中间一段文意，哥哥在中国残杀中国人，还对他妹妹夸耀，弄到他的妹妹都感觉不忍了。

(3)山本给上村守的信：

“……还有那稀奇的像片，也确实收到了，全部像那样的东西到处滚着，是煞风景的罢！当兵的人都是紧张着不大感到残忍罢。但是在内地的我们，则只是看见相片都毛骨悚然呢！五月六日”

(4)须奈福给丈夫光畑升的信：

“……今天来信中的相片里面，有极其可怕的一张，那是把头砍下还没经过多少日子的罢！是露着怨恨的样子的脸孔啊！……六月二日”

(5)某氏的信：

“……枭首的相片在我们是想像不到，只是相片还不怎样的感动……”(信无信封，信中复无上下款，不知是谁写给谁的)

(6)“中国因为战争，已经‘无有’年青姑娘了。对不住，‘无有’是中国话，就是没有的意思，真是寂寞啊！在这里要留一年二年都说不定，因此我急于要拜托人找个 meijen(就是‘美人’)了。”

(7)日兵某致爱知县冈崎市东干地四三三浦加代子的信：

“三月廿三日在除舍镇黎明为步兵的紧急集合所惊，正午选拔若干名出发

① 为本文原出处的编者。——编者注

征发汽船，杨兴镇附近没有，只征发许多鸡回来，已是下午三时半，宿于除舍镇。”

从这六七封信，不但证明了日军是如何淫掠残杀中国的人民，并且更证明日本军阀在中国所宣扬的“皇道”是些什么东西了。

二、“战争啊，快些终结罢！”

(1)藤本荣子给她的爱人小野虎夫的信：

“……战争啊？快些终结罢！……只看见召集起来送走了，召集起来送走了，到底什么时候才能凯旋呢？……五月三日”

(2)静子给正信的家信：

“……快点和平方好，也是把他作为唯一的快乐而期待着，但是，到底什么时候和平才会到来呢？每天同母亲说着这件事情呵！……六月四日”

(3)贞子给丈夫山田的信：

“天天都只是等待着：和平的日子早一天到来！愿你自己珍重，束装回国！”

(4)允生母亲写给他的信：

“……我想寄报纸给你，因为每天都登载着战兵死伤的消息，怕你看了难过，不寄给你了，但是，现在仍寄三天给你……六月二日”

(5)千代子寄给他丈夫安藤实(六月三日)：

“……你写来的信，总是说平安地过活着，我想这是神明的保佑，这是胜过一切的美事，我这里，婆婆的病还是一样，可是，请免担心。……要到什么时候才能回来呢？爸爸因为你没在，不能不一味地做着巨重的工作，这实在太不过意了。好容易刚只弄完了稻草，可是平山那块大田，又非去做不可了。还有两三天内就要开始刈早麦了，因为你没在家，真是困难得很。但是，又想不久一定可以回来，每天过活，只是眼看那个日子到来的快乐……但愿你平安地早日回来，求神明保护你的健康，大家都在等待着你回来的日子，要是你回来了，幸儿将怎样的欢喜啊！××××你的凄寂的千代子上”

三、“出征的人，没有一个回来……”

(1)中村政吉给中村贷造的信：

“……伊佐部队的遗骨，(七联队)已到两次共八百具。埔野中尉的也运到了，十九日在本市(金泽)举行了第七次的市葬，旭川的叔父的死亡，实在痛惜！”

"四月廿五日，七联队(第七团)及各部队共二千名出征了!"

小小一个市已举行了七次市葬，每次总要死亡七八百人，七次至少要死五千以上，合全国计之，其死亡率之大，当可惊人，只是日本军阀禁止报纸登载士兵死亡消息，因此国民不大明了，但是事实却是不能遮瞒的。

(2)须奈福寄给她的丈夫(四月二十日)：

"……九幡村前此未有战死者，现在终于有一个了，就是九幡的中村隆君，是三月二十五日台儿庄战斗阵亡的，真可惜！今天举行中村隆君的公祭，爸爸和我都去参加了。赤柴部队继续战死者、伤者，因台儿庄是前此所无的激战……今天收到来信，知道你还健康，这才放心了。现在在镇江对岸的扬州么?扬州这地方，是松本久米男上等兵的战死地……"

(3)难波繁子给她哥哥一郎的信：

"你所问的……神在村出征的人，没有一个回来……想来连骸骨都没有了！……四月廿一日"

四、"每天送着出征者……"

(1)田边孝给山田安太郎的信：

"……战事到底什么时候才告终结呢?现在应召的兵是每天出征，时局益见复杂了，……二月廿二日"

(2)富美子给古家野的信：

"……在京都五月下旬动员了两万人……冈山步兵第十团，也于五月下旬作为赤柴部队的，这次再召集了五百人……到六月下旬止，由去年起，就嚷说要出征六分之一(?)的动员，恐怕不是谣言而是事实罢！……六月四日"

(3)町子给神原一夫的信：

"……这里没有召集，但是九州、东京、京都方面据说有六万人大动员的召集，想来事变是了不得的罢！怪飞机飞到九州方面来了，昨天这里也实行灯火管制了。……六月三日"

(4)林鹿津野给哥哥的信：

"……现在在召集，每天都在出征，我的公司每天也都有几个人出征……"

(5)尾崎勉的姊姊写的信：

"在大坂[阪]方面近来也每天在送着出征者……五月五日"

(6)德岛市常三岛町三七一番地小学生仁木定子给青野部队白木队林秀司信(七月三十日)：

"……本月十八日清水君和哥哥都出征了，我的学校里的英文先生也出征了，英文先生来到我的学校里，还不到一个月，可是也没有办法呢。”

五、金融基础发生动摇了

喜悦龙雄给野崎青夫的信：

“……说起银行的业迹，岂只是没有一点儿发展，而且是大糟特糟的状态，只是大家心里觉得像这个是国家机关，又是社会设施的劝业银行，不能不维持旧态，因此，在研究如何使劝业银行不死(即关门大吉的意思。——译者注)的人，不是没有，这是事实罢，……”

劝业银行是日本国家银行之一，他的任务在于周转农工商业的金融，现在这一位行员说他大糟特糟，可知是糟了，劝业银行如此，其他国家银行又岂能不糟吗？

六、“老百姓是干不了了！”

(1)国方正雄给藤井武雄的信：

“……我也想买些东西慰劳你，但自己的生活尚且没有办法，只好作罢，真是不好意思啊！你或许会以为同住在冈山中，我是一个靠不住的人罢！请你宽恕我，想做生意也做不成，真是困住了。”

(2)刃友致正次的信：

“……我们在后方的人，日常生活现在发生了非常的变化，不自由与缺乏之感与日俱增。……”

(3)间野寅吉给森安博的信：

“……在六月中旬，对后备军将有非常召集，马匹也要征发，这件事已由区公所通知马主了，在这四月当中，这对于农家实在是一件苦事，今年的小麦熟得很迟很坏，实在不得了，协本、坚幸、一宽、龟千政一等都非常愁叹。……现在为着召集，为着吉备津神社举行战场平愈祈祷等等，小西街道上每日来往着不少的人，特别是白衣凯旋的勇士(伤兵)已经住满了冈山区成医院第二分院和红十字会病院……六月三日”

(4)平田国造给熊谷长三郎的信(五月廿一)：

“……今后天气又是怎样，我们也替农民们担心。”

“前此的五日及六日，在泷上村施行了购买军马，买去了四十八头，第二次说是六月十五六日，马的价格急激地增高了，在地方买卖中，普通马是二百元以上，稍为可观的，在五百元以上，实在是用非常的价格在买卖着，现在马是贵了，可是人力的工钱却更贵。农产物等等又过于低贱，淀粉是五元一角左右，薄荷是十二元四五角，豆类贱得惊人，可是肥料比去年贵了二成，老百姓是干不了了！”

(5)掘江仪雄给上村守的信：

“……汽车油也节约，到现在不论多少汽油也买不到了，要由警察出票才可以买得到，所以要坐汽车是不能不到停车场去……”

“而且，汽车、三轮、货车、搬场汽车等，也限制着每月使用几加仑汽油，因此，搬场汽车三轮货车等的运费是非常高贵……”

(6)花子给她父亲的信：

“……这里的东西都贵了，德用牌的火柴一个要三角钱，棉布一匹二元三四角钱，下体围带(月经带)一条三角五分，鲣鱼干一条要十六分，是像这样比率，贵到没有办法。”

(7)滨田庄治店写给光冈保一的明信片：

“内地也渐渐到了夏天，迎接去夏出征的一年。”

“因为现在本国限制输入品及各种原料的分配，一切工商业都陷于极为困难的状态，一切商品原料品都不足了。”

“补充兵的召集，已经有了好几次了。现在正在拼命训练。”

“到前天止，又有梅雨的样子，每天忧郁得很。”

七、“请菩萨保佑你平安回来呵”

在日兵的信中，处处表现着他的迷信，而且迷信程度是非常深的。有的说天天向菩萨祈祷，请菩萨保佑你平安回来；有的对于前方的安全，则说是神明保佑之功，像这一类的话，实在太多了；还有在信中封入神符，寄到前方去，请她的爱人(收信人)或朋友佩带。由信中检出的神符，就有好几百张，我现在把这些神符选出几张拿来拍照制版，印在这里。

八、日本人民也知道中国的厉害

(1)相铎胜治给上村守的信：

“……前几天曾有国籍不明的飞机两次飞到九州来(什么也没有丢下，第一回散下传单去了)。昨夜起大阪也把霓虹灯熄掉了。你所喜欢的道顿堀街，也颇感寂寞了。……六月三日”

(2)国方正雄给藤井武雄的信：

“……其次在六月一日午后九点左右，在山口县和六岛县飞来了不明国籍的飞机，报纸非常骚动了，本日、二日，冈山也施行了不是演习而是实际的灯火管制，当飞到九州时，据说散下了种种的传单后，才飞去，大家都说中国飞机能够飞到此地来，中国也是相当厉害的……六月二日”

(3)日兵(无署名)给德岛县养马郡胁町北岛藤永武夫的信：

“……每天要勤务又要演习，有时为着讨伐残败的中国兵还得走二三日的山地，实在太艰苦了，这里没有一栋完全的房子，全烧毁了，我们就睡在禾藁上面，盖着冬天的大衣，忍耐着酷热，等待天明，讨伐终了，疲乏的回来……”

(4)华北赤柴部队难波义忠给江南浮田部队大户靖(五月十一日)：

“……现在我们在××铁路西边，中途加进××线沿线前进，虽说前进，从已过去的四月十四日以来，只是维持着现状而已，据说是在整顿军队的缘故。”

“华中的山怎样呢？来到华北当地附近时，心里正想着‘终于看见山了么’？尽是那从地壳挺立出来似的，漆黑的肌体的岩块似的山，不单没有树本，就连青草都找不到的那样的山，真令人无可奈何啊！我们是睡在那死鬼的岩山顶上，过着守备的生活，勉强地敲碎那不能掘开的地肌，做成可容一人或两人的壕(其实是石室)，由下面的乡村运上一些席子或破布造成假住宅(?)。总之，约莫从四月十六日起，十二天的中间始终登在这上面，与我部队的某队交替守备在简直像狭小的猫额那样的面积上面，由对面山下的某村落的中国兵，向着这里一夜里就轰落来百七八十个迫击炮弹，你所知道的美袋、入江录郎氏，就在我们到那山之前，前日在该山受重伤战死了。在炮击的中间，寻着长的石头来做石的屋顶，炮弹落下来的时候，就钻进里面去，出着不少的冷汗！标高才一百六十三密达，不能算得很高，但是在这个地方是重要的山头，无论如何都不能不死守，同我们交替的队伍的前头部队，(入江氏等的队伍)好像很受着损害，但是，我们这一队，却侥幸在这十二天中间只有少些损害，就同别队交替下山了。但是现在又受命守备同一山系的东端的重要山头。风连[速]二三十密达的疾风在山顶吹卷，夜间冷得要死，白天又热得不得了，真是苦极了，对于‘咚喂咚喂’响着的迫击炮，落在身傍已经到了神经麻痹到不会出冷汗那样的程度了，但是最近应该有全面进攻的命令下来罢！”

(5)番勇次致加纳勇的信：

“……现在在山西省最西南部黄河河畔与敌人隔岸相持着过日，省内还有相当的残敌，对于讨伐胆大得很，还从对岸渡河而来，小部队是一夜到天亮来的，尽管是敌人，可是了不得！……”

(原载于《译报周刊》第1卷第17、18期，1939年)

一封未寄的日本士兵的信

[日本]太田助一郎
佚名 译

这是从银坊战斗中所获的一封日本士兵尚未寄出的信，从这信中多少可以反映出日兵思家厌战悲观的情绪之一般，特译出，以飨读者。——编者[①]

专卖局的诸位朋友们：

渐渐寒气传遍了大地，诸位照旧平安吧？我出征之际，因忙碌而未能辞行，无限抱歉。

我参加“圣战”已历十月，上陆以来，东奔西走，生活在战场，其间我好几次想写信给你们，但是我没有一定驻地，并且又无闲暇，以至延至今日，恳请你们多多指示与宽宥。

激烈的战斗继续燃烧着大陆，我随部队之移动而移动，因致身心疲乏，好像变成绵羊一样。然而为了专业之进步，无论怎样苦还是要生活在前在线……在战场里，自己也不很知道，并且也看不出来，是否我们的各部队有联络线，因为我们的总后方太远，连日××之敌和我们相互交换“弹火之礼”，因此这封信你们何时收到就不知道了。我想你们这时一定也有很多的意见写给我的，但还未收到你们的信。

每感悲怀忧伤时，辄瞻望东天，回想故乡之乐园。战场的日光较故里之月影还要凄凉，好像它亦在骂战争之残酷！呵！这死静的寂寥，这哀伤的沉夜，远方的犬声传遍的荒野，在一片残迹中尚可以见到昔日的繁华。人民的房屋半数以上被无情的炮火摧毁，其状至惨！呵！使人……

刺骨的寒风拈扫着旷野，无炭无薪的荒漠的原野上，乱七八糟的堆着倒毁

① 本文原出处编者。

的家屋，房里房外都是焚毁了的痕迹，屋顶已有无数的洞孔，又冷又饿，到处找不到一粒米一根柴！有的火炉里虽然有火的痕迹，但早已消尽了，因此我们只好采伐道路两旁的树当作柴用。到夜晚虽然有灯，但是没有石油，洋烛亦是有限度的，不能够每天晚上点火。在这样玄妙的深屋里是不堪寻味的。

当晚间十时许，鲜明的月亮照过了大地，但是我感觉不到任何兴趣，惟有寂寞！透明的月光一片片从屋顶的洞中射进来，好像枪炮之光，凄凉之战场呵！

我们周围常常在敌人包围之中，据密情报告，那里有四千敌人，这里有三千敌人，有的说明日来攻，也有说后天来进攻。因此，仅仅一百多人的我们，常常惊慌焦思，不能够太平的休息一点钟。看见月影下的警戒步哨，其悲壮之情景，生死瞬刻之恣态，真是使人吃惊！中队长令西大尉在恶魔似的惨苦战斗中肉搏战死，小桥中尉亦跟随中队长而战死。这样看起来，战死就好像一场游戏似的。因此，上从将官、下至士兵，时常都感觉到在肉搏的气氛中，有时自己在不知不觉中流出激战时的苦泪！千头万绪的心，苦痛的焦思着，恨谁呢？只有这世界——

到晚间，全体官兵都要穿着军衣，穿着鞋子，两人同盖一条军毯，而在六尺见方的房间里，六人为一组，背靠背的在没有铺席的炕上睡觉。一阵阵的寒风飕飕吹进窗口，这房屋也就变成冷酷的世界！

但亦不得已，只有勉强睡觉，把枪放在身旁，枪口向外描[瞄]准。这样的睡觉，这样的休息，是不像样子的，连梦也做不出像样的来。时常从不很远处飞来枪声，突破这凄凉的深夜，火焰在天空中飞跃，梦惊醒了！梦惊醒了！

“敌袭！”“敌袭！”

步哨惶张地叫着。抵抗的枪声乓乒地响了！要想平安睡觉的我们，由梦中惊醒，一齐跳起来，在黑暗中摸索枪及其他的战斗器具，惊慌恐惧地进入阵地，遮蔽这微薄的命运。心里一边祈祷，一边在猛烈地跳动。静夜里，月色默默地照在大地，勇敢无双的敌人，在月光之下鼓勇气而大胆地一步一步迫近我们的阵地。因为我们是防御，故稍微沉着，等到他们接近时一齐射击。弹头在左右上下横飞，有时弹头触铁帽而过，这种声音真使人魂飞魄散，冷汗交流。傍边的战友，“嘤”的一声便倒下了！

呵！这可怜的命运！

残酷的战斗继续到次晨四点钟，顽强的敌人不但不退而且更英勇地攻来，枪炮之声不绝于耳。从北吹来零下二十度的寒风，使得红热的血色突然变成青白色，胖胖的肌肉渐渐紧缩得和饥饿线上的人一样！

每个士兵都不很清楚自己甚么时候死，这种生死交感之下，士兵的疲乏与愁苦是不可想像的。因此睡觉时穿衣穿鞋也不是无故的，而有它的真理。

当我晚间起来检查他们睡觉时，我觉得这样的生活是人生的苦海！残酷的战争，煞风景的生活呵！

故乡的妻子、亲戚、朋友，我想他们成天望着支那祝福，祈祝我们早日回来。我们也这样想快些回去，看着可爱的子女！但在这样的时局下，是不许可我们早一点回去的。因此我时常流下悲痛的泪水，一滴滴落在荒野的草地上。

但是！我们又不能不战呵！

诸位，只要我不战死，从此便常常向你们报告各个战斗里所得的形形色色的残酷的故事吧！好！以后再谈。请你们保重身体，祝你们精神安好！

太田助一郎

（原载于《八路军军政杂志》第15期，1940年）

从桂南前线获得的一封敌兵家信

[日本]佚名

[韩国]安炳武 译

(前略)据你信上说,直至现在元气旺盛的执务,真是较什么幸运了,说起来时间过得真快,我回来已有半年了,虽是很短促的时间,发生了不少的事。进在建设途上的我底将来的基础,真不容易打起来。人生决不能知道几时在那里遇到怎样的障碍,顺调的发展是绝无仅有的。

现今,也因哥哥那里有电话的缘故,得到不少的便利。倘若不久能解决结婚问题,我想把新町后面的地方跟电话同时接受,然后硬干一下,现在铳后的小卖商意全都喘气于经营难,因物价的腾贵以及原料的缺乏,简直陷入于什么都不能生产的状况。话虽是讲得不免过早,印刷机械等也都已全部登记,如果没有政府的准许绝对的不准转卖,而一朝有事时,好像立即要变做弹丸或兵器的。

国家总动员的趋势也较在第一线的想像,格外的深刻。索兴在第一线过活的算较为安逸呢?做一套西装也要化[花]七八十元,而讲到它的质量,二成以上是人造羊毛,真坏到极点。

只要有原料,现在要发多少财就能发多少财。可是没有原料呀!洋纸的饥馑是真使人可怕。在现今,已和石川洋纸店开始交易三个月以来,还算是相当的顺利。每月虽只有三四百元的收入,但因在二十九日那天就能收齐,周转相当灵活,而大有帮助。

我已决心不久把配偶者找好之后在营业方面加紧的努力。酒也很贵,一升二元有余,真是喝酒也喝不痛快。可是,道顿堀(地方名——译者注)方面的咖啡店、茶馆却很繁荣,简直不像严重时局般的热闹,发财的家伙们好像是景气到顶点。

你们也从第一线到第一线,担负起国防的重责,跑到底,我相信是很劳苦的移动又移动，现今就到满洲啦。真是感慨无量呢。

跟我一齐回国的战友们也一个个的向奉天（沈阳——译者注）方面去了。月薪虽有一百五十元，但因物价很贵……祝你平安。

这是由中国战场上回国的日本士兵给他的亲戚汪田忠孝的信。这封信里我们可以看出敌国经济界趋于破产的情形，以及社会成为军需资本有关人们享乐的世界——即军需资本有关人们以外的人民将必趋于穷苦而不久要发现暴风雨的情形。这封信是在南路昆仑关方面作战时获得的无数的信件中之一。

——译者

（原载于《建军半月刊》第10期，1940年）

序《敌兵家信集》

袁国平

我们仇恨日本军阀，但是我们也同情日本的人民。

日本军阀为激起中日民族的恶感，常常指挥士兵作杀人的竞赛和娱乐，他们想用这样的办法来养成士兵侵华的残暴性。在家信中我们看出他们经常在大批的屠杀中国人民之后，把无数的头颅，陈列起来拍成照片，遂向国内亲友到处寄递，以夸耀他们的“丰功伟业”。也许他们心里想着这一定能获得国内人民的“歌功颂德”的，然而“人”终是“人”，有人性的日本人民，对这种野兽的残暴行为，却是感到“毛骨悚然”与厌恶憎恨的。

“还有那稀奇的像片，也确实收到了，全部像那样的滚着是煞风景的罢！当兵的人都是紧张，不大感到残忍罢！但是在内地的我们，则只是看见相片已毛骨悚然呢！……”

“今天来信中的相片里面，有极其可怕的一张，那是把头砍下来还没经过多少日子的罢！是露着怨恨的样子的脸孔啊……”

“要作为一个人看见他那极其可怜的姿态，枭首着，说不出到底是憎恶还是同情，只更加感动起来，像这样令人心中作呕的事情，只是听见都是讨厌的！……”

这就是日本人民亲口所宣布的日本军阀的杀人罪状！

野蛮的侵华战争，除了替军阀升官、财阀发财以外，对于日本人民究竟有什么好处呢？请让日本人民自己来解答这一问题吧：

“现在马是贵了，可是人力的工钱却更贵，农产物等等，又过于低贱，淀粉是五元一角左右，薄荷是十二元四五角，豆类贱得惊人，可是肥料比去年贵了二成，老百姓真干不了啦！”

“真困难呵！这里前几天因为汽车的动员，把所有的汽车都被征发去了。”

“我们日本因为长期战争，花红已经被折扣为储金了，爱国公债的红利及现金的赏与一概俱无了，就是小店的年红也没有，纵或有也只是公债或是什么罢了！可作为消息的消息，是我们现在休息都没有，连礼拜日也要留下来做未完的工……”

“我们在后方的人，日常生活在发生了非常的变化，不自由与缺乏之感，与日俱增……”

家信中是充满着这样痛苦的呻吟和不平的呼声，这呻吟这呼声也许有一天要变为反抗的呐喊和咆哮吧！

战争是残酷的，杀人一千自损八百，两年来的中日战争，固然造成了中华民族的空前灾祸，但同时也在日本人民中造成了无数的孤儿寡妇，从多情的岛国女郎情书中，更使我们深刻意味到日本军阀的血手，如何在日本人民心坎中深植下了沉痛的悲哀。

西村房子在她给丈夫西村武志的信中，写下了这样感人的一段：

“你的精神好么？昨夜和前夜的黎明前，连着梦见你回来了，正想同你说话，而你的姿态又消失了，想着种种的事情，想得睡不着了，心里正想着要没有什么变故才好啦！……”

“今夜是美丽的月夜，我想你一定在眺望着吧！悲哀油然而生，这是没有办法的，今夜谁不也在独自的想着尽量的哭一哭，像目前一样在洋槐树荫、柳树底下休息的时候，定会想起国内的这高高的洋槐，那个歌任何时候都不能离开我的脑袋，想把长大了的孩子给你看看，现在他们正好好的睡着。……”

还有一个辻村桐子给她的丈夫信中说到：

“你的来信上又说着：明天要去“讨伐”，要是有意外的事情，请不要忧虑。请你不要说那样悲惨的话啊！在广漠的世界中，只是依靠你一个人过活的。就是可以负伤也不能够让你战死呀！……”

当着这家信集一旦落到西村房子和辻村桐子等手中，从此证实了他们日夜恐惧着的未来变故，已经变成了惨痛的事实，不能让他战死的丈夫毕竟变成了战死者的时候，那惨剧是够人想像的了！

中国人民是懂得这惨剧的制造者是谁的！同时也永远不会忘记这样的血债，但是日本人民也不应忘记自己真正的敌人也就是中国人民的敌人啊！正在前线盲目拼命的日本士兵，也应该醒觉过来，不再受军阀愚弄来替自己制造惨剧了！

尽管日本军阀在速战速决速和速结的企图失败之后，又空嚷着百年战争，长期战争之类的哀鸣，然而日本人民无论如何也不愿意这样长期战争下去的，而且也清楚知道，人民有限的血汗，是不能够支持这长期的战争，所以在家信中是充满着结束战争的呼声和祈祷和平的愿望，因为他们已从中国正义抗战的教训中，体验到这样铁的事实！

“中国，你是知道的，随便走到那里都走不完的……”

“时时受……游击队的袭击，不能不觉得走到一个地方寿命就缩短了似的……”

“我不久到前线去担任着兵站线道路的守备，可是非常危险……”

“十分岑寂，和南京不同，日本的商人一个也没有，店也没有一间，中国人也都逃走了，是想象不到的岑寂的地方。”

“在街头的墙上大大的写着‘拥护蒋委员长，抗战到底’‘流最后一滴血，死不屈服’‘民众武装起来保卫家乡’‘军民合作抗战到底，有钱出钱，有力出力’‘誓雪国耻’等等的反日檄文，可以想像其澈底的抗日态度之一般。”

“共产军也很凶呢？”“……共产军及正规军在八百以上，不时的袭击汽车或袭击桐城的粮食。来到这里有一个月了，战死者将近十名，……因为兵力单薄不能去讨伐，不知什么时候被袭击啊！”

“……六月一日午后九点左右，在山口县和大岛县飞来了不明国籍的飞机，报纸非常骚动……据说散发了种种的传单后才飞去，大家都说飞机能够飞到这儿来，中国也是相当厉害的。”

“英美法对于蒋介石的援助是依然不变，反而变本加厉了。”

“中国这次赌着国运来同我们会战………是一个不可忽视的战争啊！比凄惨的上海战争还要凄惨吧！那是同‘子弹与坦克都要成为血而燃烧起’那个歌所唱的那样的激烈的战争吧！”

这便是日本士兵在侵华战争中所亲自耳闻目见的事实，这不是恰恰证明中国是不可能战胜的铁的事实吗？这不是证明日本军阀所空嚷的长期战争与百年战争，只是失望的哀鸣与聊以自慰的梦呓吗？

如是日本人民不能不怀疑战争的前途了，不能不喊出真正的希望和要求了：

“我们只是等待着快快的和平……”

“不知道何时凯旋呵！忍耐地等待着，除等待时期外，没有办法呀！”

“满以为徐州陷落，战争即可终了，可是好像是很不容易啊！”

“快点和平才好，也是把他作为唯一的快乐而期待着，但是到底什么时候和平才会到来呢？”

“我认为召集兵使用到一年以上，也相当成问题的，再又把战果扩大到恁么大的范围，以后的处置怎样呢？虽然是骑上了虎背，而日本的识者到底在做些什么呢?”

“我觉得离凯旋还很远。”

“什么时候可以重见和平呢?”

“长期作战等等真是愚蠢的事情啊!”

“照这样情形看起来,归国是没有多少可能的吧!”

“岂但凯旋,这一次大概是装进小木箱中给人带回去了!”

“中国军组成大规模的游击队进行大迂回的进攻汉口的日本军的后方,活跃而扰乱着,我们不断紧张起来………失掉像你这样的学者是非常可惜的,即或不是那样从书斋送到血腥的战场这件事,我以为也是一个大的损失,我决不作无谓的牺牲!”

“战争啊,快点结束吧!”

日本人民是这样忧虑着战争的前途与祈祷着和平的实现,然而忧虑与祈祷都是没有用的,只有日本人民大家拿出“我决不作无谓的牺牲!”的精神来,拿枪口对着日本军阀,一致的呐喊“战争呀,快些结束吧!”的口号,并为这一口号的实现而战斗起来,那么战争是可以结束的,日本人民所盼望的和平也就可以实现了。因为中国人民所希望的也正如日本人民所希望的一样,停止日本军阀的侵华战争,日本军阀从中国撤手去!

然而在今天日本人民的觉悟与决心还没有达到这样普遍与坚决的程度,这就需要中国人民的帮助了,中国人民帮助日本人民觉悟的最好办法只有一个,这便是像铁拳一样的打击着中日人民公敌的持久抗战!

因为我们同情日本的人民,但是我们也仇恨日本的军阀。

(注):引号内中文句系引自敌兵通信中之原文。

抗战二周年的七月

(原载于《敌兵家信集》,新知书店,1940年)

敌人对中国威力的认识

林植夫 编译

说　明

无可讳言，在过去两年的战争中，敌人在军事上是获得了一些胜利，因此敌人可以大吹特吹，还可以借此欺骗民众，欺骗士兵。但是我们的陆空军的威力，仍不能不为敌人所认识。譬如，我们的空军也曾飞到战场去协同作战，给予敌军以莫大打击（如平田房次郎的信）；也曾飞到敌国内去散发传单，使敌国民众说出“飞机能够飞到这儿来，中国也是相当厉害的”（国方正雄的信）；弄到大阪的霓虹灯都不敢点了（相泽胜治的信）；弄到“冈山也施行了不是演习而是实际的灯火管制”了（国方正雄的信）。我们的炮击，曾使敌兵“出过不少的冷汗”（难波义忠的信）；我们的陆军，曾使敌兵称赞：“尽管是敌人，可是了不得啊！”（米田贤次的信）就是敌人所认为败残兵，他都没有办法，其田省一的信说：“近午遭遇着败残兵，敌人也极甚顽强，没有法子驱逐，遂成为对峙的状态，一直至夜。”其次他对川军也这样估计过：“据说是四川省来的乡下的军队……也是不可轻侮的呢！”（G类，二村少尉的信），对于新四军也说出：“共产军也很凶呢！”（嵯峨根泰藏的信）

我们于此不能不承认“我越打越强，敌越打越弱”之为真理，同时我们又是如何之举国一致敌忾同仇了。

一、向山忠夫给向山十郎的信
——后方致方前——

……在河艺郡的白子町，已成立了“铃鹿航空队”，每天都有飞机在练习飞行。

……然而，和这个相反的英美法对于蒋介石的援助是依然不变。反而变本加厉了！

一九三八年一月二十日

二、华北赤柴部队旌波义忠给江南浮田部队大户靖
——前方寄前方——

现在我们在某某铁路西边，中途加进××××线沿线前进，曾说前进，从已过去的四月十四日以来，只经持着现状而已，据说是在整顿军队的缘故。

华中的山怎样呢？来到华北当地附近时，心理正想着“终于看见山了么”？尽是那从地壳挺立出来似的，漆黑的肌体的岩块似的山，尽是不单没有树林，就是青草都找不到的那样的山，真令人无可奈何啊！我们是睡在那死鬼的岩山顶上，过着守备的生活，勉强地敲碎那不能堀[掘]开的地肌，做成可容一人或二人的壕(其实是石室)，由下面的乡村运上一些席子或破布造成假住宅。总之，约莫从四月十六日起十二天中间，始终登在这上面，与我部队的某队交替守备在简直像狭小的猫额那样的面积上面，由对面山下的村落的中国兵，向着这里一夜里就轰落来百七八十个迫击炮弹。你所知道的美袋、入江录朗氏，就在我们到那山之前日，在该山受重伤战死了。在炮击的中间，寻着长的石头来做石的屋顶，炮弹落来的时候，就钻进里面去，在初时盖是出过不少冷汗的啊！标高才一百六十三米突，不能算得很高，但是在这个地方是重要的山顶，不论如何都不能不死守，同我们交替的队伍的前头部队(入江氏等人的队伍)好像很受着损害，但是我们这一队却侥幸在这十二天中间，只有些少的损害就同别队交替下山了。但是现在又受命守备同一山系的东端的重要山头，风速二三十密达，在山顶吹卷，夜间冷得要死，白天又热得不得了，真是苦极了，对于“咚哐”响着的迫击炮，落在身傍已经神经麻痹到了不会出冷汗那样的程度了，但是最近应该有全面进攻的命令下来吧！

一九三八年五月十一日

三、国南正雄给藤井武雄的信
——后方寄前方——

……其次在六月一日午后九点左右，在山口县和大岛县飞来了不明国籍的飞机，报纸非常骚动，本日、二日在冈山也施行了不是演习而是实际的灯火

管制,当飞到九州时,据说散下了种种的传单后才飞去,大家都说飞机能够飞到这儿来,中国也是相当厉害的。……

六月二日

四、相泽胜治给上村守的信
——后方寄前方——

……前几天有国籍不明的飞机有两次飞到九州了(什么也没有丢下,第一回散下传单去了),昨夜起大阪也把霓虹灯息掉了。你们喜欢的道顿堀街,也颇感寂寞了。

六月三日

五、嵯峨根泰藏给山田喜启的信
——前方寄后方——

共产军也很凶呢!

九月十二日

六、平田房次郎给平田仁市的信
——前方寄后方——

服务准尉(松原)及一色港町的泉庄三君,及其他官兵虽多,而在富洲原则此二名,将要在安庆登陆的时候,敌重轰炸机数架飞来,我空军马上应战,十数机混在一起,在安庆上空展开空战,敌机到处投下炸弹,爆炸声一响,同时黑烟扩展到附近一带,冒向天空上升,是相当可怕的景象啊!不幸得很,其中一弹正命中码头停留中,吉野部队上船中的差船,可怜服务准尉(松原)、泉庄三君及其他多数,就这样战死了。……在占领后的沿线,败残兵还未肃清,时时出没,袭击行军部队,前日兵站汽车三辆遭逢袭击,死伤者十余名。又宿营地也时时被袭击,我们这里最近已被袭击两次了。……

九月十三日

七、岩见政夫给和田政三的信

——前方寄后方——

现在在华中的某地，等着到前线去，为着扫荡败残兵及共产军，在要害地点警戒着，特别忙碌。这里是个抗日空气最炽烈的地方，土民都不和军队（指日军）亲近，在田园里工作的他们，一看见我们日本兵，就可怜的逃走了。在街头墙上大大的写着“拥护蒋委员长抗战到底”“流最后一点血，死不屈服”“民众武装起来保卫家乡，军民合作抗战到底”“有钱出钱，有力出力”“誓雪国耻”等等的反日檄文，用大字写着，可以想像其澈底的抗日态度之一端。

九月十四日

八、岩见政夫给真柴正堂的信

——前方寄后方——

各十字街的墙上如“拥护蒋委员长，抗战到底，流最后一滴血，誓不屈服，军民合作抗战到底，民众武装起来保住家乡，有钱出钱无[有]力出力”等等的反日檄文大书揭出，其澈底的抗日态度之一端可想而知。

九、小杉喜代治给小杉梅吉的信

——前方寄后方——

这次听到舍弟达雄在溧阳战斗中，作了“名誉”的战死，请你想像一下，丧了唯一的弟弟的这个哥哥的心吧！我自己现住在离安庆约二十余里（日）的东北方面，所谓桐城这个地方。这里有很多的败残兵，还未离开二里，共产军及正规军在八百以上，不时的袭击汽车或袭击桐城的粮食。来到这里，约有一个月了，战死者将近十名，现在还像是有败残兵存在着，因为兵力单薄，不能去讨伐。不知道什么时候被袭击啊！

九月十五日

十、其田省一给左田行氏的信

——前方寄后方——

……渡河后的行军继续着辛酸辛苦的日子，暑热厉害得很，汗出喉干，而没有水喝，只饮溪水，道路则是原野山岳重叠之地，还有险峻的山谷，而且报纸上所见闻的，蒋介石的宝刀游击战术那所谓以搅乱敌人（友军）后方为目的，而盘踞于山岳地带，对于眼下的道路，则埋下无数地雷，以妨碍前进的小部队，或其前进，败残兵则出没着。我们也由○○出发后第二天的二十四日，这一天下雨路滑，正在困难地前进中，近午遭遇着败残兵，敌人也极其顽强，没有法子驱逐，成为对峙的状态，一直至夜。在山岳中暂时休息，肚子饿了，寒气攻身，真是体验了辛酸，于夜未深时出发前进，以后到达○○止，还受过二三次的奇袭……

十一、绫子给田村作治的信
——后方寄前方——

……在步哨上听到夜袭的铃声，战地的凄惨情况确实可怕啊！支那兵好像是专来夜袭，你可充分的留意吧。

在不熟悉的地方行动，务希小心，为着视察敌情以致没有回来的人是经常有的，前几天，本分会的职员，突然遭伏兵射击，已有战死者，我和丈夫同在挂念着他的生死，幸而无恙回来，请你特别注意。

昨天发出了召集令，是第一种的人，大部已经去了，二十日便须编入九联队。他什么时候去，还不知道，不过自去夏以来，随时都准备着。

十二、米田勇次给加纳勇的信

……现在在山西省最西南部黄河畔与敌人隔岸相持着过日，省内还有相当的残敌，对于讨伐胆子大得很，还从对岸渡河而来，小部队是一夜到天亮来的，尽管是敌人，可是了不得啊！

十三、水野芳雄给水野季子的信
——前方给后方——

（信上盖有“济”字，经过检查的）

中国这次是赌着国运来替我们会战，不，这是日苏战争的前哨战吧。在○○地方飞机操纵员，有十分之七是苏联人，十分之三是中国人，与北满的情况同时，是一个不可忽视的战争啊！……比凄惨的上海战争还要凄惨吧？那是同“子弹与坦克都要成为血而燃烧起来”那个歌所唱那样的激烈的战争吧！

（原载于《敌兵家信集》，新知书店，1940 年）

敌军民厌战的情形

林植夫 编译

说　明

因为战局的扩大，伤亡的惨重，益以受了我军游击战的重大打击，于是使敌军士兵厌战怕死思归，或对归国的失望，甚至不平愤慨，都不能不发生起来，故而由前方寄到后方的信中，除对游击战的恐怖外，次多的便是这一类的话。不过敌军官长对士兵的通信，检查得非常厉害，由前方寄到后方去的每一封信，都有检查，故而他们一面说出厌战，以及不平愤慨的话，同时不能不说几句壮言豪语以资掩饰，如果没有检查，恐怕还要说得厉害吧！

这里由前方寄后方的信，全是厌战，或思归不得及不平愤慨的表现。如西口兼辅说："〇〇（指武汉）的陷落，也预想着会意外迅速，因之我们今年可以回国。"又如松户铁的信上说："汉口如果攻下，应该可以松一口气吧！或者应该可以回到内地去吧！"可见他们是如何之思归，同时是如何之希望着汉口攻下后可以回去，现在一看到汉口攻下仍无了局，其失望是如何之大不难推想而知。

同时失望的情绪，不但在前方猛烈地表现着，就是后方的人，对于前方人们的凯旋也已感到绝望了。因而有如广梅子给广武司信所说："不知道何时凯旋啊！忍耐地等待着，除等待外没有办法啊！"等话。至于如二村少尉的信所说更是凄凉了，他说："我们的顺序，何时可以轮到，这是完全不知道的，听说要延到明年，岂但凯旋，这一次大概是装进小木箱中（剩下骸骨之意）给人带回去了。"因此，而怕死的情绪自也十分浓厚起来。

再则由这些信中，可以看出敌军阀们对士兵是如何之压迫，于通信检查之外，还禁止士兵多说话，故而盐见满才会说："除掉平安以外，其他通信也禁止的。"稻叶金男信中也会明白地说："近来连写信也受了限制，要告诉你们种种事情，也被军规上禁止着，……”B类的上田藤七信说：“关于战争什么都不准写，所以我也就什么都不写了。”秋叶末松更说得好：“只是默默地跟着命令，抓紧把手而在旷野上跑走着。……”

至于如盐见满那样，更露骨地表示着不平与愤慨，他在信中说道：“我认为召集兵使用到一年以上也相当成问题的。再又把战果扩张到恁么广大的范围，以后的处置怎样呢？固然是骑上了虎背，而日本的识者，到底是在做些甚么呢！……写了不平不满，很对不住，这是被束缚着的生活的反动啊！”他还引着“不自由毋宁死”这一句古话，而结论道：“这个大牺牲啊！你有光荣吧！会由着什么东西被酬报罢！仅仅想着这而自慰着。”他盖已因战争而发生了对内革命的思想了。他的信共有三封都是同样地写着。由他的信，还可以看出日本兵中，已有人知道日本帝国主义是骑上虎背了。清治的信也说，长期作战等等，真是愚蠢的事情啊！上田作之助的态度，也极为明显，他明白地说：我决不作无谓的牺牲。

至于家属的希望和平，妻子对战争的恐怖，怕丈夫战死，由着西材房子的信、(E类)辻村桐子的信，可以窥其一斑，做丈夫的接到了妻子那样的信，又那有勇气去拼命呢？

最后有一事，值得我们特别注意的是他内部反战的运动，已逐渐在发展着，本年二月十三日正醒写给他哥哥的信中说道：“近来有很多煽动，但与我们没有关系……”所谓煽动，不是反战运动是什么？他尽管说和他没有关系也许他本人便是其中之一，亦不可知呢！

一、田中真都枝给广武司的信
——后方寄前方——

我们只是等待着快快的和平，哥哥能够早一天奏凯归来……。

一九三八年四月十五日

二、荣子给她的爱人小野虎夫的信
——后方寄前方——

……战争啊！快些终结罢！只看见召集起来送去了，……到底什么时候才能凯旋呢！？

一九三八年五月三日

三、广梅子给广武司的信

——后方寄前方——

不知道何时凯旋啊？忍耐地等待着，除等待时期外没有办法呀！这次大多喜町亦征发汽车，大家骚动着。中村屋一辆，野口三辆，式田二辆，荒井一辆，小仓一辆，此外不大清楚，大多喜不外只剩下二辆，中村屋的因为是旧的，可以返还。司机也有很多出征者，大多喜町只一个，但老川村也有一个，明日汽车在午前四时集合出发，真的听到这种骚动，真正凯旋，不知道何时啊！

五月十八日

四、妹子住江给护兄的信

——后方致前方——

……护兄似乎正考虑着凯旋期近而大卖力气吧？可是不要过早的希冀而枉费力气了啊！健康是要紧的，而今还是珍重你的身体吧！……

你虽然是劳苦了，可是还不是老练的人，富于温柔纯情的你，切勿悲观，把握着希望的前途，遵循着目前重大的任务忠实地干吧。

诚如你说的不可与人言的苦痛是有的，……那如乌龟的小嘴，出口伤人的事是不能够一一去管它呢！

五月三十日

五、允生的母亲给他的信

——后方寄前方——

……我想寄报给你，因为每天都登载着战死伤亡的消息，怕你看了难过，不寄给你了，但是，现在仍寄三天给你吧！

日六日二①

① 此处应为“六月二日”的排印失误。 ——编者注

六、八千代给北原敏朗的信
——后方致前方——

……满以为徐州陷落后,战争即可终了,可是好像是很不容易啊！失掉了良友的我,满怀凄寂,童年的憧憬一幕幕浮显于眼前,啊,人生是多么无常啊！

六月三日

七、千代子给她丈夫安藤实的信
——后方寄前方——

……你写来的信,总是说平安地过活着,我想这是神明的保佑,是胜过一切的美事,我这里,婆婆的病还是那样,可是请勿担心……

要到什么时候才能回来呢？爸爸因为你不在,不能不一味地做着巨重的工作,这实在太不过意了,好容易刚只弄完了稻草,可是平山那块大田,又非去做不可了,还有二三天内就要开始割早麦了,因为你没在家,真是困难极了。但是又想不久一定可以回来,每天过活,只是盼着那个日子到来的快乐——但愿平安地早日回来！求神明保护你的健康！大家在等待着你回来的日子,要是你回来了,幸儿将怎样的欢喜啊！……

凄寂的千代子 上
六月三日

八、静子给正信的家信
——后方寄前方——

……快点和平才好,也是把他作为唯一的快乐而期待着,但是到底什么时候和平才会到来呢？每天同母亲说着这件事情……

六月四日

九、辻村桐子给她丈夫辻村善秋的信
——后方寄前方——

今天收到来信,谢谢,你每日安全的从事军务,是怎样的欣慰啊！我和大家都精神很好地等待着你的回来,请安心！在来信上说:很久没有接到信,为什么那样的不易寄到呢？我每次接到你的信，就寄回信，前天寄给你的小包，还没有到么？但我想这封信寄到的时候，也会到的。你的来信上又说着：明天要去“讨伐”，要是有意外的事情，请不要忧虑，请你不要说那样悲惨的话啊！在广漠的世界中，只是依靠你一个人过活的。就是可以负伤，也不能够让你战死啦！只是做妻子的一念，你也一定会安全回来的啊？你在家时，虽不甚敬神，但到今天，得安全而未受一点伤，而安全的活着，全是托神的福，请你诚心地祈祷吧！你现在吃饭的菜，还尽是罐头么！不论是什么东西，只要是你欢喜的，我都想法寄给你，请通知我罢！名古屋的母亲，因为久未去信，说对秋君不住，她是很以此自苦，请你写“听桐子说过了，我健康的为国劳动着，请你不要担心，你年老人，才应珍重身体呢！”这样的几句话给她，这才会使得她安心的。这是我拜托你的啊！再谈吧，注意身体。

可恋的父亲！

凄寂的妻 上

六月十一日

（注）：日本女人有儿子的，常呼丈夫为父亲。

十、辻村桐子给她丈夫辻村善秋的信

——（后方寄前方）——

你近来不大来信了啦！忙得没有空闲写么？是怎样的寂寞啊！若有空闲就给我来信吧！你现在还在蚌埠么？安全么？我们大家平安地生活，请安心！

去年的川祭，是怎样的快乐啊！你记得吧！坐在船上时的事情。反过来，今年一人很寂寞地在蚊帐中听到花火的声音，脑子里就浮起了可怀恋的丈夫的姿态。日前寄去的东西收到了吧！听说因为中国军把堤破坏了成了泥海，无论寄什么不能送到，你住的地方也成了泥海么，不是害了病么？无论什么事，都不能隐瞒，都告诉我吧！你想什么东西呢？有零钱用么？若是想什么，请立刻写信给我，我们不管怎样不自由，怎样的穷苦为人所笑，总不能使得可怀恋的你不自由，把你一个人依赖为拐杖、为柱石，寂寞中把你的凯旋作为唯一的快乐而生活着的我，你所喜欢的，不论什么，我都想弄给你，这是做妻子的义务啊！你很久没有来信了，不要是战死了吧！要是战死了，想到那种事情，无论何时都把头藏到被中去哭，可是不要担心吧，女子虽像是弱的，但一旦有变，她却是强的，要是听见你战死，从那一天起，我一定不分昼夜，诚心的工作，不管把自己身体弄成个什么样子，也要很好的把小孩子养育起来。我诚心地祈祷着，你纵可以负伤，绝不让你战死，只是妻子的一念啊！我心里难过起来了，要想哭了，就这样别了罢！可爱的父亲，再见！可爱可恋的父亲。

凄凉的候你回来的桐子寄

七月十六日

十一、上田依子给上田胜的信
——后方致前方——

……母亲天天在盼望着绿衣人，一来便问有无家里的信?！近来是武本送信。当我背着的时候，母亲笑着拿信来，拆开展读，二人不约而同，眼眶中溢满了泪水。

六月二十四日

十二、盐见满给小岛清治的信
——前方寄后方——

……因为军事秘密，除掉平安以外其他通信是禁止的……这个地方和内地气候风土相同，目前正在割禾，那有树木的山，那个谷，那个河川，那个桥，那个森林，一切都可怀恋。食物是在缺乏的状态中，费了种种苦心得到了南瓜、芋头、辣椒，把溪水堵住，还可以捉鱼吃，不久以前还吃过鲤鱼的鱼生呢！但糖分的缺乏却困住了，一星期两人有一瓶啤酒，也吃不起劲。这个时候，很想慰问袋。但是在军队行动中，绝对不支给，也因为没有机关。在第一线的部队是有得吃没有得吃的状态中辛苦着，而后方的部队却很充足地得到充分的给养，实在是不行的事情。……我认为召集兵使用到一年以上也相当成问题的，再又把战果扩张到恁么大的范围，以后的处置怎样呢？虽然是骑上了虎背，而日本的识者到底在做些甚么呢！我是想着这些事情。写了不平不满，很对不住，这是被束缚着的生活的反动啊！古人说过："不自由毋宁死。"但仍排除着一切不平不满，耐着困苦和缺乏而攻击前进着。这个大的牺牲啊！你有光荣罢！拿着甚么东西被酬报罢！仅仅想着这而自慰着。

九月十三日

十三、二上连治给八木彬男的信

——前方致后方——

……只有今朝，没有明天，这已经是战场的常事了，任何时心里都存着这个念头，得为这是最后的一封信了！

九月十四日

十四、谷为一给谷梅野的明信片

——前方寄后方——

再则我觉得离“凯旋”还很远，我不在家时，一切劳你照顾。

九月十四日

十五、盐见满致盐见政子的信

——前方寄后方——

什么时候可以重见和平呢？

登陆以来，满一年了。在这一年中，经历着华北、南京及沿着华北徐州陇海线的战斗。这次战斗，尽管有过不会超过一年的约束。

九月十四日

十六、板户铁写给住吉纪伊子的信

——前方寄后方——

……汉口攻略战也开始了，每天在大炮小铳的声音和汗尘中生活着，汉口如果攻下应该可以松一口气吧！或者应该可以回到内地去吧！到了那个时候，有好事情同你讲。一个月中，也没有刷牙齿，也没有洗脸，请你想像看看。就是这一封信，也是在车上写的，打算明天托那个带到后方野战邮政局去。……两天前有很好的月亮，同战友在作内地的回忆和想像，实际上看见了那个月亮，很想对月同内地的大家谈心，如果是一面镜子，很想照他一照，大家都是在这种心理之下谈着。自己也有一年了(不久)……想和田组的人想得没有办法，无论如何都要回到和田组去，只是想着这件事情。老金、老长如果活着，凯旋时大家不是可以有趣地庆祝么？想到此处常常感到凄寂，这种心情，你晓得么？你也许会以为现在不是读书的时候，应该有时间写信吧！我只是偶然今晚接到你纪伊的信，而有了写信的时间罢了！只是不可思议事情罢了！昨晚差不多是没有睡觉呢！

九月十四日

十七、芦田诚一给植村英雄的信
——前方寄后方——

战地的生活很快地业已一年，故乡很怀恋起来了。

九月十四日

十八、平井重一给营生槌太郎的信
——前方寄后方——

说是“光阴似箭”，年龄一回转，早已迎着可悲的一周期了啊！广信君也由土中伸出头来看看世间的变化罢！别人的事情像是很快的，自己事情，则嫌时间太长，你两位老人家想来心里难过罢！我推想得到的，就是我出征以来，死了亲姊也满一年了，又同叔父分别，两人的悲况，这也没有办法而断念着，说尽管是这样说，实在口里说不出的，或是别人所无法知道的事情，是隐藏在胸底的啊！

九月十五日

十九、贞子给丈夫山田的信
——后方寄前方——

天天都只是等待着和平的日子早一天到来！

愿你自己珍重，束装回国。……

二〇、静江给真一的信
——后方致前方——

……你思念着父亲、孩子和我，你的心我只有欣喜！捧着你的来信，我老是反复地回读着，想象着温情如你的人，我不禁淌出兴奋的泪珠来了！

父亲每日到寺庙里去祷告，东洋和平能够很快的到来，那是多么的好的啊！我也只这样的盼望着！

无论怎么说健康是第一，身体可要好好地保重啊！

二一、静江写给真一的信
——后方寄前方——

东洋和平到来不就好了么！那就满期了，那时节是怎样地欢喜啊！……

听说到四月三十日可以出外歇宿，现在不是只有二十多天了，我等待着！

寂寞的静江

二二、清治给他父母亲的信
——前方致后方——

据说自三月起，时局将转为"平时"了！渐渐的可转入建设期节，我们也由讨伐而转以宣抚为主了。……

二三、广武司的姊所寄
——后方寄前方——

……什么时候都在等着快乐的凯旋的日子啊！

二四、上田依子给上田胜的信
——后方致前方——

……你的驻地没有敌人，这是很好的，使我很安心……

但不要太大意了，敌人不知什么时候会来啊！为则大家都在把你的归期作为乐事而等待着。

二五、清治一封未写完的信
——前方致后方——

这次要做起一座永久的兵舍来了！是把当地的女学校来改造。"长期作战"等等真是愚蠢的事情啊！……

(注)：此信未写完，大概因写至此，自觉不妥，故未继续写下去，像这样的信才是敌兵心中赤裸裸要说的啊！

二六、小曹达三给广武司的信
——后方致前方——

……想来长老们对于你的归期是一日千秋那样，有些等得不耐烦了罢！……

不期待的春到是很快的来了，而期待着的你的凯旋期却是遥遥无期！故乡的花信是这样的，在熏风中尝着春意时是感觉得有不少的寂寞，想到远在战场辛苦着的朋友，则有虽春仍寒之感。……

二七、茂川祐雄给柏木政子的信

——前方寄后方——

……一方面跟强敌作战，一方面行军，一时一刻都不能大意。这封信寄得到寄不到是不知道的。我是利用休息时在树阴底下写的。照这样情形看起来，归回是没有多少可能的吧！

二八、柴崎良三给大龟赖人的信

——前方寄前方——

若在联队最近不是可以遣散么？大家都在说着不平。好像到四月底，会遣散罢！我们现在什么时候可以回国还不知道，你们怎么样？有没有回国的话呢？已经有很多野战部队在回去了。

二九、二村少尉给小野田重男的信

——前方寄后方——

前不久到昭和二年兵为止的后备兵，回家了，现在应已都到家了，但是我们的顺序，何时可以轮到，这是完全不知道的，听说要延到明年。岂但凯旋，这一次大概是装进小木箱中给人带回去了！从五月底到七月，天气不热，反而每天下雨，成为闷热，因此病人，其数目达到中队人员的半数，这使讨伐工作，发生了莫大障碍……我们在三州山脉的山顶上，与敌人对峙着，已经四个月了。

三〇、二村少尉给真田隅子的信

——前方寄后方——

隅子：每天的天气真热啊！你好吗？我每天活泼地工作着，请不要牵念，许久没有看见你，很是想你想得厉害，而且我一想到你会不会做出水性杨花的事来，就有些担心，我说这样的话，好像是知道你的样子，但是什么都不知道啊！就是你，也没有法子知道我啊！跟你开这样的玩笑，请你原谅！我所想说的，是今天送到了你的香烟，要对你表示感谢，可是不知不觉的跟你开了这样的玩笑，对不住！对不住！这里的热度，每天都在摄氏百三十度以上，水银柱拼命上升，热得受不了，然而大家都鼓着气工作着，请不要挂念！脸孔被太阳晒得漆黑了，完完全全像一个阿比西尼亚人，可是一到夜晚，气温就大大下降，异常凉爽。一时因为炎热，发生了不少中暑及下痢的病人，真是为难，……野战这一件事，一点乐趣都没有，每天只是过着枯燥无味的生活，自到中国以来，已经一年又一个月了，很是想念着故乡。……

三一、上田作之助给铃木圭介的信
——前方寄后方——

近来游击队在后方的扰乱，是很炽烈的，我们每天一面经验着游击战，一面走着。黄河决提[堤]后，不能从北面推进，战线集中在这里。因之，中国军组成大规模的游击队，进到大迂回的进攻汉口的日本军的后方，活跃而扰乱着。我们不断地紧张起来，把手足活动着。失掉像你这样的学究，是非常可惜的，即或不是那样，从书斋送到血腥的战场这件事，我以为也是一个大的损失。我决不作无谓的牺牲！

三二、酒井丰三郎给仁田美代子的信
——前方寄后方——

……现在每日只是寂寞地想着北安或是除队(即遣散)的事情……

昭和十四年一月五日

三三、正醒给他哥哥的信
——前方致后方——

……闲人町出身的勇士诸君都已有回去的了，这个部队也是有日期的罢，近来有很多煽动，但与我们没有关系！听说家里很寂寞，请哥哥和姊姊常常去安慰他们，我知道他们时时在盼望着我的消息，所以也时常去信，请他们安心！

一九三九年二月十三日

(原载于《敌兵家信集》，新知书店，1940年)

吉田秋枝的情书

[日本]吉田秋枝
佚名 译

这是一封从北战场敌兵身上搜出来的书信，收信人是北支派遣兵站自动车队第九〇中队森田部队阪本幸太郎。发信人是京都吉田秋枝。看起来，不像一封家信，好像是一个女人寄给她出征的恋人的情书。她的字体写得不大像样，又多间断，费了很大的工夫才读得出来。但她在信里，很能表达她意味深长的恋情。从她这一脉娓惋的深情中，可以看出敌国人民对于战争的厌恶和凄苦的情形。译者在这里，真实地原原本本移译过来。哦，她那想到这封信，却落到我们手里来，他的情人会在血□模糊中战死了呢？可怜的"春闺梦里人"哟！

——译者附识

我怀念的阪本：

山谷间的林木，已换了绮丽的红色的衣裳，秋深了，依依难忘的离情呵。

惦记着的来信，在十月二十六日午前十一时收到了，……你实在壮，可是别太勉强呀。

我得到你的信，……泪落下来了，我悬念你的身体。

信是在汽车上，黑蒙蒙的夜里，灯也没有，借着蜡烛的光写给我的，是哟，在信中间，有两滴烛泪凝着呢。哦，你那么劳苦，想起来，真要流泪，这封信，永远永远是回忆的种子啊！

我愿一天早一天好，从乡下来到这村子，对着菩萨祷告。

空闲的时候，请别忘记我，要给我信……在那里也落雪了罢？我想从此慢慢的暖和起来就好了，那种连手也伸不出来的寒冷，我实在挂念，不过因为你是元气十足的人，就稍为安心。……你也作有趣的浪漫的事体罢……你也会有一天不高兴故乡的女人么？无聊的时候，谁，你都想的罢？……但我想有一天能够和你谈谈……想到这，又要流泪了。啊，真想见你。

今夜，从对菩萨祷告归来，闲着的我，这也是感着慰安的。

哦，冷起来了，你的身体，要多多珍重。

不要太拼命，不要受凉呵。

吃的东西，也要加以留心。

还有，还有很多要写的，可是今夜就写到这里，现在是响着十二点了。瀑布的水音，远远的听得见呢。寂寞的夜哟。

你休息吧。

再见，

有空的时候，给我信吧，如有照相，也望给我。

我怀念的阪本幸太郎。

吉田秋枝

（原载于《崇高的忧郁》，文献出版社，1941 年）

从中国寄到日本

[日本]高坂
剑鸣 译

秋娘：

隔了好久了，我没有给你写信，现在我提起了笔，不知从什么说起好？按顺序说，还是让我简单地记述我们一别迄今直到我被俘以后的生活吧！

去年四月间我来到中国战地，那时，我曾经给在朝鲜你的写过信，你的回信说："战场不是在南京吗，不是胜利吗？怎么你却苦的这样了呢?"是的，确是在南京，而战争却不是像你们住在东京以及国内其他一般人想像的那样胜利呀！！我终于病了，医生诊定说我是患的急性肠炎及急性气管炎，大家都慰藉着我说："高坂，你太劳动过度了啊！"军医有时候问我："你想不想回内地?"芙子给我寄来《女界》和《新女苑》两书也是那时候，我究竟已寄过信向她道谢没有现在却记不起了，我并不想回内地，军医却考虑到"倘若病状再行恶化，那就连本钱也要贴完了"。结果，还是要看病状的演变，在这时候我才惊愕，我自己的身体是这样的坏？因为一直到这时我始终相信是伤风呀！

在七月初头，我注意我的身体已经是疲惫不堪了，然而我仍然隐瞒这种不好的症候，矜持着劳动。这就是因为我自登陆以来的时间尚浅，工作必须紧张，同时，因为我生性非常自负，作了比任何人都要多的工作，我想到如果我要休息，不工作了，就要苦了那受痛苦的受伤的战友了，何况我的八本部队就是野战病院，有了病什么时候诊治都很方便，然而竟致大意了，另外一个更大的理由，就是我对于自己的身体太过于自信了。

我作了比任何人都多的工作，我在习志野(日本地名)很受大家钟爱，实际上似乎有点自鸣得意的样子，在南京也受着人们的爱护，当做骑炮的卫生兵编入八本部队的，有我和三宅和田边三个人，后来，与我们同期的站车队的田中和濑川二人也编入了。那时，八本部队的老兵，年纪大点，人很多，他们都呼我们呼做“小孩子的小孩子”。同事里边也有年纪小一点的，但和我同岁的，却是屈指可数，到那里的最后几天，老兵们戏谈地说出“你们运气真好呵”的时候，呵！我就感到紧张的心弦立刻松弛下去了，对一切我完全失望了……

老兵们是很亲切的，不好的地方，就是太懒惰了，这对我是好极了，我们队里东京人很多，每日交谈着故乡的情调，三宅、田边也都是红户子(即东京子)。

三宅是银座卖“醋鱼板”的，他在我们这里很快地当了炊伙，时常傲慢地说出“我是伙夫，团饭真好呵”的话来，我们的主计少尉，在内地的时候，原来是每晚必到三宅家买“立食”的醉汉，他是银座服部洋行的重役，三宅就是服部巷里叫做“梅林”的酒场紧邻等司店的伏[伙]计。

主计因为酒精中毒，走起路来非常的踉跄蹒跚，他的眼睛很大，在他稍稍突出的口里，金牙常常供着太阳的光辉璀璨地闪灼着，待人温和亲切，尤其是喜欢小孩子，他对人有礼节，时常带着兵士到处豪游，醉了的时候就唱，醒了以后，他便静静地坐着，或是有热力地唱着“一高寮歌”(东京一高寮舍歌)，“醉了，唱寮歌呀!”这是他日常的消遣话，他很爱打球、角力。

主计带领着我和三宅，到各内务班长室去，他在室内来回走着说：“这两个人，是这次来的小孩子，是很优秀的宝贝，要多训练哪，没有上等兵名额也好，因为，许多如猫到鱼般的变着脸色，宁不如完全去当兵哩。”

我们第一次外出是在我们到达后的第八天，在我们寻味外出区域以外的“内城”以后，在归途中被街戍巡察队查到了，我们的大名很快地被提到师团的会报上，但却没有愤怒。老兵们夸奖着我们的勇敢，喝杯酒，这时，我的心情有一种奇怪的感觉。

我是将校病院的勤务了。在那里我受到他们很大的欢迎，享受到了他们所给予的亲切，因而，人情上使我不能不作过度的勤劳工作，但我却没有一点儿邀得人家的垂青，“勤劳即幸福”这是我多工作主要的动力。

看护妇古谷她美丽的脸上总是常带可爱的表情，她最初向我说：“高坂，你没有患过脑膜炎吗?”

“讨厌，没有患过。”

“但是，请你原谅，这是我经验的直感，像高坂那样颜色的人还是注意一点儿好。”

我的颜色，你是知道的，它总是红得火烘着一般，我自夸那是健康的颜色，然而到现在，古谷所说的话，才令我佩服，古谷非常幸运，她被许多人欢迎，因为她生的很是绮丽呀。但是我却讨厌她——我讨厌她那种态度，还是反丁惹我倾心的喜爱，反丁八重子这个看护妇，她说话的声音是从牙缝里温柔发出来，又很勤勉，有理想，缺点就是她的脸不很漂亮，但她确是很清洁、活泼的，而永远愉快的人，她与我同样在将校病院里做勤劳，我俩很快地变成好友，我们谈着种种的事情。

“高坂，又洗涤吗？是谁的？”

“医官的。”

“是他教你的吗？”

“不！是我自发的！”

“伟大呀！”

“谢谢！”

“高坂，据说你十一月就要升为上等兵！恭喜恭喜。”我并不想舍开三宅升成上等兵，假如把升上等兵作为我洗涤的目标的话，不是我是太过于寂寞了吗？我像门前的小伙计一样地暗记着教程，如果当了上等兵，关于自己的事就容易多了。

首先注意到我的身体也是这个反丁，她也许是毫不注意地说着：“高坂，无论怎样都好，不注意身体的健康不行呵。”我起了痛烈的反响，从那时我就患了自觉症，我总是哀怨地想着，虽然我口里说没有关系，但孱弱的身体却已快入别人的眼中，那时起，夜里虽然熟，但是早晨起来却感到非常的疲劳，有时竟眼睛发眩。

一天，我对反丁说：“我的身体有点奇怪呀？”反丁就急快地说：“为什么一直忍耐到现在？早点和我谈谈不是就好了的呵？可是如果是脑膜炎那就……”她那种话语，给我无限的恐怖。

我休息了，医官在军队手帖中写上医“入院”，三宅、反丁编入伴着我度过了第一个院中的夜晚，热度很高，他们始终对我说着：“高坂，热得并不利害，不要怕，没有关系呀。”

上面是前晚写的，信没有写完，但是第二天由于中国军的袭击，我被俘虏了，我在这里安逸，一切中国人都是良善的，绝想不到一个俘虏的资格，却是宾客的待遇哟！

（原载于《战时文艺》第1卷第1期，1941年）

编后记

《书信卷》是“二十世纪东亚抗日叙事文献整理与研究丛书”史料编的组成部分。二十世纪东亚各国人士之间跨国流动、交往频繁，留下了蔚为大观的官方或民间书信往来资料。本书以反映“中国战场为中心的东亚抗日”为基本原则，搜集、选录了有关东亚抗日跨国互动的部分书信资料，编选的总体思路如下：

一是表现“东亚性”。本册在选录文献时尽可能涵盖“中—韩”“中—日”“中—苏”“日—韩”等不同国家间革命人士的往来书信，力图反映东亚不同国籍有识之士在“抗日图存”共同语境下所展开的交流面貌。

二是反映“抗日性”。本册所收录的文献，主要为体现反抗日本帝国主义殖民扩张内容的书信资料，其他虽涉及二十世纪反帝反殖民（如英、法、美等）、反法西斯、反抗军阀强权统治等内容，而与日本无直接关联的书信资料，不在本册的选录范围之内。

三是兼顾官方和民间书信资料。官方资料主要为政府、政要的公函电文，例如国民军事委员会与在华日韩革命人士的公函电文、中国共产党和朝鲜共产主义者的公函信件、政治党派或团体的公开信等等；民间书信资料除了中外人士间的私人信件外，也选录了一些个人与民间团体、民间团体与民间团体的交流往来信件等。

依据上述思路，《书信卷》共收录了东亚各国人士的信件、公函、公开信等一百五十余篇。这些书信资料按照发出群体可以分为四类。

其一为中方人士致外方的交流信函。个人信件方面有陈诚、吴石等知名人士与日本友人或日本反战人士的战时往来书函，团体信件方面有桂林儿童团体、贵阳书店工人、中华全国文艺界抗敌协会致朝鲜义勇队的慰问信等，都反映了中国推动抗日反法西斯国际统一战线的努力与成效。

其二为外方人士致中国的交流信函。收录的人物书信涉及日本反战人士鹿地亘、池田幸子、绿川英子，韩国独立运动家金九、申圭植、安昌浩、赵素昂、金若山等多位活跃在中国境内的国际反帝反法西斯人士，团体公开信则包括苏联集体农庄、韩国临时政府、朝鲜各民族党派、日本共产党、日朝台反法西斯同盟大会等的致中国的公开信和慰问信，体现了东亚抗日反法西斯的联动性。

其三为国际反法西斯人士之间的在华交流互动。例如，日本反战人士绿川英子给朝鲜义勇队的慰问信、日本觉醒俘虏致鹿地亘的信等。这些书信资料一定程度上展现了中国空间作为反法西斯战场在东亚内部的国际性。

其四为侵华日军的家信。侵华日军家信作为抗日战争研究史料，近年来受到学界关注。然而战时中国报刊翻译登载的侵华士兵书信却尚未引起研究者们注意。本册所收录的日本士兵家信，皆为抗日战争时期中国方面在战场上缴获后翻译成中文发表的信件。就出版性质而言，这些文献不仅在研究战时日本国情、军队状况、士兵心理、战争态度等方面具有史料作用，更为重要的是其缴获来源、翻译人员、选译方式、出版状况等对于研究战时中国抗战宣传、抗战翻译机制也具有重要文献价值。

总的来说，在二十世纪反帝反封建、反殖民反侵略的革命进程中，东亚不同国籍人士之间交流紧密，本卷所选录的书信资料不过是冰山一角。在搜集和编选过程中，编者尽可能考虑不同性质、群体来源的书信，力图勾勒抗日语境下东亚各国人士书信交流的轮廓，以期抛砖引玉，为进一步的资料挖掘、整理和系统研究提供启发。因编者能力所限，在选篇、编辑等方面难免挂一漏万，敬请广大读者批评指正。

吴铭

2025 年夏